Michael Köhlmeier
Das große Sagenbuch
des klassischen Altertums

PIPER

Zu diesem Buch

Ob Ödipuskomplex, Tantalosqualen, Ariadnefaden oder das Trojanische Pferd – die Begriffe aus der Sagenwelt des klassischen Altertums sind uns bis heute vertraut. Doch wer hat schon all die Götter und Helden mit ihren abenteuerlichen und zutiefst menschlichen Geschichten im Kopf? Ursprünglich wurden diese Sagen mündlich überliefert, eine Tradition, die Michael Köhlmeier in seinen Rundfunkaufnahmen wiederbelebt hat. In diesem Band sind alle von ihm neu erzählten Sagen versammelt. Wie die antiken Sänger läßt er sich forttragen von den Ereignissen und schildert in leichtem Ton die bewegenden und oft grausamen Geschichten der griechischen Mythologie. Und plötzlich steigen die Gestalten herab von ihrem Podest und werden zu lebendigen Figuren mit einer Seele und bewegten Gefühlen: So erfahren wir von der kindischen Eifersucht Aphrodites, von der Verführungskunst des Zeus und von der leidvollen Unsterblichkeit des Prometheus. Köhlmeier wurde für seine Rundfunkaufnahmen der »Sagen des klassischen Altertums« mit der Goldenen Schallplatte ausgezeichnet.

Michael Köhlmeier, geboren 1949, wuchs in Hohenems/ Vorarlberg auf, wo er auch heute lebt. Für seine Romane, Erzählungen und Theaterstücke wurde der österreichische Bestsellerautor unter anderem mit dem Manès-Sperber-Preis, dem Anton-Wildgans-Preis und dem Grimmelshausen-Preis ausgezeichnet.

Michael Köhlmeier

Das große Sagenbuch
des klassischen Altertums

PIPER
München Berlin Zürich

Mehr über unsere Autoren und Bücher:
www.piper.de

Die Sagen dieses Bandes erschienen zuerst in drei Bänden
im Piper Taschenbuch (TB 2371, 2372 und 2609).
Das Dionysos-Kapitel wurde für »Das große Sagenbuch
des klassischen Altertums« neu geschrieben.

Von Michael Köhlmeier liegen im Piper Verlag vor:
Sagen des klassischen Altertums
Die Nibelungen neu erzählt
Geschichten von der Bibel
Das große Sagenbuch des klassischen Altertums
Shakespeare erzählt

Ungekürzte Taschenbuchausgabe
1. Auflage Oktober 2002
18. Auflage März 2016
© Piper Verlag GmbH, München/Berlin 1999
Umschlagabbildung: Wandmalerei von Thera
(Raum Beta 1, Südwand: »Jünglinge beim Boxkampf«)
Satz: Uwe Steffen, München
Gesetzt aus der Sabon
Druck und Bindung: CPI books GmbH, Leck
Printed in Germany   ISBN 978-3-492-23804-5

INHALT

INHALT

SINGE MIR, MUSE…

Von Athene und der Erfindung der Flöte – Von Marsyas
und Apoll – Von Orpheus und Eurydike – Von eifersüchtigen
Frauen – Von einem träumenden Hirtenknaben

Sollen wir bei der Schöpfungsgeschichte beginnen, also
wie Himmel und Erde aus dem Chaos entstanden? Weiter zurückgreifen läßt sich nicht, denn im Chaos war
nichts, wovon man berichten könnte. Es läge nahe, beim
Anfang zu beginnen, also an dem Punkt oder Zeitpunkt
oder wie man diesen Moment nennen will, an dem es dem
Ungeteilten gefiel, sich zu teilen. – Wir tun es nicht. Wir
werden von der Schöpfungsgeschichte erst später erzählen. Für uns stehen am Beginn nämlich nicht Chaos
und Ursprung, sondern die Sänger, die uns all diese
Geschichten erzählen, auch die Geschichte von der Entstehung der Dinge und der Götter und der Menschen.
Deshalb will ich den Anfang den Sängern geben.

Ich möchte zunächst von einem kleinen, unbeachteten
Musikanten erzählen, nämlich vom unglücklichen Satyr
Marsyas. Und diese Geschichte fängt bezeichnenderweise
nicht mit diesem komisch-wunderlichen Waldwesen an,
sondern mit der ebenso prominenten wie gestrengen Göttin Pallas Athene.

Die Göttin Pallas Athene streifte einst durch die Wälder
und fand einen Doppelknochen – ich weiß nicht, was

genau darunter zu verstehen ist –, einen von Ameisen ausgehöhlten und gesäuberten Doppelknochen, und in diesen Doppelknochen bohrte sie Löcher, und da war er eine Flöte. Manche behaupten, Athene habe damals die Flöte erfunden. Die Sagen liefern uns ja oft die Entstehungsgeschichte der Dinge, die uns umgeben, wie diese Dinge gegründet, erfunden, gefunden wurden. Bei der besagten Doppelrohrflöte ist zu bemerken, daß sie mit unserer heutigen Flöte nicht zu vergleichen ist. Man muß sich ein Rohr vorstellen, in das ein Blatt geklemmt ist, das in Schwingung gerät, wenn es angeblasen wird, und einen quäkenden Ton von sich gibt, der dann durch Manipulation der beiden Flötenschächte moduliert wird. Aulos wurde das Instrument genannt, und der Aulos war mindestens soviel ein Vorläufer des Dudelsacks wie unserer Blockflöte. Nicht gerade das edelste der Instrumente, und wir werden sehen, die große Pallas Athene konnte sich, zumindest was den Instrumentenbau betrifft, mit ihrem Halbbruder Hermes nicht vergleichen.

Jedenfalls wollte Athene ihre Erfindung oben im Olymp den versammelten Göttern vorführen. Sie setzte sich hin und begann auf dem Aulos zu spielen. Es muß ohne Zweifel eine wunderbare Musik gewesen sein, eine göttliche Musik eben. Und dennoch: Hera, die Göttermutter, die Schwester und auch Gattin des Zeus, und Aphrodite, die Göttin der Liebe, sie drehten sich weg und begannen zu tuscheln und zu kichern. Athene war etwas verwirrt und fragte: »Was ist denn los? Spiele ich nicht richtig?« – Sie bekam aber keine Antwort. Nun, dachte sie, es kann ja nicht nur an den anderen liegen, vielleicht liegt es an mir. Im Gegensatz zu den meisten anderen Göttern war sie zu der eigentlich ganz ungöttlichen Eigenschaft der Selbstkritik durchaus fähig. Sie flog zur Erde hinunter, suchte sich einen klaren Gebirgssee, beugte sich über die Wasserfläche und spielte dasselbe Lied noch einmal, diesmal nur für sich. Und betrachtete, während sie spielte, ihr Spiegelbild. Und nun wußte sie auch, warum Hera und Aphrodite gekichert hatten. Ihr Spiegelbild zeigte ein aufgedunsenes, angestrengtes, bläulich-rot angelaufenes Gesicht, die Augen waren zusammengedrückt, die Nasenflügel unappetitlich gebläht. Die Musik klang zwar wunderschön, aber sie machte den Musikanten häßlich. Und Athene wußte, mit dieser Erfindung konnte sie nirgends großtun, das Spiel auf dem Aulos war nichts für sie, vielleicht überhaupt nichts für Frauen, es machte sie abstoßend.

Sie warf die Flöte hinter sich und nicht nur das, sie heftete an die Flöte zusätzlich noch einen Fluch. Sie sagte: »Wer auch immer diese Flöte spielen wird, es soll Unglück über ihn kommen.«

Und nun kam dieser unglückselige Satyr Marsyas des Weges, ein Kobold, ein harmloser Waldbewohner, nicht sehr klug, aber rundum zufrieden mit sich selbst. Und er stolperte über die Flöte, und er sagte sich: »Na gut, wenn ich schon darüber stolpere, dann soll sie mir auch dienen.«

Und er begann darauf zu spielen. Er hatte keine Ahnung von Musik und keine Ahnung von der Handhabung dieses Instruments. Aber siehe da, aus der Flöte kamen wie von selbst wunderbare, weil eben göttliche Klänge. Marsyas dachte nicht daran, dahinter einen Spuk zu vermuten, er schrieb die wunderbare Musik ganz seinem Genie zu, von dem er, wie er sich sagte, bisher nur nichts gewußt hatte.

So zog er vor die Bauern der Umgebung und spielte ihnen auf. Und die sagten: »Also, wir können dir nur gratulieren, Satyr Marsyas!« – Sie bewunderten ihn mit offenen Mündern. Hingerissen waren sie, und einer der Bauern sprach es aus: »So schön wie du spielt nur noch Apoll, der Gott der Musik!«

Und da hätte der unglückselige, närrische Marsyas widersprechen sollen. Unbedingt! Spätestens nach diesem Wort hätte er die Flöte weit von sich werfen sollen. Aber er hat es nicht getan, er war eben auch eitel wie jeder, und er hat sich solches Lob gerne sagen lassen. Er hat diesen Satz auf seiner weiteren Tournee sogar als eine Art Werbespruch vor sich hergetragen: »So schön wie ich spielt nur noch Apoll!«

Mir scheint es ratsam, die Finger und die Worte von den Göttern zu lassen, man erregt nur ihre Aufmerksamkeit und ihren Ehrgeiz. Apoll hörte, wie da mit seinem Namen geprahlt wurde, er sah eine Weile lang vom Olymp aus zu, dann kam er herunter und sagte zu Marsyas: »Wenn du meinst, daß du so schön spielen kannst wie ich, dann laß uns doch einen Wettstreit abhalten. Ich auf der Lyra und du, Marsyas, auf deiner merkwürdigen zweiknochigen Flöte.«

Fehler Nummer zwei: Marsyas stimmte zu.

Apoll bestellte eine Jury, eine wirklich auserlesene Jury, das muß festgehalten werden, nämlich die Musen, die Göttinnen der Künste und der Wissenschaften, und die sollten beurteilen, wer nun tatsächlich schöner spielte.

Bevor sie aber zu spielen begannen, sagte Apoll: »Weil ich der Gott bin und du, Marsyas, nur ein niedriger, schmutziger Satyr, werde ich die Regeln des Wettstreites bestimmen. Wer von uns beiden Sieger wird, der darf mit dem anderen machen, was er will.«

Marsyas war wieder einverstanden. Es blieb ihm diesmal allerdings keine Wahl. Außerdem sah der eitle Dummkopf in der Tatsache, daß Apoll, Zeus' erstgeborener Sohn, sich herabließ, ihm Bedingungen zu diktieren, ein Zugeständnis, daß er, der kleine, unbedeutende, schmutzige Satyr, dem großen, bedeutenden Gott überlegen sei – oder zumindest sein könnte, daß er eine reelle Chance habe gegen den strahlenden Sohn der Leto.

Sie spielten – Apoll auf der Lyra, Marsyas auf dem Aulos. Und zunächst sah die Sache für den Satyr gar nicht so schlecht aus. Die Musen sagten: »Nein, wir können tatsächlich nicht feststellen, wer von euch der Bessere ist. Ihr seid beide gleich gut.«

Und Apoll sagte: »Dann werde ich den Wettbewerb erweitern. Im folgenden sollst du, Marsyas, mir alles nachmachen, was ich mache. Wenn du das kannst, dann gebe ich mich geschlagen.«

Nun wird es dem Marsyas wohl etwas mulmig geworden sein, aber er stimmte wieder zu.

Apoll drehte seine Lyra um und spielte das Griffbrett linkshändig – und wurde somit gleich auch zum Stammvater aller linkshändigen Gitarristen von Jimi Hendrix bis Paul McCartney –, und er sagte: »Dreh du dein Instrument ebenfalls um, Marsyas! Und noch etwas!« Und der Gott begann zur Lyra zu singen. »So«, sang er, »mach es genauso! Sing, während du spielst!«

Das geht vielleicht mit der Lyra, mit der Kithara geht das vielleicht, aber sicher nicht mit einem flötenähnlichen Instrument, wie es der Aulos ist. Erstens kommt nichts heraus, wenn man die Flöte umdreht und hinten hineinbläst, und zweitens kann kein Mensch Flöte spielen und gleichzeitig singen. Nicht einmal ein Gott kann das. Denn auch die Götter können mit den Dingen dieser Welt nicht nach Willkür verfahren.

Also hatte Marsyas diesen Wettstreit verloren. Die Musen gaben den Siegerkranz an Apoll.

Apoll sagte zu Marsyas: »Nun, wir hatten ausgemacht, der Sieger darf mit dem Verlierer machen, was er will. Ich bin der Sieger.«

Er packte den kleinen Marsyas am Genick, hängte ihn an eine hohe Fichte und schabte ihm mit dem kuriosen Doppelknochen die Haut vom Körper. Die Musen standen dabei, und das Geschrei des Marsyas empfanden sie auch als eine Art von Musik. Denn die Musen verstehen es, in allen Dingen dieser Welt das Ästhetische zu sehen.

Wir dürfen aber nicht glauben, daß Apoll einer gewesen sei, der neben sich keinen anderen hätte aufkommen lassen, keinen anderen Sänger, keinen anderen Lyraspieler. Das Gegenteil ist der Fall. Darum will ich nun die Geschichte des größten aller Sänger des griechischen Altertums erzählen, die Geschichte von Orpheus.

Orpheus soll – und ich neige dazu, dies zu glauben – der Sohn des Apoll gewesen sein. Man kann sich sonst nicht erklären, daß jemand so verzaubernd singen konnte. Wer aber war die Mutter des Orpheus? – Ich möchte hier auf die erste Zeile aus Homers Ilias verweisen:

»Singe, Göttin, den Zorn des Peleiden Achilleus …«

Das ist ein Hinweis auf die Mutter des Orpheus, auf Kalliope. Kalliope heißt: die Schönstimmige. Sie ist die Patronin der epischen Dichtung.

Kalliope die Mutter, Apoll der Vater, der Sohn: Orpheus, der bedeutendste, der größte, der schönste, der rätselhafteste Sänger der Antike. Über ihn hieß es: »In unendlichen Scharen kreisten die Vögel über seinem Haupt, und hoch sprangen die Fische aus dem dunkelblauen Meer ihm entgegen.«

Die Tiere versammelten sich um ihn, wenn er zu singen und zu spielen begann, die Tiere des Wassers, die Tiere des Landes, die Tiere der Luft. Aber nicht nur die Tiere wandten sich ihm zu, sondern, wie es heißt, auch die Bäume und die Sträucher. Ich war vor kurzem in der kleinen Inselstadt Sirmione im Gardasee, wo der römische Dichter Catull seine Villa angelegt hat, und dort stehen im Hain des Catull uralte Olivenbäume. Sie sind so alt, daß ihre Stämme gespalten und zerrissen sind, und es sieht manchmal so aus, als ob es alte Männer wären, die sich im Schritt befinden, der Stamm geht unten zweifach in die Erde hinein. Und solche alten Olivenbäume kann man auch in Griechenland sehen, und man sagt, das seien die Olivenbäume, die Orpheus nachgelaufen sind.

Es sind ihm auch die Erdhügel, die Steine, die Felsbrocken nachgefolgt, und die Berge hätten, so heißt es, an ihren breiten Wurzeln gerissen, so daß die Erde zu beben begonnen habe. Wenn man am Ufer steht und ins Meer hinausschaut, an manchen Stellen sieht man die Felsen wie Köpfe aus dem Meer herausragen. Man sagt, sie seien vom Meeresgrund aufgetaucht, um Orpheus singen zu hören.

Orpheus bedeutet *das Dunkle,* und tatsächlich gab es ein Ereignis, das aus dem einst fröhlichen Sänger eine düstere, rätselhafte Gestalt machte ...

Ich will zunächst erzählen, woher er sein Instrument hatte. Seine Stimme zusammen mit diesem Instrument ergab ja erst diese alles bezwingende Musik. Und auch dieses Instrument, wie schon die Flöte des Marsyas, ist göttlichen Ursprungs.

Orpheus hat es von seinem Vater Apoll bekommen, und diesem hat es wiederum Hermes, Apolls Halbbruder und olympischer Freund, geschenkt. Hermes ist einer der liebenswürdigsten Götter. Am ersten Tag in seinem Sein – um nicht zu sagen: in seinem Leben – kroch er aus den Windeln, hinaus aus seiner Höhle, dort fand das kleine Götterbaby eine Riesenschildkröte, der drehte er kurzerhand den Hals ab, riß ihr den Rückenpanzer vom Körper, spannte darüber Saiten und hatte somit im Handumdrehen die Lyra, die Kithara, unsere Gitarre erfunden. Und weil er an demselben ersten Tag seinem Halbbruder Apoll einen frechen Streich gespielt hatte und dieser ihm vorübergehend zürnte, hat er ihm die Lyra als Versöhnungsgeschenk überlassen.

Und Apoll hat sie an seinen Lieblingssänger Orpheus weitergegeben. Und auf diesem Instrument hat Orpheus seinen wunderbaren Gesang begleitet.

Orpheus war einer der Argonauten, die auf dem Schiff Argo durch die Welt gesegelt sind. Er war für die Besatzung der Argo nicht irgendein Sänger, ein lästiges kulturelles Anhängsel, so eine Art Troubadix, wie wir ihn von Asterix und Obelix kennen, dem gleich der Mund zugebunden wird, sobald er nur einen Laut von sich gibt – nein, Orpheus war auch aus militärischen Gründen für die Besatzung der Argo äußerst wichtig. Man stelle sich vor, was das für ein militärischer Vorteil ist, wenn man dem Feind gegenübersteht, und noch bevor ein Schuß abgegeben wird, beginnt der Sänger auf der eigenen Seite zu singen, und die Gegner sind so hingerissen von dieser Musik, daß sie die Waffen sinken lassen und sich niedersetzen, um zu lauschen. Und während die Stimme des Sängers noch erschallt, kann man in aller Ruhe den Feinden die Kehlen durchschneiden.

Ein anderes Beispiel für die Nützlichkeit der Musik an Bord der Argo: Orpheus hat die Mannschaft auch vor den Sirenen gerettet. Auf die Sirenen werden wir noch zu sprechen kommen, wenn wir von Odysseus berichten. Als die Argo an der Insel dieser verlockenden Ungeheuer vorüberfuhr, hat Orpheus so laut gesungen, daß die Sirenen dagegen nicht ankamen, und das Schiff fuhr ungehindert an dieser gefährlichen Stelle vorbei.

Die Bücher, die über Orpheus geschrieben wurden, sind nicht zu zählen; auch Filme wurden gedreht, ich denke nur »Orphée« von Jean Cocteau, Comics wurden gezeichnet, sogar solche mit dem Etikett »besonders wertvoll« wie »Orphi und Eura« von Dino Buzzati. Und vieles mehr.

Der Grund, warum Orpheus bis heute so berühmt und beliebt ist, liegt nicht in seinen militärischen Erfolgen beim Zug der Argonauten. Seinen Ruhm verdankt er einer Liebesgeschichte. – Es ist die Geschichte von Orpheus und Eurydike.

Als er zurückkam von seiner Weltreise, traf er Eurydike. Und verliebte sich sofort in sie. Und auch Eurydike verliebte sich sofort in ihn. Sie waren das glücklichste und schönste Paar, das in der damaligen Welt anzutreffen war.

Eurydike ging eines Tages hinaus auf das Feld, um Blumen für Orpheus zu pflücken, denn Orpheus war in die Stadt gefahren, um ein leichtes Tuch für Eurydike zu kaufen. Es war ein schläfriger Sommernachmittag, um die Blumen surrten die Bienen. Eurydike wartete, bis die Bienen ihren Nektar gehoben hatten, dann erst brach sie die Blumen.

Die Bienen aber gehörten dem berühmtesten Bienenzüchter der Antike, nämlich Aristaios. Er hatte die Bienenzucht erfunden, er betrieb eine erfolgreiche Imkerei und belieferte den ganzen Erdkreis mit Honig, und nicht nur die Menschen, sondern auch die Götter belieferte er.

Dieser Aristaios beobachtete Eurydike, wie sie sich niederbeugte, um die Blumen zu pflücken, und er war augenblicklich von Begierde erfüllt und rannte auf sie zu. Eurydike lief davon, Aristaios lief ihr hinterher, Eurydike hatte furchtbare Angst vor dem Mann, der so ein merkwürdiges Netz über dem Gesicht hatte, und sie blickte nicht auf den Boden und trat auf eine Schlange. Und diese Schlange biß sie in den Fuß, und daran starb Eurydike.

Als Orpheus mit dem leichten Tuch aus der Stadt zurückkam, war seine geliebte Frau bereits tot.

Er wurde von einer ungeheuren Trauer erfaßt, einer Trauer, wie sie die Welt bis dahin nicht für möglich gehalten hatte. Er aß nichts mehr. Er schlief nicht mehr. Er konnte keine Minute ruhig sein. Er komponierte im Gehen die wunderschönsten Trauerlieder, Trauerlieder, wie sie noch nie gehört worden waren. Diese Lieder sind leider alle verlorengegangen, weil er sie dem Wind auf den Straßen zur freien Verfügung überlassen hat, und der hat sie weggetragen. Wohin? The answer is blowin' in the wind …

Und schließlich machte sich Orpheus auf den Weg ans Ende der Welt. Er wanderte nach Süden, nach Süden, nach Süden, bis er die Südspitze des Peloponnes erreichte, und dort gibt es einen Eingang in das Totenreich, in das Reich des Hades. Vor diesen Eingang stellte sich Orpheus und spielte und sang, eingehüllt in die finstere Wolke der Trauer. Er wußte ja, daß Hermes, der Götterbote, der Gott der Diebe, auch der Führergott ist, der die Seelen sanft in die Unterwelt geleitet; Orpheus wußte, daß Hermes seine geliebte Eurydike durch diesen Eingang in die Unterwelt, in das grausige Reich der Schatten und der Toten, geführt hatte.

Orpheus stand also mit seiner Lyra am Eingang und sang und spielte, und sein Spiel und sein Gesang waren nichts anderes als ein sehnsuchtsvolles Rufen nach Eurydike.

Und es stellte sich heraus, daß sein Gesang und sein Spiel nicht nur Steine erweichen und Bäume und Sträucher zum Gehen und Tiere zum Lauschen und Tanzen und die Berge zum Reißen an ihren Wurzeln zwingen, sondern auch das Herz von Charon bezwingen konnte.

Charon ist der Fährmann, der die Seelen in seinem Boot über den Fluß der Unterwelt, den Styx, hinüberführt. Und Charon, der es eigentlich besser wissen müßte, ihm ist ja aufgetragen, keinen Lebenden über diesen Fluß zu lassen, Charon ließ sich überreden durch diese Musik, ließ sich verführen, er ließ Orpheus, den Lebendigen, auf den Kahn steigen und setzte ihn über auf die andere Seite des Styx.

Dort wartete Zerberus, der Höllenhund, der noch die zweite Sicherung war, damit kein Lebender in den Hades komme. Aber auch dieses vielköpfige Monster ließ sich vom Gesang des Orpheus verzaubern und ließ Orpheus passieren, und so betrat der Sänger die Unterwelt.

Und während er immer tiefer in die absolute Finsternis schritt, spielte er auf seiner Lyra und hörte nicht auf zu singen und im Gesang nach seiner geliebten Eurydike zu rufen.

Und siehe da: In das elende, langweilige, graue, jammervolle Reich der Toten kam so etwas wie Freude, so etwas wie eine vorübergehende Erleichterung. Aus allen Enden der Dunkelheit drängten die Toten, um die Lieder des Orpheus zu hören. – Sisyphos, der im Tartaros verurteilt ist, einen Stein auf einen Fels zu rollen, der immer wieder zurückfällt, der ihn wieder hinaufschieben muß, von wo er wieder hinunterrollt, dieser Zwangsneurotiker Sisyphos hielt in seiner sinnlosen Arbeit inne, setzte sich auf seinen Stein, lauschte auf die Musik. – Tantalos, der verflucht war, im Wasser zu stehen und über sich die leckersten Früchte zu sehen und dennoch vor Hunger und Durst fast umzukommen, er vergaß vorübergehend seine Qualen. – Persephone, die dunkle Königin der Unterwelt, und auch Hades, ihr königlicher Gemahl, sie lauschten dem Gesang des Orpheus, der um Eurydike klagte.

Schließlich stimmte Persephone zu und sagte: »Du darfst deine Eurydike mit nach oben nehmen.«

Hades aber knüpfte eine Bedingung daran, er sagte: »Du darfst das, aber du darfst dich nicht ein einziges Mal zu ihr umsehen, bis ihr beide das Licht der Welt wieder erblickt habt, bis ihr beide wieder über die Grenze, über den Styx, auf der anderen Seite seid.«

Es gibt viele Abbildungen von Orpheus in der Unterwelt, bei allen ist eines gleich: Orpheus schaut mit leerem Blick vor sich nieder. Um ihn schweben die Seelen der Toten, stehen Persephone und Hades. Orpheus schaut niemandem ins Gesicht, auch seiner Eurydike nicht. Es ist verboten, den Toten und der Königin der Toten und dem König der Toten ins Gesicht zu blicken.

Orpheus ging voran, Eurydike folgte ihm, so verließen sie den Hades. Orpheus spielte und sang, immer weiter, ohne Unterbrechung, er wußte, wenn er aufhört zu singen, dann fällt dieser Zauber zusammen. Eurydike folgte durch die Finsternis, und sie orientierte sich nach dem Klang seiner Stimme.

Und als sie schon das Licht sahen, da drehte er sich doch nach ihr um. – Wir wissen nicht, warum er sich umgedreht hat. Es gibt keinen vernünftigen Grund dafür. Er tat es. Vielleicht packte ihn der Alp des Perversen, dem Edgar Allan Poe eine seiner scharfsichtigsten Erzählungen gewidmet hat, dieser Ungeist, der die Menschen dazu antreibt, sich selbst zu schaden. Ich weiß es nicht ... – Jedenfalls wurde in diesem Augenblick Eurydike für immer von Orpheus genommen. Hermes stand schon bereit und zog sie zurück in die Finsternis. Und nun war auch Charon nicht mehr umzustimmen, und Zerberus jagte Orpheus hinaus aus der Unterwelt, und er hatte seine geliebte Eurydike für immer verloren.

Von nun an zog sich Orpheus aus der Welt zurück. Er liebte die Frauen nicht mehr. Er mied die Frauen, er gründete einen Orden und wurde der vielleicht einzige Mystiker des griechischen Altertums. Die Griechen hatten mit Mystik nichts im Sinn, derlei war ihnen unheimlich. Sie sahen auf die Welt mit den Augen des Mythos. Das muß genau unterschieden werden. Der mythische Blick ist im Grunde ein aufgeklärter Blick, auch wenn im Mythos wunderbare Dinge passieren. Diese wunderbaren, seltsamen Dinge sind ja auch nichts anderes als Erklärungsversuche. Dahinter steckt ein Aufklärungswille. Das Rätsel war den Griechen unheimlich. Sie wollten Rätsel nicht bestehen lassen. Rätsel waren – wie für uns – dazu da, um gelöst zu werden.

Orpheus, den Dunklen, interessierten von nun an nur noch die Geheimnisse. Er gründete einen Männerorden. Dort traf er sich mit seinen Freunden, nachts trafen sie sich, er sang ihnen vor. Erzählte ihnen von seiner großen Liebe Eurydike und erzählte ihnen von seinem Besuch in der Unterwelt. Er erinnert uns an mittelalterliche Mönche. Mir fällt die traurige Liebesgeschichte zwischen Abälard und Heloise ein. Auch Abälard konnte seine Heloise nicht bekommen, und auch er hat sich aus der Welt zurückgezogen …

Orpheus muß aber ein sehr attraktiver, schöner, für die Frauen begehrenswerter Mann gewesen sein. Er pflegte zwar nur noch den Umgang mit Männern, aber viele Frauen folgte ihm nach, lauschten von weitem seiner Stimme. Er ließ nicht zu, daß eine Frau vor sein Angesicht trat.

Es wird von dionysischen Festen erzählt, die nachts zu seinen Ehren gefeiert wurden, und irgendwann war es den Frauen vielleicht zuviel geworden, daß Orpheus die Liebe ihrer Männer abgezogen hatte, oder aber sie begehrten ihn selbst so sehr, jedenfalls kam es zur Katastrophe. Die Frauen schlossen sich zusammen, überwältigten die Männer, stürzten sich auf Orpheus und zerrissen ihn. Sie warfen die Teile seines Körpers in den Wald, in den Fluß und hackten ihm zum Schluß den Kopf ab, damit er endlich mit dem Singen aufhöre. – Aber der Kopf des Orpheus sang weiter. – Sie nagelten den Kopf an die heilige Lyra und warfen dieses ganze Singwerk in den Fluß.

Und so trieb der Kopf des Orpheus, genagelt an die Lyra, den Fluß hinunter, Orpheus immer noch singend, nach seiner Eurydike rufend, dazu klang die Lyra des Apoll. Und der Fluß brachte seine Gabe ins Meer, und Lyra und Kopf wurden auf der Insel Lesbos angespült.

Auf Lesbos wurde dem Orpheus ein Tempel errichtet, unaufhörlich sang er weiter, sang weiter, weissagte in seinem Gesang, machte sogar dem Orakel in Delphi Konkurrenz, bis es schließlich seinem Vater, dem Gott Apoll, zuviel wurde, und er sagte, er solle still sein. – Nun schwieg Orpheus endlich.

Aber es gibt da noch eine kleine, sehr schöne Sage: Nämlich an der Stelle, an der Orpheus von den aufgebrachten Frauen erschlagen und zerrissen wurde, soll später einmal ein Hirtenknabe gesessen haben und eingeschlafen sein, und im Traum soll dieser Hirtenknabe zu singen begonnen haben, und zwar so bezaubernd schön, daß die Hirten der Umgebung und die Tiere und vielleicht sogar die Bäume herangekommen seien, um zuzuhören. Und als der Knabe erwachte, sah er all diese Leute und Tiere und Pflanzen um sich, und er hörte nicht auf, mit seiner traumwandlerischen Stimme zu singen, und es heißt, er habe gesungen, als wäre es die unsterbliche Stimme des Orpheus gewesen, der aus dem Totenreich herüberriefe.

Manche behaupten, daß an eben demselben Fluß der erste, der große Dichter des Abendlandes geboren wurde, nämlich Homer. Die Sage behauptet es; genauer muß man sein: eine Sage behauptet das. Mir behagt diese Sage. Homer, denke ich mir, wird von der Wiege aus in den Himmel geblickt und dort die Lyra des Orpheus gesehen haben. Denn Zeus selbst soll die Lyra des großes Sängers

21

als Sternbild an den Himmel geheftet haben, und vielleicht hat Homer von dort die Eingebung zu seinen großen Gesängen empfangen …

EUROPA UND IHR BRUDER KADMOS

Von Europa und dem Stier – Von Kadmos und einer Kuh mit
Fleck – Von gesäten Schlangenzähnen – Von der Errichtung
der Stadt Theben – Von einer herrlichen Hochzeit

In der Gegend von Palästina, vielleicht siebzig Kilometer
südwestlich von Beirut, lag die Stadt Tyros. In Tyros
herrschte der König Agenor. Er war ein Sohn des Poseidon, des Meeresgottes. Die ganze Welt, samt Himmel
und Unterwelt, wurde ja von den drei Brüdern Zeus,
Hades und Poseidon beherrscht. Zeus herrschte über den
Himmel und die Erde, Poseidon über die Gewässer und
Hades über die Unterwelt.

Agenor war ein Sohn des Poseidon, und er hatte eine
lieblich anzusehende, zarte, vielleicht etwas naive Tochter, und diese Tochter hieß Europa. Sie mochte es, mit
ihren Freundinnen am Meer zu spielen. Dort wurde sie
eines Tages von Zeus beobachtet.

Und der Göttervater konnte einem so hübschen Mädchen nicht lange zusehen, ohne daß er von Begierde nach
ihr entflammt wurde, und so geschah es auch bei Europa.
Er sah ihr zu, wie sie mit ihrem Blumenkörbchen über den
Strand tanzte und mit ihren Freundinnen spielte. Da verwandelte er sich in einen Stier – und zwar in einen sehr
stattlichen, weißen, schneeweißen Stier, dessen Haut von
einer zarten, samtenen Fellschicht überzogen war. Er
stieg aus dem Wasser und trottete über den Strand. In

einigem Abstand vor Europa blieb er stehen, bewegte sich nicht. Die Mädchen erschraken und rannten alle weg. Nur Europa, ich sagte es schon, sie war wohl ein wenig naiv, sie betrachtete voll Erstaunen das gewaltige Tier. Vor allem der Blick dieses Tieres hatte es ihr angetan. Der Stier hielt den Kopf leicht gesenkt, und seine blauen Augen sahen sehr schüchtern und treuselig drein.

Und Europa machte Anstalten, sich dem Stier zu nähern. Der Stier hatte so eine große Halsfalte. Merkwürdigerweise wird überall auf diese Halsfalte hingewiesen, ich weiß gar nicht warum, aber ich tue es hier auch. Er hatte eine große Halsfalte und zierliche Hörner, die aus Edelsteinen waren, und er war ganz zahm. Er ließ sich von Europa streicheln, er legte seinen Kopf an ihre Seite, und schließlich faßte sie Mut und setzte sich auf seinen Rücken. Nun machte der Stier ein paar Schritte, er ging langsam im Kreis umher, und die Mädchen kamen aus ihren Verstecken und freuten sich und wollten auch auf den Rücken des Stiers steigen, aber das ließ der Stier nicht zu. Er drehte sich um und rannte weg und sprang ins Wasser und schwamm davon.

Europa, in der einen Hand hielt sie ihr Blumenkörbchen, mit der anderen Hand klammerte sie sich an einem Horn des Stiers fest, und so schwamm sie auf Zeus' Rücken hinaus und wurde von ihren Gespielinnen nie wieder gesehen.

Wir wissen, der Stier schwamm mit Europa auf seinem Rücken durch das Mittelmeer, und erst in Kreta stieg er an Land. Und wir wissen auch: Europa kehrte nie mehr zu ihrem Vater und zu ihren Brüdern zurück. Agenor, ihr Vater, der seine Tochter über alles liebte, schickte seine

Söhne aus, um sie auf der ganzen Welt zu suchen. Vorübergehend verlassen wir nun das hübsche Mädchen Europa. Wir können ahnen, was Zeus mit ihr anstellte, aber wir schieben die Erzählung noch ein wenig hinaus.

Agenor schickte seine Söhne in die Welt, um seine Tochter Europa zu suchen. Es ist dies ein typischer Fall von Vergeblichkeit, solche Geschichten kann man in allen Märchen finden, daß Söhne ausgeschickt werden, um ihre Schwester zu suchen – oder umgekehrt. Zum Beispiel bei den Brüdern Grimm kann man das Märchen von den sieben Raben nachlesen. Dort sendet der Vater die Tochter aus, um die sieben in Raben verwandelten Söhne zu suchen ... Und hier also auch.

Es ist für uns gar nicht so wichtig, welche Söhne das waren. Da gibt es den Phönix – er hat Phönizien gegründet – oder Kilix und Thasos und Phineus, und wie sie alle geheißen haben. – Nur einer ist wirklich von Bedeutung und von ihm soll erzählt werden, nämlich von Europas Bruder Kadmos.

Auch Kadmos machte sich auf den Weg, und er landete in Griechenland. Er war schlauer als die anderen Brüder Europas. Er dachte sich, ich werde nach Delphi gehen und mir dort von dem Orakel sagen lassen, wo meine Schwester ist.

Delphi spielt in der gesamten griechischen Mythologie eine ganz zentrale Rolle, und niemand bis heute weiß ganz genau, was dort eigentlich geschah. Man weiß nur, das Orakel, von Apoll selbst eingerichtet, gab nie oder nur in den seltensten Fällen klare Auskünfte, immer waren die Antworten verrätselt, oft in ironischer Form, und mit diesen Rätseln mußte man umgehen, diesen Rätseln mußte man sich stellen. Man kann auch sagen, das war ein Trick. Wenn die Weissagung nicht eingetreten ist, dann konnte das delphische Orakel immer noch behaupten, gut, du hast mein Rätsel eben nicht verstanden.

Kadmos, der Bruder der Europa, ging also nach Delphi, und die Pythia, die Priesterin, sagte zu ihm: »Hör auf, deine Schwester zu suchen, das hat überhaupt keinen Sinn, du wirst sie nicht finden, und wenn, dann bedeutet es für dich nur Unglück.« – Ist ja klar, Apoll wußte, wer Europa entführt hatte. »Nein«, sagte die Priesterin, »such du Europa nicht! Geh, wohin dich deine Füße tragen, und wenn du auf eine Kuhherde triffst, und in dieser Kuhherde befindet sich eine Kuh, die an ihrer Seite so ein mondförmiges Mal, so einen krummen Fleck hat, dann nimm diese Kuh, gib ihr einen Tritt und folge ihr nach, bis sie vor Erschöpfung zusammenbricht.«

Kadmos tat genau, wie ihm geheißen. Er streifte umher, ging einfach seinen Füßen nach und traf tatsächlich auf eine Kuhherde. Gleich sah er in der Herde ein Tier mit diesem mondförmigen Fleck an der Seite, und er gab dem Tier einen Tritt und folgte ihm nach. Er hetzte es vor sich her, bis es schließlich irgendwo niederbrach. Das Orakel hatte noch gesagt, an der Stelle, wo die Kuh umfällt, dort sollst du, Kadmos, eine Stadt gründen. Und Kadmos gründete an dieser Stelle die Stadt Theben. Und damit eröffnet sich ein ganzer ungeheurer Sagenkreis für uns, nämlich der thebanische Sagenkreis, der unüberschaubar ist, deshalb tun wir schon gar nicht so, als ob wir ihn überschauen könnten, und bleiben vorerst ganz nah bei Kadmos.

Kadmos schlachtete die erschöpfte Kuh und wollte sie den Göttern als Opfer darbringen. Dazu war Wasser nötig. Er ging zur nächsten Quelle, um Wasser zu schöpfen. Aber dort war ein Drache – oder eine Schlange, wie es in einer weniger aufgeregten Version heißt. Und diese Schlange mußte die Quelle bewachen. Kadmos machte kurzen Prozeß: Er erschlug die Schlange, schöpfte Wasser und brachte den Göttern sein Opfer dar.

Aber diese Schlange war eine besondere Schlange. Es war nämlich eine Schlange des Kriegsgottes Ares. Und von diesem Kriegsgott ist für die Menschen niemals aber auch nur irgend etwas Gutes gekommen, und es ist von ihm auch nichts Gutes zu erwarten. Deshalb tauchte schnell Athene auf, um den Schaden zu begrenzen, und sie riet dem Kadmos: »Reiß der toten Schlange alle Zähne aus und säe sie sofort in den Boden! Tu, als ob es Samenkörner wären, säe sie um dich herum in den Boden!«

Kadmos tat, wie ihm geheißen. Er säte die Schlangenzähne aus, und aus den Zähnen wuchsen Männer empor, und diese Männer begannen sofort aufeinander einzuschlagen. Ein prächtiges Bild: Wie Pflanzen wachsen Menschenähnliche aus dem Boden, und sobald sie ihre Wurzeln aufgegeben haben und in Stiefeln dastehen, halten sie schon Schwerter bei sich und sind voll gerüstet und führen Krieg.

Kadmos sah ihnen ganz verwundert zu. Binnen kurzer Zeit war von diesen Männern keiner mehr übrig, alle waren sie tot. Das Spiel gefiel ihm, er hatte noch zwei Handvoll Schlangenzähne übrig, die warf er wieder aus, und wieder wuchsen die Männer empor. Nun, das zweite Mal schienen sie etwas friedlicher zu sein, das gefiel dem Kadmos aber nicht, er warf Steine zwischen sie, und sie beschuldigten sich gegenseitig und fingen wieder an, sich die Köpfe zu spalten.

Aber Kadmos brach das martialische Spiel ab, bevor sie sich alle gegenseitig abgeschlachtet hatten. Er behielt fünf zurück. Er nannte sie die gesäten Männer, weil sie aus den Schlangenzähnen gewachsen waren. Das heißt auf griechisch: *Spartoi*. Das sind die Ahnherren der Spartaner, und die Spartaner waren das kriegerische Volk schlechthin, und sie gehörten von nun an dem Kadmos an.

Wir werden von diesen gesäten Männern noch des öfteren hören, zum Beispiel, wenn von Ödipus erzählt wird. Heute würde man sagen, sie waren menschliche Mordinstrumente, Killermaschinen, diese gesäten Männer der ersten Generation. Sie waren eine fürwahr würdige Brut des Gottes Ares ...

Allein, der Kriegsgott war noch nicht zufrieden, und er zürnte dem Kadmos weiter, daß er seine Schlange getötet hatte, und er forderte dafür, daß er ihm diene. Acht Jahre, forderte Ares, solle ihm Kadmos dienen.

Ich habe Ares immer für einen ziemlich dummen Gott gehalten. Ich möchte an dieser Stelle zwei Worte über ihn sagen. Dieser Ares ist der Gott des Krieges, und wir dürfen nicht vergessen, daß der Krieg für die Griechen nicht nur Zerstörung und grausamer Tod war, es war auch eine Art Sport, man muß das wirklich so formulieren. Der Kampf selbst war etwas Herrliches, das Ziel des Kampfes war nicht unbedingt, den Feind zu vernichten, sondern eher, ihn zu verletzen. Er sollte sich von seinen Wunden wieder erholen, damit man erneut auf ihn einschlagen konnte. Das machte Spaß, erleichterte einen. Und dieses Haudegenhafte, das eignet dem Ares. Athene, die Intellektuelle im Olymp, fühlte sich ebenfalls für den Krieg zuständig. Sie verachtete Ares, hielt ihn für einen primitiven Schläger. Sie war die Göttin der kriegerischen Strategie und der Taktik. Von Strategie und Taktik wußte Ares überhaupt nichts, wollte auch nichts davon wissen, er war der bloß Leidenschaftliche, der drauflos schlug. Athene hingegen hielt ihre Freunde an: »Überlege zuerst, was du willst. Ein Gegner ist da, um vernichtet zu werden. Wenn du ihn nicht vernichtest, wird er dich eines Tages vernichten. Also tu du es!« Kadmos war ein Freund der Athene. Ihm war sie gewogen ... Wenn also in diesem Götterhimmel eine Gottheit für unseren modernen Vernichtungskrieg steht, dann ist das nicht Ares, sondern dann ist es Athene.

Jedenfalls: Kadmos diente wider Willen diesem verrückten Ares acht Jahre lang. Er tat, was der Gott von ihm verlangte, es waren lauter Verrücktheiten, sie gingen nicht in den Mythos ein, und nach diesen acht Jahren war Ares zufrieden mit Kadmos, und er gab ihm sogar ein Geschenk, nämlich Harmonia, das ist die Tochter, die er zusammen mit Aphrodite hatte.

Und es war das erste Mal, daß ein göttlicher Sproß, eine reine Götterfee, daß die Tochter zweier Olympier einem Sterblichen zur Frau gegeben wurde. Und das war für die Götter Anlaß genug, bei dieser Hochzeit persönlich zu erscheinen. Es muß etwas Furchtbares gewesen sein und gleichzeitig natürlich auch etwas Wunderbares, wenn die ganze Götterschar, dröhnenden Schrittes, vom Olymp heruntermarschierte, Zeus mit verdecktem Angesicht, denn es war verboten und sicher nicht ratsam, dem Göttervater ins Gesicht zu schauen, es hätte zum Wahnsinn geführt. Und so saßen sie auf dem Marktplatz von Theben und feierten die Hochzeit von Kadmos und Harmonia. Und ich muß gleich sagen, diese Ehe war glücklich, sie war gesegnet mit Kindern, und Harmonia und Kadmos wurden am Ende in das Elysium geführt. – Das Elysium liegt außerhalb des Hades, dorthin werden die Seligen verfrachtet, denen man einerseits den Hades nicht zumuten möchte, die man andererseits aber auch nicht im Olymp haben will.

Aber über allen Geschenken der Götter lauert auch ein Fluch. Das kann man sich als Richtschnur für die ganze Mythologie nehmen: Wenn dir die Götter etwas Gutes tun, dann paß auf, paß auf, es ist ein Haken dabei. Am besten ist, die Götter ignorieren dich. – Nun, Harmonia und Kadmos wurden nicht von den Göttern ignoriert, sie wurden reich mit einem erfüllten Leben beschenkt; aber all ihre Kinder waren zutiefst unglücklich, sie nahmen sich das Leben oder verfielen dem Wahnsinn, wie Semele, die unbedingt das Angesicht ihres Liebhabers Zeus sehen wollte.

Das war die Geschichte von Kadmos, der ja eigentlich seinen Weg angetreten hatte, um seine Schwester Europa zu suchen, die an jenem verhängnisvollen Tag mit dem weißen Stier ins Wasser gestiegen war.

KRETA

Von Minos und seinem Bruder – Von Pasiphaë und einem
anderen weißen Stier – Von Minotauros – Von Theseus und
Ariadne – Von Daidalos und Ikaros

Kehren wir zu Europa zurück.

Das naive, hübsche Mädchen Europa wurde von
Zeus, dem weißen Stier, durch das Meer nach Kreta
getragen. Und dort am Strand verwandelte sich Zeus
abermals, diesmal in einen Adler, er legte seine dunklen
Schwingen über die kleine Europa und – und hier gehen
die Meinungen auseinander: vergewaltigte sie, sagen die
einen, liebte sie, sagen die anderen. Normalerweise spielt
es keine so große Rolle, für welche Interpretation man
sich entscheidet; in diesem Fall lege ich Wert darauf. Die
anderen sagen: Nein, er vergewaltigte sie nicht, es war
eine Liebesbeziehung, Europa verliebte sich ihrerseits
ebenfalls in ihren Entführer. Ich bin der Meinung, es ist
schon entscheidend, ob unser Kontinent als Folge einer
Vergewaltigung entstanden ist oder aus Liebe. Die Zyniker werden sagen: Schau dir doch die Geschichte Europas in den letzten paar tausend Jahren an, was soll das
andres gewesen sei als eine Vergewaltigung. Europa ist
vergewaltigt worden, und Europa hat dann im Laufe seiner Geschichte die ganze Welt vergewaltigt. Das sagen die
Zyniker. Ich bin kein Zyniker, und deshalb neige ich
mehr zu der Liebesgeschichte. Immerhin hat Europa

ihrem göttlichen Liebhaber drei Söhne geschenkt, und ich kann nicht glauben, daß drei Söhne nur aus Vergewaltigungen entstanden sind.

Der dritte Sohn wurde von der Mythologie vernachlässigt. Die ersten beiden Söhne sind wichtig: Minos und Rhadamanthys. Minos steht für den Beginn eines neuen Sagenkreises. Wir haben auf der einen Seite den thebanischen Sagenkreis, und hier haben wir den minoischen, den kretischen Sagenkreis.

Diese beiden Söhne der Europa, Minos und Rhadamanthys, hatten von Kindesbeinen an miteinander Streit. Sie waren sich nie einig. Wenn der eine etwas tat, hielt der andere Gericht über ihn und verurteilte ihn, und umgekehrt. Und einmal gab es einen offenen Konflikt, da waren sie schon halbwüchsig, sie verliebten sich beide in denselben Knaben. Minos war der Stärkere, er vertrieb Rhadamanthys von Kreta, er solle sich nie wieder auf der Insel blicken lassen. Rhadamanthys floh nach Griechenland, und als er starb, wurde er in der Unterwelt als Richter über die grauen Seelen eingesetzt.

Minos herrschte von nun an über Kreta. Seine Mutter Europa blieb bei ihm, er hielt sie gezwungenermaßen in Ehren. Er hätte sie gerne losgehabt, sie ließ sich nicht von ihm beherrschen, folgte ihm nicht, mischte sich in seine Macht ein und kritisierte bei jeder Gelegenheit seine Führung des Landes. Minos war in Wahrheit voller Haß gegen seine Mutter. Aber er hielt sich von ihr fern, mied offenen Streit, denn Europa hatte von ihrem Geliebten, von Zeus, drei Geschenke bekommen: Das erste war ein Speer, der immer traf, ganz egal, wie ungeschickt der Werfer war, und ich nehme an, daß Europa, die so gern

Blumen pflückte, sehr ungeschickt im Werfen von Speeren war. Als zweites Geschenk hatte sie einen äußerst bösartigen bissigen Hund von Zeus bekommen, den schnellsten Hund, den es auf der ganzen Welt gab. Die dritte Liebesgabe war ein Bronzemann, der nichts anderes tat, als täglich drei- bis sechsmal im Laufschritt um die Stadtmauern zu dampfen, um jedem möglichen Feind von vornherein die Lust zur Eroberung zu vermiesen. Vor diesen drei Geschenken des Zeus fürchtete sich Minos, und deshalb hütete er sich davor, Europa, seine Mutter, allzusehr zu reizen.

Minos wurde König von Kreta, nachdem er seinen Bruder Rhadamanthys von der Insel verjagt hatte. Als Rhadamanthys bald darauf starb und in den Hades einging, machte ihn Zeus zum Richter über die Schatten. Dem Minos schenkte der oberste Gott die Gesetze, mit Hilfe derer er sein Reich regieren sollte. Minos war niemand anderem verantwortlich als Zeus, seinem Vater. Und die Kreter zweifelten nicht an diesen Gesetzen, denn ihnen war klar, ihr König ist der Sohn des höchsten Gottes, und darauf waren sie stolz.

Kreta ist umspült vom Meer. Der Gott des Meeres aber war Poseidon. Und Poseidon sah es auf die Dauer wohl nicht gerne, daß dieser Minos nur seinem höheren Bruder Zeus diente. Immerhin, sagte sich Poseidon, immerhin lebt er ja auf einer Insel, und Inseln gehören zu meinem Einflußbereich. Und er war eifersüchtig. Poseidon war eifersüchtig, und Zeus, der die Launen seines Bruders kannte, riet Minos, doch auch ab und zu zum Gott des Meeres zu beten, und Minos tat das. Er tat das ungern. Aber er tat es. Außerdem kostet Beten nichts.

Da war aber auch noch der Sonnengott Helios, der mit seinen Strahlen die Insel wärmte und die Frucht gedeihen ließ. Helios wünschte sich ebenfalls die Aufmerksamkeit des Minos. Gut, Minos betete auch zu ihm, und weil Helios darüber so gerührt war – der Sonnenkult war nicht sehr verbreitet in dieser Gegend –, schenkte ihm Helios seine Tochter Pasiphaë zur Frau. Minos nahm das Geschenk an, er wollte es eben allen recht machen.

Um Pasiphaë wehte von Anfang an ein tragisches Geschick. Sie gebar dem Minos etliche Kinder, darunter Phaedra und Ariadne. Oft ist es so, daß die grausamsten Schläge des Schicksals nicht die erste Generation treffen, sondern die Kinder, die an der Schuld ihrer Eltern gar nicht teilgehabt haben. Sie bekommen dann die volle Wucht der Rache der Götter ab. Phaedra und Ariadne wurden nicht glücklich. Phaedra wurde die Frau des Athenerkönigs Theseus, aber sie verliebte sich in einen seiner Söhne, aus erster Ehe, einen vierzehnjährigen Knaben. Und der war entsetzt darüber, daß ihn seine Stiefmutter begehrte, und er meldete es seinem Vater. Er verspottete seine Stiefmutter, die ihm wohl zu alt und auch zu häßlich war. Phaedra war gedemütigt und entsetzt, und sie stritt alles ab. Sie behauptete vor ihrem Mann, der Knabe habe sie verführen wollen, und als Theseus ihr nicht glaubte, nahm sie sich das Leben. – Die andere Tochter der Pasiphaë und des Minos, Ariadne, wurde ebenfalls die Frau des Theseus.

Minos, sagten wir, sah sich gezwungen, auch dem Gott des Meeres, dem Gott der Gewässer, Poseidon, seinen Respekt zu erweisen und zu ihm zu beten. Das aber war Poseidon bald zuwenig. Er sah ja, daß seinem Bruder Zeus geopfert wurde. Also forderte er ebenfalls ein

Opfer. Er forderte von Minos einen Stier. Der Stier ist das Wappenzeichen der Kreter. Zeus war in einen weißen Stier verwandelt, als er mit Europa auf dem Rücken auf der Insel landete.

»Genau so einen Stier will ich geopfert bekommen«, ließ Poseidon verlauten. Der Meergott war immer eifersüchtig gewesen auf seinen viel größeren, viel mächtigeren Bruder.

»Woher soll ich so einen weißen Stier nehmen«, fragte Minos.

Gut, da hat Poseidon eben ein bißchen nachgeholfen. Er formte aus dem weißen Gischt der Wellen einen Stier nach Maß und ließ ihn aus dem Wasser steigen. Aber Minos, der sich nur vor seinem Vater Zeus fürchtete und sonst vor niemandem, dem gefiel dieser Stier selber so gut, und er dachte sich: »Ach was, der dumme Gott Poseidon wird's nicht merken, ich führe dieses herrliche Tier in meine Stallungen und opfere irgendeinen anderen Stier, einen alten, kranken, ausgedörrten.« – Und so tat er es auch und forderte damit das Schicksal heraus.

Poseidon durchschaute die List und bestrafte den Minos. Aber er strafte ihn nicht direkt. Ich meine, er hätte ihn ja mit seinem Dreizack erschlagen können, er hätte ihn mit einer Flutwelle vom Strand wegspülen können, wenn Minos dort spazierenging. Nein, er rächte sich auf viel raffiniertere Art und Weise – auf sehr teuflische Art und Weise, würde man gern sagen, wenn man nicht wüßte, daß die Griechen die Figur des Teufels nicht kannten. Poseidon machte, daß Pasiphaë, die Frau des Minos, die Tochter des Sonnengottes Helios, sich in ebendiesen weißen Stier verliebte.

Pasiphaë verliebte sich nicht nur in ihn, sondern sie begehrte ihn sexuell, und zwar auf eine äußerst leidenschaftliche Art. Sie erzwang sich Eintritt zu seinem Stall. Sie liebkoste das schöne Tier und wollte, daß dieser Stier sie bestieg. Nur, aus rein anatomischen Gründen war das ziemlich schwierig. Aber der Zufall wollte es, daß sich zu dieser Zeit der bedeutendste Erfinder des Altertums auf Kreta aufhielt, nämlich Daidalos. Und so ging Pasiphaë in ihrer sexuellen Not zu Daidalos und sagte zu ihm, er solle ihr helfen.

Daidalos ist das Urbild des Technikers, der die Errungenschaften seiner Profession wertneutral sieht. »Verantwortung trägt der, der eine Erfindung anwendet, nicht der Erfinder«, pflegte er zu sagen. »Die Technik ist moralisch neutral.« Also nicht das Maschinengewehr als solches ist verwerflich, sondern lediglich seine Anwendung kann es sein. – Daidalos wußte fast immer Rat.

Auch der Pasiphaë konnte Daidalos helfen. Er baute ihr eine Kuh aus Holz, die innen hohl war, und legte die Betriebsanleitung gleich mit dazu. Es war unten eine Klappe eingebaut. Dort konnte sich Pasiphaë hineinlegen und den Stier erwarten.

Diese unglückliche Frau! Man muß dazu sagen, diese in mehrerer Beziehung unglückliche Frau, denn bevor sie der Gott des Meeres in dieses besessene, von monströsen Phantasien heimgesuchte Wesen verwandelt hatte, litt sie sehr darunter, daß ihr Gatte Minos sie ununterbrochen mit anderen Frauen betrog.

Aus der Verbindung von Pasiphaë und dem Stier erwuchs ein tatsächliches Monstrum, der Minotauros. Der Minotauros war ein Knabe mit dem Kopf eines Stiers. Er war gefährlich, sah unbeschreiblich häßlich aus und war ein immer gegenwärtiger Beweis des perversen Fehltritts der Pasiphaë.

Der Minotauros war ein Problem. Er fiel die Leute auf den Straßen an. Aufruhr drohte. Daidalos wurde wieder um Rat gefragt, diesmal von Minos.

»Weißt du einen Ausweg«, fragte Minos. »Dieses Untier ist mein Stiefsohn, meine Frau hat ihn geboren.«

Daidalos sagte: »Ich baue ihm ein Gefängnis. Dann sind wir sicher vor ihm.«

Daidalos ließ ein Labyrinth bauen, in das er den Minotauros sperrte. In der Mitte des Labyrinths, wie eine Spinne im Netz, saß das Ungeheuer und fand sich in den verschiedenen Gängen und Winkeln nicht zurecht.

Aber, wie gesagt, dieser Minotauros war ein gefräßiges Wesen, das am liebsten Menschenfleisch mochte. – Wieder ein Problem.

Daidalos sagte: »Menschen kann ich leider keine machen, jedenfalls keine echten, die man fressen kann.«

»Also, was soll ich tun«, fragte Minos.

»Menschen einfangen wäre, rein sachlich betrachtet, eine Lösung«, sagte Daidalos.

Minos war gezwungen, Kriege zu führen, um Lebendfutter für dieses Untier herbeizuschaffen.

Unter anderem kam er in dieser Angelegenheit auch nach Athen. Er wollte die Stadt einnehmen, wollte dort junge Männer und junge Frauen gefangennehmen. Aber Theseus, Prinz von Athen, leistete Widerstand, und er war ein viel besserer Krieger, und so mußte sich Minos zurückziehen. Er betete zu seinem Vater, dem obersten Gott Zeus, er möge ihm die Schande ersparen, ohne Sieg nach Hause zurückzukehren, er möge Athen in die Knie zwingen. Und Zeus, obwohl er über das Ziel dieses

Kriegszuges unterrichtet war, hatte ein Einsehen und schickte die Pest nach Athen, und die Athener ergaben sich.

Minos handelte nun mit Theseus aus, daß jedes Jahr neun Jungfrauen und neun Jünglinge nach Kreta geschickt werden sollen, um dem Minotauros zum Fraß vorgeworfen zu werden.

Das war natürlich ein gewaltiger Blutzoll, den die stolze Stadt Athen der Insel Kreta zu zahlen hatte. Theseus, der weithin berühmte Held, konnte eine solche freche Provokation nicht auf sich sitzen lassen.

»Wir können nicht anders«, sagte Minos. »Wir selbst sind Geiseln des Minotauros.«

Theseus zog nach Kreta, weil er sich sagte, man muß das Übel an der Wurzel packen.

»Wir können nicht anders«, sagte er zu Minos, »ich muß den Minotauros töten.«

Minos hatte nichts dagegen. Das Untier war eine Plage. Diese Plage war nicht loszuwerden, davon war er überzeugt. Sie war ihm und der Insel auferlegt worden vom Gott des Meeres. Wenn da ein Tollkühner kam, einer wie Theseus, und meinte, er könne das Übel ausrotten, bitte, da hatte er nichts dagegen. Mithelfen wollte er dabei allerdings nicht.

Er sagte: »Geh du hinein in das Labyrinth, du allein. Wenn du ihn findest, dann töte ihn, und dann komm wieder heraus.« – Und dachte sich: Wenn du wieder herausfindest. Und dachte sich: Wenn er nicht wieder herausfindet, um so besser, dann kassiere ich Athen gleich mit. Er rieb sich die Hände, weil er genau wußte: Der beste Ingenieur hatte dieses Labyrinth gebaut, aus diesem Labyrinth konnte niemand herausfinden.

Aber Theseus traf in der Tochter des Minos eine Verbündete. Ariadne gab ihm ein großes Wollknäuel. Er befestigte das eine Ende am Eingang des Labyrinths und rollte, während er hineinging, den Faden vom Knäuel ab, so daß er wieder zurückfand, indem er einfach dem Faden folgte. Das ist der berühmte Ariadnefaden. Noch heute ist dieser Faden sprichwörtlich, wenn man sagt: Du hast dich in eine Sache hineinbegeben, aus der du nicht mehr herausfindest. Du hast vergessen, einen Ariadnefaden mitzunehmen.

Und nun wiederum die Frage: Wer hat Ariadne auf die Idee mit dem Faden gebracht? Klar, es war Daidalos.

Daidalos hat als Vorbild durch die ganze Antike gewirkt. Zum Beispiel hat der Philosoph Sokrates von sich aus, teils ironisch und augenzwinkernd, teils aber durchaus ernsthaft, behauptet, er sei ein direkter Nachfahre dieses Daidalos.

Daidalos heißt soviel wie der Einfallsreiche. Er war eigentlich Bürger von Athen. Daß er sich zu jener Zeit in Kreta aufhielt, hat eine ganz besondere Geschichte als Grund, und die möchte ich hier kurz erzählen:

Daidalos war der berühmteste Erfinder, aber auch der berühmteste Bildhauer und auch der berühmteste Maler von Athen. Man sagte von ihm, er habe seine Bilder so naturgetreu gemalt und seine Statuen so naturgetreu aus dem Stein gehauen, daß, wenn diese Kunstwerke in Menge auf dem Marktplatz standen, sich die Bevölkerung einbilden konnte, sie sei um ein Vielfaches gewachsen, und es soll Politiker gegeben haben, die sich diese Illusion zunutze machen wollten und den Daidalos baten, er möge großes Volk auf den Platz stellen, wenn sie ihre Kundgebungen abhielten. – Daidalos pflegte, wie gesagt, alles zu tun, was von ihm verlangt wurde. Probleme waren da, um gelöst zu werden ...

Daidalos hatte einen Neffen, der hieß Perdix, er war der Sohn seiner Schwester, und diesen Neffen führte er in die Kunst des Erfindens, in die Ingenieurskunst, die Bildhauerei, die Malerei ein. Dieser Perdix war äußerst geschickt. Er hätte das Zeug gehabt, ein noch größerer, noch bedeutenderer Erfinder zu werden als sein Onkel. Er hat unter anderem die Säge erfunden, da war er noch ein Knabe. Er ging am Strand spazieren und sah einen von Vögeln zusammengefressenen Fisch, sah die bloßen Gräten und dachte sich: »Wenn die Gräten aus Metall wären, könnte man damit Holz durchschneiden.«

Er hat auch den Zirkel erfunden. Man stelle sich vor, den Zirkel! Ohne Zirkel, dieses genial einfache Gerät, ist angewandte Geometrie gar nicht denkbar! Zuletzt hat er auch noch die Töpferscheibe erfunden.

Also ganz grundlegende Erfindungen waren es, die Perdix, der Neffe des Daidalos, der Menschheit geschenkt hat. Wir können uns denken, wie Daidalos darauf reagierte. Vielleicht war er am Anfang stolz, daß sein Neffe so fix und zügig lernte. Aber ich würde sagen, spätestens nach Zirkel und Töpferscheibe war es mit dem Stolz vorbei, und der Neid stieg in ihm hoch. Er lockte den Knaben ans Meer, weil er ihm angeblich etwas zeigen wollte. Er wolle ihn, sagte er, einführen in die Berechnung der Entfernung. Die Griechen wußten ja, daß die Erde eine Kugel war. Er wolle ihm, sagte er, eine Aufgabe stellen.

»Was denkst du, wo ist zwischen dir, der du hier an der Klippe stehst, und dem Horizont draußen im Meer die Mitte?«

Perdix wußte es sofort, er sagte: »Da die Erde gekrümmt und der Blickstrahl eine Tangente ist, die sich der Krümmung der Erde angleicht, wird sich diese lange Strecke, wenn wir die perspektivische Verkürzung berücksichtigen, für das Auge so zusammenstauchen, daß ihre Halbierungslinie ungefähr mit der Horizontlinie zusammenfällt.«

Da hat es den Daidalos fast umgehauen, so entsetzt war er über die Klugheit und das Wissen, über die unbestreitbare Genialität seines Neffen, und er gab ihm einen Stoß, und Perdix fiel über die Klippe.

Aber dieser Perdix hatte eine Förderin im Himmel, nämlich die Göttin Pallas Athene höchstpersönlich. Athene hatte es immer mit den ganz Schlauen, mit den ganz Gescheiten, sie fing den Knaben auf, verwandelte ihn noch in der Luft in ein Rebhuhn, und so überlebte Perdix den Sturz von der Klippe.

Daidalos aber wurde in Athen vor Gericht gestellt und des Mordes angeklagt. Er wurde für schuldig befunden und aus der Stadt verwiesen – was die schlimmste Strafe für einen Athener war. Er wurde zu den Wilden auf die Insel Kreta verbannt. Dort kam er mit seinem Sohn Ikaros an und bot der königlichen Familie sich und seine Dienste an. Für Pasiphaë baute er die Kuh, für Minos errichtete er das Labyrinth, Ariadne spendierte er den Trick mit dem Wollknäuel.

Wir waren bei Theseus stehengeblieben. Theseus begab sich also in das Labyrinth, er fand den Minotauros und erschlug ihn. Er befreite die Stadt und den Weltkreis von diesem Ungeheuer und verließ zusammen mit Ariadne die Insel Kreta.

Minos brauchte keine Recherchen anzustellen, wer

seine Tochter auf die Idee mit dem Wollfaden gebracht hatte, solche Ideen hatte nur einer in der Welt, nämlich Daidalos. Minos war ungeheuer erbost darüber, daß sich der Erfinder nicht nur von ihm verwenden ließ, sondern daß er sich jedem anbot, und er sagte: »Du sollst mit deinem Sohn in dieses Labyrinth gesperrt werden. Schau zu, wie du wieder herauskommst.«

Daidalos hatte dieses Labyrinth sehr raffiniert gebaut, aber er konnte sich die Pläne nicht merken, das war seine schwache Stelle, das Gedächtnis. Das Labyrinth war ein komplizierter Schaltkreis, würde man heute sagen, und mittendrin saßen nun Daidalos und sein Sohn Ikaros. Sie saßen im Labyrinth, und über ihnen kreisten die Vögel.

Diese Vögel aber, weil sie so gierig in der Luft zappelten, verloren Federn. Daidalos sammelte die Federn auf, studierte ihre Form und stellte fest, daß sie unten flach und oben gebogen waren. Weil der Wind im Labyrinth um die Ecken pfiff, sah er, daß die Federn hochgehoben wurden, und er stellte fest, daß dies aus ebendem Grund geschah, weil sie oben gebogen und unten flach waren, und er entdeckte somit das Prinzip des Flügels.

Nun machte er sich daran, aus den vielen Federn, die vom Himmel fielen, für sich und seinen Sohn Ikaros Flügel zu bauen. Er leimte die Federn mit Wachs zusammen, mit dem Wachs der Kerzen, die in den Ecken des Labyrinths steckten. Und schließlich hatte er Flügel gebaut.

Er unterwies seinen Sohn Ikaros und sagte: »Paß auf, wenn wir von dieser Insel wegfliegen: Wir müssen über Wasser fliegen. Flieg also nicht zu tief, damit deine Flügel nicht am Wasser streifen und sich vollsaugen. Aber fliege auch nicht zu hoch, dort oben sind die Sonnenstrahlen nämlich zu heiß, und das Wachs wird schmelzen. Halte den Mittelweg.«

Aber Ikaros war ein leidenschaftlicher junger Mann, und er flog sehr hoch hinaus. Es war wunderbar, die Insel von oben zu sehen. Er kam der Sonne zu nahe, ihre Strahlen lösten das Wachs auf, und Ikaros stürzte ab. Als er auf der Wasseroberfläche aufschlug, heißt es, sei da ein Rebhuhn vorbeigeflattert, das war der kleine Perdix, der Vetter des Ikaros, und dieses Rebhuhn habe schrecklich gelacht.

Daidalos versteckte sich nun bei einem ihm verpflichteten König, denn Minos, das wußte er, würde ihn überall verfolgen. Da kam Minos selbst eine Idee: Er ließ überall verkünden: »Ich, Minos von Kreta, gebe der Welt ein Rätsel auf: Wer einen Faden durch eine Schnekkenmuschel ziehen kann, den werde ich reich belohnen.«

Und siehe da: Einer konnte es, es war ein König von irgendwo. Aber Minos wußte: Kein König von irgendwo kann das, nur einer kann das, nur Daidalos kann das. Wenn da ein König ist, der behauptet, er könne das, dann ist Daidalos bei diesem König untergekrochen. Und so hat er ihn gefunden. Aber dieser König von irgendwo wollte natürlich den Daidalos für sich behalten, diesen großen Erfinder, man stelle sich vor, was so einer wert ist, und er verbrühte den Minos mit heißem Wasser, und so endet die Geschichte des Minos. Sein Vater Zeus hatte wohl die Geduld und auch das Interesse an ihm verloren. Aber über der Wiege unserer Kultur prangt auch sein Name. Eine der Wurzeln des Abendlandes ist die minoische Kultur Kretas.

Und wie hat Daidalos die Aufgabe des Minos gelöst? Er hat den Faden an den Hinterleib einer Ameise gebunden und sie durch die Muschel kriechen lassen.

ÖDIPUS

Von Laios und Iokaste – Von durchstochenen Füßchen –
Von der Sphinx – Von der Pest – Von der Wahrheit – Von
durchstochenen Augen – Von einer treuen Tochter – Von
einer treuen Schwester – Von verfeindeten Brüdern – Von
einem harten Vater – Vom Tod – Von einem, der schon Frau
und Mann war

Ödipus ist im zwanzigsten Jahrhundert die bekannteste
Gestalt der griechischen Mythologie, vor allem wohl deshalb, weil Sigmund Freud den Trieb des männlichen
Kindes, seine eigene Mutter zu besitzen und den Vater zu
hassen, nach ihm benannt hat.

Es ist in der Tat eine der traurigsten und grausamsten
Geschichten, die die griechische Sagenwelt zu bieten hat.
Beginnen wir bei Ödipus' Mutter und Ödipus' Vater.
Denn von ihnen beiden rührt der Fluch her, der das
Drama dieses Helden ausgelöst hat.

Ödipus' Mutter ist Iokaste, sie ist eine Nachfahrin der
gesäten Männer. Erinnern wir uns: Diese gesäten Männer sind die Vorfahren der Spartaner, sie wuchsen wie
Pflanzen aus dem Boden, als Kadmos Schlangenzähne
säte. Iokastes Bruder war Kreon, auch er wird in dieser
Tragödie noch eine wichtige Rolle spielen.

Der Vater von Ödipus war Laios. Er wäre der recht-
mäßige Anwärter auf den thebanischen Thron gewesen, aber er wurde vertrieben und fand bei König
Pelops Unterschlupf. Pelops – über ihn werden wir später noch ausführlich berichten – hat den Laios verwöhnt, hat ihn behandelt wie einen Bruder. Aber Laios

hat diese Gastfreundschaft nicht in gebührender Art und Weise zurückerstattet; im Gegenteil: Er verging sich an dem jüngsten und hübschesten Sohn des Pelops, nämlich an Chrysippos. Er verführte ihn und hat ihn schließlich, als er den Schutz des Pelops nicht mehr benötigte, mitgenommen in seine Heimatstadt Theben.

Das sah die Göttin Hera oben im Olymp nicht gern. Wir würden irren, wenn wir annähmen, daß sie etwas gegen Homosexualität hatte, das hatte Hera gewiß nicht; denn um sie herum im Götterhimmel wie auf Erden bei den Heroen und natürlich auch bei den Menschen war Homosexualität sehr verbreitet. Diese Art der Liebe wurde als die eigentliche Liebe zur Schönheit angesehen, und es galt als ehrenvoll, sich ihr vorzugsweise in einem Nebenverhältnis hinzugeben. Hera hatte etwas dagegen, weil sich Laios seiner Frau wegen Chrysippos verweigerte. Iokaste hatte sich bei der Göttermutter beschwert und um ein kräftiges Zeichen gebeten. Und Hera schickte die Sphinx auf Theben.

Die Sphinx lauerte vor dem Stadttor von Theben und versetzte die Bürger in Schrecken, und der Rat der Stadt forderte Laios auf, seinen Geliebten Chrysippos unverzüglich nach Hause zurückzuschicken und endlich wieder mit Iokaste das Lager zu teilen.

Nach langem Zögern gab Laios nach. Er schickte Chrysippos zu Pelops zurück.

Aber die Sphinx blieb. Die Bürger der Stadt meinten, der Grund dafür sei wohl, daß Laios nur den ersten Teil ihrer Forderung erfüllte hätte, und sie wollten einen Beweis dafür haben, daß Laios mit Iokaste ehelich verkehre. Man wollte ein Kind sehen.

Aber die Ehe blieb unfruchtbar. Und die Sphinx lauerte weiter vor dem Stadttor von Theben.

Iokaste war verzweifelt. Sie forderte ihren Mann auf, er solle sich auf den Weg nach Delphi zum Orakel machen, um in Erfahrung zu bringen, warum sie von ihm keine Kinder bekommen könne.

In Delphi gibt der Gott Apoll in oft verrätselten Worten Antwort auf die Fragen von Hilfesuchenden. Laios pilgerte also nach Delphi und fragte: »Was ist der Grund dafür, daß Iokaste und ich keine Kinder kriegen können?«

Die Pythia, die Priesterin in Delphi, die über einem Spalt in der Erde sitzt und so die Weisheit der alten Gaia in sich aufnimmt, wandte ihr Gesicht ab und sagte zu Laios: »Sei froh, daß deine Ehe bisher unfruchtbar geblieben ist! Hüte dich davor, einen Sohn zu zeugen, denn er wird dich töten.«

Mit dieser erschreckenden Nachricht, die nicht einmal verschlüsselt, die ganz offen als Warnung ausgesprochen worden war, kehrte Laios zurück zu Iokaste und eröffnete ihr, daß er nie mehr ihr Bett teilen werde.

Iokaste wird wohl zuerst auch erschrocken über diesen Orakelspruch gewesen sein, und sie war wohl damit einverstanden, in Zukunft auf den ehelichen Verkehr zu verzichten. Aber sie wußte, wie das Orakel in Delphi funktionierte, und es kam ihr bald schon merkwürdig vor, wie offen der Gott durch die Pythia zu ihrem Mann gesprochen hatte. Schließlich verdächtigte sie ihren Mann, diesen Spruch erfunden zu haben, um nicht mit ihr schlafen zu müssen, denn sie wußte ja, wie leidenschaftlich Laios die Knaben liebte.

Iokaste litt. Sie schlief in einem anderen Bett, schlief

in einem anderen Raum, lag nachts wach. Dann hielt sie es nicht mehr aus. Sie machte ihren Mann betrunken und schlich sich in der Nacht auf sein Lager. Sie wurde schwanger, und neun Monate später gebar sie Ödipus.

Laios war außer sich – und er machte mit diesem Neugeborenen etwas, was in so vielen Märchen mit Neugeborenen geschieht: Der Vater setzte den kleinen Knaben im Wald aus. Vorher aber durchstach er ihm die Füßchen und band sie durch die Wunden zusammen. Was das zu bedeuten hat, ist schwer zu beantworten. Manche Autoren meinen, Laios wollte damit verhindern, daß nach dem Tod des Kindes – er war davon überzeugt, daß Ödipus in der Wildnis sterben würde – sein Geist ihn, den Vater, nicht weiter würde verfolgen können. Wie auch immer: Von diesen durchstochenen Füßchen hat Ödipus seinen Namen. Ödipus heißt: Schwellfuß.

Laios übergab das Kind einem Diener – genauso, wie es in den Märchen auch immer der Fall ist. Diese Diener haben alle ein gutes Herz, oder zumindest haben sie sich einen letzten Kern von Anstand bewahrt, oder vielleicht ist es auch nur deswegen, weil der Diener einen langen Weg in den Wald gehen muß, und wenn jemand einmal einen Säugling eine Stunde lang getragen hat, dann ist er nicht mehr in der Lage, ihn den wilden Tieren vorzuwerfen.

Jedenfalls: dieser Diener war auch nicht dazu in der Lage. Er übergab das Bündel unterwegs irgendeinem Hirten und sagte: »Da ist ein Kind drin eingewickelt. Dieses Kind soll dem Tod überantwortet werden. Mach du mit dem Kind, was du willst. Ich werde meinem Herrn melden, ich hätte getan, was er mir befohlen hat.«

Wir kennen viele solche Geschichten. Zum Beispiel bei den Brüdern Grimm kommen sie immer wieder vor – denken wir an das Märchen vom Mädchen ohne Hände oder an Schneewittchen. Diese Geschichten sind Zeugnisse grausamer Armut. Die Menschen konnten ihre Kinder nicht ernähren, sie setzten sie aus und erfanden diese Märchen, vielleicht um ihr schlechtes Gewissen zu beruhigen – denn diese Märchen gehen alle gut aus, für die Ausgesetzten.

Der Hirte in unserer Geschichte brachte den kleinen Ödipus zu seinem König, zu Polybos von Korinth, und er sparte nicht mit der Wahrheit und erzählte haarklein, was vorgefallen war.

Dieser König, er war ein gütiger König, und auch die Königin war gütig, und die beiden verliebten sich auf Anhieb in dieses Knäblein, das sie aus seinem Windelkissen heraus anstrahlte, und sie sagten: »Wir werden diesen kleinen Buben an Kindes statt annehmen.«

Die Königin hatte sich sogar einen schönen Trick ausgedacht, um ihr Volk zu täuschen. Sie tat so, als ob sie schwanger wäre, und ging mit ihren Freundinnen und dem Hofstaat hinunter zum Wasser und führte sich auf, als ob sie gebären würde. Und plötzlich hielt sie dieses fixfertige Knäblein im Arm. Eine andere Version erzählt, die Königin habe unten beim Fluß so getan, als ob sie das Kindlein in einem Korb aus dem Fluß gezogen habe. Dabei müssen wir natürlich an das Schicksal des kleinen Moses denken.

Polybos und seine Frau nahmen den Ödipus bei sich auf, und Ödipus wuchs bei ihnen heran, und er war stets der Meinung, daß Polybos und die Königin seine rechtmäßigen Eltern seien. So wurde aus ihm ein junger Mann, ein sehr starker, sehr kluger, trotz seiner Jugend weiser Mann, vielleicht ein etwas zu melancholischer, zur Schwermut neigender junger Mann.

Eines Abends bei einem Fest kommt ein Bursche zu ihm und sagt, ohne jede böse Absicht, aber doch der Wahrheit entsprechend: »Ödipus, du siehst sehr schön aus, du siehst sehr klug aus, aber wie deine Eltern siehst du nicht aus! Du siehst weder deiner Mutter ähnlich noch deinem Vater.«

Und damit pflanzte er einen bösen Zweifel in das Herz des Ödipus, und als die Gesellschaft später bei Tisch saß – Ödipus hatte seinen Platz neben König und Königin –, da betrachtete er im Spiegel an der gegenüberliegenden Wand seine vermeintliche Mutter, seinen vermeintlichen Vater und sich selbst. Und er mußte sich sagen: Dieser junge Bursche hatte recht.

So machte sich Ödipus ebenfalls auf den Weg nach Delphi, um das Orakel zu befragen. Er wollte wissen, was mit ihm sei.

Kaum hatte er den Schrein der Priesterin betreten, da geschah etwas, was in Delphi noch nie geschehen war und auch nie wieder geschehen würde: Die Pythia verweigerte ihm jede Auskunft. Sie ließ ihn nicht ein und rief: »Hinweg, du Elender, du wirst deinen Vater töten, und deine Mutter wirst du heiraten! Ein unaussprechlicher Fluch lastet auf dir! Hinweg! Wenn du der Menschheit etwas Gutes tun willst, dann geh in den Tod!«

Ödipus war furchtbar erschrocken, er war noch ein junger Mann, vor allen Menschen liebte er seinen vermeintlichen Vater Polybos am meisten, und er wollte auf gar keinen Fall Unglück über König und Königin bringen. Aber sterben wollte er natürlich auch nicht.

So beschloß er, in die Welt hinauszuziehen. Er wollte nie mehr zurückkehren nach Korinth.

Traurig wanderte er durch die Welt, und eines Tages auf seiner Wanderschaft traf er an einer schmalen Wegstelle auf ein Pferdegespann. Nun muß dazu gesagt werden, daß Ödipus wohl ein melancholischer Charakter war, aber er war doch auch einer, der ein natürliches Gespür für Recht und Unrecht besaß und es nicht zuließ, daß ihn jemand beleidigte, und der es auch nicht zuließ, daß sich irgend jemand über ihn stellte. – Auf diesem schmalen Weg kam ihm dieses Fuhrwerk entgegen, und auf diesem Fuhrwerk standen mehrere Männer in Lederrüstungen, und hinten, auf einem protzigen Thron, saß ein alter Mann, der sagte:

»Verschwinde! Geh aus meinem Weg, ich bin höher gestellt als du, geh du auf die Seite, ich werde es bestimmt nicht tun!«

Ödipus wäre selbstverständlich zur Seite getreten, wenn ihn dieser Mann höflich gefragt hätte, wenn er darum gebeten hätte, aber diesem Befehlston wollte er auf gar keinen Fall gehorchen.

»Hör zu, alter Mann«, sagte er, »ich gehorche nur den Göttern und meinen Eltern, sonst gehorche ich niemandem.«

Da begann der Mann von dem Fuhrwerk herunter mit der Peitsche auf Ödipus einzuschlagen. Ödipus faßte die Peitsche und riß den Mann von seinem Sitz herunter. Es kam zu einem Handgemenge, Ödipus erschlug die Männer in den Lederrüstungen, er war sehr stark, und im Streit schoß der Jähzorn in ihm hoch, die Pferde drohten durchzugehen, der alte, tyrannische Mann beschimpfte Ödipus weiter in unflätigster Weise, Ödipus schlug ihm auf den Kopf, der Alte taumelte, griff nach den Zügeln der Pferde, ein zweiter Schlag traf ihn tödlich, und sein Leichnam wurde von dem Gespann davongeschleift.

Wer dieser alte, tyrannische Mann war, das läßt sich denken. Es war Laios. Es war Laios, der König von Theben, der wahre Vater des Ödipus, der seinen kleinen Knaben kurz nach der Geburt hatte aussetzen wollen, der ihm die Füße durchstochen hatte und der überzeugt war, daß sein Sohn tot sei.

Laios hatte sich ebenfalls auf dem Weg nach Delphi befunden, denn er wollte wieder von der Pythia eine Auskunft haben, und diese Auskunft betraf die Sphinx. Ich habe am Beginn dieser Geschichte erzählt, daß Hera in ihrem Zorn auf Laios, weil er den kleinen Chrysippos verführt und entführt und seine Gattin Iokaste des Knaben wegen vernachlässigt hatte, zuerst die Unfruchtbarkeit und später die Sphinx geschickt hatte. Die Sphinx war geblieben, und sie bedrohte die Stadt Theben immer noch, sie würde erst verschwinden, wenn ihr Rätsel gelöst war. Denn jedem, der bei ihr vorbeikam, lauerte sie auf und stellte ihm ihr Rätsel, und wer das Rätsel nicht lösen konnte, den verschlang sie.

Diese Sphinx muß man sich so vorstellen: ein Frauenkopf, ein Löwenkörper, ein Schlangenschwanz und Adlerflügel. Ich habe in verschiedenen Büchern nachgeschaut, was diese Sphinx symbolisierte, und es gibt eine ganze Reihe von Erklärungen. Eine besagt, daß sie das Jahr darstellte, das Jahr mit seinen vier Jahreszeiten, daß sie, will man es noch abstrakter, die Zeit, die Vergänglichkeit symbolisierte. – Geben wir uns damit zufrieden ...

Laios hatte gemerkt, daß der Handel mit seiner Stadt praktisch zum Erliegen kam, denn die Händler, die Theben besuchen wollten, wurden alle von der Sphinx aufgefressen. Niemand mochte mehr nach Theben gehen. Die Stadt drohte zu verarmen. Nach innen war die Sphinx ein Gefängniswächter, es war schwer, die Stadt zu verlassen, man mußte Tricks anwenden, Schleichwege kennen, sich Schleppern anvertrauen und so weiter.

Das Rätsel der Sphinx war folgendes, es hieß: »Welches Wesen, das nur eine Stimme hat, hat manchmal zwei Beine, manchmal drei Beine, manchmal vier Beine und ist dann am schwächsten, wenn es am meisten Beine hat, und am stärksten, wenn es am wenigsten Beine hat?«

Das war das Rätsel der Sphinx.

Niemand hatte das Rätsel bis zu jenem Tag lösen können. Nachdem Ödipus seinen wirklichen Vater, Laios, den König von Theben, erschlagen und damit den ersten Teil der delphischen Weissagung erfüllt hatte, ging er weiter auf dem Weg nach Theben. Unterwegs wurde ihm zugerufen: »Wanderer, geh nicht nach Theben, du wirst dort der Sphinx begegnen, und sie wird dir eine Frage stellen. Diese Frage kann kein Mensch beantworten, du auch nicht, und sie wird dich fressen.«

Ödipus lag nicht so sehr viel am Leben, er antwortete: »Na gut, wenn ich das Rätsel nicht weiß, wird sie mich eben töten. Aber wenn ich es weiß, dann werde ich sie töten.«

Und dann stand er der Sphinx gegenüber, und die Sphinx stellte ihm ihr Rätsel: »Um welches Wesen handelt es sich? Es hat manchmal zwei, manchmal drei, manchmal vier Beine und ist am schwächsten mit den meisten und am stärksten mit den wenigsten Beinen.«

Ödipus überlegte nicht lange. Er antwortete schlicht und gerade: »Es ist der Mensch. Der Mensch kriecht als Säugling auf vier Beinen, als Erwachsener geht er auf zwei Beinen, und im Alter, wenn er einen Stock braucht, geht er auf drei Beinen. Am schwächsten ist er als Säugling, am zweitschwächsten ist er im Alter, am stärksten ist er als Erwachsener, wenn er auf seinen zwei Beinen steht.«

Da bekam die Sphinx, man möchte sagen, einen Anfall, sie schrie auf und stürzte sich über den Felsen hinunter zu Tode.

Ödipus zog als Befreier in die Stadt Theben ein. Er wurde als Befreier gefeiert, und Kreon, der Bruder der Iokaste, der nach Laios' Tod die Regierungsgeschäfte in Theben übernommen hatte, wurde von den Bürgern gezwungen, zu Ödipus zu gehen und zu sagen: »Du sollst unser König sein. Du hast die Stadt von der Sphinx befreit, du sollst über diese Stadt herrschen und sollst die Königin zu deiner Gemahlin haben.«

Nun glaubte Ödipus, daß er endlich eine Heimat und eine Aufgabe gefunden habe. Er stimmte dem Angebot der Bürgerschaft von Theben gern zu. Er heiratete Iokaste, seine Mutter, wie vom Orakel in Delphi vorhergesagt, und er wurde König von Theben.

Er war ein guter, ein weiser und ein liebevoller König. Aber dann kam die Pest über Theben und raffte viele Bürger hinweg. Bei Katastrophen wie der Pest oder auch anderen Katastrophen, auch bei Kriegen, gingen die Griechen immer davon aus, daß sie nicht natürliche oder historische Ursachen hatten, sondern daß sie als Strafen von den Göttern geschickt wurden. Also wurden Nachforschungen angestellt: »Was«, wurde gefragt, »was haben wir angestellt, was war unser Vergehen, daß uns die Götter auf diese Art und Weise strafen?«

Also begab sich wieder einmal ein Bürger der Stadt Theben nach Delphi, um zu erfahren, was die Schuld der Stadt sei.

Die Pythia blickte zur Seite und sagte nur einen Satz: »Vertreibt den Mörder eures Königs Laios aus der Stadt, dann wird die Pest verschwinden.«

Der Sohn hat den Vater getötet, ohne daß er es wußte, und gerade in der Tatsache, daß Ödipus keine Ahnung von seinem Schicksal hatte, keine Ahnung davon hatte, daß in Erfüllung gegangen war, was ihm das Orakel prophezeit hatte, gerade in dieser Unwissenheit, seiner reinen Ahnungslosigkeit liegt seine Tragödie. Er sitzt da, und wir betrachten diesen unschuldig Schuldigen, und noch nach zweieinhalbtausend Jahren rührt uns sein Schicksal zu Tränen. Es ist kein Zufall, daß Sophokles, einer der drei großen Tragödienschreiber der griechischen Antike, dem Helden Ödipus drei Dramen gewidmet hat: »König Ödipus«, »Ödipus auf Kolonos« und schließlich die Tragödie »Antigone«.

Aus Delphi verlautet: »Vertreibt den Mörder des Laios!«

Und Ödipus schickt zusätzlich, was die Tragödie noch verschärft, dem Mörder des Königs Laios einen Fluch hinterher: »Er soll verflucht sein auf ewige Zeiten«, ruft er und verflucht damit sich selbst.

Die Pest wütet weiter, das Volk erwartet von seinem König Erlösung. Ödipus in seiner Ratlosigkeit läßt Teiresias rufen. Teiresias ist einer der bedeutendsten Seher des Altertums. Ödipus holt ihn, um von ihm Rat zu erbitten, denn zum Orakel in Delphi wollte er nicht noch einmal gehen.

Teiresias sagt: »Die Götter werden erst zufrieden sein, werden erst dann die Pest von Theben nehmen, wenn einer der gesäten Männer für die Stadt stirbt.«

Genaueres dürfe er nicht verkünden, sagte er, die Götter hätten es ihm verboten. – Die Götter wollten dem grausamen Spiel wohl nicht die Dramaturgie nehmen. Das Leid der Menschen hatte seit je großen Unterhaltungswert für sie.

Die gesäten Männer, wir wissen es, sind die Vorfahren der Spartaner, die aus den Drachenzähnen gewachsen sind wie die Pflanzen aus dem Boden. Und nun kommt es zu einer neuen Verwicklung, zu einem neuen Mißverständnis, denn der alte Menoikeus, der Vater der Iokaste, der seinen Lebensabend in Theben verbringt, meint, er sei gemeint, weil er ein Nachfahre der gesäten Männer ist. Er denkt sich also: »An mir liegt es.«

Bei einem Götterfluch haben die Menschen nicht nachzufragen: »Warum habt ihr dort oben mich verflucht?« Das wäre Lästerung. Menoikeus zieht die Konsequenzen aus seinem Verständnis des Spruchs des Teiresias, er stürzt sich von den Mauern der Stadt zu Tode.

Menoikeus opferte sich im Glauben, er befreie damit Theben. Er wird als Held gefeiert, aber Teiresias sagt: »Das war gut gemeint, das haben die Götter wirklich gern gesehen. Aber ihn wollten sie nicht. Sie wollten einen der gesäten Männer, aber nicht ihn, sie wollten einen aus der dritten Generation.«

Immer enger schnürt sich das Schicksal um den armen Ödipus. Der Trick, den Sophokles in seinem Stück »König Ödipus« anwendet, besteht darin, daß der Zuschauer ganz genau weiß, was auf Ödipus lauert, daß wir wissen, er ist unentrinnbar seinem Schicksal ausgeliefert. Und wir schauen klamm und voller Entsetzen zu, wie die Pranke des Schicksals zum letzten Schlag gegen Ödipus ausholt.

Ödipus ist ein sehr weiser und sehr gütiger König, aber die Pest bleibt über der Stadt, und das Orakel in Delphi hat verkündet: »Erst wenn ihr den Mörder des Königs Laios findet, wird die Pest die Stadt verlassen.«

Teiresias bekommt schließlich die Erlaubnis der Götter, die schreckliche Wahrheit aufzuklären, der blinde Seher tritt hin vor den König, zeigt mit dem Finger auf ihn, streicht mit der Hand über sein Gesicht und sagt: »Du bist Ödipus, und du bist gemeint, denn du hast deinen Vater erschlagen, und du lebst in sündiger Ehe mit deiner Mutter Iokaste zusammen.«

Und wir sehen: Ödipus ist entsetzt, aber er hat die Wahrheit bereits geahnt. Nun beginnt er sich zu verteidigen gegen sein Schicksal. Er glaube nicht, was der Seher behauptet, sagt er. Er beschuldigt Teiresias sogar, dieser habe ein Komplott gegen ihn geschmiedet, er stecke mit Kreon unter einer Decke. Ödipus beginnt um sich zu schlagen. Freilich, es gibt einige, die ihm glauben. Teiresias, wir werden davon noch hören, hat keinen besonders guten Ruf, obwohl er doch immer wieder angerufen wird, wenn es darum geht, in die Zukunft zu sehen. Eine Intrige ist dem Wahrsager durchaus zuzutrauen. Vielleicht hat er sich ja tatsächlich von Kreon kaufen lassen.

Kreon, das wußten alle, war nach wie vor der Überzeugung, er habe den einzig berechtigten Anspruch auf den Thron von Theben. Er lauerte im Hintergrund. Ödipus beschuldigt ihn, aber die Ahnung, es könnte in seinem Schicksal etwas Grauenhaftes verborgen sein, läßt ihn nicht los. Und so drängt er auf der einen Seite diese Gedanken von sich, auf der anderen Seite beginnt er Nachforschungen anzustellen.

Die Spannung konzentriert sich nicht so sehr in der Frage, was wird geschehen, sondern in der Frage: Was ist bisher geschehen?

Es kommen immer schrecklichere Dinge zum Vorschein: Teiresias, um sich reinzuwaschen von dem Vorwurf, er plane eine Intrige, läßt den Hirtenknaben herbeischaffen – inzwischen ist er ein alter Mann –, der damals den Säugling im Wald aussetzen sollte. Der Hirte erzählt von den durchstochenen Füßen. Es gibt Mythenforscher, die diese durchstochenen Füße mit den durchnagelten Füßen des Christus am Kreuz vergleichen. So weit will ich gar nicht gehen; aber eines läßt sich doch konstatieren: Das Durchstoßen, Durchnageln, das Verletzen, das Blenden, das Außerkraftsetzen der natürlichen Mittel des Menschen, sich in der Welt zurechtzufinden, läßt sich an vielen Stellen in vielen Mythen der Völker nachweisen, und zwar überall dort, wo die göttliche Macht als Zeichen ihrer Überlegenheit einen Menschen in seine Schranken weisen will.

Der Hirte sagt die Wahrheit. Er sagt, er habe damals das Kind im Wald ausgesetzt, aber er habe es nicht sterben lassen. Er habe es weitergegeben, und der Knabe sei aufgewachsen in Korinth bei König Polybos.

Nun gesteht sich Ödipus ein, was er im Herzen ohnehin schon weiß: daß nur er gemeint sein kann. Noch scheut er vor dem öffentlichen Eingeständnis zurück. Seine Gattin und Mutter Iokaste allerdings macht sich nichts mehr vor. Sie hat in all den Jahren ihr schlechtes

Gewissen nicht beruhigen können, daß sie sich damals bereit erklärt hatte, ihr Neugeborenes wegzugeben. Und sie sieht ein, daß sie Blutschande begangen hat, daß sie von ihrem eigenen Sohn Kinder empfangen hat. Iokaste kann mit dieser Schuld nicht leben, sie erhängt sich.

Nun gelingt es auch Ödipus nicht mehr, die Wahrheit abzudrängen. Der Schmerz der Einsicht ist so gewaltig, und die Schuldgefühle sind so groß, daß er sich schreiend die Haare rauft, daß er aus dem Haar der toten Iokaste die Spange nimmt und mit der Nadel die eigenen Augen durchsticht.

Er blendet sich. Am Beginn seines Lebens wurden ihm die Füße durchbohrt, damit er nicht mehr gehen kann, am Ende seines Lebens durchsticht er sich selbst die Augen, damit er nicht mehr sehen kann.

Seine letzte Tat als König: Er erteilt sich selbst den Befehl, die Stadt zu verlassen. Als König Ödipus verbannt er den Menschen Ödipus. Er zieht ein härenes Gewand an und geht. Nur eine seiner Töchter, Antigone, verläßt mit ihm gemeinsam die Stadt Theben.

Ich möchte hier einfügen, was Schiller zu der Tragödie »König Ödipus« des Sophokles geschrieben hat:

»Der Ödipus ist gleichsam nur eine tragische Analysis. Alles ist schon da, und es wird nur herausgewickelt, wobei das Geschehene als unabänderlich seiner Natur nach viel fürchterlicher ist, und die Furcht, daß etwas geschehen sein könnte, das Gemüt ganz anders affiziert als die Furcht, daß etwas geschehen wird.«

Mit diesem Stück hat Sophokles die Grundlage der klassischen Tragödie im Abendland geschaffen, und wenn Aristoteles in seiner »Poetik« die Tragödie untersucht und wenn er Regeln aufstellt, wie eine Tragödie zu

bauen sei, dann bezieht er sich auf den »König Ödipus«
von Sophokles. Was wir heute Theaterdramaturgie in
einem klassischen Sinn nennen, und das trifft auch auf
den Aufbau der meisten Spielfilme zu, beruht letztendlich
auf diesem wunderbaren Entwurf, den Sophokles vor
rund zweitausendfünfhundert Jahren vorgelegt hat.

Ödipus, begleitet und geführt von seiner liebsten
Tochter Antigone, die ja gleichzeitig auch seine Halbschwester ist, durchstreift das Land, selbst hat er sich das
Augenlicht genommen, damit er nicht weiter auf die Folgen seiner Schuld schauen muß, den Fluch trägt er auf seinen Schultern, so gelangt er endlich nach Kolonos, einer
Ortschaft nahe von Athen.

Aber welch absonderliche Willkür des Geschicks!
Ödipus eilt ein Orakelspruch voraus, der besagt: »Die
Stadt, in der Ödipus sterben wird, wird ewig Glück
haben.«

So kommt es, daß die Söhne des Ödipus, Polyneikes
und Eteokles, die gleichzeitig seine Halbbrüder sind,
denn er hat sie ja mit seiner Mutter Iokaste gezeugt, daß
diese Söhne, die inzwischen in Theben um die Macht
kämpfen, großes Interesse haben, daß ihr Bruder-Vater
zurück nach Theben komme, um dort zu sterben. Sie wissen auch, nur derjenige wird die Macht erlangen, der von
Ödipus gesegnet wird.

Polyneikes streift umher, findet den Ödipus, bittet ihn,
er möge ihn vor seinem Bruder segnen. Aber Ödipus
weiß, neuer Fluch soll gesät werden, und er verweigert
seinen Segen. Auch Eteokles kommt, auch ihn weist Ödipus ab.

Es meldet sich schließlich auch Kreon an. Kreon, der
Schwager-Onkel des Ödipus, der immer im Hintergrund

stand, im Abseits, hat sich auf die Seite des Eteokles geschlagen, weil er der weichere der beiden Brüder ist, der sich leichter beeinflussen läßt. Aber Ödipus durchschaut auch Kreons Absichten. Er läßt ihn erst gar nicht vor, weist Kreon ab.

Da rückt Kreon mit einem Heer heran. Er will Ödipus mit Gewalt nach Theben schleppen. Ödipus bittet Theseus, den König von Athen, um Hilfe, und Theseus stellt sich ihm zur Seite.

Ödipus stirbt in Athen, und Theben ist für immer vom Glück verlassen, während Athen zu einer der großen Städte der Weltgeschichte aufsteigen wird. Auch das rechnet der Mythos dem Ödipus zu.

Nun nimmt die ganze Geschichte eine neue tragische Wendung. Antigone, des Ödipus liebste Tochter, ist einem Sohn des Kreon versprochen, nämlich Haimon. Die beiden lieben sich. Das Schicksal wendet sich Antigone zu. Auf sie stürzt das Verhängnis.

Polyneikes und Eteokles treiben ihren Streit auf die Spitze, in einem Zweikampf fallen sie beide, sie erschlagen sich gleichzeitig, verletzen sich so sehr, daß beide an den Wunden sterben. Kreon reißt die Macht ganz an sich. Er verbietet mit Androhung der Todesstrafe, daß Polyneikes begraben wird. – Um dieses Verbot kreist die moralische Frage in der Tragödie »Antigone« von Sophokles.

Antigone kehrt nach Hause zurück, weil sie Haimon heiraten möchte. Sie kann nicht zusehen, wie ihr Bruder Polyneikes auf dem Schlachtfeld liegenbleibt, wie die Vögel und die Hunde seinen Körper zerreißen. Sie weiß, wenn nicht Erde über ihn gedeckt wird, dann wird er keine Ruhe finden. Es ist ein Gewissenskonflikt für Antigone, sie weiß, sie muß ihrem Bruder diesen letzten Gefallen tun, aber sie weiß auch, es wird sie das Leben kosten.

Antigone will, daß der Fluch, der auf ihrem Geschlecht lastet, endlich ein Ende findet. Sie weiß, wenn sie das Verbrechen begeht, ihren Bruder nicht zu bestatten – vielleicht nicht ein Verbrechen vor den Menschen, aber ein Verbrechen vor den Göttern –, dann wird dieser Fluch weiterwirken und auch ihre Kinder und Kindeskinder erfassen. Sie hofft auf die Einsicht des Kreon.

Bei Sophokles spricht sie einen ganz entscheidenden Satz: »Nicht mitzuhassen, mitzulieben bin ich da.« Das heißt soviel wie: »Ich bin dazu ausersehen worden, diesen Fluch abzuschneiden; ich bin geboren, um diesen Fluch, der auf unserem Geschlecht liegt, endlich zu beenden.«

So schleicht sie sich nachts hinaus auf das Schlachtfeld und streut wenigstens symbolisch eine Handvoll Erde auf ihren toten Bruder Polyneikes.

Sie wird verhaftet und eingesperrt.

Ihr Verlobter Haimon, der Sohn des Tyrannen Kreon, bittet um ihr Leben, er kniet vor dem Vater nieder, umfaßt die Beine des Vaters, fleht: »Laß Antigone leben, laß uns dieses Glück, sei nicht so grausam, beharre nicht auf deinem Gesetz!«

Es ist sinnlos. Kreon beharrt weiter. Er läßt nicht mit sich reden.

Er ist immer übergangen worden. Kreon ist eine Randfigur von Anfang an. Zuerst war Laios an der Macht. Nach seinem Tod gelang es Kreon nicht, die Sphinx zu besiegen. Ödipus kam. Kreon hat wieder auf den Thron verzichten müssen. Dann waren die beiden Söhne da, die sich um die Thronfolge gestritten haben. Auch damals war Kreon nur eine Randfigur, mußte sich darauf beschränken, Einfluß auszuüben. Jetzt haben sich beide Söhne des Ödipus umgebracht. Jetzt sitzt er, Kreon, endlich an den Hebeln der Macht.

Gegen seinen eigenen Sohn Haimon verschließt er sich und sagt: »Nein! Was ich bestimmt habe, ist Gesetz.«

Aber Haimon läßt mit seinen Bitten nicht ab. Schließlich scheint Kreon doch nachzugeben.

»Gut«, sagt er. »Ich will deiner Antigone das Leben schenken.«

Der Sohn will seinen Vater vor Glück umarmen. Aber Kreon ist grausamer, als es sein Sohn für möglich hält.

»Antigone soll zwar nicht sterben«, sagt Kreon, »aber frei wird sie nicht sein.«

Er läßt die Tochter des Ödipus in ihrem Gefängnis einmauern. Nur ein schmaler Schlitz bleibt in der Mauer offen, durch ihn werden Wasser und Brot gereicht. – Das ist schlimmer als der Tod.

Antigone kauert in ihrem engen Verlies.

Draußen weint ihr Verlobter Haimon.

Versteinert sitzt Kreon auf dem Thron der Macht und läßt sich nicht umstimmen.

Da taucht abermals Teiresias, der blinde Seher, auf und gibt Kreon ungebetenen Rat.

Er sagt: »Die Toten grab ein und die Lebendigen grab aus.«

Er soll den Polyneikes endlich ordentlich begraben und Antigone aus ihrem Gefängnis frei lassen.

Teiresias sagt weiter: »Wenn du das nicht tust, Kreon, wird der Fluch des Ödipus auf dich und auf dein ganzes Geschlecht übergehen.«

Da wird Kreon unsicher, und schließlich gibt er nach. Er läßt Polyneikes begraben und bricht die Kammer auf, in der Antigone schmachtet. Haimon, sein unglücklicher Sohn, will seinem Vater überschwenglich danken – aber zu früh: denn als das Verlies aufgebrochen wird, findet man Antigone erhängt.

Haimon, als er sieht, daß seine Verlobte tot ist, stürzt sich in sein Schwert. Kreons Frau springt von der höchsten Zinne, als sie sieht, daß ihr Sohn in seinem Blut liegt. – Die Tragödie des Sophokles endet mit dem schuldbewußten Klageruf des Kreon:

So führt mich hinweg, mich törichten Mann,
der willentlich dich, mein Kind, nicht erschlug,
auch dich nicht, mein Weib! Ich weiß ja nicht mehr,
wohin schaun, wohin mich wenden; alles, ach,
gleitet mir aus der Hand; über mein Haupt entlud
sich Unheil mit nicht ertragbarer Wucht.

In der Tragödie des Ödipus fällt uns auf, daß der Seher Teiresias immer wieder eine wichtige Rolle spielt. Ich möchte, gleichsam als das Satyrstück zur Tragödie, von diesem Seher erzählen.

Er hat eine durchaus humorige Geschichte. Warum ist er blind? Dafür gibt es zwei verschiedene Erklärungen. Ich möchte beide Versionen erzählen, weil sie beide hübsch sind und spaßig.

Zunächst die eine Version: Teiresias geriet eines Tages in eine prekäre Lage. Er sah die Göttin Pallas Athene zufällig nackt. Athene ist eine jungfräuliche Göttin, die sich zwar gern mit Männern umgibt, dabei aber immer an ihren Verstand, nie an ihren Sexus appelliert.

Teiresias sah also Athene eines Tages zufällig nackt im Bad, und er war ganz geblendet von ihrer Schönheit. So beging er den Fehler, sich erwischen zu lassen. Das war etwas, das Athene nicht vertragen konnte, daß jemand ihr ansah, daß sie leiblich war. Athene ist aus dem Kopf des Zeus geboren worden, sie ist eine Kopfgeburt. Sie ist allem Leiblichen, allem Sexuellen abhold. Sie will lieber gefürchtet als begehrt werden.

Sie sah in dem Blick des Teiresias die Begierde, und da hat sie ihm blitzschnell ihre Hand auf die Augen gelegt, und das machte, daß Teiresias auf der Stelle blind war. Aber die Mutter des Teiresias war darüber so sehr bekümmert, daß Athene sich ein schlechtes Gewissen daraus gemacht hat.

Athene hatte die Eigenart, daß sie immer eine Schlange vorne in ihrer Brusttasche mit sich herumtrug. Wir werden davon noch erzählen. Diese Schlange konnte so einige Zaubertricks. Athene bat also ihre Lieblingsschlange, sie solle dem Teiresias die Ohren auslecken. Das tat die Schlange. Sie säuberte dem Teiresias die Ohren auf so eigentümliche Art, daß er von nun an die Sprache der Vögel verstehen konnte. Deshalb hat Teiresias auch, wenn er die Zukunft weissagte, immer auf die Vögel gehört. Die Vögel, die ja so hoch über uns Menschen schweben, sie haben einen größeren Weitblick als wir. Sie sehen, was war, sie sehen, was ist, und sie sehen, was kommen wird. Nicht alles, was kommen wird, sehen sie, aber vieles. Wer die Stimmen der Vögel versteht, wer ihr Gezwitscher deuten kann, der versteht es, einigermaßen in die Zukunft zu sehen. – Übrigens: Athene muß wirklich ein sehr schlechtes Gewissen gehabt haben, denn bei derselben Gelegenheit gab sie dem Teiresias auch ein besonders langes Leben. Sieben Generationen soll es gedauert haben, dieses Leben.

Die andere Version der Sage geht so: Teiresias, als er noch ein junger Mann war, spazierte durch den Wald und beobachtete zwei Schlangen, die sich gerade begatteten. Irgendwie kam ihm dieses Schauspiel zwar faszinierend, aber auch ungehörig vor. Er nahm einen Stab und schlug auf die beiden Tiere ein. Aber es waren natürlich heilige Schlangen, und als er das Schlangenweibchen erschlug, wurde er selbst augenblicklich in eine Frau verwandelt.

Von nun an war Teiresias eine Frau. Es schien ihm keinen großen Kummer bereitet zu haben. Schnurstracks begab er sich in die nächste größere Stadt und lebte dort sieben Jahre als eine im Umgang mit Männern sehr erfahrene Hure.

Nach diesen sieben Jahren wollte er – sie – wieder einmal frische Luft schnappen und sich von den verrauchten Kaschemmen erholen, in denen er sich herumtrieb. Er machte Urlaub auf dem Lande und kam auf einem seiner Spaziergänge zufällig an dieselbe Stelle im Wald, und wieder sah er ein Schlangenpaar sich begatten, und wieder ekelte er sich davor. Er wunderte sich darüber, daß diese Kreatur solche Lust verspüren kann. Er nahm wieder einen Stab und schlug auf die beiden ein. Diesmal traf er das Schlangenmännchen. Das Schlangenmännchen war tot, und augenblicklich war Teiresias zurückverwandelt in einen Mann.

Nun gab es eine andere Geschichte, die sich oben im Olymp abspielte. Zwischen Zeus und Hera, seiner Schwester, die gleichzeitig seine Frau war, gab es Streit. Durch die ganze Ilias des Homer hindurch ziehen sich diese Keifereien zwischen Zeus und Hera, und einmal gab es Streit über folgende Frage: Wer hat beim Beischlaf mehr Lust, der Mann oder die Frau?

Hera sagte: »Der Mann hat mehr Lust. Er macht auch mehr Lärm.«

Zeus sagte: »Nein, es hat eindeutig die Frau mehr Lust«, weil als Macho, der er ja ohne Zweifel war, ging er davon aus, daß der Mann der große Lustspender sei, und er sagte zu Hera: »Ihr habt gewiß mehr Lust, wenn wir Männer sie euch geben, als wir Lust haben, wenn ihr Frauen sie uns gebt.«

Und Hera meinte natürlich das Gegenteil.

Ja, wie sollte man das herauskriegen? Wer hat da recht? Das ist ja nicht so einfach, denn letztendlich kann sich ein Mann nicht in eine Frau versetzen und eine Frau nicht in einen Mann. Es war schon klar, es konnte eigentlich nur einen einzigen Richter in dieser Angelegenheit geben, nämlich jemanden, der sowohl ein Mann als auch eine Frau gewesen war. Das war Teiresias.

Also man stieg herab vom Olymp und holte Teiresias herbei, und mit abgekehrtem Gesicht, denn es ist nicht möglich, daß ein Mensch einem Gott ins Gesicht schaut, wurde Teiresias befragt:

»Wer hat größere Lust beim Beischlaf, Mann oder Frau? Du mußt es wissen.«

Die Antwort fiel sehr eindeutig aus, und Teiresias zögerte auch nicht eine Sekunde. Er sagte: »Wenn die ganze Lust zehn ist, so ist die Lust der Frau beim Beischlaf neun, und die Lust des Mannes ist eins.«

Diese Wette hatte Zeus gewonnen.

Hera war darüber so zornig, daß sie den Teiresias blendete, ihm sein Augenlicht nahm. Dies wollte nun Zeus nicht rückgängig machen, er wollte keinen neuen

Streit entfachen. Er gab dafür dem Teiresias, wie es der Göttervater selber nannte, ein inneres Sehen. Er machte, daß er in die Zukunft schauen konnte.

DIE ENTSTEHUNG DER WELT

Von Gaia und Uranos – Von Kronos und Rhea – Von Zeus
und seinen Geschwistern – Von Titanen und Giganten

Am Anfang, so erzählt uns die griechische Mythologie,
am Anfang war Chaos. Was in diesem Chaos war, das
weiß niemand. Man schreckt auch davor zurück, dieses
Chaos als eine Gottheit zu begreifen. Warum aus diesem
Chaos irgendwann plötzlich Gaia entstand, nämlich die
Erde, das weiß auch niemand. Aber sie war auf einmal da.

Hesiod, der alte Erzähler, der ungefähr ein Zeitge-
nosse von Homer war, erzählt uns, wie die griechischen
Götter geworden sind. – Aus Gaia erhob sich der Himmel, nämlich Uranos, der Himmel war der Sohn der Erde.
Er war ihr Sohn und auch ihr Geliebter. An nebeligen
Tagen, wenn wir uns ins Freie begeben, können wir
den Himmel nicht von der Erde unterscheiden. Das
heißt, Himmel und Erde liegen noch eng, so eng in Liebesumarmung aufeinander, daß wir nicht wissen, wo
Gaia, die Erde, anfängt und wo Uranos, der Himmel, aufhört.

Gaia ist die Fruchtbringende, die das Grüne auf
sich trägt, und sie wurde benetzt von den Nebeln und
vom Regen des Himmels. Gleichzeitig mit Gaia entstand Eros, der Geist der zeugenden Liebe. Ihn darf
man sich nicht als ein Wesen vorstellen, eher als die

Angabe einer Richtung, in die sich Gaia von Anfang an neigte. Eros hielt die beiden aufeinander, den Himmel und die Erde.

Erst aus dieser Umarmung, heute würde man sagen, aus dieser Jahrmillionen dauernden Umarmung, entstanden die ersten Wesen. Denn Gaia buckelte sich vor Lust unter ihrem Sohn Uranos, und so entstanden die weichen, warmen, zarten, grünen Hügel.

Dann gebar sie aus diesen Hügeln heraus die Titanen. Unter diesen Titanen waren schon der stolze Kronos und die hehre Rhea.

Kronos war der mächtigste der Söhne der Gaia und des Uranos. Über Kronos ist sehr viel nachgedacht worden, und die naheliegendste Erklärung ist, daß Kronos sich von Chronos ableitet, also von »Zeit«. Man ist aber draufgekommen, daß Kronos nichts zu tun hat mit dem Begriff der Zeit, und man weiß nun eigentlich nicht, woher dieses Wort kommt.

Dem stolzen Titanen Kronos und der hehren Titanin Rhea, welche die ersten wirklich gelungenen Wesen waren, die ersten denkenden Wesen, folgten aus dem Schoß der Gaia Monster nach. Nämlich die hundertarmigen Riesen, die von unglaublicher Häßlichkeit gewesen sein müssen. Ihr Vater Uranos, der Himmel, haßte diese Riesen vom ersten Augenblick an, und er stieß sie mit seinem ungeheuren Phallus immer wieder in den Mutterschoß der Gaia zurück.

Gaia buckelte sich, die Erde buckelte sich, aber diesmal nicht wie zu Beginn der Liebesumarmung aus Lust, sondern unter Schmerzen. Sie beugte sich und buckelte sich, und so entstanden auf der Erde die Gebirge, die großen, steinigen, felsigen Gebirge.

Aber Uranos, der Himmel, ließ nicht davon ab, seine Gemahlin, die auch seine Mutter war – von Anfang an ist der Inzest bestimmend in der griechischen Götterwelt –, er ließ nicht ab, Gaia mit seinem gigantischen Phallus zu quälen, und immer wieder stieß er die hundertarmigen Riesen, die aus der Erde drängten, in ihren Schoß zurück.

In ihrer Verzweiflung und ihrem Schmerz wandte sich Gaia an ihren Sohn Kronos, und sie nahm ihn in ihr Einverständnis und flüsterte ihm zu: »Befreie mich von deinem Vater, diesem Ungeheuer, das gleichzeitig dein Halbbruder ist.«

»Wenn du mir dabei hilfst«, sagte Kronos, »will ich es versuchen.«

Da ließ Gaia neben den großen, prankigen Händen des Kronos Eisen wachsen. Dieses Eisen krümmte sich unter ihrem Willen zu einer scharfen Sichel.

Gaia sagte: »Entmanne damit deinen Vater.«

Kronos mähte mit dieser Sichel das Glied seines Vaters und Halbbruders Uranos ab und entmannte damit den Himmel.

Kronos, der Sohn des Himmels und der Erde, entmannt also seinen Vater. Der Himmel ist für alle Zeit von der Erde abgetrennt. Von nun an muß ein Herrscher mindestens einen Fuß auf der Erde lassen. Allein vom Himmel aus kann die Erde nicht mehr beherrscht werden.

Kronos, nachdem er das Geschlechtsteil seines Vaters abgeschnitten hatte, warf es hinter sich, ohne ihm nachzusehen. Blutstropfen fielen von diesem Geschlechtsteil auf die Erde nieder. Aus diesen Blutstropfen, die sich mit der fruchtbaren Krume der Gaia verbanden, wuchsen neue Wesen. Es wuchsen die Erinnyen, die Rachegöttinnen, die von den Römern Furien genannt wurden. Furchtbar sind diese Rachegöttinnen, durch alle Sagen ziehen sie hindurch, wie die Polizei der Mythologie, die einen Schuldigen zu Tode hetzt. Eines ihrer berühmtesten Opfer ist Orest. Wir werden von ihm hören. Diese Rachegöttinnen sind aus dem Aufschrei herausgewachsen. Aus dieser Überraschung, aus diesem ungeheuren, ersten Schmerz des Uranos, der zusehen mußte, wie sein eigener Sohn ihm jenes Körperteil abschnitt, aus dem er ja schließlich geworden war. In diesem Aufschrei war der Wunsch nach Rache. Dieser Wunsch war ganz enthalten in den Blutstropfen, die zuerst auf die Erde fielen, und so wuchsen aus ihnen die Erinnyen.

Aus den weiteren Blutstropfen aber, in denen die Mannbarkeit schon nachgelassen hatte, wuchsen die Giganten. Es ist interessant, einen Blick auf diese Giganten zu werfen, nicht nur, weil sie so kurios häßlich waren. Manche klugen Denker sind der Meinung, daß die Giganten schon so etwas wie menschliche Formen an sich hatten. Man fragt sich da natürlich, wie sahen die anderen aus. Von Gaia wissen wir, wie sie aussieht, sie sieht aus wie unsere Erde. Uranos sieht aus wie unser Himmel. Bei Kronos sind wir uns nicht ganz sicher, er wechselt sein äußeres Erscheinungsbild mit der Zeit. Die Giganten jedenfalls hatten eine annähernd menschliche Gestalt, nur ihr Unterleib ging in einen schlangenförmigen Körper über. Sie hatten also etwas Echsenhaftes an sich. Sie standen auf zwei Beinen, hatten aber einen Echsenschwanz. Vielleicht waren die Giganten Saurier, wer weiß …

Ich will diese Spekulationen gar nicht weiterführen. Wir sind immer noch bei dem Glied des Uranos, das durch die Lüfte fliegt. Die ersten Blutstropfen sind also bereits zur Erde gefallen, die zweiten ebenfalls, Erinnyen sind daraus geworden und Giganten.

Dieses Glied landete im Wasser. Wenn ein Gott entmannt wird, da muß jeder Augenblick genau geprüft werden. Uranos wurde von seinem Sohn Kronos genau in dem Augenblick entmannt, als der Same schon im Penis war, und dieser Same, der sich im Meer mit dem Salzwasser vermischte, bildete einen Schaum, und dieser Schaum wurde in Zypern an Land gespült. Aus diesem Schaum erwuchs Aphrodite. Aphrodite, die Göttin der Liebe, Aphrodite, die Schaumgeborene.

Aphrodite ist die Tochter des Himmels, sie ist eine Göttin der allerersten Stunde. Die Römer haben diese Gottheit übernommen, sie haben sie Venus getauft, und wir sehen Venus, wenn wir zum Himmel schauen, als Morgen- oder Abendstern.

Als nun Kronos, der Sohn des Himmels und der Erde, die Macht ergriff, entpuppte er sich als derselbe Tyrann wie sein Vater. Er befreite seine Brüder, die Hundertarmigen, nicht, sie hatten so viel Hoffnung auf ihn gesetzt, sie meinten, er komme ihnen zu Hilfe. Nein, er tat ihnen noch Schlimmeres an, er drückte sie hinab in den Tartaros.

Der Tartaros, das ist die tiefste, finsterste, unglückseligste Stelle in der Unterwelt. Es heißt bei Homer: »Der Tartaros ist von der Unterwelt so weit entfernt wie die Erde vom Himmel.«

Dunkelheit ist für diesen Ort gar kein Ausdruck. Es ist das Allerschlimmste, was einem passieren kann, dort unten zu landen, und genau dort hinunter schlug Kronos seine Brüder, die Hundertarmigen.

Der Titan Kronos nahm nun seine Schwester Rhea zur Frau.

Aber die Erde, Gaia, gab ihm gleich eine Prophezeiung mit. Sie sagte: »Eines deiner Kinder wird dir ein ähnliches Schicksal bereiten, wie du deinem Vater, Uranos, beschert hast.«

Rhea gebar dem Kronos nacheinander – und nun taucht das Personal des klassischen Götterhimmels auf – Hestia, das ist die Göttin des Herdes und der Hausordnung, sie wurde später so eine Art Hausmeisterin oben im Olymp; des weiteren: Demeter, das ist die Göttin der fruchtbaren Erde, sie wird dargestellt mit einem Büschel Weizenähren im Arm; dann: Hera, die Beschützerin der Ehe; weiter: Hades, der später der Gott der Unterwelt wurde; Poseidon, den Gott des Meeres; und zuletzt brachte Rhea Zeus auf die Welt.

Kronos, gewarnt durch die Weissagung seiner Mutter, fraß seine Kinder eines nach dem anderen auf. Es gibt ein schauderhaftes Bild von Goya, das diesen Kronos zeigt, wie er eines seiner Kinder in den Händen hält und ihm gerade den Kopf abbeißt. Wir sehen in diesem Gesicht nicht göttlich-titanischen Machtwillen, sondern ganz menschlichen Wahnsinn.

Rhea wollte natürlich nicht, daß Kronos ihren Kindern diese Gewalt antat, und den letzten, den Jüngsten, den Liebsten, versteckte sie vor ihrem Mann. Sie gab ihm statt dessen einen Stein, den sie in Tücher gewickelt hatte, zum Fraß. Kronos in seiner Gier und in seiner Wut auf alle Nachkommenschaft schlang diesen Stein hinunter und merkte den Betrug nicht.

Rhea trug das Bündel mit dem kleinen Zeus irgendwohin in die Berge, und dort säugte sie das Kind mit der

Milch einer Ziege. Dort lebten kleine Landgottheiten, von denen man gar nicht genau weiß, woher sie kommen, Kureten wurden sie genannt, das waren eher Naturgeister, vielleicht waren es die Blätter, die von den Bäumen fielen, oder das Moos, das die Stämme hinaufkletterte, zu der damaligen Zeit gab es gar nichts in der Natur, das nicht die Magie des Mehrfachseins und des Verwandelbaren in sich trug, vielleicht waren die Kureten auch die dürren Äste, die sich, sobald sie auf dem Boden knackten, in kleine Götter verwandelten. Diese Kureten versprachen Rhea, daß sie auf Zeus aufpassen würden und daß sie, wenn Kronos in die Nähe käme, heftigen Lärm machen wollten, so daß das Geschrei des Kindes übertönt würde.

Kronos wußte also nicht, daß noch ein Sohn von ihm auf der Erde war. Er meinte, er hätte alle seine Kinder verschlungen.

Zeus wuchs zu einem starken, kräftigen jungen Gott heran. Eines Tages traf er, der allein über diese Welt ging, auf eine Nymphe, nämlich auf Metis, und er verliebte sich in sie, das hieß, er beschlief sie. Und nach der Liebe erzählte ihr Zeus sein Leben, seine Sorgen, schüttete der Metis sein Herz aus, beklagte das Schicksal seiner Geschwister und so weiter. Metis war gerührt, und sie braute ihm einen Saft, ein Brechmittel. Das solle er seinem Vater unter das Essen mischen.

Zeus konnte die Nähe des Kronos nicht riskieren, er gab dieses Mittel seiner Mutter Rhea, und die mischte es unter die Speise ihres Gatten, und der erbrach sich und kotzte alle seine Kinder wieder aus. Da standen sie nun alle vor ihrem Vater: Hestia, Demeter, Hera, Hades, Poseidon.

Ich weiß nicht, wie sich die Griechen das vorgestellt haben, Zeus mußte ja zuerst zu einem jungen Mann heranwachsen, zu einem jungen Gott, ich weiß nicht, wie viele Jahre nach unserer Zeitrechnung dazu nötig waren. In all dieser Zeit befanden sich die Geschwister des Zeus im Magen des Kronos. Schon recht merkwürdig. Er hat sie also nicht verdaut, sie waren wohl keine gute Speise.

Sie alle verbündeten sich nun unter der Führung des Zeus gegen ihren Vater. Es entbrannte ein langer, ungeheuer heftiger Krieg. Zeus holte die Hundertarmigen aus dem Tartaros, die halfen ihm gern gegen seinen Vater Kronos.

Über zehn Jahre wütete dieser Krieg, heißt es, wobei immer hinzugefügt werden muß, daß Jahre zu der damaligen Zeit etwas vollkommen anderes waren als heute ...

Der Krieg endete mit dem Sieg von Zeus und seinen Geschwistern. Kronos wurde der Macht enthoben. Kronos wurde gestürzt.

Die Römer übernahmen übrigens fast komplett den Götterhimmel der Griechen. Es ist ja oft so, daß die Sieger die Wertvorstellungen und die Metaphysik, ebenso die Religion, die Philosophie der Besiegten übernehmen. Warum das so ist, weiß ich nicht. Aus Zeus machten sie Jupiter, aus der Göttermutter Hera machten sie Juno, aus dem Gott des Meeres Poseidon machten sie Neptun, aus Aphrodite Venus, aus Ares Mars, aus Hermes Merkur und so weiter.

Zeus hatte seine Brüder und Schwestern in den Krieg gegen seinen Vater Kronos geführt, und sie hatten diesen Krieg unter seiner Führung nach zehn Jahren gewonnen.

Irgendwie soll es dann doch eine Aussöhnung gegeben haben zwischen Zeus und Kronos. Das hat ja auch etwas Sportives an sich, wenn man sich diesen Kampf anschaut. Denn was soll geschehen, es geht ja eigentlich nur um die Macht, die blanke Macht, verletzt oder gar getötet werden kann ja niemand, weil Götter ja unsterblich sind. – Es ging um die Macht. Kronos hatte lange genug geherrscht. Er war es zufrieden, und schließlich und endlich schlossen er und Zeus einen Kompromiß. Kronos wurde aufs Altenteil gesetzt, auf die Insel der Seligen. Dort leitete er die Geschicke – ein wenig. Es gibt in Amerika eine kleine Stadt, in der nur Leute über sechzig wohnen dürfen. So ähnlich stelle ich mir die Insel der Seligen vor. Dort ist Kronos der Bürgermeister der Ausgedienten. So human verfährt die griechische Mythologie mit dem blutrünstigen alten Titanen Kronos.

Unter der Führung des Zeus wird die ganze Sache jetzt neu organisiert. Man nennt sich von nun an Götter. Zeus wird als Anführer bestätigt. Er ist der Stärkste. Es gibt zwar die Version, daß die Götter Himmel, Wasser und Erde mit Hilfe eines Glücksspieles unter sich aufgeteilt hätten, aber mir scheint doch die Version naheliegender, daß sich die anderen Götter freiwillig dem Diktat ihres Bruders Zeus beugten.

Zeus nahm für sich den Himmel und die Erde in Anspruch. Seinen Thron errichtete er auf dem Olymp. Dieser Berg ist meistens in Wolken gehüllt.

Poseidon hingegen bekam Oberhoheit über die Gewässer, heißt es. Da muß ich auch die Flüsse mit einbeziehen. Die Frage ist, da der Mensch zum größeren Prozentsatz aus Wasser besteht, inwieweit Poseidon nicht auch in uns die Oberherrschaft hat.

Hades herrschte über die Unterwelt. Er war übrigens, sagt man, der einzige, der seine Untertanen liebte. Er wollte, daß man die Toten in Ruhe ließ.

So teilte Zeus die Welt auf, und so trifft der Mensch den Götterhimmel an, als er auftaucht.

GÖTTER UND MENSCHEN

Von Hephaistos und Hera – Von Ares und Aphrodite –
Von Athene – Von Hermes und Apoll – Von Zagreus – Von
Prometheus und uns Menschen

Hephaistos ist nicht gerade der Hervorragendste der Götter, aber er hat doch eine für uns höchst interessante
Geschichte. Seine Geburt ist rätselhaft. Hephaistos hat
keinen Vater. Ihn hat die Göttermutter Hera aus sich heraus geboren. Sie war es wohl leid, ständig von ihrem Gatten Zeus betrogen zu werden, und sie wollte ihm beweisen, daß es ohne ihn auch geht. Zeus trieb es mit allen
Frauen, von den Menschen angefangen über die Nymphen bis hin zu den Göttinnen. Das war seine Aufgabe,
sein Schicksal, seine Bestimmung: zu zeugen, zu befruch-
ten, neues Leben entstehen zu lassen, die buntesten Arten
zurechtzumischen.

Hera wollte Zeus eins auswischen, indem sie ihm
bewies, daß sie eigentlich keinen männlichen Gegenpart
brauchte; so brachte sie den Hephaistos aus sich heraus
zur Welt. Wir haben es hier mit einem Fall von Autoga-
mie zu tun, es ist dies weder der erste noch der letzte …

Aber offensichtlich war Hera mit dem Produkt ihrer
Selbsthervorbringung unzufrieden: Hephaistos war ein
überaus häßliches Baby. Sie warf nur einen einzigen Blick
auf ihn, dann packte sie ihn am Beinchen und schleuderte
ihn vom Olymp hinunter.

Das winzige Götterwesen flog zwölf Stunden durch die Luft, bis es schließlich vor der Grotte der Nymphe Thetis landete. Hephaistos war halbtot, wäre sicher ganz tot gewesen, hätte er nicht die Unsterblichkeit besessen. Ein Fuß war zerschmettert, von nun an hinkte er.

Die Nymphe Thetis nahm sich seiner an, sie pflegte den kleinen Gott, zog ihn bei sich auf, brachte ihm allerlei Kunststücke bei und merkte recht bald, daß er ein großes Talent im Handwerklichen besaß.

Hephaistos liebte das Feuer. Es gelang ihm, das Eisen über dem Feuer weich zu machen und dieses weiche Eisen zu wunderlichen, schönen Dingen zu formen, mit bloßen Händen knetete er das glühende Metall. Ursprünglich wurde Hephaistos nur auf der Insel Lemnos verehrt, weil dort ein Vulkan ist. Die Menschen meinten, er sei das Feuer. – Die Römer nannten Hephaistos übrigens Vulcanus. – Die Menschen meinten, er sei das Feuer, und wenn das Feuer knisterte, meinten sie, er kichert, und wenn der Vulkan grollte, dann meinten sie, er sei zornig.

Widersprüchlich ist der Charakter des Hephaistos. Einerseits ist er ein Kobold, ein Spaßmacher, einer, über den man lacht, weil er hinkt, weil er ein rußiges Gesicht hat, weil er häßlich ist; auf der anderen Seite ist er unberechenbar bis zur Boshaftigkeit. Diese Widersprüchlichkeit zeigte sich bereits im ersten Kunstwerk, das er fertigstellte. Merkwürdigerweise war es ein Geschenk für seine Mutter Hera, die ihn ja verstoßen hatte.

Hephaistos baute ihr einen wunderschönen, mit Brillanten besetzten Goldthron und schickte ihr diesen Thron auf den Olymp – aus Verehrung für seine Mutter Hera, ließ er dazu ausrichten. Man kann sich vorstellen, daß Hera ziemlich verlegen war über dieses Geschenk.

Aber sie rückte sich den Thron zurecht und setzte sich zu Tisch, es war der schönste Thron von allen, noch schöner als der des Zeus. Die Götter aßen, und anschließend standen alle auf. Hera wollte ebenfalls aufstehen, aber das ging nicht. Sie konnte sich nicht von ihrem Thron erheben. Das war die Rache ihres Sohnes Hephaistos: Er hatte einen raffinierten Mechanismus in den Stuhl eingebaut. Die Götter standen um sie herum, sie waren ebenso ratlos. Keine Kraftanstrengung nützte etwas. Hera saß wie angeschraubt.

Man schickte nach Hephaistos. Hermes eilte auf seinen Flügelschuhen hinunter zur Grotte der Thetis, bat Hephaistos, er möge die Göttermutter erlösen, es sei doch lächerlich, wenn die höchste Göttin gefesselt an ihren Stuhl bei Tisch sitzen müsse.

Aber Hephaistos blieb hart. Er blieb stur, er ließ nicht mit sich verhandeln, und wenn vielleicht doch, dann wollte er direkt mit Hera sprechen.

Man holte ihn also in den Olymp hinauf, er schaute seine Mutter an, wie sie da gefesselt auf dem Thron saß. Der Anblick befriedigte seine Rachgier.

Was denn nun sei, wurde er gefragt. Was er gedenke zu unternehmen, um die Göttermutter aus ihrer Lage zu befreien. Er gab keine Antwort. Erst der Gott Dionysos konnte ihm das Geheimnis dieses raffinierten Mechanismus entlocken, und das auch erst, nachdem er ihm reichlich Wein zu trinken gegeben hatte.

Von nun an durfte Hephaistos auf dem Olymp bleiben. Er war der Diener der Götter. Er war der Mundschenk, der Kellner, und sie lachten über ihn. Sie lachten über seinen Humpelfuß, über sein rußiges Gesicht, über seine Ungeschicklichkeit, freuten sich allerdings auch über seine Geschicklichkeit als Handwerker. Sie ließen sich von ihm die prächtigsten Paläste auf dem Olymp bauen.

Ausgerechnet ihm, dem Häßlichsten, dem Ungeschicktesten im Umgang mit allem Weiblichen, ausgerechnet ihm gab Zeus die Aphrodite, die Göttin der Liebe, zur Frau – wahrscheinlich auch, um sich einen Spaß daraus zu machen.

Die Göttin der Liebe zur Frau zu haben ist nur auf den ersten Blick etwas Wunderbares, auf den zweiten Blick aber schon nicht mehr. Aphrodite holte sich jeden Mann, den sie wollte, sie betrog den Hephaistos am laufenden Band. Zu lieben war ihre Bestimmung, Treue oder gar sexuelle Zurückhaltung waren ihr fremd.

Am liebsten trieb es Aphrodite mit dem Gott des Krieges, mit Ares. Dieser Ares, ich sage es gleich ganz offen, ist mir der unsympathischste Gott im ganzen Olymp. Dieser Ares ist ein Hartholzkopf, ein Schlagetot, einer, der sich sofort für jeden Unfug in Reih und Glied drängen läßt. Er ist derjenige, der sich nur im männerbündnerischen Einklang wohl fühlt, der Weitbrunzwettbewerbe im dampfenden Morgengrauen veranstaltet. Er ist derjenige, der mit Baseballschlägern auf die Schwächeren eindrischt, er ist derjenige, der bedenkenlos und gedankenlos die Kriege anzettelt. Das ist Ares, unsympathisch.

Er trieb es mit Aphrodite bei jeder Gelegenheit. Er hat ihr auch mehrere Kinder gemacht. Hephaistos wußte es nicht. Alle Götter wußten es, nur Hephaistos wußte es nicht.

Helios, der Sonnengott, brachte es schließlich ans Licht, er verriet es dem Hephaistos.

Hephaistos dachte sich eine List aus. Er schmiedete ein wunderbares Netz, das so hart war wie Stahl und so fein wie Spinnwebe. Das hängte er heimlich über sein Bett und tat dann so, als ob er nach Lemnos zu seinen Verehrern aufbreche. Kaum war er um die Ecke, wälzten sich Aphrodite und Ares in dem Bett. Aber plötzlich fiel, durch einen Mechanismus ausgeklinkt, das Netz herunter und fesselte die beiden, so daß sie sich nicht mehr rühren konnten.

Da trat Hephaistos hervor und zeigte auf Aphrodite und Ares und rief alle Götter herbei und beschuldigte Aphrodite des Ehebruchs. Er forderte die Hochzeitsgeschenke zurück.

Die Götter lachten über Hephaistos, weil er der Gehörnte war. Aber dann lachten sie auch über Ares und Aphrodite. Und über Ares und Aphrodite lachten sie noch mehr als über Hephaistos. Das war die Rache des Gehörnten. Etwas psychologisch höchst Raffiniertes zeigt sich hier, ähnlich wie bei dem Thron für Hera, daß ein Mensch – ein Gott ebenso – dann am lächerlichsten ist, wenn er gezwungen wird zu tun, was ihm das Liebste ist. Das ist hinten herum gedacht, unverschämt schlau kalkuliert. Hera saß am liebsten bei Tisch und aß, also hat sie Hephaistos dort hingenagelt, Aphrodite wälzte sich am liebsten mit Ares im Bett, also hat er sie dort gefangengehalten.

Es gibt noch eine sehr schöne Geschichte über Hephaistos, die seine Widersprüchlichkeit deutlich macht, auch seine Widersprüchlichkeit gegenüber dem Göttervater Zeus. Es gab zwischen Zeus und Hera ja, wie ich schon erzählte, des öfteren Streit. Sie kibbelten und kabbelten bei jeder Gelegenheit. Der Held Herakles zum Beispiel, der Lieblingsheld des Zeus, er wurde von Hera gehaßt. Sie versuchte ihn zu vernichten. Bei jeder Gelegenheit warf sie ihm Knüppel zwischen die Füße. Wegen Herakles kam es dann auch zum ganz großen Streit zwischen Zeus und Hera.

Dieser Streit war so heftig, daß Zeus sagte: »So, jetzt ist Schluß! Ich will nicht mehr!« Er packte seine Frau Hera und hängte sie an den Armen auf. Damit sie auch ja ordentlich Schmerzen hätte, befestigte er an ihren Füßen zwei Ambosse. So dehnte er sie in die Länge. Es muß eine entsetzliche Folter gewesen sein.

Es war ausgerechnet Hephaistos, der von Hera verachtete, gehaßte Sohn, der seine Mutter befreite. Unberechenbar, wie er war, hatte er sich nicht auf die Seite des Göttervaters gestellt, sondern auf die Seite der Mutter. Dafür wurde er von Zeus ein zweites Mal vom Himmel geschleudert. Wieder flog er zwölf Stunden.

Aber auch das trug er Zeus nicht nach, und als Zeus schließlich von ihm forderte, er solle die Ketten schmieden, mit denen der arme, große Titan Prometheus, der uns Menschen erst gemacht hatte, an den Kaukasus gefesselt werden sollte, da war er diensteifrig wie eine Biene, der Hephaistos. Schmiedete brav diese Ketten und übergab sie Zeus, damit dieser den Prometheus aufs scheußlichste bestrafen konnte.

Eine Gottheit, die einerseits in vieler Hinsicht Verwandtschaft mit Hephaistos aufweist, die aber auf der anderen Seite das nur denkbare Gegenteil des Götterschmiedes darstellt, ist Pallas Athene. Diese Gottheit hätte alles gehabt, um in einer weiteren Entwicklung der Mythologie dem höchsten Gott Zeus den Rang abzulaufen. Vielleicht hat sie es ja längst getan, vielleicht herrscht sie längst über uns, ohne daß wir es merken. Vielleicht ist gerade das Rezept ihres Erfolges: nur aus Prinzipien heraus zu handeln, sich hinter den Begriffen zu verschanzen, sich ganz in pure, bare Vernunft zu kleiden.

In vielen Gegenden Griechenlands wurde Athene mehr verehrt als Zeus. Sie ist der schillernde Geist des Olymps. Auch ihre Geburt ging in gewisser Hinsicht autogam vor sich.

Zeus wollte seiner Frau beweisen, daß er das auch konnte: ohne einen Gegenpart, allein aus sich selbst heraus Leben zu erschaffen. Ganz gelang ihm das freilich nicht, das sei gleich gesagt. Er war zu jener Zeit verliebt in die Titanin Metis. Metis wollte sich nicht von Zeus beschlafen lassen, sie versteckte sich vor ihm, sie lief vor ihm davon, sie verwandelte sich in alle möglichen Pflanzen und auch in alle möglichen Tiere, verkrümmte sich in die unmöglichsten Formen.

Aber Zeus stellte ihr weiter nach, und da beging die süße Metis einen Fehler: Sie verwandelte sich in eine Fliege. Sie dachte wohl, in dieser Gestalt sei sie am schwersten zu finden. Aber Zeus fing die Fliege mit einem Husch und verschluckte sie. Als sie nun in Zeus' Leib war, kroch sie durch seine Adern, durch seine Hohlräume nach oben. Auf wunderbare Art wurde sie im Körper des Gottes befruchtet – wie das vor sich ging, wollen wir gar nicht erst versuchen zu beschreiben.

Zeus wollte Metis zwar beschlafen, aber er wollte keinen Sohn von ihr haben. Es war ihm nämlich geweissagt worden, daß, wenn er von Metis einen Sohn bekäme, dieser mächtiger sei als er. Das wollte er verhindern, aber nun war Metis schwanger, und sie kroch in seinen Kopf hinauf. Zeus hatte Schmerzen, und er hatte Angst. Die Leibesfrucht drückte von innen gegen seinen Schädel, blähte ihn auf, und der Götterschmied Hephaistos mußte gerufen werden.

Hephaistos löste das Problem auf ganz handwerkliche Art und Weise. Er nahm ein Beil und spaltete dem Zeus den Schädel. Aus der gespaltenen Stirn stieg Pallas Athene, in kompletter Rüstung, schon voll ausgewachsen.

Athene war also eine Kopfgeburt des Zeus. Hephaistos war ihre Hebamme gewesen, und er liebte sie über alles. Zu ihr war er weder unverschämt noch grob, er war eher unterwürfig. Athene verspottete ihn, wie die anderen Götter es auch taten. Nur in einem Punkt war sie mit ihm einer Meinung. Beide konnten sie den dummen Haudegen Ares nicht leiden.

Athene verkörpert das Gegenteil des Hephaistos, sie ist die Inspirierte. Sie ist der Geist, während Hephaistos das erdgebundene Handwerk darstellt. Hephaistos kann mit Hilfe des Feuers die wunderbarsten Dinge hervorbringen, während ihm aber letztendlich die Inspiration, die Sonne fehlt. Das Feuer, so erzählt die Sage, war immer nur die Nachahmung der Sonne. Die Tat ist immer nur der Nachvollzug des Gedankens. Athene verkörpert wie keine andere Gottheit den Geist.

Athene war zur Jungfrau bestimmt. Ihr Körper sollte keinen Samen aufnehmen. Nie schlief sie mit einem Mann. Eines Tages kam sie zu Hephaistos in die Götterschmiede, weil sie sich bei ihm eine neue Rüstung bestellen wollte. Natürlich hätte er ihr die schönste Rüstung gemacht, weil er sie ja innig liebte. Sie beugte sich so schön über den Schmiedetisch, als er ihr die Maße abnahm, daß er sich nicht mehr beherrschen konnte und über sie herfallen wollte. Die Leidenschaft ging mit ihm durch. Er wollte sie vergewaltigen. Hephaistos war stark, hatte wuchtige Muskeln an seinen Armen. Allein, Athene war er nicht gewachsen. In letzter Sekunde stieß sie den Hephaistos von sich. Aber Hephaistos war schon soweit, sein Samen spritzte auf ihren Schenkel. Das löste in ihr einen Ekel aus, schnell wischte sie diesen Samen weg. Der Samen flog vom Olymp herunter auf die Erde. Aus diesem Samen, der von den spitzen Fingern der Athene berührt worden war, erwuchs ein merkwürdiges Zwitterwesen, nämlich der Erichthonios. Das war ein Wesen, halb Mensch, halb Schlange. Der Unterleib war von einer Schlange. Er war der Sohn des Hephaistos, nur des Hephaistos, darauf legte Athene wert. Aber sie war doch irgendwie gerührt von dieser großen Leidenschaft des Hephaistos, und sie nahm Erichthonios zu sich. Von nun an trug sie dieses Wesen an ihrer Brust und hegte und pflegte es. Dieser Erichthonios wurde später auch ein großer Erfinder, er hat das Rad erfunden. Er konnte sich ja nicht recht fortbewegen, weil er einen Schlangenunterleib hatte.

So zeigt sich doch, daß eine zwar untergründige, aber doch enge Beziehung zwischen Athene und Hephaistos bestand.

Athene liebte die Helden. Sie liebte Herakles, Perseus, Diomedes. Vor allem aber liebte sie den Odysseus. Intelligenz und Mut zogen sie an. Tollkühnheit dagegen stieß sie ab.

Sie war die Schutzgöttin der Stadt Athen. Sie hatte sich diese Funktion durch Abstimmung der Bürger zusichern lassen. Denn auch Poseidon, der Gott des Meeres, wollte

Athen als seine Stadt haben. Athene schlug vor, daß die Bürger selber wählen sollten: »Jeder von uns beiden«, sagte sie zu Poseidon, »soll den Bürgern ein Geschenk geben, und sie sollen dann zwischen uns wählen.«

Der plumpe Poseidon sagte: »Jawohl. Die wollen eine Quelle haben, das ist doch ganz klar.«

Er ließ einen Bach durch Athen fließen und dachte, jetzt werden sie sich für mich entscheiden, denn Wasser braucht der Mensch. Er hatte aber nicht richtig nachgedacht und der Stadt das falsche Wasser gegeben, nämlich Meerwasser. Damit kann kein Mensch etwas anfangen, wenn ein Bach mit Meerwasser durch seinen Ort fließt.

Athene hingegen ließ ein schlichtes Bäumchen sprießen – einen Ölbaum. Was für ein Reichtum! Der Ölbaum, das wissen wir, ist beinahe so etwas wie das Symbol ganz Griechenlands, der Reichtum des Landes. Natürlich entschieden sich die Athener für Pallas Athene.

Noch eine kleine Bemerkung: Wenn der Besucher in Wien vor dem Parlamentsgebäude steht, wird er eine große Statue vor sich sehen, eine weibliche Figur mit einem prächtigen goldenen Helm auf dem Kopf. Das ist Pallas Athene. Denn sie ist ja auch die Göttin der Weisheit, und die Parlamentarier werden sich etwas dabei gedacht haben, ausgerechnet diese Gottheit vor ihrem Haus aufzustellen.

Es ist nicht schwierig, Sympathie für diese kluge Göttin zu empfinden. Und daß sie eitel war, das verzeiht man ihr gern. Obwohl sie von keinem Mann besessen werden wollte, wollte sie dennoch von allen bewundert werden. Daß Paris, der Sohn des trojanischen Königs Priamos, die Aphrodite ihr vorgezogen hatte, war ihr Grund genug, den entsetzlichsten Krieg der griechischen Sagenwelt zu entfesseln. Die Geschichte sei hier nur skizziert:

Paris sollte der schönsten Göttin einen goldenen Apfel geben, zur Auswahl standen Hera, Aphrodite und Athene. Er entschied sich nicht für Athene, sondern für die Göttin der Liebe, weil ihm diese die schönste Frau der Welt versprochen hatte. Das hat Athene so gekränkt, daß sie auf der Stelle die Stadt Troja dem Erdboden gleichmachen wollte und sich nur sehr schwer und auch nur durch ein Machtwort des Zeus davon abhalten ließ. Aber selbstverständlich kämpfte sie im Trojanischen Krieg auf der Seite der Griechen.

Die wunderschöne Medusa behauptete irgendwann einmal, sie sei mindestens so schön wie Athene, vielleicht sogar noch schöner; worauf Athene sie in ein häßliches Monster verwandelte. Also, rachsüchtig war sie auch.

Sie ließ sich gerne schmeicheln, aber sie ließ sich nur auf intelligente Art und Weise schmeicheln. Dumpfe Anmache fiel bei ihr durch. Ihre Feindschaft zu Ares sorgte oft für Trubel im Götterhimmel. Ares war zwar ein kriegslüsterner Raufbold, aber den totalen Krieg, den Vernichtungskrieg, den hat Pallas Athene erfunden. Sie war die Strategin im Kampf, und wenn sie einen Feind vor sich hatte, oder wenn sie einem Helden half, der einen Feind vor sich hatte, so war ihre Lösung stets eine endgültige Lösung – die Vernichtung. Bei geringstmöglichem Aufwand sollte der größtmögliche Effekt erzielt werden. Nur die absolute Vernichtung des Feindes konnte garantieren, daß einen dieser Feind in Zukunft unbehelligt lassen würde.

Wenn man die Götter Ares und Athene in unsere Zeit versetzte, hätte ich ohne Frage größere Angst vor Pallas

Athene. Pallas Athene ist die Göttin der Atombombe. Ares ist grausam und blutsüchtig, aber der atomare Overkill wäre ihm nie eingefallen.

Aber nun zu Hermes. Er ist der Götterbote, die Lateiner nannten ihn Mercurius. Er war auch der Gott der Diebe, der Gott der Kaufleute, der Gott der Zwischenträger. Ich möchte zunächst von seiner Geburt erzählen:

Jedesmal, wenn Hera schlief, schlich sich Zeus zu jener Zeit vom Olymp herunter und kroch in die Höhle und ins Bett der Maia, der wunderhübschen Tochter des Atlas. Die beiden waren ein trautes Liebespaar. Zeus liebte die Nymphe wirklich. Zeus schlief ja auch mit anderen, mit Nymphen und Göttinnen, ohne daß er sie gleich liebte, nur weil er sie begehrte, eben weil er unter diesem Zeugungszwang stand. Aber die Atlastochter Maia, die liebte er wirklich. Sie umarmten sich in ihrer Höhle, und aus dieser Liebesbeziehung wurde Hermes.

Hermes war ein ganz außergewöhnliches Baby, das kann man wohl sagen. Ich will von seinem ersten Tag erzählen: Hermes wurde am Morgen geboren, und am Mittag bereits war er so pfiffig, daß er sich aus den Windeln strampelte, sich aus seiner Wiege wälzte und zur Höhle hinauskroch. Dort erhob er sich auf seine Beinchen, schaute in den strahlenden Tag und überlegte sich, was er an seinem ersten Tag auf dieser Erde, an seinem ersten Tag im Sein anstellen könnte. Und wie er sich die Sonnenstrahlen auf seine Nase scheinen ließ, da kam eine breite Meeresschildkröte angekrochen. Die gefiel ihm, und sie gefiel ihm doch wieder nicht, sie schaute in dieser merkwürdigen Art, wie Echsen eben schauen. Das ärgerte ihn, und er stürzte sich auf sie und würgte sie zu Tode. Er bewunderte den großen Rückenpanzer, und mit der Kraft eines Gottes riß er diesen Rückenpanzer von der toten Schildkröte, reinigte ihn und setzte sich hinein und sang ein Lied und merkte, daß es anders klang, als wenn er nicht in einem solchen Panzer saß – daß es nämlich interessanter klang.

Da kam ihm die Idee, diesen Hohlkörper zu bespannen. Er sah vor sich ein paar Kühe, auch die kamen ihm interessant vor, er hatte noch nie Kühe gesehen. Auch das Würgen war ihm interessant vorgekommen, und so würgte er nun auch eine Kuh zu Tode. Dann riß er ihr die Gedärme aus dem Leib, säuberte sie, drehte und dehnte sie – inzwischen wird es wohl Mittag geworden sein – und machte aus diesen Gedärmen Saiten. Die Saiten spannte er über den Panzer der Schildkröte, und damit hatte er die Lyra erfunden, oder die Kithara, wie das Instrument auch genannt wurde. Wir heute sagen: die Gitarre. Es ist eine sehr schöne Vorstellung, wenn ich mir denke, daß die Stratocaster eines Jimi Hendrix von diesem Instrument abstammt. Vielleicht rührt daher meine Sympathie für den Gott Hermes.

Aber das war noch nicht genug. Der erste Tag des neuen Gottes hatte erst begonnen. Die Lyra, die buckelte er sich auf, und so schritt er weiter hinaus in die Welt. Zunächst traf er wieder auf diese Herde Kühe, von denen er bereits eine geschlachtet hatte. Die Kühe gefielen ihm, und er trieb sie vor sich her, er stahl sie. Er wußte allerdings nicht, daß diese Kühe seinem Halbbruder Apoll gehörten.

Er trieb die Kühe vor sich her, dann überlegte er: »Es könnte ja sein, daß mir einer folgt.«

Also packte er alle fünfzig Kühe am Schwanz – wie er das angestellt hat, wissen wir nicht, Hermes ist ein Gott. Er band sich Zweige an die Füße, um seine Spuren zu verwischen. Mit einer Hand packte er sie alle fünfzig am Schwanz, diese Kühe, zog sie rückwärts davon, damit jemand, der Spuren lesen konnte, meinen sollte, sie seien in die andere Richtung gegangen. Mit der freien Hand zupfte er seine Lyra. So zog er diese Kühe quer durch ganz Griechenland.

Jetzt dürfte es so gegen vierzehn Uhr gewesen sein, nach unserer Zeitrechnung. Da war er es leid, und er schaute diese Tiere an, die wiederum ihn anschauten, wiederkäuend, wahrscheinlich auch zornig, weil er sie so mißhandelt hatte. Er wollte sie kurzerhand umbringen.

Da kam zufällig ein Hirte des Weges, Bathos hieß dieser Hirte, das ist verbürgt, und der staunte darüber, daß ein kleines Baby fünfzig Kühe an den Schwänzen hielt.

Hermes sagte zu dem Bathos: »Du, du hast mich gesehen.«

»Ja«, sagte Bathos, »ich hab' dich gesehen.«

Sagt Hermes: »Du, du wirst aber niemandem verraten, daß du mich gesehen hast.«

Und Bathos sagte: »Nein, ich werde niemandem verraten, daß ich dich gesehen habe.«

»Na gut«, sagte Hermes, »das mußt du mir aber versprechen.«

»Ja«, sagte Bathos, »das will ich dir versprechen.«

»Du sollst es mir aber schwören«, sagte Hermes.

»Das schwöre ich dir«, sagte Bathos.

»Bei was willst du es mir schwören?«

Bathos beging einen großen Fehler. Wir sagten es bereits: Man soll sich mit Göttern nicht einlassen. Und er mußte ja gesehen haben, daß er es hier mit einem Gott zu tun hatte. Er sagte: »Wenn ich irgend etwas verrate, dann soll ich zu Stein werden.«

Na gut, da war Hermes froh und zog die geklauten Kühe weiter und dachte: »Ich werde sie irgendwoanders schlachten.«

Aber dann wurde er mißtrauisch. Er band die Kühe zusammen und schlich zurück und sah, daß Bathos mit jemandem sprach, und er sah, das war der Gott Apoll. Denn ein Gott erkennt sofort einen anderen Gott, auch wenn er ihn noch niemals vorher gesehen hat. Apoll war den Spuren seiner Herde gefolgt, er hatte sich von den verkehrten Abdrücken der Hufe nicht bluffen lassen, und er war auf Bathos getroffen.

Apoll hatte gesagt: »Bathos, ich bin der Gott Apoll, du wirst mir die Wahrheit sagen.«

Bathos rückte damit heraus.

»Aha«, dachte Hermes, der alles sah und hörte. »Aha! Dieser Bathos, der wird sein blaues Wunder erleben!«

Als Apoll weg war, verkleidete sich Hermes. – Wir dürfen nicht vergessen, daß er ein Baby ist. – Er trat zu Bathos hin und sagte: »Sag mal, Bathos, kennst du mich?«

»Nein«, sagte Bathos.

»Sag mal, Bathos, wirst du mir nicht sagen, ob du jemanden mit Kühen gesehen hast?«

»Ich habe niemanden mit Kühen gesehen«, sagte Bathos.

»Ja, aber«, sagte Hermes, »ich würde dir doch die Hälfte dieser Kühe geben, wenn du mir etwas sagen willst.«

Da war Bathos dann doch ziemlich gierig auf dieses Vieh, und er sagte: »Ja, ich erinnere mich, ich habe da tatsächlich jemanden gesehen mit Kühen.«

Da gab sich Hermes zu erkennen und sagte: »So, Bathos, du hast selbst gesagt, du möchtest ein Stein werden, wenn du mich verrätst.«

Und Bathos war ein Stein. – Diesen Stein kann man noch heute in Griechenland sehen. Es ist ein gekrümmter Stein, der aussieht, als ob dort jemand kauern würde.

Dann machte sich Hermes daran, die fünfzig Tiere zu schlachten. Ich schätze, wir sind jetzt so gegen sechzehn Uhr. Er schlachtete alle fünfzig Tiere, verbrannte ihre Hörner, verbrannte ihre Hufe und opferte das leckere Fleisch den Göttern.

Dann kroch er wieder in seine Höhle zurück. Legte sich scheinheilig in seine Windeln. Apoll kam, denn er ahnte, daß hinter dem Diebstahl seiner Herde ein Gott stecken mußte – ein neuer Gott, der über die Gepflogenheiten der Götter untereinander noch nicht Bescheid wußte.

Apoll stellte sich vor die Wiege und sagte: »Hermes, du hast mir die Kühe gestohlen.«

Hermes sagte: »Kühe? Was ist Kühe?«

Apoll sagte: »Kühe ist die Mehrzahl von Kuh.«

»Ich weiß nicht, was Kuh bedeutet«, sagte Hermes.

»Ach, ich glaube dir nicht«, sagte Apoll.

Er hob das Baby aus der Wiege, trug es vor den Göttervater Zeus und klagte es an.

Er sagte: »Der da, dieser Hermes, dein Sohn, hat mir die Herde gestohlen.«

Während der Verhandlung wurde Hermes noch frecher. Er entwendete seinem Ankläger Apoll hinterrücks die Pfeile und den Bogen, die Waffen, auf die Apoll so stolz war.

Zeus hatte es bemerkt, aber er hatte Gefallen an seinem Sohn Hermes, und seit eh und je hatte ihm Apoll nicht gepaßt. Er sagte: »Hermes, gib zu, daß du die Kühe gestohlen hast. Es sind ja nur Kühe, es wäre doch viel schlimmer, wenn du ihm seine Waffen weggenommen hättest.«

Hermes gab schließlich alles zu, auch den Waffendiebstahl, und es gelang ihm sogar, den Zorn des Apoll zu besänftigen. Er sagte: »Ich zeige dir etwas. Bevor du zornig wirst, laß dir etwas zeigen.«

Er holte die Lyra hervor und spielte. Der Musengott Apoll war voll der Bewunderung, voll des Entzückens über die nie gehörten Klänge, die Hermes dem Panzer der Schildkröte entlockte.

Hermes sagte: »Du, ich schenke dir das. Das ist mein Geschenk an dich.«

Und von diesem Tag an waren Apoll und Hermes gute Freunde.

Hermes fürchtete sich vor der Göttermutter Hera. Sie sah in ihm eine Frucht des Betrugs. Hermes erschlich sich mit einer List ihre Gunst. Er verkauerte sich ganz eng in seine Windeln und lispelte: »Ich bin Ares, dein Sohn.«

Sie nahm ihn auf den Schoß und säugte ihn an ihrer Brust. Erst später, als sie sich an dieses warme, kleine Paket gewöhnt hatte, gab er zu, daß er Hermes sei. Aber da war sie ihm schon nicht mehr böse.

Listenreich war Hermes und liebenswürdig. Er war es auch, der die Seelen der Toten in den Hades führte. Er tat dies auf sehr sanfte, sehr liebevolle Art. Psychopompos wurde er dann genannt, der Seelenführer.

Eines Tages war auch Zeus auf die Hilfe des Hermes angewiesen, und bei dieser Gelegenheit hätte Hermes die Macht im Olymp an sich reißen können. Aber er tat es nicht. Zeus war nämlich durch verwickelte Umstände der Gefangene des Typhon geworden. Typhon ist ein Monster mit hundert Schlangenköpfen, die in allen Sprachen sprechen konnten, in der Sprache der Götter, der Tiere, der Menschen. Und dieses Monster überwältigte den obersten Gott Zeus und schnitt ihm sämtliche Sehnen aus seinem Körper. Es gab die Sehnen einem Drachen zur Aufbewahrung. Zeus lag hilflos da, konnte sich nicht bewegen, und Hermes kam und schleppte den Göttervater in Sicherheit. Er raubte dem Drachen die Sehnen, setzte sie seinem Vater wieder ein und gab ihm damit die Macht zurück. Er nutzte die Schwäche des Zeus nicht aus.

Aber Zeus rächte sich um so fürchterlicher an dem Monster Typhon. Er hob die Insel Sizilien hoch und warf sie dem Unhold nach. Er begrub den Typhon unter der Insel. Manchmal holt das Monster kräftig feurigen Atem und stößt ihn aus, und das ist dann, wenn der Ätna auf Sizilien spuckt.

Hermes gehört zu meinen Lieblingsgöttern. Aber ich will noch von einem anderen Gott erzählen. Absichtlich wähle ich einen unbekannten aus, dessen Dasein aber für uns Menschen existenzbedingend ist. Denn aus seiner Geschichte erklärt sich unsere Entstehung. Es ist die Geschichte von Zagreus.

Zeus schlief mit seiner Schwester Demeter, und sie gebar die wunderschöne Kore. Später, als Göttin der Unterwelt, wird sie Persephone heißen. Zwei Sätze möchte ich zu ihr sagen. Für mich ist Persephone die Verkörperung des Manisch-Depressiven. Die eine Hälfte des Jahres lebt sie als Königin der Unterwelt unter den grauen Schatten der Toten, die zweite Hälfte darf sie bei den Göttern im Olymp verbringen. Von der Finsternis zum Licht, von zu Tode betrübt zu himmelhoch jauchzend.

Kore, Persephone, muß sehr, sehr schön und sehr reizvoll gewesen sein, melancholisch, in sich zurückgezogen, rätselhaft. Zeus, wie kann es anders sein, verliebte sich in diese Tochter, und weil er ihre schlafwandlerische Ruhe, die ihren Reiz ja erst ausmachte, nicht stören wollte, verwandelte er sich in eine Schlange, und als Persephone eines Tages im Wald saß und traurig vor sich hin blickte, kam er angekrochen und kroch durch ihre Vulva in ihren Körper. Persephone wurde schwanger.

Persephone wurde schwanger mit Zagreus, des obersten Gottes eingeborenem Sohn. Weil Zeus sie besonders liebte, dreifach liebte, liebte er auch ihren Sohn Zagreus und zog ihn allen seinen Kindern vor. Diesen Sohn setzte er als seinen Erben ein.

Er sagte: »Er soll einmal meine ganze Macht, meinen ganzen Reichtum und all mein Können und Wissen erben.«

Zagreus ist der Gottessohn.

Auf diesen Zagreus war Hera besonders eifersüchtig. Deshalb versteckte ihn Zeus in einer Höhle, ließ ihn bewachen, und zwar von jenen Göttern, von denen auch er als Kind bewacht worden war, nämlich von den Kureten, die so laut auf ihre Schilde trommeln konnten, daß man das Schreien des Kindes nicht hörte.

Aber Hera haßte diesen Zagreus so sehr, wie ihr Gatte ihn liebte, und sie rief die Titanen, die in dieser Sage das Böse schlechthin verkörpern.

Sie befahl ihnen: »Findet mir den Zagreus, tötet ihn!«

Die Titanen suchten den Zagreus auf der ganzen Welt, und sie fanden ihn in der Höhle, von den Kureten bewacht. Ein liebenswürdiges, ganz naives Kind. Die Kureten sind schnell vertrieben, aber Zagreus verkriecht sich in der Höhle, und die Höhle ist zu klein für die Titanen. Sie versuchen, ihn herauszulocken. Sie versprechen ihm allerlei – Äpfel, die, wenn er sie unter seinem Hemd trägt, ihn aussehen lassen wie eine Frau. Sie versprechen ihm, daß er die Sprache der Tiere verstehen, daß er auf den Wolken liege könne. Aber all das lockt ihn nicht heraus.

Da schieben sie ihm einen Spiegel in die Höhle. Das ist nun etwas Interessantes. Zagreus kommt heraus, weil in der Höhle zuwenig Licht ist, er blickt in den Spiegel, und er sieht sein eigenes Bild. Er beginnt über sich nachzudenken. Dem Menschen ist ja nichts so interessant wie er selbst. Er ist so fasziniert von sich selbst, daß er vergißt, vorsichtig zu sein. Da stürzen sich die Titanen auf ihn. Zagreus kann sich gerade noch in einen Löwen verwandeln. Aber das hilft ihm nichts mehr. Er verwandelt sich in einen Stier. Es nützt ihm nichts. Die Titanen zerreißen ihn, zerfetzen seinen Körper und fressen die Teile auf.

Zeus erfährt davon. Er ist zutiefst betrübt, und er ist auch gekränkt. Der Schmerz erfüllt ihn ganz. Er schleudert seine Blitzpfeile auf die Titanen und läßt sie zu Asche verbrennen.

In dieser Asche vereinigen sich zwei Prinzipien, sind zwei Lebensentwürfe zusammengebrannt: das Gute schlechthin, Zagreus, die Liebe, der Glanz, die Schönheit – und das Böse schlechthin, die Titanen, das Grauenhafte, das Häßliche.

Diese Asche lag nun da. Es regnete darauf, und sie wurde zu einem knetbaren Brei. Da kam Prometheus, der Titan, ein Halbbruder von Zeus, und formte aus ihr den Menschen. Hierin liegt die Antwort auf die Frage, warum in uns Menschen Gutes und Böses gleichzeitig enthalten sind. Nämlich weil wir aus der Asche der Titanen und des Zagreus geformt sind.

> Bedecke deinen Himmel, Zeus,
> Mit Wolkendunst
> Und übe, dem Knaben gleich,
> Der Disteln köpft,
> An Eichen dich und Bergeshöhn;
> Mußt mir meine Erde
> Doch lassen stehn
> Und meine Hütte, die du nicht gebaut,
> Und meinen Herd,
> Um dessen Glut
> Du mich beneidest.

Wer kennt nicht diese Verse von Goethe?

Prometheus ist das Urbild des Rebellen. Am Schluß des Gedichtes heißt es:

> Hier sitz ich, forme Menschen
> Nach meinem Bilde,
> Ein Geschlecht, das mir gleich sei,
> Zu leiden, zu weinen,
> Zu genießen und zu freuen sich,
> Und dein nicht zu achten,
> Wie ich!

Das ist Prometheus.

Prometheus hat den Menschen gemacht. Er war stets

der Vorkämpfer des Menschen. So steht es bei Hesiod in der Theogonie, und so erfahren wir es auch aus den Dramen des Aischylos. Prometheus ist eine Erlöserfigur.

Er hat uns Menschen gemacht, und das ausdrücklich gegen den Willen des Zeus. Das hat Zeus nicht gerne gesehen. Er wollte den Menschen aushungern, indem er von ihm Opfer forderte. Zeus dachte sich: »Wenn ich fordere« – eine Seinssteuer ist das gewissermaßen –, »wenn ich das Fleisch der Schlachttiere, das Beste und Nahrhafteste also, von ihnen fordere, dann werden sie nicht überleben können, dann werden sie für den Daseinskampf zu schwach sein.«

Prometheus half uns. Er betrog den Gott. Er häufte die Innereien und die Knochen der Schlachttiere aufeinander und deckte sie mit Fett zu. Dann nahm er den Magen, und in den häßlichen, unappetitlich aussehenden Magen füllte er die besten Teile, nämlich das rote Muskelfleisch.

Er sagte zu Zeus: »Gut, meine Menschen werden dir opfern. Bitte, wähle aus: Welchen Haufen möchtest du haben?«

Zeus dachte: »Was können sie schon mit dem unappetitlichen, häßlichen Magen anfangen! Wenn ich ihnen das schöne Fett nehme, dann werden sie zugrunde gehen.«

Und er zeigte auf den Fetthaufen und fiel damit auf die List des Prometheus herein. Einen einmal gefaßten Entschluß kann Zeus nicht rückgängig machen. Er ist ein Gott. Götter irren sich nicht. Und wenn doch, dann dürfen sie es nicht zugeben.

Deshalb werden von diesem Tag an nur das Fett und die Innereien und die Knochen geopfert. Aber das gute, rote Muskelflcisch, das dem Menschen so schmeckt, hat er stets für sich behalten.

Nur, was sollte er mit diesem Fleisch anfangen? Sollte er roh hineinbeißen? Was sollte er mit dem Fleisch anfangen ohne Feuer? Prometheus half auch diesmal. Er stahl das Feuer aus der Werkstatt des Hephaistos. Er brachte es den Menschen.

Und als Zeus nachts von seinem Olymp herabblickte, sah er überall kleine, flackernde Lichter. Man kann sich vorstellen, wie das ist, wenn er auf unsere Großstädte herunterschaut. So viele Lichter! Wohin, würde er sich denken, wohin hat es die Kreatur des Prometheus gebracht! – Er verfluchte den Prometheus. Er beschloß, ihn zu bestrafen. Er befahl Hephaistos, den Prometheus mit Ketten an den Felsen des Kaukasus zu schmieden.

Diese Erlöserfigur war mit ausgebreiteten Armen an den Kaukasus genagelt, und ein Adler kam am Tag und hackte ihm die Leber aus dem Körper, und in der Nacht wuchs die Leber wieder nach. Und das Herauspicken verursachte nicht weniger Schmerzen als das schnelle Nachwachsen. Und das sollte auf ewig sein. Denn Prometheus war unsterblich.

Diese Grausamkeit war die Strafe dafür, daß Prometheus den Menschen geschaffen hat.

Etwas läßt uns staunen: Nirgendwo steht, daß die Menschen den Prometheus besonders liebten. Es gibt in fast allen Mythologien Parallelfiguren zu Prometheus. Die Finnen haben ihren Väinämöinen, der auch nicht geliebt wird, und dann ist da Luzifer, das heißt »Lichtträger«, auch er ist eine Parallelfigur zum Prometheus. Der Lichtträger ist der Engel, der das Feuer bringt, und just den hat das Christentum zum Teufel gemacht.

Warum lieben wir diese Figur nicht? Sie müßte uns doch näherstehen als alle anderen Figuren im Götterhimmel. – Ich weiß es nicht!

Am Ende wurde Prometheus doch noch befreit. Eine Version berichtet, Herakles sei sein Retter gewesen, eine andere erzählt, Zeus selbst habe ihn begnadigt. Jedenfalls, als sich Zeus an Thetis, die Wassernymphe, heranmachen wollte, warnte Prometheus vom Kaukasus herab den Göttervater: »Der Sohn, den diese Nymphe zur Welt bringen wird, wird mächtiger und stärker sein als sein Vater.«

Zeus ließ von Thetis ab. Als Dank für seine Warnung löste er Prometheus' Fesseln und ließ ihn frei.

Von Prometheus soll der Spruch stammen: »Nimm keine Geschenke von den Göttern an.« – Er hatte einen Bruder, Epimetheus – Prometheus heißt der »Vorausdenkende«, Epimetheus heißt der »Hinterherdenkende« –, diesem Epimetheus schenkte Zeus eines Tages eine Frau, nämlich die Pandora. Hephaistos hatte sie nach dem Vorbild der Aphrodite geschaffen.

Prometheus sagte zu seinem Bruder: »Nimm sie nicht an. Von den Göttern nimmt man kein Geschenke.«

Aber Epimetheus nahm das Göttergeschenk, denn Pandora war so schön wie die Göttin der Liebe. Sie brachte eine Büchse mit. In dieser Büchse befanden sich alle Leiden, und sie drängten auf die Welt, um die Menschen zu quälen.

Prometheus sagte seinem Bruder: »Laß die Büchse der Pandora geschlossen. Öffne sie nicht!«

Aber Epimetheus folgte wieder nicht dem Ratschlag seines Bruders. Er öffnete die Büchse, und die Leiden flogen heraus. Schnell schloß Prometheus die Büchse wieder. Aber unten am Boden der Büchse war nur noch die Hoffnung, und die blieb eingesperrt.

Die Hoffnung wurde von nun an von Prometheus verwaltet. Er hütete sie, und nie gab er einer seiner Kreaturen die ganze Hoffnung zu spüren. Die Hoffnung ist ein starkes Medikament. In reiner, unverdünnter Form kann sie uns schaden. Deshalb achtete Prometheus darauf, daß die Hoffnung nicht ohne die Erinnerung eingenommen wurde.

So mußte sich Prometheus sehr anstrengen, um seine Kreaturen über die Tage und über die Stunden, über die Jahre und die Jahrhunderte zu retten. Und er bekam nicht einmal Dank dafür. Ich korrigiere mich: Weder auf einen Gott noch auf einen anderen Titanen ist ein so herrliches Gedicht geschrieben worden wie das zuvor Zitierte. Ein wenig von unserer Schuld gegenüber Prometheus hat Goethe damit wohl abgetragen.

PERSEUS

Von einem goldenen Regen – Von der Erfindung der Steuer
– Vom Umgang mit Spiegeln; von drei stinkenden Frauen –
Von Medusa und ihrem Haupt – Von Pegasos – Von Atlas –
Von Andromeda – Von einer erfüllten Weissagung und
einem glücklichen Ende

Welchem Helden soll der Vorzug gegeben werden? Da ist
vor allem Herakles, der bedeutendste Heros der griechischen Antike. Die Römer übernahmen ihn und nannten
ihn Herkules. Er ist der klassische Held. Berühmt sind
seine zwölf Arbeiten, das waren zwölf Prüfungen, die er
zu bestehen hatte. Eine dieser Arbeiten machte mir als
Kind am meisten Spaß, weil es mir immer so schwerfiel
mein Zimmer aufzuräumen: Er sollte den Augiasstall
säubern. Herakles war klug und leitete einen Fluß durch
den Stall, hinterher war er so sauber, sagte mein Vater,
»wie eine Metzgerei in der Schweiz«.

All diesen Helden ist eigen, daß sie eine große Lebens-
aufgabe vor sich haben. Wir, während wir ihre Geschichten hören, fragen uns: »Schafft er es, oder schafft er es
nicht?« Ich hege die Vermutung, daß das Hollywood-
Kino immer noch von dieser dramaturgischen Grund-
frage zehrt. Bei den meisten Filmen rührt die Spannung ja
daher, daß wir uns fragen: »Schafft es unser Held, oder
schafft er es nicht?«

Ich möchte an dieser Stelle weder von Herakles,
dem Arbeiter, noch von Jason, dem Argonauten, weder
von Athens König Theseus noch von Bellerophon, dem

Pegasos-Bezwinger, erzählen, sondern von Perseus. Seine Geschichte beginnt wie ein Märchen – mit: Es war einmal ...

Es war einmal ein König, der hieß Akrisios. Dieser König hatte eine Tochter, sie hieß Danaë. Dem König wurde geweissagt, daß er von seinem Enkel ermordet werden würde, ein Sohn seiner geliebten Tochter Danaë würde ihn töten.

Weil die Eigenliebe vor der Tochterliebe rangiert, beschloß König Akrisios, diese Gefahr ein für allemal auszuschalten. Er ließ einen bronzenen Turm bauen, und in diesen Turm sperrte er Danaë, als sie im heiratsfähigen Alter war. Der Turm war nur von oben zugänglich, vom Himmel aus, das Essen wurde dem Mädchen über die Zinnen geworfen. So, meinte Akrisios, könne er seine Tochter vor Freiern abschirmen.

Wir, die wir nun schon einiges über die griechische Mythologie erfahren haben, können nur den Kopf schütteln; denn Akrisios hat nicht mit dem leidenschaftlichsten aller Liebhaber gerechnet, nämlich mit Zeus. Zeus blickte vom Himmel herab, blickte hinein in diesen bronzenen Turm und sah die hübsche und heiratsfähige Danaë. In der Nacht, wenn das Erdenrund dunkel war, glitzerten ihre tränenerfüllten Augen durch den bronzenen Turm herauf zu ihm. Denn Danaë sehnte sich nach einem männlichen Widerpart.

Da verwandelte sich Zeus in einen Goldregen. Dieser Goldregen fiel über Nacht auf die schlafende Danaë und befruchtete sie, und Perseus war gezeugt.

Als Danaë diesen Götterknaben geboren hatte, wußte ihr Vater erst nicht, was er tun sollte, denn er hatte seine Tochter recht lieb und hätte gern so einen hübschen

Knaben als Enkel gehabt, aber der Orakelspruch saß ihm in den Knochen. Deshalb packte er seine Tochter, drückte ihr den Knaben in den Arm, verschloß die beiden in einen Korb und ließ den Korb auf dem Meer aussetzen. Er war sicher, eine solche Reise würden sie nicht überleben.

Aber Zeus war schließlich der Vater des Perseus, und er leitet die Geschicke, und er leitete auch den Korb. Der Korb wurde über das Meer getragen und strandete an einer Insel. Ein Hirte fand die Frau und das Kind, und dieser Hirte war ein sehr gütiger und liebevoller Mann, außerdem war er der Bruder des Königs dieser Insel.

Das schien günstig zu sein.

Aber der König war weder gütig noch liebevoll, er war begehrlich. Als er eines Tages seinen Bruder, den Hirten, besuchte, sah er Danaë in einer Ecke des Zimmers sitzen, die Haare waren ihr über das Gesicht gefallen, und er sagte: »Darf ich dein Gesicht sehen?«

Er hob die Haare mit seinem Stab beiseite und sah, daß es ein wunderschönes Mädchen war. Er verliebte sich in sie und stellte ihr von diesem Tag an nach.

Aber sein Bruder, der Hirte, beschützte Danaë, und bald war ja auch Perseus herangewachsen, und es gelang ihm durchaus, seine Mutter zu verteidigen.

Perseus, das muß erzählt werden, war ein hübscher, vielleicht auch etwas weich anzusehender junger Mann. Er war naiv, er war sogar sehr naiv, aber er war intelligent, das schließt sich ja gegenseitig nicht aus. Aber man konnte ihn durchaus in die Irre führen, Ironie oder gar bösen Witz vermochte er nicht zu durchschauen. Ja nahm er für Ja, und Nein nahm er für Nein.

Der begehrliche König dachte sich aus, wie er diesen Perseus aus dem Weg schaffen könnte. Umbringen wollte er ihn nicht, nur von seiner Mutter sollte er weg. Er erfand die Steuer. Alle heutigen Steuern verdanken wir diesem begehrlichen König.

Er verkündete: »Jeder Inselbewohner muß mir soundso viele Pferde abgeben!«

Perseus aber und seine Mutter besaßen keine Pferde.

Perseus schlug ihm vor: »Ich sehe ein, daß du Steuern einhebst. Aber ich habe keine Pferde. Ich werde dir etwas anderes dafür geben. Sag mir, was du möchtest.« – Das war die Naivität des Perseus.

Der begehrliche König sagte: »Ja, ich kann dir schon sagen, was ich möchte: Bring mir das Haupt der Gorgone Medusa!«

»Ja«, sagte Perseus, »wenn du das unbedingt möchtest, dann hole ich es dir.«

Dieses Gespräch war unter vier Augen geführt worden, darauf hatte der begehrliche König bestanden. Denn er wußte, jeder andere würde den Perseus warnen, würde sagen: »Es ist sinnlos, laß es, bleib zu Hause, niemals kannst du das Haupt der Medusa holen, denn die Medusa wird dich vernichten.«

Perseus sagte: »Ich werde die Steuer für mich und meine Mutter entrichten, ich werde dir das Haupt der Medusa bringen.«

Wer war diese Medusa? Perseus wußte es nicht. Darum wollen auch wir erst näher auf sie eingehen, wenn Perseus sie gefunden hat.

Perseus machte sich auf den Weg, er ging einfach drauflos, er war sehr zuversichtlich. Er dachte: »Ein guter Geist wird mich führen.«

Es gab auch einen guten Geist, der ihn führte, oder sagen wir besser eine Göttin, die ihn mit ihrer Sympathie begleitete. Es war Pallas Athene.

Pallas Athene, wir sagten es bereits, hat immer eine Vorliebe für die intelligenten Helden gehabt, auch für die naiven, wenn sie nur gleichzeitig auch intelligent waren.

Sie kam herunter vom Himmel. – Übrigens, das muß erwähnt werden, Athene erschien fast nie als sie selbst, sie schlüpfte immer in den Körper irgendeines Menschen. Was die solcherart Okkupierten davon hielten, das wird uns nicht berichtet. In was für eine Rolle sie schlüpfte, als sie Perseus traf, das weiß ich ebenfalls nicht.

Sie sagte: »Ich werde dir behilflich sein. Erstens bekommst du von mir einen Schild.« – Sie gab ihm einen Bronzeschild. Dieser Schild war auf Hochglanz poliert, er glänzte und spiegelte und funkelte. Perseus hatte noch nie einen solchen Schild gesehen.

Er sagte: »Der gefällt mir. Was soll ich mit diesem Schild?«

Sie sagte: »Schau hinein, was siehst du?«

Perseus staunte, denn er hatte noch nie sein Spiegelbild gesehen. Er sagte: »Ich sehe darin einen jungen Mann.«

Athene sagte: »Das bist du!«

Perseus sagte: »Das kann nicht ich sein, ich stehe ja hier draußen, und der da ist drinnen.«

Sie sagte: »Du siehst dein Spiegelbild.«

Perseus griff danach, aber er ertastete nur den Schild. Er fragte: »Wo ist mein Spiegelbild?«

Da sagte Athene zu ihm: »Es sieht genauso aus wie du. Aber in Wirklichkeit existiert es nicht.«

Er verstand das nicht, und sie sagte zu ihm: »Laß das nur so sein, wie ich es gesagt habe, aber merk dir eines: Einer großen Gefahr schaut man nie direkt ins Auge.«

Das merkte sich Perseus.

Dann sagte Athene noch: »Du mußt die Graien aufsuchen.«

Die Graien, das heißt: die Grauen, das sind alte, stinkende Frauen. »Die mußt du aufsuchen, es sind die Schwestern der Gorgonen. Die mußt du mit List und Tücke dazu bringen, dir zu sagen, wo die Gorgonen hausen.«

Athene wies ihm noch den Weg zu den Graien, dann verschwand sie.

Perseus marschierte weiter drauflos und nahm den Weg zu den Graien. Die leben irgendwo in Afrika neben einem See, und schon von weitem kann man sie riechen, ihr Gestank muß ungeheuer gewesen sein. Aber Perseus hielt sich die Nase zu, ließ nur wenig Geruch hinein, und dem folgte er, und so traf er auf diese drei alten Frauen.

Es ist bemerkenswert, wie sie aussahen. Ich will versuchen, es zu beschreiben. Also, diese drei Frauen saßen an einem See, und sie hatten zusammen nur einen Zahn, und sie hatten zusammen nur ein Auge. Aber dieser Zahn ließ sich ausborgen, ebenso das Auge. So borgten sie untereinander: Immer wenn eine etwas beißen wollte, bekam sie den Zahn, und wenn eine etwas anschauen wollte, bekam sie das Auge.

Und die eine, die gerade das Auge bei sich hatte, sah Perseus zu dem See kommen. Sie kicherte und rief: »Da kommt ein schöner Jüngling, den wollen wir uns doch ansehen!« und reichte das Auge zur dritten.

109

Perseus trat vor sie hin, er wollte nicht unhöflich sein, deshalb tat er so, als ob er sie nicht rieche. Er sagte zu ihnen, er möchte gern wissen, wo ihre Schwestern, die Gorgonen, wohnen.

»Ja«, sagten die drei, »das werden wir dir nicht sagen, höchstens wenn du ... «, und machten ein paar anzügliche Bemerkungen.

Perseus hatte eine Wegzehrung bei sich, und er tat so, als ob er sich gemütlich niederlassen wollte, um zu essen.

Die drei hatten Hunger, sie wollten auch essen.

Er sagte: »Das, was ich hier zu essen habe, kann man durchaus auch ohne Zähne essen.«

»Ah, kann man das«, sagten sie.

»Jawohl, man kann das.«

Er teilte seinen Proviant in drei Teile und gab jeder von ihnen etwas davon. Aber die eine hatte den Zahn in der Hand, die andere das Auge, deshalb sagte er: »Ich werde beides für euch halten. Eßt ihr einstweilen, ich hüte euer Auge und euren Zahn.«

Sie taten das, und nun hatte er Auge und Zahn und sagte: »So, und jetzt im Ernst. Wenn ihr mir jetzt nicht sagt, wo eure Schwestern, die Gorgonen, wohnen, dann werdet ihr nie wieder euer Auge und euren Zahn bekommen.«

So hatte er also die Adresse der Gorgonen aus ihnen herausgepreßt. Perseus war dann schlau genug, ihnen nur den Zahn zurückzugeben, das Auge warf er in den See, daß sie erst danach tauchen mußten.

Dann verließ er die Graien. Die Nymphen, die in ihrer Nähe wohnten und die schon seit Jahrhunderten unter dem Gestank der alten Frauen litten, waren dem Perseus sehr dankbar, daß er die Graien gezwungen hatte, ins Wasser zu springen und zu tauchen.

»Da waschen sie sich wenigstens einmal«, sagten die Nymphen und schenkten dem sympathischen Perseus drei Dinge, nämlich: eine Tarnkappe, Flügelschuhe und einen großen Mantelsack.

So machte er sich weiter auf die Reise. Ich stelle mir das so vor: Er wird nun nicht mehr gegangen sein, sondern ist jetzt wie ein Surfer durch die Luft geflogen.

Bei seiner Luftreise begegnete er unserem Gott Hermes. Der flog eine Zeitlang neben ihm her und betrachtete den jungen Mann. Perseus gefiel dem Gott außerordentlich. Hermes ist ja ein sehr sympathischer Gott, er fragte ihn aus, was er vorhatte. Perseus erzählte es, und Hermes sagte: »Du wirst eine Waffe benötigen.«

Er reichte ihm ein Schwert hinüber, wünschte ihm noch viel Glück und flog dann weg.

Die Gorgonen waren drei Schwestern, sie waren die schöne Ausführung der Graien, jedenfalls waren sie es einmal gewesen. Zwei von ihnen waren unsterblich, eine war sterblich, und zwar die jüngste und schönste von ihnen, Medusa.

Medusa war sterblich. Aber dafür war sie so schön, daß sie sich eines Tages brüstete, sie sei schöner noch als die Göttin Pallas Athene. Athene hat das nicht gerne gehört, und sie verwandelte die drei Gorgonen in die häßlichsten Wesen, die auf dem Erdboden jemals gehaust haben, und die Häßlichste von ihnen war Medusa. Haare hatte sie wie Schlangen, ihr Gesicht war aufgedunsen, einen Hintern hatte sie wie ein Pferd. Sie waren unbeschreiblich häßlich – und böse, gefährlich.

Den Kopf dieser bösen, gefährlichen Medusa sollte Perseus holen. Die Gorgonen schliefen gerade, als er ankam. Er holte das Schwert heraus, das er von Hermes bekommen hatte, und schlug der Medusa den Kopf ab. Er hatte sich gemerkt, was Athene gesagt hatte. Er schlug der Medusa den Kopf ab und schaute dabei in den spiegelglatten Schild. Es ging nämlich folgende Sage: Wer der Medusa ins Auge schaut, der erstarrt zu Stein. Das hat sich Perseus zu Herzen genommen, hat den Kopf abgeschlagen und sofort das Haupt der Medusa in den Mantelsack gestopft, den ihm die Nymphen gegeben hatten.

Und siehe da: aus dem Hals der Medusa stürzten zwei Wesen. Chrysaor war das erste, das heißt soviel wie: der rote, goldene Stahl. Das zweite Wesen war Pegasos. Pegasos ist ein geflügeltes Pferd. Dieses Wesen wurde später zum Wappentier der Dichter. Man hat gesagt, die Höhenflüge, die die Dichter sich leisten, sind, als hätten sie ein Pferd mit Flügeln. Gemeint war wohl: Die Dichter spinnen und landen auf dem Bauch. Oft ist das so. Ich kann es bestätigen.

Es gibt übrigens eine schöne, kleine Ballade von Friedrich Schiller, die heißt: »Pegasos im Joch«. Da gibt es einen ganz armen Dichter, zu dem kam Pegasos geflogen, der Dichter war aber so arm, daß er den Pegasos nicht ernähren konnte, weil der muß ja auch etwas zu fressen haben. Er verkaufte den Pegasos an einen Bauern, und dieser Bauer spannte das geflügelte Pferd der Dichtung in ein Joch und trieb damit seinen Pflug an.

Aus den Blutstropfen, die aus dem Haupt der Medusa auf die Erde fielen, wuchsen Kräuter, aus denen Heilmittel und Gifte gewonnen wurden.

Perseus machte sich auf den Heimweg. Er hatte das Haupt der Medusa erbeutet. Die Steuer konnte er also bezahlen, dachte er, und auf seinen Flügelschuhen flog er an der Küste entlang. Wie er so hinunterschaute, da sah er im Westen den Riesen Atlas stehen.

Atlas ist jener Titan, der gezwungen ist, das Himmelsgewölbe zu tragen. Das interessierte den Perseus. Er landete vor den Füßen des Titanen und fragte, ob das eine schöne Arbeit sei.

Atlas gab ihm eine patzige Antwort, sagte, er solle verschwinden, er solle ihn gefälligst in Ruhe lassen.

Darüber war nun wiederum Perseus erbost, und er probierte das erste Mal seine neu gewonnene Geheimwaffe aus. Er griff in seinen Mantelsack, zeigte dem Atlas das Haupt der Medusa, und siehe da, er wurde sofort zu Stein. – Diesen versteinerten Titanen kann man heute noch bewundern – das Atlasgebirge in Marokko.

Perseus flog weiter.

Unterwegs, gerade als er so über Phönizien flog, sah er unter sich etwas Seltsames: eine Frau, die an die Felsküste gefesselt war. Er ging tiefer, umkreiste die Frau und sah, daß die Frau weinte, sah, daß sie Angst hatte. – Diese Frau war Andromeda.

»Wer ist die Schönste im ganzen Land?« Diese Frage, das wissen wir, löst in den Märchen meist großes Unheil aus. Und auch im Falle der Jungfrau Andromeda war es nicht anders. Sie hatte eine sehr eitle Mutter. Kassiopeia hieß sie, und diese Kassiopeia blickte eines Morgens auf ihr reifes Töchterchen und rief aus: »Das ist das schönste Wesen der Welt!«

So begeistert war die Mutter von Andromedas Schönheit, daß sie zur Küste rannte und aufs Meer hinaus rief: »Hört zu, ihr Töchter des Poseidon! Ihr seid schön, aber meine Andromeda ist hundertmal schöner als ihr!«

Von den Töchtern des Poseidon hieß es, sie seien die schönsten Wesen im ganzen Erdenkreis. Sie tauchten aus den Fluten auf, hörten, wie Kassiopeia immer wieder rief, ihre Tochter sei hundertmal schöner als sie, und die Eifersucht machte, daß sie grün wurden.

Sie tauchten zu ihrem Vater Poseidon und sagten: »Da gibt es ein Weib, das behauptet, ihre Tochter sei hundertmal schöner als wir. Das ist ein Problem für uns.«

Poseidon löste dieses Problem. Er löste es, wie er Probleme immer löste.

Er sagte zu seinen Töchtern: »Ich werde ein Ungeheuer schicken, das soll euer Problem verschlingen.«

Erst schickte er eine große Flutwelle über die Stadt, die richtete furchtbaren Schaden an. Dann überschwemmte er die Felder, und es drohte eine Hungersnot.

Ein Seher wurde um Rat gefragt, der sagte: »Andromeda, der Kassiopeia Tochter, muß geopfert werden. Fesselt sie an die Felsen beim Meer!«

Das war geschehen.

Gerade als Perseus auf seinen Flügelschuhen dahergeflogen kam, sah er, wie sich ein Meerungeheuer im Wasser vor der Küste tummelte. Perseus hatte sich auf Anhieb in Andromeda verliebt. Er handelte rasch. Sprach bei Andromedas Vater vor, handelte mit ihm einen Ehevertrag aus und versteinerte das Ungeheuer in letzter Sekunde mit dem Haupt der Medusa.

Aus Dankbarkeit verliebte sich Andromeda in ihn.

Perseus nahm seine junge Frau mit zu seiner Mutter Danaë, stellte sie ihr vor. Ich glaube, die beiden konnten sich ganz gut leiden. Gegenteiliges war jedenfalls nicht zu erfahren.

Dann trat Perseus vor den begehrlichen König hin und sagte: »Ich habe das Haupt der Medusa für dich.«

»Du bist wirklich verrückt«, sagte der König. »Ich dachte erst, du seist lediglich etwas naiv, aber doch intelligent. Nun aber sehe ich, du bist dumm. Niemand kann das Haupt der Medusa gewinnen.«

»Gut«, sagte Perseus, »dann werde ich es dir zeigen. Möchtest du es sehen?«

»Ja, selbstverständlich will ich es sehen«, sagte der König.

Perseus fragte noch einmal: »Möchtest du es wirklich sehen?«

»Ja, ich will es sehen.«

»Na gut«, sagte der junge Held, wandte den Kopf ab, griff in seine Manteltasche und holte das abgeschlagene Haupt der Medusa heraus. – Wir wissen, was mit dem begehrlichen König geschah ...

Perseus wollte nichts anderes, als mit seiner Mutter und seiner Frau in seine Heimat zurückkehren, an seinen Geburtsort, auf die Insel des Königs Akrisios. Und er tat es. Er wurde auf der Insel wie ein Held empfangen. Sein Ruhm hatte sich in der ganzen Welt verbreitet. Es wurden ihm zu Ehren Wettkämpfe veranstaltet. Er fragte nach seinem Großvater, dem König, aber der war nirgends anzutreffen.

Er saß mit seiner Mutter und seiner Frau auf den besten Plätzen im Stadion, wie ein neuer König wurde er behandelt, und er schaute den Spielen zu. Plötzlich packte ihn der Wetteifer, und er bat, ob er wenigstens einmal den Diskus werfen dürfe, außer Konkurrenz nur. Das wurde ihm gern gewährt. Er griff sich einen Diskus, holte aus und warf. Ganz bestimmt hätte er in dieser Disziplin gewonnen. Die Scheibe flog weit, weit über das Feld hinaus, wurde wahrscheinlich von einer göttlichen Kraft gelenkt, flog weit und fiel irgendwo in die Menge.

Schon war ein Aufschrei zu hören: »Der König ist tot!«

Man sah nach, und tatsächlich: Der Diskus des Perseus hatte seinen Großvater Akrisios getroffen, der sich vor Perseus versteckt hatte, im Gedenken an den Orakelspruch, sein Enkel werde ihn töten.

Aber es war kein Mord, es war ein Versehen, ein Unglücksfall. Die Götter drehten dem liebenswerten Perseus keinen Strick daraus, und auch das Volk warf ihm nichts vor, im Gegenteil, es wünschte sich Perseus als neuen König und Andromeda als seine Königin.

Perseus lebte von nun an in Ruhe bis an das Ende seines Lebens. Er und Andromeda waren sich treu, was sehr selten ist in der Welt der griechischen Sagen, und als sie starben, wurden sie als Sternbilder an den Himmel gehoben – Perseus als ein gewaltiges Bild, Andromeda als ein kleiner, unscheinbarer Stern, der sich bei näherem Hinsehen als eine riesige Galaxis zu erkennen gibt, die 1,7 Millionen Lichtjahre von uns entfernt ist und einen Durchmesser von stolzen hunderttausend Lichtjahren hat.

TANTALOS UND SEIN SOHN

Von der Götterspeise – Von einem grausamen Test –
Von Pelops und Hippodameia – Von Myrtilos, dem
Wagenlenker – Von Flüchen

Das Schattenreich ist das Paradies der Phantasten. So hat
es Immanuel Kant einmal ausgedrückt. Tatsächlich
haben sich die Romantiker aller Zeiten auf diese Schatten gestürzt, haben sich von der Dunkelheit angezogen
gefühlt. Aber dieses Schattenreich ist auch der Quell aller
Ängste, die christliche Religion hat die Hölle daraus
gemacht, und das heilige Rom hat hier seine einträglich-
sten Provinzen.

Im Hades, so wird das Schattenreich nach seinem
König genannt, gibt es einige Heldenfiguren, die eine
besondere Behandlung erfahren. Da ist zum Beispiel Sisyphos. Sein Name ist zum Begriff geworden. Er muß einen
schweren Stein auf einen Berg wälzen, der immer wieder
auf der anderen Seite herunterrollt, er muß ihn abermals
hinaufwälzen, und wieder rollt er hinunter, und so weiter in alle Ewigkeit. Er ist das Urbild des Zwangsneuroti-
kers.

Da sind die Danaiden, das sind jene fünfzig Frauen, die
in der Hochzeitsnacht ihren Männern mit langen Nadeln
die Herzen durchstochen haben. Sie müssen durchsto-
chene Krüge mit Wasser zu einer Wanne tragen. Wenn sie
an ihrem Ziel angekommen sind, ist das Wasser heraus-

gelaufen, und sie müssen noch einmal von vorne anfangen.

Diese Arbeit ist vielleicht nicht schwer, aber sie ist sinnlos, absurd. Die Sinnlosigkeit war für die Griechen der Begriff für die Hölle. Ich weiß nicht, was sie sagen würden, wenn sie heute in eine normale Fabrik gingen und sich dort umschauten. Ob sie diese Arbeit an die Quälereien im Hades erinnerte?

Der Prominenteste neben Sisyphos, der im Hades gequält wurde, ist Tantalos. Seine Qualen sind bis heute sprichwörtlich – man spricht von Tantalosqualen. Wir sehen ihn: Er steht im Wasser, das Wasser reicht ihm bis zur Hüfte, und er hat großen Durst. Wenn er sich niederbeugt, um zu trinken, dann sickert das Wasser vor ihm ab. Er hat großen Hunger, über ihm hängen Äste, schwer beladen mit den besten Früchten. Wenn er danach greifen will, bläst ein Wind die Äste beiseite.

Was hat der Tantalos angestellt, daß er so sprichwörtlich für alle Zeiten – denn das muß dazu gesagt werden: Tantalos ist unsterblich – gequält wird? Die anderen Schatten verblassen mit der Zeit, das heißt, sie verlieren das Bewußtsein ihrer Lage. Tantalos ist seiner Qualen immer gewärtig.

Tantalos ist ein Sohn des Zeus. Er durfte als Kind, weil Zeus ihn besonders geliebt hat, oben im Olymp mit den Göttern an einem Tisch sitzen. So konnte er die Gespräche der Götter belauschen, und wer die Gespräche der Götter belauscht, wird, so will es die Mythe, unsterblich. Er hat vom Nektar getrunken und von Ambrosia gegessen.

Dann aber hat er ein Verbrechen begangen – in den Augen der Götter war es ein Verbrechen: Er hat ihre

Gastfreundschaft verletzt. Er hat sich nämlich etwas von der Götterspeise eingesteckt, weil er auf der Erde vor seinen Freunden damit prahlen wollte. Er war auch sehr reich, alle haben ihn zu sich eingeladen, jeder wollte sein Freund sein, jeder hat ihn beschenkt. Und er hat geprahlt, hat ebenfalls Einladungen gegeben, hat den Gästen Nektar und Ambrosia zu trinken und zu essen gegeben.

Dann hatte er den Verdacht, daß ihm die Götter dahintergekommen wären, und er dachte sich: »Wenn ich die Götter selbst zu mir zum Essen einlade, dann sind sie vielleicht besänftigt und sehen mir meinen kleinen Diebstahl nach. Schließlich bin ich der Sohn des Zeus.«

Er hat die Götter also zu sich nach Hause eingeladen in seine irdische Wohnung. Und tatsächlich: sie kamen alle.

Und da hat er gemerkt: Ich habe nicht genug im Haus für alle. Er ist in Verlegenheit geraten, hatte den göttlichen Appetit unterschätzt. Und das hat dann seine Katastrophenphantasie angestachelt. So etwas gibt es: Man macht einen Fehler, und anstatt daß einem die Phantasie eingibt, wie man diesen Fehler wiedergutmachen könnte, fallen einem nur lauter weitere Fehler ein, und man bekommt ein dringendes Bedürfnis, wenigstens einen dieser Fehler auszuprobieren. Und so war es auch bei Tantalos. Er wollte die Götter testen. Wollte sehen, ob sie auch außerhalb des Olymps solche mächtigen Wesen waren. Wollte wissen, ob sie tatsächlich allwissend sind.

Er beging ein entsetzliches Verbrechen: Er schlachtete seinen Sohn Pelops, zerhackte ihn in Teile, warf ihn in einen Kessel, kochte ihn und setzte ihn den Göttern als Speise vor.

Die Götter sind – um es mit dem Lieblingswort eines österreichischen Dichters zu sagen: naturgemäß sind sie allwissend. Sie wandten sich voll Ekel von dieser Speise ab. Nur Demeter aß ein Stück der linken Schulter des Pelops. Sie war verwirrt, ihre Gedanken waren bei ihrer Tochter Persephone, die erst vor kurzem von Hades geraubt worden war.

Die Götter verließen das Haus des Tantalos, und sie verfluchten ihn. Den Kessel mit der Speise nahmen sie mit. Hermes bekam von Vater Zeus den Auftrag, den Pelops wieder in seinen ursprünglichen Zustand zurückzuversetzen. Demeter, die die Schulter verzehrt hatte, formte eine Schulter aus Elfenbein. So wurde Pelops nach göttlicher Rezeptur wieder zusammengesetzt. Er entstieg dem Kessel des Tantalos schöner, als er zuvor gewesen war.

Auf der Stelle verliebte sich Poseidon in ihn. Er beschenkte ihn mit den schönsten Pferden, mit jenen berühmten fliegenden Pferden nämlich, die über das Meer fliegen konnten, und machte ihn zu seinem Bettgenossen.

Tantalos aber wurde in die Hölle geschlagen, in den tiefsten Tartaros, der, wie es heißt, noch einmal so tief unter der Hölle liegt, wie der Himmel über der Erde ist. Aber eines bitte ich zu beachten: Nicht wegen des bestialischen Mordes an seinem Sohn wird Tantalos bestraft, sondern weil er die Götter versucht hat – weil er ihre Allwissenheit testen wollte!

Pelops erbte die sagenhaften Reichtümer seines Vaters. Eine ganze Insel hat ihm gehört. Bis heute noch trägt diese Insel seinen Namen – Peloponnes, die Insel des Pelops.

Nun wird dieser Pelops, könnte man annehmen, sich so benehmen, daß der Fluch der Götter ihn nicht auch noch trifft, weiß er doch, was einem dann blüht. Aber das ist ein Irrtum …

Pelops, der Sohn des Tantalos, hatte einen weißen Fleck an der linken Schulter, dort schimmerte der Elfenbeinknochen durch, der ihm eingesetzt worden war. Diesen weißen Fleck vererbte er auf seine Kinder und auf seine Kindeskinder. Daran konnte man die Nachfahren des Pelops erkennen. Und alle waren sie verflucht.

Pelops verliebte sich eines Tages in Hippodameia, die Tochter des Königs Oinomaos. Poseidon wird das vielleicht nicht so gerne gesehen haben, daß sich sein Schatz in eine Frau verliebte, aber er ließ es dann doch geschehen, vielleicht hatte er auch schon genug von Pelops. Ein Gott lebt ja außerhalb der Zeit, seine Affären dauern ebenso einen Augenblick wie eine Ewigkeit.

König Oinomaos wollte seine Tochter nicht hergeben, er wollte sie nicht verheiraten. Manche Erzählungen behaupten, es sei ihm geweissagt worden, sein Schwiegersohn werde ihn töten, andere wissen davon, daß er selbst in Hippodameia verliebt gewesen sei. Wie auch immer, er machte es seiner Tochter und ihren Freiern schwer.

Es kamen viele Bewerber um Hippodameia. Sie war sehr schön, und alle brachten wertvolle Geschenke mit. Oinomaos ließ sich erst einmal diese Geschenke aushändigen, dann stellte er seine Bedingungen. Einige dieser Bewerber, die klügeren und die feigeren, werden, wenn sie sich der Stadt näherten, vielleicht ihre Zweifel bekommen haben, ob es richtig war, was sie da vorhatten. Denn über der Mauerkrone waren lauter Köpfe aufgespießt und Hände. Das waren die Köpfe und die Hände der

Bewerber um die Prinzessin Hippodameia, die ihr Ziel nicht erreicht hatten.

Die hatte ihr Vater umgebracht. Er hatte sich ein Ritual ausgedacht.

Er sagte: »Jeder, der meine Tochter haben will, der soll sie sich nehmen. Meine Tochter muß aus meinem Reich weggeführt werden. Ich gebe sie niemandem. Aber wer sie wegführen kann, der soll sie haben. Und der soll nicht nur meine Tochter haben, er kriegt auch noch mein ganzes Reich mit dazu.«

Er sagte: »Es soll der Bewerber meine Tochter auf seinen Wagen nehmen, er soll die Pferde antreiben und soll davonfahren. Ich selbst werde ihm eine halbe Stunde Vorsprung geben, dann werde ich ihn verfolgen. Wenn ich ihn erreiche, bevor er mein Reich verlassen hat, werde ich ihm von hinten den Speer in den Rücken stoßen. Wenn ich ihn nicht erreiche und er meine Tochter bis an das Ende meines Reiches entführt, dann gehört sie ihm.«

Der Haken daran war, daß Oinomaos die Pferde des Kriegsgottes Ares besaß, und damit hat er spielend jeden eingeholt.

Pelops wußte davon. Er war gewarnt worden, und als er in seinem Gespann auf die Stadt zufuhr, legte er sich einen Plan zurecht. Mit Stärke allein, das war ihm klar, gab es hier nichts zu gewinnen. Er hatte zwar die Pferde des Poseidon, aber das waren Pferde, die über das Wasser fliegen konnten, an Land waren sie nicht besser als andere Pferde, gegen die Rosse des Kriegsgottes hatten sie keine Chance.

Günstig für Pelops war, daß sich Hippodameia wahrhaftig in ihn verliebt hatte. Sie gab ihm Ratschläge. Er sollte den Wagenlenker ihres Vaters bestechen. Der

Wagenlenker hieß Myrtilos, er war ein berühmter Wagenlenker, der Sohn eines Gottes, der Sohn des Hermes! Ihn sollte Pelops bestechen. Wie er das mache, sagte Hippodameia, das sei seine Sache.

Pelops hatte die Verruchtheit seines Vaters geerbt, er machte es auf seine Weise. Er zog Myrtilos eines Nachts beiseite und sagte: »Ich habe Achsen aus Wachs geformt. Diese Achsen wirst du statt der Achsen aus Eisen in den Wagen deines Herrn einsetzen.«

Myrtilos sagte: »Wie komm' ich denn dazu! Ich diene meinem Herrn. Ganz im Gegenteil, ich werde dich verraten, du Narr!«

»Hör zu«, sagte Pelops. »Wenn ich das Wagenrennen gewinne, werde ich auch das ganze Reich gewinnen, und ich werde die Frau dazu gewinnen, und ich werde mit dir teilen. Du sollst das halbe Reich bekommen und die erste Nacht bei der Frau. Überleg es dir.«

Ja, Myrtilos überlegte, und er überlegte nicht lange. Er, der Sohn eines Gottes, wurde von seinem Herrn und König nur angetrieben und geschlagen. Was heißt da Loyalität! Er sagte zu: »Gut, ich werde es tun.«

Er tauschte heimlich die stählernen Achsen aus gegen die wächsernen. Das Wagenrennen begann. Pelops hatte, wie von Oinomaos versprochen, eine halbe Stunde Vorsprung. Aber er fuhr nur bis zur nächsten Kehre. Dort wartete er mit Hippodameia. Sie stand auf seiner Seite, sie wußte, was ihren Vater erwartete. Sie haßte ihren Vater, der ihr seit der Kindheit nachgestellt hatte. Heute war der Tag der Rache.

Tatsächlich, nach einer halben Stunde kam Oinomaos angefahren. Und schon in der Kurve waren die wächsernen Achsen so weich, daß der Wagen zusammenbrach.

Aber die Pferde des Ares hatten eine ungeheure Geschwindigkeit drauf, und Pelops mußte gar nichts weiter tun als zusehen, wie der König zu Tode geschleift wurde.

Somit hatte er das Rennen gewonnen.

Er bekam das Reich zu seinen ungeheuren Schätzen dazu und nahm die Tochter des Oinomaos zu seiner Frau.

Er fragte sie: »Was wünschst du dir für eine Hochzeitsreise?«

Sie sagte: »Ja, mit deinen Pferden, die über das Wasser fliegen können, mit denen möchte ich einmal über unser schönes Mittelmeer fliegen.«

»Das ist kein Problem«, sagte Pelops.

Da stellte sich Myrtilos dazwischen und sagte: »So, das hätte ich auch gerne.«

»Gut«, sagte Pelops, »dann steig du auch auf.«

Und sie flogen über das Mittelmeer.

Sie landeten auf einer Insel, und Hippodameia sagte, sie habe nun Durst. Ihr Gatte soll ihr etwas zu trinken holen.

Pelops ganz ruhig: »Ja, das werde ich tun.«

Er ging zu einer Quelle, füllte seinen Helm mit Wasser. Als er zurückkehrte, kam ihm seine Frau schon entgegengelaufen, weinend, und rief, Myrtilos habe sie vergewaltigen wollen.

Pelops sagte weiter nichts, befahl ihnen, in den Wagen zu steigen, und als sie oben in der Luft waren, gab er Myrtilos einen Stoß, und der stürzte ab.

Noch im Fliegen flehte Myrtilos zu seinem Vater, Hermes, er möge seinen Tod rächen, und er verfluchte Pelops und rief: »Über dich und über dein ganzes Geschlecht soll mein Fluch noch zum Fluch des Tantalos dazukommen.

Deine Söhne sollen sich vom ersten Augenblick ihrer Geburt an bis zu ihrem Tod hassen, und sie sollen sich bis zum Augenblick ihres Todes in Haß verfolgen.«

Das war der Fluch des Myrtilos. Sein Vater Hermes fing ihn auf, bevor er auf der Wasseroberfläche aufschlug, und weil er gerade so einen Schwung im Arm hatte, schleuderte er den Myrtilos in den Himmel, und dort blieb er als Sternbild des Wagenlenkers hängen.

Pelops und Hippodameia hatten viele Kinder. Dann hatte Pelops, das sei nur nebenbei erwähnt, noch einen ledigen Sohn, wir kennen ihn bereits, Chrysippos hieß er, er wurde später der Liebhaber des Laios, des Vaters des Ödipus. Uns interessieren die beiden Söhne Atreus und Thyestes. Sie hat der Fluch des Wagenlenkers Myrtilos am schwersten getroffen.

ATREUS UND THYESTES

Vom Bruderhaß – Von einem goldenen Schaf – Von der
Umkehr der Sonne – Von einem grausigen Essen – Vom
unbändigen Haß – Von einer Killermaschine

Steigen wir hinab in die vielleicht grausamste Geschichte
der griechischen Mythologie! In keiner anderen Sage
wird das logische, psychologische und moralische Fort-
schreiben eines Fluches in so katastrophal konsequenter
Kausalität demonstriert wie hier. In keiner anderen Sage
wird die innere Motorik von Haß und Krieg so scho-
nungslos vorgeführt.

Pelops wußte, daß seine Söhne Atreus und Thyestes
sich außerordentlich haßten, und er verfügte, daß die beiden, jedenfalls solange er lebte, nicht zusammenkamen.
Sie wurden in getrennten Teilen des Schlosses untergebracht. Wenn der eine beim Vater war, durfte der andere
sein Zimmer nicht verlassen; wenn der andere bei der
Mutter war, mußte der eine warten; wenn der eine schlief,
war der andere wach; wenn der eine spielte, dann mußte
der andere essen – und so weiter. Sie wußten voneinander, aber man ließ sie nicht zusammen.

Aber schließlich waren sie erwachsen, und nach dem
Tod ihres Vaters drohte die Frage: Wer wird das Reich
erben?

Es hieß, ein Seher habe geweissagt: »Derjenige, welcher
der Herrscher sein wird, dem wird ein Zeichen gegeben.«

Eines Tages entdeckte Atreus in seiner Herde ein goldenes Lamm, und er ging davon aus, das sei das Zeichen. Er untersuchte das Fell, es war aus purem Gold, er untersuchte die Zunge des Lammes, sie war aus purem Gold, und er sagte sich: »Das kann nur das Zeichen sein, ich werde alles erben.«

Er wollte das Schaf der Göttin Athene weihen, aber dann war es ihm doch zu schade, und er ließ ein anderes schlachten und weihte dieses Schaf der Göttin. Das goldene Schaf aber schlachtete er für sich, nahm es aus und ließ es ausstopfen. Dann gab er überall bekannt, ihm sei das erwartete Zeichen gegeben worden.

Was Atreus nicht wußte, war, daß seine Frau hinter seinem Rücken ein Verhältnis, ein sehr leidenschaftliches Verhältnis zu seinem Bruder Thyestes unterhielt. Die Frau verriet Thyestes, dem eingeborenen Feind, daß das Zeichen ein goldenes Lamm sei und daß Atreus dieses Lamm besitze. Sie führte Thyestes in die geheimste Kammer des Atreus, und Thyestes stahl das goldene Lamm.

Bald darauf berief Thyestes eine Volksversammlung ein.

Er sagte: »Jetzt muß endlich eine Entscheidung getroffen werden!«

Atreus war immer noch der Meinung, er sei der Besitzer des goldenen Lammes, und er stimmte seinem Bruder zu, forderte ihn sogar auf, weiterzusprechen.

»Es muß eine Entscheidung getroffen werden«, sagte Thyestes, »und ich bin der Meinung, das Volk soll entscheiden, wer von uns beiden der König sein soll.«

»Nein«, sagte Atreus, »nicht das Volk soll entscheiden, die Götter sollen ein Zeichen setzen. Und die Götter haben bereits ein Zeichen gesetzt. Wer von uns ein goldenes Lamm vorweisen kann, der soll der König werden!«

Zur Verwunderung des Atreus stimmte Thyestes zu.

»Ich bin in allem deiner Meinung«, sagte er. »Du und ich, wir sind die Anwärter auf den Thron, und ich sage dasselbe wie du: Wer das goldene Lamm vorweisen kann, der ist der König. Das hat mir Zeus im Traum gesagt. Gehen wir jetzt beide nach Hause, schauen wir in unsere Kammer, vertrauen wir dem Ratschlag des Obersten Gottes!«

Da mußte Atreus kichern, und er antwortete: »Du bist ein einsichtiger Mann, mein Bruder. So werden wir es machen.«

Aber Thyestes wies vor allem Volk das ausgestopfte Lamm vor und forderte den Thron.

Atreus wußte nun, daß er von seinem Bruder betrogen und bestohlen worden war. Der Haß wuchs noch mehr, und er flehte zu Zeus um Rache.

Und tatsächlich, Zeus hatte größeres Wohlgefallen an Atreus als an Thyestes. – Diese Geschichte erinnert uns von Ferne an zwei andere, zwei biblische Brüder, die auch von Gott nicht gleichermaßen geliebt wurden, Kain und Abel. Und wir wissen, was daraus geworden ist.

Zeus sagte zu Atreus: »Berufe auch du eine Volksversammlung ein und sage folgendes: Wer von uns beiden die Sonne, wenn sie am Mittag steht, zwingen kann, in die andere Richtung zu wandern, so daß sie nicht im Westen, sondern im Osten untergeht, der soll der tatsächliche König sein.«

Atreus sagte: »Wie soll das einer können? Wie soll ich das können?«

Und Zeus sagte: »Das werde ich dir machen.«

Atreus berief also eine neue Volksversammlung ein, er sagte: »In dieser Nacht hatte ich ebenfalls einen Traum. In diesem Traum hat mir Zeus einen Auftrag gegeben. Ich soll euch folgendes verkünden: Wer von uns beiden – Thyestes oder ich – die Sonne am Mittag anhalten und sie zurückzwingen kann nach Osten, so daß sie im Osten aufgeht und wieder im Osten untergeht, der soll nun tatsächlich euer König werden.«

Thyestes dachte, nun sei sein Bruder Atreus verrückt geworden, und er stimmte grinsend zu.

So standen sie alle auf dem Marktplatz und warteten, bis es Mittag war, stellten Stöcke auf, die Schatten warfen, zeichneten mit Kreide Striche neben diese Stöcke, damit sie sofort sahen, wohin der Schatten fiel.

Und tatsächlich, als es genau Mittag war, hielt Helios, der Sonnengott, die Rosse an, drehte seinen Wagen das erste Mal seit der Entstehung des Universums auf der Stelle um und fuhr in dieselbe Richtung, aus der er gekommen war, nämlich nach Osten.

Das Volk aber machte Atreus zu seinem König, und Thyestes wußte, vor diesem König mußte er sich in acht nehmen, denn der konnte nur im Bunde sein mit dem höchsten Gott.

Thyestes floh und nahm sich vor, nie wieder in seinem Leben auch nur in die Nähe von Atreus zu kommen.

Atreus war nun der Herrscher. Aber der Haß auf seinen Bruder Thyestes war dadurch, daß er alles gewonnen hatte, noch lange nicht gestillt. Der Haß ist von Tatsachen unabhängig. Er sann weiter nach Rache, er sann weiter danach, wie er seinen Bruder noch mehr demütigen und verletzen könnte. Er sandte Herolde ins Land, sie sollten seinen Bruder finden und ihm mitteilen, Atreus habe Einsicht gewonnen, er sei in sich gegangen, er wolle, daß Thyestes zurückkehre zu ihm und seiner Familie, er wolle sich mit ihm aussöhnen. Endlich solle ein Schlußstrich gezogen werden unter diesen grauenhaften, nun schon Generationen überdauernden Haß.

Thyestes glaubte seinem Bruder. Er zog mit seiner Familie, seinen beiden kleinen Söhnen und seiner Frau zu Atreus.

Er wurde mit schönstem, größtem Prunk empfangen. Die Frau des Thyestes wurde in ihre Gemächer geführt, von Sklavinnen verwöhnt. Atreus selbst führte die beiden Söhne des Thyestes, seine Neffen, in den sonnendurchfluteten Garten, wo die wunderbarsten Spielsachen auf sie warteten.

Und schließlich fiel Atreus vor seinem Bruder auf die Knie, und er bat die Familie des Thyestes: »Laßt uns beide Brüder eine kurze Zeit allein. Wir wollen uns in die Augen sehen. Wir werden dann alle zusammen ein großes Fest feiern, aber zuerst möchte ich mit meinem Bruder Thyestes allein sein.«

Das sah die Frau des Thyestes ein, und die Kinder sahen es auch ein, eben weil draußen so wunderschöne Spielsachen waren. Und Thyestes war gerührt von diesem Vorschlag, und er folgte seinem Bruder Atreus in das Kellergewölbe des Schlosses.

Dort, in einem fensterlosen Raum, wo nur Fackeln brannten, setzten sich Atreus und Thyestes gegenüber, und Thyestes fragte: »Warum führst du mich gerade hierher in diesen düsteren Raum?«

Atreus antwortete: »In diesem düsteren Raum habe ich all die Jahre um dich getrauert. Einmal am Tag war ich hier unten und habe mich nach dir gesehnt und habe auf den Haß geflucht, der uns beide trennt.«

Und Atreus sprach weiter: »Tu mir einen Gefallen, Bruder: Bevor wir unser großes Fest feiern, laß uns beide hier gemeinsam essen. Ich möchte dich bedienen. Du ganz allein sollst hier mein Gast sein.«

Thyestes war noch mehr gerührt durch diese Demut seines Bruders, und er stimmte zu.

Atreus brachte eine Schüssel mit Fleisch. Er legte seinem Bruder vor, und Thyestes aß.

Nachdem er gegessen hatte, fragte Thyestes: »Wie ist es dir ergangen in all den Jahren, Bruder? Was hast du gemacht?«

Atreus sagte: »Ich habe mich mit Astronomie beschäftigt und auch etwas mit Kunst.«

Und Thyestes fragte: »Mit Kunst? Das ist interessant.« – Er war verlegen, er wollte das Gespräch mit seinem Bruder nicht abreißen lassen.

Atreus sagte: »Ja, mit Kunst habe ich mich beschäftigt, ein wenig mit Bildhauerei. Möchtest du sehen, was ich gemacht habe?«

»Ja, selbstverständlich«, sagte Thyestes, »ich würde sehr gerne etwas sehen.«

Atreus ging und kam zurück mit einem Tablett. Auf diesem Tablett waren zwei merkwürdige Figuren. Es waren zwei kleine Köpfe, man sah sie nur von hinten. Von den Köpfen standen die Hände ab, und unten waren zwei Füße. Es sah aus wie ein Kopf ohne Körper, ohne Torso. Und das Ganze konnte Thyestes obendrein nur von hinten sehen, denn sein Bruder hatte das Tablett gedreht.

Thyestes war nun noch mehr verlegen, denn er dachte

sich: Das sind ja Mißgeburten. Das kann nicht der Ernst meines Bruders sein, daß er solche Dinge macht.

Atreus fragte ihn treuherzig: »Gefallen dir diese Figuren?«

Thyestes wollte ihn nicht beleidigen und sagte: »Ja, sie gefallen mir schon. Aber ich habe das Gefühl, es fehlt ihnen der ganze Mittelteil. Vielleicht täusche ich mich ja, vielleicht sollte ich sie einmal von vorne sehen.«

Atreus sagte: »Ja, du solltest sie von vorne sehen.«

Er drehte das Tablett um, und da erkannte Thyestes, daß es die Köpfe und Glieder seiner beiden Söhne waren.

Atreus sagte: »Du hast dich für ihren Mittelteil interessiert, für ihre Körper. Die hast du gerade gegessen.«

Thyestes übergab sich, erbrach das Fleisch seiner Söhne, und er lief aus dem Haus.

Er hatte von nun an nur noch einen einzigen Gedanken: Wie er sich an seinem Bruder Atreus rächen könnte. Als erstes suchte er einen Seher auf, weil er wußte, mit natürlichen Mitteln konnte er gegen dieses Scheusal nicht ankommen.

Der Seher sagte zu ihm: »Nimm dich in acht, Thyestes. Nimm dich in acht vor der Rache. Die Rache ist nur über einen grausamen Weg zu erreichen.«

»Das ist mir egal«, sagte Thyestes, »ganz egal ist mir das! Ich will Rache!«

»Gut«, sagte der Hellseher, »du sollst deine Tochter vergewaltigen, und wenn sie einen Sohn zur Welt bringt, wird er dich rächen. Er wird deinen Bruder töten.«

Thyestes überlegte nicht lange und suchte seine Tochter auf. Sie war noch ein junges Mädchen, das von alledem nichts wußte, weil ihre Mutter sie von dem Haß der beiden Brüder fernhalten wollte. Thyestes sah sie, wie sie

gerade ins Wasser stieg, um sich zu baden, bei einem Was-
serfall war das, und er hatte kein Mitleid mit seinem
Töchterchen, er wollte nur die Rache. Er stürzte sich auf
sie und vergewaltigte sie.

Sie brachte den Aigisthos zur Welt. Dieser Knabe
wurde von Thyestes wie eine Killermaschine erzogen. Als
Siebenjähriger tötete er Atreus mit demselben Schwert,
mit dem er zuvor seine Mutter, die ihn an dieser Tat hindern wollte, getötet hatte.

Und damit war der Fluch weitergesponnen. Das Töten
und Hassen hatte sein Ende noch nicht gefunden.

AGAMEMNON UND OREST

Von Klytaimnestra – Von Iphigenie – Von der Pflicht zur
Rache – Von Aigisthos – Von den Göttinnen der Rache –
Von der Vergebung

Atreus hatte zwei Söhne, Agamemnon und Menelaos. Agamemnon, der König von Mykene, war der große Heerführer der Griechen vor Troja, der Völkerfürst, wie er bei Homer auch genannt wird. Er hat die verschiedenen Heere der Griechen zusammengeführt und hat als Generalissimus die Belagerung und den Angriff gegen Troja geleitet.

Menelaos, sein Bruder, herrschte über Lakedaimon, das später Sparta hieß, und war der reichste Mann in der damaligen Welt. Er war der Gatte der Helena, aber davon wird noch ausführlich berichtet werden.

Bleiben wir bei Agamemnon. Agamemnon begehrte Klytaimnestra, die Schwester der schönen Helena. Aber Klytaimnestra war bereits verheiratet. Sie war mit einem unansehnlichen, aber höflichen Mann verheiratet, und sie hatte ein Kind mit diesem unansehnlichen, aber höflichen Mann. Sie liebte ihren Mann, und der Mann liebte sie, und beide liebten sie ihr Kind, sie waren eine glückliche Familie. Es verlangte sie nicht danach, in die Geschichte einzugehen, sie wollten ein ruhiges, friedliches, langweiliges Leben führen. Aber das Schicksal sah anderes vor.

Als Agamemnon Klytaimnestra zum ersten Mal sah, es war bei einem königlichen Empfang, saß sie im Thronsaal neben ihrem höflichen Mann und hielt ihr Knäblein im Arm. Agamemnon wollte sie haben. Sofort, auf der Stelle wollte er sie haben. Vor allen Anwesenden zog er das Schwert, schlug Klytaimnestra das Kind aus dem Arm, schlug es in zwei Teile und metzelte ihren Mann nieder. Nicht genug: In diesem Blutbad über den Leichen derer, die ihr Leben bedeutet hatten, vergewaltigte Agamemnon Klytaimnestra.

Es läßt sich wohl denken, daß Klytaimnestra dieses Vieh niemals geliebt hat. Und bei allem, was weiter geschehen wird, sind wir versucht, dieser Frau einen Freibrief auszustellen, um so mehr, als sie in den Erzählungen so wenig Gerechtigkeit erfährt. Gustav Schwab führt in seinen Sagen des klassischen Altertums für die Bestialität des Agamemnon Gründe der Staatsräson an und verurteilt am Ende die arme, geschundene Frau.

Klytaimnestra wurde Agamemnons Frau. Ihr Vater Tyndareos ließ sich für die Untat von Agamemnon bezahlen und versöhnte sich mit ihm.

Agamemnon sagte: »Das war eine Aufwallung von Zorn, ich habe eben einen aufbrausenden Charakter.«

Tyndareos sagte: »Die Sache ist vergessen«, und zu Klytaimnestra sagte er: »Bleibe du bei Agamemnon, er ist ein reicher Mann.« Sie hatte wenig Möglichkeiten, nicht zu gehorchen.

Klytaimnestra gebar Agamemnon die Kinder Iphigenie, Elektra und Orest.

Als dann der Trojanische Krieg begann und das Heer sich in Aulis sammelte, vertrieb sich Agamemnon die Zeit mit Jagen. Und erlegte eine heilige Hirschkuh.

Artemis, die Göttin der Jagd, war darüber zornig, und sie bestrafte die Flotte der Griechen mit Windstille. Die Schiffe lagen im Hafen, die Helden mußten ihre Kriegslust zügeln.

Als der Seher Kalchas befragt wurde, was denn zu tun sei, damit endlich günstiger Wind aufkomme, sagte er: »Wenn Agamemnon bereit ist, seine Tochter Iphigenie auf einem Altar der Artemis zu opfern, dann wird günstiger Wind kommen.«

Agamemnon zögerte nicht einen Augenblick. Zu wichtig war es, nach Troja zu ziehen, um dort Köpfe einzuschlagen. Er zwang das Mädchen Iphigenie auf die Opferbank, und er hätte ihr eigenhändig die Kehle durchgeschnitten, wenn nicht Artemis im letzten Augenblick Mitleid gehabt hätte und Iphigenie vom Altar hinweghob. – Dieses Bild erinnert uns natürlich wieder an eine biblische Geschichte. Die Mythen der Welt, so scheint es, sind untergründig miteinander verstrickt. Es erinnert uns an die Geschichte von Abraham und Isaak. Auch Isaak ist im letzten Augenblick gerettet worden, ebenfalls von der gleichen Macht, die zuvor seine Tötung angeordnet hatte.

Iphigenie wurde von der Göttin Artemis hochgehoben und wurde auf die Insel Tauris getragen. Der Wind setzte wieder ein, und die Männer konnten endlich nach Troja fahren. Klytaimnestras Haß aber wuchs. Sie sann auf Rache, blickte sich nach einem Verbündeten um.

Während des Trojanischen Krieges kam es zu einem denkwürdigen Zwischenfall. Der Erfinder Palamedes, der auf der Seite der Griechen kämpfte, wurde in eine Intrige verwickelt, die Odysseus angezettelt hatte, es wurde ihm vorgeworfen, er habe an den Feind Geheimnisse verraten. Das war glatt gelogen, ich sage es gleich. Aber Agamemnon gab Befehl, den Palamedes zu steinigen. Und der Befehl wurde ausgeführt.

Da kam des Palamedes Vater Nauplios ins Lager, forderte Aufklärung und Genugtuung. Aber er wurde nur verlacht und beschimpft. Da fluchte er auf das ganze Heer und sagte: »Ihr alle, die ihr dafür gewesen seid, daß mein Sohn Palamedes gesteinigt wird, ihr alle werdet euch noch wundern!«

Und was war dieses Wunder? Nauplios war ein Mann, der über die Kunst des Überredens verfügte wie kein zweiter. Er machte sich auf den Weg, besuchte die Heimat eines jeden griechischen Helden, der in Troja kämpfte, und überredete ihre Frauen dazu, sich mit anderen Männern ins Bett zu legen. Das konnte er. Und das gelang ihm.

So kam er auch an den Hof des Agamemnon in Mykene und traf dort Klytaimnestra. Bei ihr mußte er keine große Überredungskunst aufwenden, er fand in Klytaimnestras Herzen hinreichend Haß vor. Und welchen Mann redete er der Gattin des Agamemnon als Galan ein? Den Aigisthos. Ja, jenen Aigisthos, der als Siebenjähriger Atreus, des Agamemnon Vater, mit dem Schwert getötet hatte. Nauplios kuppelte zwischen Klytaimnestra und Aigisthos, in Aigisthos fand Klytaimnestra den richtigen Verbündeten im Haß gegen ihren Mann. – Dieses Paar war lebendiger Sprengstoff.

Sogar die Götter machten sich Sorgen. Hermes wurde vom Olymp heruntergeschickt, um den Aigisthos zu warnen: »Tu das nicht«, sagte er, »es wird ein bitteres Ende finden.«

Aber Aigisthos ließ sich nicht umstimmen, moralische

Skrupel kannte er nicht. Und auch Klytaimnestra hatte längst jede Hemmung abgelegt.

Sie sagte zu Aigisthos: »Wenn du mich nur ein wenig liebst und wenn du alles bekommen willst, was mir gehört, und mir gehört alles, dann hilf mir, meinen Gatten Agamemnon zu töten. Denn mein Leben hat nur noch dieses eine Ziel: Ich will ihn tot sehen.«

Aigisthos versprach ihr seine Hilfe. Er war der Sohn des Thyestes, seit seiner Kindheit galt ihm ein Motto: Die Atriden müssen vernichtet werden.

Dann kehrte Agamemnon aus Troja zurück. Er kam nicht allein, er brachte Kassandra, die trojanische Seherin, als seine Beute mit.

Klytaimnestra lud ihn ins Bad. »Nach so vielen Jahren Krieg, was wirst du dich nach einem wohlriechenden, heißen Bad gesehnt haben!«

Agamemnon sagte: »Ja, das habe ich.«

Und als er ins Bad steigen wollte, warf Aigisthos ein Netz über ihn, und Klytaimnestra stand da mit dem Beil, und sie erschlug Agamemnon.

Und Aigisthos erschlug Kassandra.

Elektra, die Tochter von Klytaimnestra und Agamemnon, soll angeblich Zeugin gewesen sein, als ihr Vater ermordet wurde – ihr geliebter Vater, sie hatte ihn ja nicht gekannt, er war ja im Krieg gewesen, als sie aufgewachsen war, aber er war für sie das große Vorbild, der Held ihrer Kindheit. Elektra soll mit angesehen haben, wie ihr Vater von ihrer Mutter und dem Liebhaber ihrer Mutter im Bad erschlagen wurde wie ein Ochse im Schlachthaus.

Elektra suchte ihren Bruder Orest auf, den die Großeltern aufgezogen hatten.

Elektra sagte zu Orest: »Du weißt, was du zu tun hast.« Orest war noch ein blutjunger Mann, und er sagte: »Ich weiß nicht, was ich zu tun habe.«

»Du mußt unseren Vater rächen«, sagte Elektra.

Man stelle sich das vor! Orest hat weder seine Mutter gekannt, den Aigisthos hat er überhaupt nicht gekannt, und seinen Vater Agamemnon hat er nie gesehen. In was für eine Situation gerät er da! Ein halber Knabe noch! Er will das nicht.

Elektra sagt: »Gut, ich will dich nicht drängen, geh du nach Delphi. Geh nach Delphi und befrage das Orakel, was du tun sollst.«

Orest tat es, er ging nach Delphi, und das Orakel sagte: »Du mußt die Blutrache weiterführen. Du mußt deinen Vater rächen. Wenn du es nicht tust, wirst du die Lepra bekommen, sie wird dir dein Fleisch von den Knochen fressen. Dein Körper wird in einem Haufen Schimmel ersticken.«

So der Wortlaut.

Nun wußte Orest, daß es nicht nur der Wunsch seiner Schwester Elektra, sondern auch göttlicher Wunsch war: Er sollte seine Mutter töten.

Er zog Erkundigungen ein, erfuhr, wie sich Aigisthos aufführte, daß er keinen Tag vergehen ließ, ohne daß er sein Wasser auf das Grab des Agamemnon abgeschlagen hatte; daß er auf dem Grabhügel tanzte und dabei rief: »Komm, Orest, verteidige die Ehre deines Vaters, verteidige dein Eigentum!«

Schweren Herzens machte sich Orest auf den Weg nach Mykene, das er bereits als kleines Kind verlassen hatte.

Er kam auf den Hof, gab sich nicht als der zu erkennen, der er war. Er führte eine Urne bei sich, sagte, er wolle mit Klytaimnestra und Aigisthos sprechen. Aigisthos war gerade dabei, ein Opfer darzubringen. Man fragt sich: Wem eigentlich? Gab es da noch einen Gott, an den sich Aigisthos wenden konnte? Es ist dies eine unzutreffende, eine christliche Frage, die griechischen Götter waren keine Adepten der Bergpredigt oder irgendwelcher kategorischer Imperative.

Aigisthos hatte hellseherische Fähigkeiten. Er riß den Tieren den Bauch auf und las in den Gedärmen die Zukunft. Er ließ sich bei Orest entschuldigen, er sei im Augenblick beschäftigt.

Orest sprach zuerst also mit seiner Mutter Klytaimnestra allein. Er sagte: »Ich habe deinen Sohn Orest gekannt, er ist gestorben. Ich bringe dir in der Urne hier seine Asche.«

Darüber war Klytaimnestra sehr traurig, aber auch froh, denn sie hatte gefürchtet, daß ihr Sohn sich würde rächen wollen. Sie lud diesen jungen Mann, der ihr die Botschaft gebracht hatte, ein, eine Weile am Hof zu bleiben. Er war ihr sympathisch.

Orest sagte, er würde gerne auch den Aigisthos kennenlernen, er habe so viel von ihm gehört, überall sei man voll des Lobes über ihn, er sei dem Reich in der schwersten Stunde beigestanden, heiße es überall – sagte er. Er sei gerade dabei, aus den Eingeweiden eines Tieres seine und ihre Zukunft zu lesen, sagte Klytaimnestra. Ob er da nicht zuschauen dürfe, fragte Orest, das interessiere ihn.

»Gern«, sagte Klytaimnestra.

Sie begaben sich in die Opferkammer, wo Aigisthos gerade über das Opfertier gebeugt war. Da riß ihm Orest das breite Opfermesser aus der Hand und schlug damit dem Aigisthos den Kopf ab. Der Kopf fiel in die Eingeweide des Tieres und versank im Blut.

Klytaimnestra erkannte, daß dies ihr Sohn Orest war. Schreiend fiel sie vor ihm auf die Knie, flehte, er möge sie, seine eigene Mutter, verschonen. Öffnete ihr Gewand und zeigte ihm ihre Brüste. »Daraus hast du getrunken«, schrie sie.

Aber ohne jedes Mitleid, mit einem Schlag seines Schwertes, enthauptete Orest seine Mutter. Damit hatte er vollbracht, was das Orakel in Delphi von ihm gefordert hatte.

Aber die Erinnyen, jene Rachegeister, die aus den Blutstropfen des Uranos entstanden sind, die grausamen, unbarmherzigen Erinnyen werden Orest verfolgen. Sie lassen es nicht zu, daß der Sohn ungestraft die Mutter tötet. Sie hetzen ihn durch die ganze Welt.

Orest wird wahnsinnig. Er wird verrückt, er beißt sich in seiner Verzweiflung einen Finger ab. Schließlich liefern ihn die Erinnyen an ein weltlich-göttliches Gericht aus, nämlich an den Areopag in Athen.

Diesem Gericht steht Pallas Athene vor. Apoll übernimmt die Verteidigung des Orest. Sein Orakel in Delphi hat ihm ja geraten, die Blutrache weiterzutreiben. Die Erinnyen vertreten die Anklage. Als Schöffen sind die Bürger von Athen bestellt.

Jeder trägt seine Sache vor. Orest sagt: »Apoll und sein Orakel haben mich geheißen, meine Mutter zu töten.«

Die Erinnyen argumentieren: »Niemand darf den Leib töten, aus dem er selbst gekommen ist.«

Am Schluß stimmen die Bürger von Athen ab, und siehe da, es besteht Stimmengleichheit. Es gibt kein eindeutiges Urteil gegen und für den Orest.

Da geschieht etwas Merkwürdiges: Pallas Athene, die Göttin – sie ist ja eine Frau, eine weibliche Gottheit – Athene steigt von ihrem Vorsitz herunter und stellt sich zu jenen Schöffen, die für Orest gestimmt haben.

Und zwar tut sie das mit der Begründung: »Väter haben gegenüber den Müttern den Vorrang.«

Genauso drückt sie es aus. Damit ist das Matriarchat zu Ende.

Ursprünglich gab es nur weibliche Gottheiten. Die männlichen Gottheiten sind alle später entstanden, sie kamen erst dazu. Mit ihrem Spruch über das Schicksal des Orest hat Athene das Matriarchat verabschiedet.

KRIEG UM TROJA

Von der Nymphe Thetis und ihren Liebhabern – Von einer
gestörten Hochzeit – Von einem goldenen Apfel – Vom
Urteil des Paris – Von einer anderen Hochzeit – Von Helena
und Menelaos – Vom Raub der schönsten Frau der Welt –
Vom Krieg im allgemeinen – Von der Kunst, sich zu drücken
– Vom Krieg im besonderen

Der Trojanische Krieg war für die Antike der Inbegriff
des Krieges – vielleicht ist er der Inbegriff des Krieges im
Abendland. Wenn wir uns anschauen, wie viele Dichter
allein in unserem Jahrhundert den Trojanischen Krieg als
Quelle ihrer Inspiration genutzt haben – angefangen bei
Bert Brecht über Friedrich Dürrenmatt, Jean Giraudoux,
Jean Anouilh oder in Amerika Eugene O'Neill.

Im Gegensatz zu anderen Mythen ist der reale Hintergrund des Trojanischen Krieges noch sehr deutlich sicht-
bar. Troja hat es gegeben, sogar mehrere Trojas hat es gegeben, die übereinander gebaut worden sind, man spricht
von den verschiedenen Schichten. Aber auch das legendäre Troja, vor dessen Toren dieser Krieg stattgefunden
hat, war real. Es war dies der erste Krieg zwischen Europa
und Asien. Troja liegt in Kleinasien, in der heutigen Tür-
kei. Es war eine Tochterstadt Griechenlands, also eine
Kolonie. Es werden machtpolitische Gründe gewesen
sein, die zu diesem Krieg geführt haben, und dann hat
sich die Mythe das Geschehen anverwandelt, hat die
Geschichte aus dem Aktuellen ins Überzeitliche gehoben
und somit einen Spiegel geschaffen, in dem sich die Generationen bis herauf zu uns wiedererkennen.

Uns interessieren die mythischen Antworten. Es gibt zwei Wurzeln des Krieges. Von ihnen soll im folgenden die Rede sein.

Von der Nymphe Thetis habe ich bereits erzählt. Sie muß bezaubernd schön gewesen sein. Zeus, wie sollte es auch anders sein, verliebte sich in sie. Nicht nur Zeus verliebte sich in sie, auch Poseidon verliebte sich in sie. Wir erinnern uns daran, daß sie eine fürsorgliche Ersatzmutter für Hephaistos war, den Gott, der von Hera vom Himmel heruntergeschleudert worden war. Es wird wohl ihr Wesen, ihre gütige, warme, mütterliche Art gewesen sein, von der die beiden großen Götter angezogen wurden.

Aber über Thetis schwebte ein Orakelspruch, und der besagte: »Wenn Thetis einen Sohn gebären wird, dann wird der mächtiger werden als sein Vater, ganz egal, wer dieser Vater auch sein mag.«

Man kann sich denken, daß dieser Orakelspruch das Werben von Zeus und Poseidon doch einigermaßen gehemmt hat. Aber wie es ist: Wenn feine, große Herren sich um ein hübsches, kleines Mädchen bewerben, das sie dann doch nicht kriegen, weil sie es eben doch nicht wollen, dann wollen sie dieses Mädchen wenigstens in sicheren – sprich törichten – Händen wissen, und sie kümmern sich um eine Verheiratung.

Nicht anders dachten und handelten Zeus und Poseidon.

Zeus sagte: »Gut, mich wird sie nicht kriegen.«

Und Poseidon sagte dasselbe: »Wir wollen ihr aber für die Lieblichkeiten, die sie uns gewährt hat, revanchieren und sie mit einem anständigen – also etwas langweiligen – Mann verheiraten, bei dem es keine Rolle spielt, wenn sein Sohn mächtiger wird als er.«

Zeus blickte sich auf dem Erdenrund um, und sein Blick fiel auf Peleus. Von Peleus wird erzählt, er sei ein äußerst kräftig gebauter junger Mann gewesen. Er soll einen besonders schönen Körper gehabt haben, und auch was seine Männlichkeit betraf, soll er sehr entwickelt gewesen sein.

Eines Tages sei, so hieß es, und diese Geschichte gab den Ausschlag, daß sich Zeus ausgerechnet für ihn entschied, eines Tages soll Peleus bei einem befreundeten König zu Gast gewesen sein. Der König sei ein geradezu idiotisch beschäftigter Mann gewesen, er hatte nicht einmal Zeit, mit seinem Gast zu frühstücken. Das tat dann die Königin. Und nach dem Frühstück wollte sie diesen wohlgebauten Peleus in ihr Bett ziehen. Aber Peleus, zwar kräftig und schön gebaut, aber schlicht, einfach von Gemüt, sträubte sich dagegen.

Er sagte: »Du bist schön, und ich halte es ja auch kaum aus, neben dir am Frühstückstisch zu sitzen. Aber ich kann unmöglich ein Gast deines Mannes sein und zugleich mit dir ins Bett gehen. Das kann ich nicht, das tue ich nicht.«

Die Königin zeigte daraufhin den Peleus bei ihrem Mann an, sagte: »Er wollte etwas von mir.«

Aber Peleus leugnete so standhaft, und sein Blick war so gerade, daß ihm der König glaubte.

Diese Begebenheit hat sich Zeus vom Olymp aus mitangesehen, und er sagte zu Poseidon: »Schau her, Bruder, das wäre doch der richtige Mann für unsere Thetis. Da bekommt sie einen ehrlichen, liebenswürdigen, etwas langweiligen, aber gut gebauten Menschen, und es spielt keine Rolle, wenn sein Sohn bedeutender wird als er. Was meinst du?«

Poseidon war einverstanden.

Die Göttermutter Hera freute sich auch darüber, daß wenigstens ein weibliches Wesen ihrem Gatten entgangen war, und so schlug sie vor, man solle doch die Hochzeit der Thetis ordentlich mit allem Prunk und Protz feiern.

Aber vorher mußte Peleus die Nymphe erst für sich gewinnen, und das war ganz und gar nicht so einfach. Die Nymphe Thetis wußte von dem Orakelspruch, und sie ärgerte sich darüber, versaute er ihr doch eine gute Partie, denn sie hätte sich eben doch den große Zeus oder wenigstens Poseidon als Liebhaber gewünscht. Zeus und Poseidon wußten, daß sie mit einem Menschen nicht auf Anhieb einverstanden sein würde.

Sie gaben dem Peleus einige Ratschläge, sie sagten: »Warte hier vor dieser Grotte auf sie, sie kommt jeden Nachmittag. Sie reitet auf einem Delphin hierher, um ihr Mittagsschläfchen abzuhalten. Dann, sobald sie liegt, mußt du auf sie drauf, du mußt sie festhalten, ganz egal, was mit ihr geschieht. Wenn du sie losläßt, verlierst du sie.«

»Was geschieht denn mit ihr«, wollte Peleus wissen.

Das sagten ihm die Götter nicht, sie wollten sich den Spaß des Zusehens nicht schmälern.

Peleus hat also vor der Grotte auf Thetis gelauert. Sie kam auf dem Delphin reitend daher, legte sich nieder, und Peleus stürzte sich auf sie. Da verwandelte sich Thetis in einen Feuerball und verbrannte ihm die Haut, aber er ließ sie nicht los. Sie verwandelte sich in eine Bärin und kratzte ihm die eben wundgebrannte Haut vom Körper. Aber Peleus ließ sie nicht los. Als sie sah, daß dieser Liebhaber sie so feurig begehrte, gab sie nach und umarmte ihn.

Das sahen die Götter, und sie sagten: »Jetzt können wir auch zu eurer Hochzeit kommen.«

Schon einmal waren die Götter zu einer Hochzeit auf die Erde herabgestiegen; erinnern wir uns: Es war, als Kadmos die Harmonia heiratete. Nun geschah es zum zweiten Mal – und es war auch das letzte Mal.

Sie kamen und brachten prächtige Geschenke mit. Dem Peleus schenkten sie ein paar unsterbliche Pferde. Es ist gar nicht auszudenken, was für ein Geschenk das war! Sie schenkten ihm aber auch noch eine goldene Rüstung, die schönste Rüstung, die je gemacht worden war. Geschmiedet hatte sie natürlich kein anderer als Hephaistos, der Alleskönner.

Es war ein wunderbares, einzigartiges Fest. Alle Götter waren gekommen, nur eine Gottheit war nicht eingeladen worden, nämlich Eris, die Göttin der Zwietracht. Wer lädt schon die Zwietracht zu seinem Hochzeitsfest ein?

Und wie wir es auch aus den Märchen der Brüder Grimm kennen: Das hat die Übergangene sehr ergrimmt. Und sie ist dann doch erschienen. Gerade nach dem Essen, als die Herrschaften noch bei einem Gläschen zusammen standen, kam sie zur Tür herein. Sie hatte auch etwas mitgebracht. Sie blickte sich um und sah die drei Göttinnen, Athene, Hera und Aphrodite, viel bedeutendere Göttinnen, als sie eine war, beieinander stehen, miteinander plaudern. Da schlich sie sich in ihre Nähe und packte ihr Geschenk aus, es war ein goldener Apfel. Diesen goldenen Apfel rollte sie auf dem Boden in Richtung auf diese drei Göttinnen zu, und dann verließ sie laut lachend den Saal.

Es trat Ruhe ein. Alle sahen, Eris war gekommen, und alle wußten, es wird nun etwas Schreckliches geschehen.

Peleus, der Bräutigam, hob schnell den goldenen Apfel auf. Den Göttinnen war ja nicht zuzumuten, daß sie sich bückten. Peleus schaute den Apfel an und las, was in seine Schale eingraviert war.

Dort stand nämlich: »Für die Schönste.«

Ach, wäre dieser Peleus doch klug genug gewesen und hätte sich aus der Affäre winden können, hätte zum Beispiel gesagt: »Ich möchte um Verständnis bei den anwesenden Göttinnen bitten. Ich möchte diesen Apfel an meinem Hochzeitstag selbstverständlich meiner Frau überreichen.« Alle hätten es verstanden, hätten es als eine charmante Geste empfunden.

Aber Peleus verfügte über keinerlei Klugheit, über keinerlei Charme. Er stand wie eingepflockt, blickte zu den drei Göttinnen und sagte: »Entschuldigung, eine Frage: Welche von euch dreien ist die Schönste? Den Apfel hier, den muß ich, glaub' ich, weitergeben.«

Da schritt schnell Zeus ein und sagte: »Nein, nicht Peleus, der Bräutigam, soll diese verdammte Entscheidung treffen. Wie kommt er dazu!«

Zeus nahm den Apfel an sich und sagte: »Ein anderer soll entscheiden, wer von euch dreien, Aphrodite, Hera, Athene, die Schönste ist.«

Die Menschen haben kein Glück mit den Göttern, die Götter kein Glück mit den Menschen. Erst hatte Zeus einen Gemahl für Thetis gesucht, jetzt suchte er einen Schiedsrichter.

Sein Blick fiel auf Paris, einen der Prinzen von Troja. Er war der Sohn des Priamos und der Hekabe. Paris, als er noch im Mutterleib war, verursachte einige Aufregung im Hause seiner Eltern, denn bevor er geboren wurde, hatte seine Mutter einen Traum. Hekabe träumte, sie gebäre ein Holzscheit, aus dem brennende Schlangen hervorbrechen.

Ihr Traum wurde gedeutet, und der Seher sagte zu ihr: »Du mußt das Kind sofort nach der Geburt töten lassen. Denn dieser Traum heißt: Das Kind wird Unglück und Feuersbrunst über die Stadt bringen.«

Es wurde beschlossen, den Prinzen zu töten.

Wir kennen die ähnliche Geschichte von Ödipus. Der Knecht, der Paris hätte töten sollen, brachte es auch nicht übers Herz. Er übergab das Kind einer Bärin, und die zog ihn auf. Paris wuchs schließlich bei Hirten auf. Als er ein junger Mann war, wurde er von seinen königlichen Brüdern erkannt und freudig zu Hause aufgenommen. Soweit seine Vorgeschichte.

Warum Zeus ausgerechnet ihn zum Schiedsrichter bestimmte? Man weiß es nicht. Der göttliche Ratschluß wird vor uns Menschen nicht gerechtfertigt. Jedenfalls, Paris, der nichts lieber tat, als seine Rinder zu hüten, sitzt da eines Tages am Wegesrand, hat einen Grashalm im Mund, und plötzlich, wie aus der Erde geschossen, stehen die drei Göttinnen vor ihm und sagen: »Du sollst entscheiden, wer von uns die Schönste ist.«

Hera verspricht ihm Macht, Athene Weisheit und militärische Stärke. Interessant, interessant. – Aphrodite aber verspricht ihm die schönste Frau der Welt.

Paris gab den goldenen Apfel der Aphrodite. – Er kann einem leid tun, denn es war ihm schon klar: Ganz egal, wen ich auch wählen werde, ich werde eine Freundin, aber zwei Feindinnen haben.

Aphrodite fädelte nun alles ein. Paris fuhr über das Meer zu Menelaos, dem König von Sparta, dem Gatten der Helena. Er raubte Helena – denn sie war die schönste Frau der Welt – und fuhr mit ihr zurück nach Troja.

Der Raub der Helena war der Anlaß für den Trojanischen Krieg.

Warum aber haben sich sämtliche Fürsten Griechenlands zusammengefunden, um diesem zwar ungeheuer reichen, aber eher schwächlichen König Menelaos zu helfen, seine Frau zurückzuerobern? Die Geschichte der griechischen Fürsten läßt sonst nicht darauf schließen, daß sie zusammengehalten hätten. Ganz im Gegenteil: Was dem einen zustieß, hat den anderen nicht interessiert oder gar gefreut. Diesmal standen sie alle zusammen, kamen aus allen Enden Griechenlands, um dem Menelaos zu helfen. Warum?

Ich muß wieder weiter hinten anfangen. Und wo fängt es an: Wieder beim Göttervater Zeus ...

Leda, eine Königin, bekam eines Tages Besuch von Zeus. Aber weil Zeus ihr nicht in seiner Herrlichkeit erscheinen wollte, hatte er sich in einen Schwan verwandelt. Als Schwan stieg er über die Leda und befruchtete sie. Leda gebar ein Ei, und aus diesem Ei schälte sich ein wunderschönes weißhäutiges Mädchen. Es war jedem klar, dieses Kind wird die schönste Frau des ganzen Erdkreises werden. Es war Helena.

Helena wuchs bei Leda, ihrer Mutter, und Tyndareos ihrem Ziehvater, auf. Ihr Ruf war ein sagenhafter. Sie war bekannt als die schönste Frau, die je gelebt hat, und man sagte, es werde nie eine schöner sein. Und nun wurde sie zur Vermählung freigegeben.

Aus allen Ecken und Enden Griechenlands kamen die Helden, die Tapferen, die Schönen, die Klugen, die Reichen, die Mächtigen, um sich um die Hand der schönen

Helena zu bewerben. Da war Agamemnon, der führte allerdings nicht seine eigenen Geschäfte, der führte die Geschäfte seines Bruders Menelaos, weil sich Menelaos nicht traute. Es kam der telamonische Aias, der lokrische Aias, Idomeneus kam, und Diomedes kam, es kam aber auch Odysseus. Dem Tyndareos wurde langsam angst und bange. Denn er wußte: Gleich, wem er Helena zur Frau geben wird, er wird alle anderen zu Feinden haben. Er dachte: »Sobald ich das Urteil gesprochen habe, werden diese Haudegen übereinander herfallen und sich die Köpfe blutig schlagen, und mich werden sie als ersten hinmachen.« – Das wollte er natürlich verhindern.

Odysseus war der ärmste der Anwärter, er hatte nichts mitgebracht, er war auch gar nicht so scharf auf die Helena. Er war vielmehr interessiert an Penelope, ihrer Cousine.

Odysseus trat vor Tyndareos hin und sagte: »Paß auf! Wenn ich verhindern kann, daß es Streit gibt, sorgst du dann dafür, daß ich die Penelope bekomme?«

»Oh, gern! Selbstverständlich!« rief Tyndareos.

»Gut«, sagte Odysseus, »dann machen wir doch folgendes: Laß ein Pferd schlachten, breite das Fleisch auf dem Boden aus. Alle Helden sollen auf das Fleisch steigen und schwören, daß sie, wer auch immer Helena zur Gattin bekommt, demselben beistehen, sollte jemand versuchen, sie ihm abspenstig zu machen.« – Ein etwas komplizierter Schwur, zugegeben. Aber Odysseus erklärte es den Männern, und sie begriffen und waren alle einverstanden.

Erleichtert gab Tyndareos seine Ziehtochter Helena an Agamemnon, damit dieser sie für seinen Bruder Menelaos nach Hause führe. Menelaos war der Reichste von allen. Die anderen zogen, vielleicht zähneknirschend, ab. Ein Schwur war ein Schwur. Sie dachten: »Wer wird sich schon an die Frau von Menelaos heranmachen wollen, Menelaos steht ja unter dem Schutz seines mächtigen Bruders Agamemnon.«

Aber dann kam dieser Paris, der Prinz aus der kleinasiatischen Kolonie, und er raubte Helena. Und es fiel ihm nicht einmal schwer, denn Helena, von Aphrodite präpariert, hatte sich in ihn verliebt.

Nachdem Menelaos seine Tränen getrocknet hatte, rief er seinen Bruder.

»Jetzt ist es soweit«, sagte er.

Und Agamemnon sagte: »Ja, jetzt ist es soweit.«

Alle Helden, die geschworen hatten, wurden zusammengetrommelt. Es wurden die berühmtesten Seher geholt, weil ohne einen Seherspruch wäre man niemals in den Krieg gezogen. Man konnte Kalchas gewinnen, neben Teiresias der berühmteste Seher des Altertums. Als erstes sagte er: »Folgendes muß geschehen, sonst brauchen wir gar nicht loszufahren: Sucht den Sohn des Peleus und der Thetis! Ohne diesen Sohn, der, wie das Orakel sagte, stärker sein wird als sein Vater, brauchen wir überhaupt nicht in See zu stechen.«

Wer war dieser Sohn, der stärker und mächtiger und berühmter werden würde als sein Vater? – Es war niemand anderer als der strahlendste Held der gesamten griechischen Mythologie, nämlich Achill.

Über Achill will ich noch eine kleine Geschichte erzählen: Als ihn Thetis zur Welt gebracht hatte, dieses kleine, stählerne Baby, das sich schon so kräftig anfaßte, tat ihr dieses Kind sehr leid. Denn sie wußte, es ist ein

Menschenkind, zumindest ein halbes Menschenkind ist es, und es wird eines Tages sterben müssen. Also wollte sie Achill unsterblich machen. Sie schürte ihren Ofen an, worin sie sonst ihr Brot buk, nahm das Kind und schob es hinein, weil sie sich sagte: »Ich möchte alles Sterbliche an ihm ausbrennen.«

Diese Methode war nicht verrückt, sie funktionierte durchaus, das wissen aber nur Nymphen und Halbgötter, normale Menschen wissen das nicht. Als der kleine Achill im Ofen war und so richtig ausgebrannt wurde, kam Peleus in die Höhle seiner Gattin, sah, was sie da tat, und wurde von Entsetzen gepackt. Sie hatte den Achill noch nicht ganz in den Ofen geschoben, sie hielt ihn noch an der Ferse fest, da stürzte sich Peleus auf sie, stieß sie beiseite, holte seinen kleinen Sohn aus dem Ofen und warf ihn ins Wasser, um ihn abzukühlen.

»Bist du denn von allen guten Geistern verlassen!« schrie Peleus seine Gattin an.

Und Thetis schrie den Peleus an: »Du hast ja keine Ahnung von dem, was ich hier mache! Was funkst du denn dazwischen!«

Und er: »Du willst doch nicht dein Kind verbrennen?«

Und sie: »Ich will es nicht verbrennen, ich will es unsterblich machen. Aber mit dir will ich nicht mehr zusammen sein!«

Sie sprang ins Meer und verließ Peleus.

Achill war nun fast am ganzen Körper unsterblich gemacht, das heißt unverwundbar, nur nicht eben an der einen Stelle, wo ihn die Thetis festgehalten hatte, nämlich hinten an der Ferse, dort war noch Menschliches, Sterbliches, Schmerzhaftes. Jeder weiß, wie die Sehne heißt, die zur Ferse führt, es ist die Achillessehne.

Wir erinnern uns an unsere etwas grobschlächtigere nordische Mythologie, an Siegfried. Er war am ganzen Körper durch Drachenblut, in dem er als junger Mann gebadet hatte, geschützt, auch er war also unverwundbar. Nur an einer Stelle, zwischen den Schulterblättern, wo ein kleines Lindenblatt darauf gefallen war, da war er verwundbar.

Nun also machte sich Menelaos auf den Weg, um die Fürsten an ihr Versprechen zu erinnern. Er wurde dabei begleitet von dem alten, weisen König Nestor von Pylos und von dem intelligenten Erfinder Palamedes. Nicht alle ließen sich gerne an ihren Schwur erinnern, einer zumindest wäre lieber zu Hause geblieben bei seiner Frau und seinem Sohn und seiner Wirtschaft, anstatt in den Krieg zu ziehen. Interessanterweise war es ausgerechnet der listenreiche Odysseus, der sich drücken wollte. Auf seinem Mist war die Idee mit dem Schwur ja gewachsen!

Seine List schlug diesmal auf ihn selbst zurück. Palamedes, Nestor und Menelaos kamen also nach Ithaka, auf den Hof des Odysseus, und wollten ihn abholen. Odysseus war jung verheiratet mit der schönen, klugen Penelope, und sie hatten einen kleinen Sohn, der war knapp ein Jahr alt, Telemach.

Als Menelaos, Nestor und Palamedes zum Haus des Odysseus kamen, fanden sie ihn nicht vor. Es war nur Penelope da, sie hielt den kleinen Telemach auf dem Arm, und sie fragten: »Wo ist dein Mann, Penelope?«

»Mein Mann ist nicht hier«, sagte Penelope.

»Warum? Ist etwas mit ihm?« fragten sie.

»Ja«, sagte Penelope, »er ist eigenartig geworden.«

154

Palamedes traute der ganzen Geschichte von Anfang an nicht, er sagte: »Zeig uns doch deinen Mann. Wo ist er?«

»Er ist unten am Strand«, sagte Penelope.

»Dann führe uns zu ihm«, sagte Palamedes.

Penelope, das konnten die drei Helden sehen, war sehr aufgeregt, wirkte sehr unsicher. Sie trug den kleinen Telemach auf dem Arm und ging voran. Die drei folgten ihr zum Strand hinunter.

Dort bot sich ihnen ein seltsames Bild: Der listenreiche, für seine Klugheit im ganzen Erdenkreis berühmte Odysseus pflügte den Sand. Er hatte vor den Pflug einen Ochsen und einen Esel gespannt, auf dem Kopf trug er eine Narrenkappe. Er pflügte den Sand und säte in die Furchen Salz.

Menelaos, der ein weiches Herz hatte und den Odysseus immer sehr geliebt hatte, fing zu weinen an und rief: »Mein großer Freund Odysseus ist übergeschnappt! Er ist verrückt geworden! Wir können ihn nicht mitnehmen in den Krieg! Denn mit einem Verrückten kann man nicht Krieg führen!«

Wir wollen hier nicht so weit gehen und sagen: Odysseus war der erste Kriegsdienstverweigerer.

Palamedes sagte: »Wir wollen schauen, ob er tatsächlich verrückt ist.«

Er wandte sich plötzlich Penelope zu, riß ihr das Kind aus den Armen und legte es vor den Pflug des Odysseus. Da hielt Odysseus Ochse und Esel zurück, hob den Pflug hoch, so daß sein kleiner Sohn unverletzt blieb.

Da sagte Palamedes: »Verrückt hin oder her, so verrückt, daß er zwischen Leben und Tod nicht unterscheiden kann, ist er auf alle Fälle nicht.«

Das ist die gängige Version dieser Geschichte. Es gibt allerdings noch eine andere, und diese andere Version will ich auch noch erzählen:

Odysseus hatte, so heißt es, seherische Gaben. Aber was er sah, konnte er nicht in Worte fassen, er konnte es weder aufschreiben, noch konnte er es sagen. Er mußte es zeigen. Er hatte, wie wir wissen, Ochs und Esel vor den Pflug gespannt. Der Ochse ist ein Symbol für Zeus, der Esel ein Symbol für Kronos, beide zusammen stellen ein Jahr dar, Sommer und Winter. Odysseus hat mit dem Pflug neun Furchen in den Sand gezogen, und in neun Furchen hat er Salz gesät. Bei der zehnten Furche ist ihm der Telemach vor den Pflug gelegt worden. Das wird so interpretiert: Neun Jahre wird der Krieg dauern, neun unfruchtbare Jahre, denn wenn man Salz sät, entsteht nichts, und im zehnten Jahr wird die entscheidende Schlacht sein, dann wird der Krieg zu Ende sein. Denn Telemachos heißt: der den Kampf zu Ende führen wird. Denn das Wort »telos« mit Epsilon als zweitem Buchstaben bedeutet das Ziel, das Ende. Es ist dies eine vorhomerische Deutung der Sage. Homer schrieb Telemachos mit einem Etha als zweitem Buchstaben. In diesem Fall bedeutet der Name: der in der Ferne Kämpfende.

Odysseus, so die zweite Variante der Sage, hat mit seinem scheinbar absurden Pflügen des Strandes eine Weissagung gemacht, nämlich daß der bevorstehende Krieg zehn Jahre dauern wird, und daß es zehn fruchtlose Jahre sein werden. Wie es scheint, haben Menelaos, Nestor und Palamedes diese Botschaft nicht verstanden – oder sie wollten sie nicht verstehen.

Was auch immer die Motive für das seltsame Verhalten des Odysseus waren, dem Kriegsdienst hat er sich nicht entziehen können.

Nun mußte Achill gefunden werden. Aber niemand wußte, wo er war. Seine Mutter Thetis und sein Vater Peleus kannten einen Orakelspruch über ihren Sohn, er besagte: »Entweder er wird der größte Held der Welt werden und wird dafür sehr jung sterben, oder aber er wird ein ereignisloses Leben führen und sehr alt werden.«

Die Eltern wollten verständlicherweise lieber, daß ihr Sohn alt und ruhmlos sterben sollte. Sie versteckten Achill in einer Art Mädcheninternat. Sie zogen ihm Mädchenkleider an und dachten, hier wird ihn schon niemand finden.

Nachdem Odysseus mit seiner List nicht durchgekommen war, war er besonders kräftig bei der Sache: Er nahm den Fall Achill in die Hand, und bald brachte er in Erfahrung, wo Achill steckte. Dann wandte er einen Trick an: Im Speisesaal des Internats legte er auf einem großen Tisch verschiedene Dinge aus: Schmuck und schöne Kleider auf der einen, Waffen und Rüstungen auf der anderen Seite. Dann, als die Mädchen zur Schlafenszeit in ihre Betten gegangen waren, ließ er Alarm geben. Es wurde ausgerufen: »Feuer, Feuer, die Feinde kommen, die Feinde kommen, Feuer ist schon gelegt!«

Die Mädchen sprangen aus ihren Betten und liefen in den Speisesaal, und die Mädchen, wie sie halt sind, oder wie diese Sage meint, daß sie seien, stürzten sich alle auf den schönen Schmuck und auf die schönen Kleider, nur ein Mädchen griff nach den Waffen.

Da sagte Odysseus: »Wir wollen es dir ersparen, das Röckchen zu heben. Gib zu, du bist Achill.«

Nun war auch Achill dabei. Dem Feldzug gegen die Stadt Troja stand nichts mehr im Wege. Die Helden waren beisammen: Idomeneus war von Kreta gekommen, Diomedes von Argos, Odysseus aus Ithaka, aus Pylos der alte Nestor, der telamonische Aias war da, dieses Urvieh, ein Riese, wahrscheinlich gute 1,75 Meter groß, die Menschen waren damals kleiner als wir heute. Der giftige kleine, der lokrische Aias war da; Patroklos, Philoktet und viele mehr ... Man traf sich in Aulis, von Aulis stachen die Schiffe ostwärts ins Meer.

Dieser Krieg – man weiß eigentlich gar nicht so genau, was in den ersten neun Jahren geschah, es war ein Scharmützel nach dem anderen, ein Angriff nach dem anderen, wieder Rückzug, dann wieder Feste gefeiert ... Neun Jahre sind mit kriegerischem Geschehen vergangen, die Stadt Troja hat sich nicht einnehmen lassen, sie war eine der am besten befestigten Städte der Antike. Kein Wunder, ihre Mauern waren von Poseidon und Apoll persönlich erbaut worden, aber das ist eine andere Geschichte ... Jedenfalls: die Entscheidung fiel im zehnten Jahr. Genau, wie es Odysseus in seiner Pantomime am Strand von Ithaka hatte vorhersagen wollen.

ILIAS

Vom Zorn des Achill – Vom Tod des Patroklos – Vom Tod des
Hektor – Von zwei großen Trauernden

Im zehnten Jahr kam Agamemnon auf die Idee, die Tochter eines trojanischen Priesters zu entführen. Sie gefiel ihm, und er wollte sie zu seiner Pritschengenossin machen. Er war der selbstherrliche Generalissimus und wollte dieses Mädchen, das noch ein Kind war, zu seiner Geliebten machen. Er ließ sie rauben.

Der Vater des Mädchens aber war ein Priester des Gottes Apoll, und er flehte zu seinem Gott, er möge das Heer der Griechen mit der Pest strafen, weil der General sein Töchterchen zu sich ins Bett gezogen habe. Apoll hörte das Flehen seines Priesters und schickte die Pest ins Lager der Griechen.

Diomedes, einer der griechischen Helden, war, so heißt es, mit einer besonderen Gabe ausgestattet. Er konnte die Götter sehen, wenn sie auf dem Schlachtfeld fochten. Die Götter mischten sich nämlich in die Kämpfe ein, meistens in unfairer Weise. Diomedes empfand diese Gabe mehr als eine Belastung denn als eine Gnade. Und so sah er auch Apoll, wie er durch das Lager der Griechen schritt, wie er aus seinem Köcher die Pfeile zog, wie er den Bogen spannte ... Und Diomedes wunderte sich, daß Apoll diesmal nicht die üblichen Pfeile verwendete, sondern Pfeile, die statt der Spitze einen fauligen Lappen hatten. Das waren die Pestpfeile. Wen sie trafen, der starb am Aussatz.

Die Pest wütete furchtbar. Die Trojaner hätten nichts anderes tun müssen, als von den Zinnen ihrer befestigten Stadt aus zuzuschauen, wie die Seuche das gegnerische Heer Mann für Mann niederstreckte.

Die Panik fuhr in die griechischen Soldaten, und sie fragten ihren Seher Kalchas: »Was ist gegen die Pest zu tun?«

Kalchas antwortete: »Agamemnon soll das Töchterchen des Priesters zurückgeben. Wenn er es nicht tut, wird die Pest uns alle auffressen.«

Agamemnon gab das Mädchen zurück. Es war eine Niederlage für ihn, und um nicht sein Gesicht vor der Truppe zu verlieren, und vor allem vor seinen Offizieren, vor Idomeneus, der frech auf seinen Posten schielte, sagte er: »Gut, das Mädchen habe ich zurückgegeben, aber ich hole mir dafür die Bettgenossin von dem bedeutendsten eurer Helden, und zwar von Achill.«

Er nahm Achill seine liebste Sklavin weg.

Wie reagierte Achill darauf? Achill reagierte mit einem Tötungsstreik. Er sagte: »Wenn das so ist, dann werde ich nicht mehr an den Kämpfen teilnehmen. Ich werde nicht mehr kämpfen, und auch mein Freund Patroklos wird nicht mehr kämpfen.«

Zwischen Patroklos und Achill bestand eine homophile Beziehung, das kann man aus dem Homer herauslesen. Diese beiden hielten eng zusammen, sie waren innigste Freunde: Achill zog Patroklos jeder Frau vor, sie waren ein Bollwerk der Gewalt, die Trojaner zitterten allein bei der Nennung ihrer Namen, und diese beiden

Freunde sagten: »Wir werden nicht mehr an den Kämpfen teilnehmen.«

Agamemnon hatte die Ehre des Achill verletzt. Und genau an dieser Stelle setzt die Ilias des Homer ein.

In der Übersetzung von Johann Heinrich Voß:

»Singe den Zorn, o Göttin, des Peleiaden Achilleus,
Ihn, der entbrannt den Achaiern unnennbaren
                                        Jammer erregte
Und viel tapfere Seelen der Heldensöhne zum Hades
Sendete, aber sie selbst zum Raub darstellte den
                                        Hunden
Und dem Gevögel umher … «

Achill und Patroklos mußten fürwahr mächtige Streiter gewesen sein; denn sobald sie nicht mehr in den Reihen der Griechen fochten, drangen die Trojaner immer weiter vor. Dieser eine Mann mit seinem Freund an der Seite hatte sie all die Jahre über aufgehalten? Wir müssen es annehmen. – Die Sache der Griechen sah schlecht aus.

Es wurden Abordnungen in das Zelt des Achill geschickt. Odysseus ging hin, Nestor ging hin. Aber Achill ließ sich nicht überreden. Er blieb stur und sah höhnisch-zufrieden zu, wie sich die Unverschämtheit des Agamemnon rächte. Eine Zeitlang schaute er zu.

Schließlich wurde ein Kompromiß geschlossen.

Achill sagte: »Gut, Patroklos, du bekommst meine Rüstung. Tu mit! Zeig ihnen, was kämpfen heißt!«

Achill gab seinem Freund jene goldene Rüstung, die Hephaistos als Hochzeitsgeschenk seinem Vater Peleus überreicht hatte.

»Zieh die Rüstung an, Freund, kämpfe für mich. Die anderen gehen dich nichts an. Nur für mich und meinen Ruhm sollst du kämpfen.«

Patroklos kämpfte. Aber er war bei weitem nicht dieser geschickte Streiter wie Achill. Jetzt stellte es sich heraus. Schon am ersten Tag, schon in der ersten Stunde, in der er allein, ohne seinen Freund neben sich, auf dem Schlachtfeld stand, wurde er vom berühmtesten Helden der Trojaner, von Hektor, erschlagen.

Welch eine Katastrophe für Achill!

Mit dieser Trauer, die den Achill nun erfüllte, hatte niemand gerechnet. Achill war am Boden zerstört. Achill war zerschmettert. Eine Traurigkeit erfaßte ihn, ein Schmerz, wie ihn die Antike nur noch von Orpheus kannte, als dieser seine Eurydike verloren hatte. Die Kämpfe wurden für einige Tage unterbrochen. Alles war unwichtig geworden, alles drehte sich nur darum, Achill zu beruhigen. Auch die Trojaner hatten Respekt vor dem großen Schmerz ihres Feindes. Es werden Trauerfeierlichkeiten abgehalten, wie sie keinem Kriegsteilnehmer bisher gegönnt wurden. Mit ausschweifenden Worten erzählt uns Homer davon, fast zwei Gesänge lang dauert die Schilderung der Totenfeiern für Patroklos.

Schließlich braucht es keine Überredung mehr, um Achill auf das Schlachtfeld zurückzuholen. Achill zieht wieder seine goldene Rüstung an und schwört: »Es gibt nur noch eines im Leben, was für mich Sinn hat, nämlich Hektor zu töten.«

Es kommt zum Zweikampf zwischen Achill und Hektor. Es ist ganz und gar nicht klar, wer diesen Kampf gewinnen wird. Hektor war ein gewaltiger Krieger, auch ein kluger Krieger. Aber Athene hat auf sehr unfaire Art und Weise bei diesem Kampf ihre Finger im Spiel gehabt, sie hat den Hektor während des Schlagabtausches geblendet, und Achill konnte Hektor töten.

Vor dem Kampf hatte Hektor seinen Feind Achill gebeten: »Laß uns, ganz gleich, wer von uns beiden den anderen besiegt, laß uns gegenseitig ein Versprechen abgeben: Der Sieger soll den toten Körper des Besiegten ehren.«

Aber Achill sagte: »Dich werde ich nicht ehren.«

Nachdem er ihn erschlagen hatte, schleifte Achill die Leiche des Hektor um den Scheiterhaufen, der für seinen toten Freund Patroklos errichtet worden war. Er tat das, um Hektor noch im Tode zu demütigen. Oben auf den Stadtmauern stand Priamos, der alte, greise Vater des Hektor, stand Hekabe, die Mutter, stand Andromache, die Gattin des Hektor, und sie blickten hinunter auf ihren Sohn und Gatten, dessen Körper geschändet wurde.

Nun folgt die vielleicht seltsamste Szene in der Ilias, auch die berührendste Szene, die ich oft und oft, immer wieder, gelesen habe, und jedesmal hat es mir das Herz zusammengeschnürt. – Priamos, der Greis, der König von Troja, der schon so viel Entsetzliches in seinem Leben erlebt hat, geht auf nackten Füßen, nur mit einem Schurz bekleidet, über das Schlachtfeld. Er geht, alles Hohngelächter mißachtend, auf das Zelt des Achill zu. Er fällt vor seinem Erzfeind Achill auf die Knie und bittet ihn, er möge ihm den Leichnam seines Sohnes Hektor herausgeben. Es stehen sich gegenüber der vor Schmerz rasend gewordene Achill auf der einen Seite, voll Verzweiflung über den Tod seinen geliebten Freundes Patroklos, und der von Kummer niedergedrückte Vater des Hektor auf der anderen Seite. Und sie sind Feinde, wie es Feinde nur geben kann. Aber in diesem Augenblick, es ist, behaupte ich, der berührendste Augenblick in der ganzen antiken Literatur, in diesem Augenblick stehen sich zwei Trauernde gegenüber, nur zwei Trauernde; und obwohl der eine die Ursache für die Trauer des anderen ist, begreifen sich die beiden in ihrer Trauer. Die Trauer, als wäre sie Fleisch und Blut geworden, ist so stark, daß sie diese beiden Männer vereint, und es gibt ein kurzes Zögern, da hätten sie sich beinahe umarmt. Sie wissen: Es gibt auf diesem Fleck Erde niemanden, der von der Gottheit der Trauer so erfüllt und so angefüllt worden ist wie wir beide.

Achill gibt die Leiche des Hektor frei.

Damit endet die Geschichte der Ilias.

Wie geht es weiter? Paris schießt einen Pfeil ab, der Pfeil wird gelenkt von Apoll, er trifft Achill in der Ferse. Achill stirbt.

Und wie endet Troja? – Merkwürdigerweise erfahren wir das weder aus der Ilias noch aus der Odyssee. Wir erfahren es von einem anderen, viel späteren Schriftsteller, wir erfahren es von dem Römer Vergil, aus seiner *Aeneis*.

Aeneas, der sich mit wenigen aus dem brennenden Troja retten konnte, erzählt später, wie Troja unterging. Es war eine Auslöschung.

Nicht Odysseus war es übrigens, der das trojanische Pferd erfunden hatte, wie immer wieder behauptet wird, sondern es war ein trojanischer Seher namens Helenos, ein Sohn des Priamos. Er hatte dem Odysseus geweissagt, wie Troja untergehen würde. Er hatte im Traum ein großes Pferd gesehen, in dessen Bauch die Vernichtung lauerte.

Odysseus hat das pragmatisch interpretiert, er ließ ein riesiges hölzernes Pferd bauen, darin versteckte er die Krieger. Die Griechen stellten das Pferd vor der Stadt Troja auf und zogen mit ihren Schiffen ab, so daß der Eindruck entstehen mußte, sie hätten aufgegeben und als ein kriegerisch-freundschaftliches Abschiedsgeschenk dieses Pferd zurückgelassen.

Kassandra, die Seherin, die verflucht war, alles Unglück zu sehen, aber gleichzeitig keinen Glauben zu ernten, warnte vor diesem Pferd. Sie sagte: »Holt es nicht in die Stadt! Es wird uns vernichten!«

Aber die Trojaner lachten sie aus, sagten: »Ein Pferd aus Holz soll uns vernichten? Die griechische Flotte konnte uns in zehn Jahren nicht vernichten, da soll es dieses Riesenspielzeug können?«

Sie zogen das Pferd in die Stadt. In der Nacht, als alle schliefen, sagte ihnen ein trojanischer Verräter Bescheid, eine Luke im Bauch des Pferdes wurde geöffnet, die Krieger stiegen heraus, schlichen sich an die Tore von Troja, öffneten die Tore. Draußen wartete das griechische Heer.

Die Soldaten marschierten in die Stadt und metzelten alles nieder, was lebendig war. Sie verschonten weder Frauen noch Kinder noch alte Männer, sie töteten die Hunde und die Katzen, die hübschen Vögel in den hübschen Käfigen, das Vieh, alles. Frauen, die hübsch genug waren, den griechischen Soldaten als Dirnen und Sklavinnen zu dienen, blieben am Leben. Sie wurden aufgeteilt. Agamemnon nahm sich Kassandra. Neoptolemos, der Sohn des Achill, nahm sich die Gattin des Hektor. Odysseus, heißt es, bekam die alte Hekabe. Aber es heißt auch, er ließ sie ziehen.

Die Griechen plünderten die Stadt. Sie sprengten die letzten Hausreste, und so verließen sie nach zehn Jahren das vorher blühende Troja, fuhren zurück, nach Hause, nach Griechenland. Fuhren zurück in ihre Städte, wo ihre Frauen sich entweder schon andere Männer genommen hatten oder wo sie, wie Agamemnon, von ihren Frauen erschlagen wurden.

ODYSSEE

Nur einer fand nicht den Weg nach Hause. Odysseus.
Ihm war bestimmt, nachdem er zehn Jahre vor Troja
gekämpft hatte, weitere zehn Jahre auf dem Meer her-
umzusegeln. Er mußte auf Irrfahrt gehen.

Ich möchte mich hier ganz auf die Dramaturgie des
Homer verlassen. Seine Odyssee hält sich nicht an eine
chronologisch richtige Reihenfolge der Ereignisse. Ich
will so erzählen, wie Homer seine Odyssee geschrieben
hat. Der Aufbau der Odyssee ist kompliziert und raffiniert, hat mit der archaischen Geradheit der Ilias nichts
mehr gemein. Das ist einer der Gründe, warum die Forschung der Meinung ist, Ilias und Odyssee seien von verschiedenen Dichtern verfaßt. Wer hat diese beiden Werke
eigentlich geschrieben? Wurde die Odyssee von einem
oder von mehreren Autoren verfaßt? Das ist die sogenannte Homerische Frage. Sie ist interessant, und um ihre
Klärung wurde erbittert gefochten. Mich hat diese Frage
nie aufgeregt.

Nun, Homer – was auch immer unter diesem Namen
zu verstehen ist – läßt seine Geschichte von Odysseus im
Götterhimmel beginnen. Die Götter schauen herab und
sehen die Insel Ogygia, und sie sehen dort die schön-

gelockte Nymphe Kalypso, wie sie den Odysseus festhält, und es ist bereits das zehnte Jahr seiner Irrfahrt.

Homer beginnt seine Geschichte also kurz bevor sie endet.

Was für eine Geschichte wird hier eigentlich erzählt? Hollywood-Produzenten fragen gern: »Was ist der One-liner?« Sie meinen damit, man soll ihnen in einem Satz die Geschichte erzählen.

Es ist eine Heimkehrergeschichte.

Es ist eine Abenteuergeschichte.

Es wird von einem Lügenbold erzählt, der behauptet, durch die Welt zu irren, derweil er in Wahrheit neun von diesen zehn Jahren bei Frauen zugebracht hat. – Das war mehr als eine Zeile.

Für mich ist die Odyssee in erster Linie eine Liebesge-schichte zwischen zwei Eheleuten, zwischen Odysseus und Penelope.

Bevor ich weiter berichte, was uns Homer erzählt, will ich erklären, warum ich den letzten One-liner vorziehe: Die reizende Kalypso hat dem Odysseus versprochen, daß sie ihn unsterblich machen wird, wenn er bei ihr bliebe. Sie werde dafür sorgen, daß er nicht stirbt. Nun kann man sagen, das ist das größte Versprechen, das die Liebe geben kann. Wir wissen zwar nicht, was nach dem Tod ist, vielleicht ist nach dem Tod etwas Wunder-bares, dann hat sich das Leben nicht rentiert, dann dür-fen wir uns alle auf das Leben nach dem Tod freuen. Kann sein. Wissen tun wir es nicht. Odysseus allerdings war einer, und wir werden es noch hören, der wußte genau, was nach dem Tod ist, denn er war in der Unterwelt gewesen.

»Vergiß deine Frau«, sagt Kalypso, »bleib bei mir!«

Odysseus weiß nicht, was mit seiner Penelope ist. Zwanzig Jahre hat er sie nicht gesehen, er weiß nicht, ob sie ihn noch liebt, er weiß nicht, ob er sie noch liebt, er weiß nicht, ob sie überhaupt noch lebt, und er weiß nicht, ob er sie je finden wird. Er weiß nichts. Er weiß gar nichts. Seine Hoffnung auf ein glückliches Wiedersehen hat lächerlich wenig Argumente. Dennoch: für diese lächerlich winzige Hoffnung verzichtet er auf das ewige Leben. Wie der Trojanische Krieg als eine düstere Wolke aus der Vergangenheit über jedem Geschehen in der Odyssee schwebt, so schwingt diese unglaubliche Liebe zu Penelope in jedem Wort des Odysseus mit, lenkt letztlich jede seiner Handlungen, gibt dem Ton der Sehnsucht, der durch die Erzählung klingt, erst die Melodie.

Zunächst führt uns Homer an der Hand der Pallas Athene nach Ithaka. In Ithaka nämlich ist Telemach inzwischen zwanzig Jahre alt geworden, und er muß zuschauen, wie an die hundert Freier seine Mutter belagern. Denn erstens ist sie eine schöne Frau, und zweitens ist sie sehr reich und mächtig, sie ist die Königin auf Ithaka.

Jeder der Freier will sie haben, sie sagen ihr: »Warte doch nicht mehr auf deinen Mann. Dein Mann ist seit zwanzig Jahren weg, er wird nicht mehr kommen, er ist tot. Glaub es endlich!«

Pallas Athene aber sagt zu Telemach: »Telemach, du sollst wissen, daß dein Vater Odysseus lebt, und er wird bald zurückkommen.«

Telemach glaubt ihr zunächst nicht, aber sie versichert ihm: »Es ist so. Aber du sollst nicht einfach nur auf ihn warten. Du sollst ihm entgegengehen.«

Unter dem Einfluß der Göttin setzt sich Telemach zum ersten Mal gegen die Freier zur Wehr, er beruft eine

Volksversammlung ein und fordert die Schmarotzer auf, den Hof des Odysseus zu verlassen. Dann macht er sich, begleitet von Mentor, seinem Lehrer, auf den Weg, um Erkundigungen über seinen Vater einzuholen.

Er besucht zunächst Nestor in Pylos, dann Menelaos in Sparta. Beide erzählen ihm alte Kriegsgeschichten. Wo sein Vater ist, wissen sie nicht.

Wir erfahren nun noch, daß die Freier in Ithaka planen, Telemach zu ermorden, sollte er wieder zurückkommen.

Damit endet der vierte Gesang der Odyssee. An dieser Stelle verlassen wir Telemach.

Nun kehrt Homer wieder an den Anfang zurück, zur Nymphe Kalypso und zu Odysseus. Wir – und das macht der raffinierte Aufbau der Odyssee –, wir wissen nun, was zu Hause geschehen ist. Odysseus weiß es nicht. Wir wollen ihm in die Geschichte hinein zurufen: »Odysseus, beeile dich, fahr schnell nach Hause! Wenn du nicht nach Hause kommst, dann wird dir deine Frau weggenommen! Dann wird dir dein Sohn umgebracht!«

Diese Gefahr schwebt wie das Schwert des Damokles über dem Haupt des Odysseus – ohne daß er davon weiß.

Die Götter wirken auf die Nymphe Kalypso ein, daß sie den Dulder nach sieben Jahren endlich aus dem Gefängnis ihrer sexuellen Reize freiläßt. Sie liebt Odysseus wirklich, aber was bleibt ihr anderes übrig, als sich dem Willen des Zeus zu beugen.

Odysseus baut sich mit Kalypsos Hilfe ein Floß, begibt sich hinaus aufs Meer, und prompt taucht der Gott des Meeres, Poseidon, auf, sein ärgster Feind, und zerschlägt ihm auch dieses Floß.

Nackt, wie er auf die Welt gekommen ist, so strandet Odysseus, dem Tode nahe, auf Scheria, der Insel der Phäaken. Er verkriecht sich ins Unterholz und denkt sich: »Soll so der große Held Odysseus enden?«

Aber am nächsten Tag spielt die Königstochter Nausikaa mit ihren Freundinnen am Strand, und sie finden den Schiffbrüchigen. Nausikaa ist von Liebe und von Mitleid erfüllt für diesen armen Mann. Sie gibt ihm ein Gewand und führt ihn an den Hof ihres Vaters.

Die Phäaken sind ein berühmt gastfreundliches Volk, sie geben ein Fest für den Fremdling. Es gibt dort einen Brauch, und ich glaube, es ist ein sehr schöner Brauch: Man darf einen Menschen erst nach seinem Namen fragen, nachdem er gegessen und getrunken hat. Man muß ihm die Gastfreundschaft vorurteilsfrei und ohne Wissen seiner Person und seiner Herkunft gewähren.

Alkinoos, der König der Phäaken, gibt ein großes Fest für einen armen Schiffbrüchigen. Bei diesem Fest tritt ein Sänger auf, der trägt Lieder vor, Heldenballaden. Unter anderem singt er vom Untergang Trojas. In seinem Lied kommt Odysseus vor, und siehe da, der Gast beginnt zu weinen.

Der König fragt: »Warum weinst du? Sag uns nun, wer du bist!«

Odysseus gibt sich zu erkennen, er sagt: »Ich bin ebendieser Odysseus, von dem dieses Lied erzählt.«

Alle sind erstaunt, voll Mitleid, gerührt und neugierig, und der König sagt: »Erzähl uns deine Geschichte. Was ist mit dir passiert?«

Nun beginnt Odysseus zu erzählen. Er erzählt seine Geschichte dem König der Phäaken, aber gleichzeitig erzählt er sie uns, den Lesern, denn der ganze mittlere Teil der Odyssee, in dem die Irrfahrt des Helden beschrieben wird, die Abenteuer, die er erlebt hat, diesen Teil hat Homer in der Form der Ich-Erzählung gehalten. Mag sein, daß sich Homer gedacht hat: »Was er hier erzählt, der erfindungsreiche Odysseus, das ist alles Seemannsgarn, dafür übernehme ich keine Verantwortung, das soll er selber erzählen.«

Odysseus erzählt von der Begegnung mit dem einäugigen Riesen Polyphem. Wie er und einige seiner Männer von Polyphem in die Höhle gesperrt werden, wie der einen nach dem anderen von ihnen auffrißt. Und Odysseus erzählt auch, wie er den Polyphem besiegt hat.

Er gab ihm Wein zu trinken, er sagte: »Hier, das wird dir schmecken, das paßt gut zu Menschenfleisch.«

Polyphem trank, und der Wein schmeckte ihm. Er trank noch einen Schlauch und noch einen, und er versprach dem Odysseus, daß er ihn als Dank dafür als letzten auffressen würde.

Bevor er völlig betrunken ist, fragt Polyphem: »Du, sag mir doch deinen Namen, ich möchte wissen, wer mir dieses wunderbare Getränk gegeben hat.«

Odysseus antwortet: »Mein Name ist Utis.«

Das ist griechisch und heißt soviel wie »Niemand«. »Niemand ist mein Name.«

Dann fällt Polyphem auf den Boden und ist ohnmächtig, stinkbesoffen. Die Kameraden des Odysseus wagen sich nun mit einem spitzen Pfahl heran und stechen dem Riesen sein einziges Auge aus. Der Zyklop brüllt vor Schmerzen auf.

Seine Brüder, die auch auf dieser Insel in Höhlen leben, kommen gelaufen und fragen: »Was ist denn los?«

172

Polyphem schreit: »Niemand hat mir das Augenlicht genommen, Niemand hat mich geblendet!«

Die Brüder denken: »Jetzt ist er verrückt geworden«, und gehen wieder.

Wir sehen, daß sich Homer, der gefinkelte Dichter, und Odysseus, sein Erzähler, hier einen alten Kinderwitz erlauben. Ich erinnere mich an einen ähnlichen Witz, der ging so: Aus einem Haus schauen drei Männer, der eine heißt Blöd, der andere heißt Niemand, und der dritte heißt Keiner. Der Niemand spuckt dem Blöd auf den Kopf. Herr Blöd geht zur Polizei und sagt: »Niemand hat mir auf den Kopf gespuckt, und Keiner hat es gesehen.« Die Polizisten fragen: »Sind Sie blöd?«, und er sagt: »Ja.«

Nachdem Odysseus und seine Kameraden den Polyphem überwunden hatten und mit einer weiteren List aus der Höhle fliehen konnten, landen sie als nächstes auf der Insel der Zauberin Kirke. Die verwandelte des Odysseus Kameraden in Schweine, ihn selbst verschonte sie. Sie wollte den stolzen Mann haben. Er ließ sich von ihr nehmen. Sie, so kann man aus Erzählungen außerhalb der Odyssee erfahren, gebar ihm einen Sohn, Telegonos. Ihm wurde geweissagt, er würde seinen Vater Odysseus töten. Aber das ist eine ganz andere Geschichte, eine Anverwandlung der Ödipus-Geschichte. Motive aus anderen Sagen wurden ohne Skrupel geklaut und waghalsig in die eigenen Lieblingsgeschichten eingebaut. Ich mag die Telegonos-Geschichte nicht. Eben, weil sie vom Tod des Odysseus erzählt, weil sie den Charakter des Helden verdreht, seine Handlungsmotive banalisiert und damit den unvergleichlichen Mythos dieser Gestalt zerstört.

Kirke rät Odysseus: »Wenn du nach Hause kommen willst, mußt du erst in die Unterwelt steigen. Du mußt in den Hades gehen und dort den Seher Teiresias treffen, der wird dir helfen.«

Sie weist ihm den Weg zur Unterwelt. Odysseus gehört zu den wenigen Helden, die wenigstens bis an die Pforten der Unterwelt gelangten. Von einigen anderen haben wir bereits erfahren. Er fand den Eingang zum Hades, schüttete das Blut eines Schafes in eine Rinne und wartete, bis die grauen Seelen, vom Blutdunst angezogen, heraufstiegen.

Es begegnen ihm dort seine Mutter Antikleia, aber auch die gefallenen Helden vor Troja. Eine der Begegnungen ist bemerkenswert. Von ihr will ich berichten.

Auch der Schatten des Achill taucht auf. Er sagt: »Odysseus, bist du so wagemutig geworden, daß du dich sogar an die Grenze des Hades traust?«

Odysseus sieht den großen Achill und sagt: »Was ist aus dir geworden, was ist mit dir?«

Und Achill sagt: »Glaube mir eines: Hier unten im Hades, es ist langweilig. Es ist grau, es ist nichts. Niemand respektiert den großen Achill. Der große Achill ist ein Schatten wie jeder andere. Hör zu«, sagt Achill, »wenn ich tauschen könnte, und wenn ich der kleinste Knecht des kleinsten Bauern oben auf dem unfruchtbarsten Land wäre, ich würde sofort tauschen, auch wenn ich hier unten der Herrscher über alle Seelen wäre. Denn das geringste Leben, blutvolle Leben, oben auf der Erde ist um ein Tausendfaches schöner, als hier unten der Größte aller Schatten zu sein. Odysseus, schau zu, daß du lange lebst!«

Mit diesem Ratschlag verläßt Odysseus die Unterwelt. Wenn er am Ende seiner Irrfahrt bei Kalypso angekommen sein wird, wird ihm Kalypso das ewige Leben versprechen. Er wird dann wissen, was ihn nach dem Tod erwartet, und er wird sich dennoch für den winzigen Hoffnungsschimmer, irgendwann einmal wieder mit Penelope vereint zu sein, entscheiden.

Wir sehen Odysseus auf seinem Schiff weitersegeln, wir sehen ihn durch die Jahrtausende segeln, bis herauf zu uns. Odysseus ist der Inbegriff des suchenden Menschen geworden: desjenigen, der seine Heimat sucht, seine Liebe, aber vielleicht auch desjenigen, der sucht, ohne zu wissen, was er sucht. Als solcher steht er neben einer anderen Figur, neben Faust.

Wir sehen Odysseus an der Insel der Sirenen vorüberfahren. Wer die Sirenen hört, verfällt ihnen. Sie singen so schön, wie sonst keine Wesen singen. Wer sie hört, der kann nicht anders, er muß ihre Insel betreten, und dort wird er von ihnen aufgefressen. Der Strand ist bedeckt mit den gebleichten Knochen der Opfer.

Odysseus, dieser überaus neugierige Mensch, will beides: Er will am Leben bleiben, und er will die Sirenen hören. Wieder denkt er sich etwas aus: Er gibt seinen Leuten Wachs, das sollen sie zerkneten und sich in die Ohren schieben, damit sie nichts hören. Ihn aber sollen sie an den Mastbaum binden.

»Wenn ich euch bitte, meine Fesseln zu lösen«, sagt er, »dann zurrt sie fester. Je mehr ich euch bitte, desto fester sollt ihr meine Fesseln schnüren.«

So fährt das Schiff des Odysseus an der Insel der Sirenen vorüber. Die Besatzung ist taub und hört den Gesang nicht, und Odysseus ist an den Mast gebunden. Er schmachtet vor Schmerz und schreit vor Sehnsucht und Gier nach dieser Musik. Er weiß, den größten Genuß kann man nur mit Schmerzen ertragen. So geht auch diese Gefahr an ihm vorüber.

Er fährt vorbei Skylla und Charybdis, verliert dort fast seine ganze Mannschaft, und schließlich, als seine Kameraden die Rinder des Helios schlachten, werden sie alle vernichtet. Nur Odysseus bleibt übrig. Der nackte, einsame, alleingelassene Odysseus strandet auf Ogygia, auf der Insel der Kalypso.

Hier ist das Ende seiner Erzählung, seiner Ich-Erzählung am Hofe der Phäaken. Der Kreis der Geschichte schließt sich.

Alkinoos, der König der Phäaken, sagt zu Odysseus: »Wir werden dir helfen, damit du endlich nach zehn Jahren zurückfindest nach Ithaka.«

Ein kleiner, vielleicht etwas scheeler Blick auf die »Irrfahrten« des Odysseus sei mir an dieser Stelle nicht verübelt: Sie dauerten also zehn Jahre. Zwei Jahre davon war er bei Kirke, sieben Jahre bei Kalypso ...

Nun, die Phäaken geben ihm ein Schiff, die Schiffe der Phäaken brauchen keinen Steuermann, sie finden ihren Weg von allein. Während Odysseus schläft, trägt ihn das Schiff nach Ithaka. Als er erwacht, ist er zu Hause.

Hier nun schließt sich auch ein anderer Erzählkreis der Odyssee. Während Odysseus den Phäaken von seinen Abenteuern erzählt, haben wir ja die Geschichte seines Sohnes Telemach nicht vergessen. »Beeil dich«, wollen wir dem Vater zurufen, »schmücke deine Erzählung nicht zu sehr aus. Dein Sohn ist in Gefahr!«

Nun sind wir plötzlich in der gleichen Situation wie Odysseus. Wir wissen nicht, was mit Telemach ist. Was ist mit ihm geschehen? Haben ihn die Freier erwischt? Wir bangen.

Hier liegt der Grund dafür, warum mich die Frage, ob die Odyssee nun von einem oder von zwei oder von achtzehn Dichtern geschrieben wurde, nicht allzusehr aufregt. Es ist, ganz gleich wie, ein ungeheuer spannender Roman daraus geworden.

Nun ist Odysseus auf Ithaka gelandet, und wir hoffen, es ist noch nicht alles verdorben, wir hoffen, Penelope hat sich nicht bereits mit einem der Freier vermählt, wir hoffen, daß Telemach noch lebt.

Odysseus begibt sich zu seinem alten Freund Eumaios, dem Schweinehirten. Der aber erkennt ihn nicht. Zu abgezehrt vom Schicksal ist sein Herr. Der Hund Argos erkennt seinen alten Herrn, und er freut sich darüber so sehr, daß es ihm das Herz zerreißt. Er stirbt an blutendem Herzen.

Telemach lebt! Wir sind erleichtert und sehen mit einigem Staunen der Begegnung von Vater und Sohn zu. Wir haben uns ja schon vorher gefragt: Wie wird das der alte Homer machen?

Das ist ja eine ungeheuer schwierige Situation für einen Schriftsteller. Ein guter, aber doch nicht sehr guter Autor kann da alles verderben. Wie macht es Homer? Sehr kurz. Sehr kühl. Sehr sachlich. Sie umarmen sich, das ja. Aber viel mehr ist da nicht. Sofort werden Pläne geschmiedet, wie den Freiern beizukommen sei. Sorgt sich Odysseus mehr um sein Gut, als er sich auf seinen Sohn gefreut hat? Nein. Aber über all unser Verlangen nach Sentimentalität hinweg müssen wir uns doch sagen: Odysseus hat diesen jungen Mann, der nun vor ihm steht, nie gesehen. Er ist ihm ein Fremder. Ihn verbindet mit ihm nur ein Gedanke: Das ist mein Sohn. Nach zehn Jahren Krieg und zehn Jahren Irrfahrt ist dies ein recht abstrakter Gedanke. Telemach auf der anderen Seite sieht vor sich einen Mann stehen, von dem er bisher nur Sagenhaftes gehört hat. Er sagt sich: Das ist mein Vater. Und auch das ist lediglich ein abstrakter Gedanke. – Homer, der große, der von mir unendlich bewunderte Dichter, hat sich nicht dazu verleiten lassen, die psychologische Wahrheit einem sentimentalen Effekt zu opfern.

»Wir müssen sehr listig und sehr genau vorgehen, mein Sohn«, sagt Odysseus. »Hole deinen Großvater Laertes und hole die letzten zusammen, die noch zu uns stehen, und dann werden wir gemeinsam und mit der Hilfe der Göttin Pallas Athene die Freier deiner Mutter überwältigen.«

Odysseus, verkleidet als armseliger Bettler, trifft im Palast die Freier, die sich mit wüsten Wettspielen die Zeit um die Ohren schlagen, und er hört auch, wie Penelope aus ihrer Verzweiflung heraus eine letzte Bedingung stellt.

Penelope sagt: »Wer den Bogen des Odysseus spannen kann und damit einen Pfeil durch siebzehn Äxte hindurch schießen kann, den werde ich zum Gemahl nehmen.«

Es ist dies eine Bedingung, von der sie weiß, daß sie niemand wird erfüllen können. Aber der Wettbewerb wird veranstaltet. Es werden siebzehn Äxte aufgestellt. Dann wird der Bogen des Odysseus von der Wand genommen, und die Freier versuchen ihn zu spannen. Es ist nicht ein einziger darunter, der das könnte.

Da kommt der zerlumpte Bettler daher und sagt: »Laßt mich doch auch bei eurem Wettstreit mittun!«

Die Freier lachen ihn aus, aber er sagt: »Bitte, gebt doch einem alten Mann diese Chance.«

Um sich zu unterhalten, sagen sie: »Gut, Idiot, probier es!«

Odysseus nimmt den Bogen, reibt ihn mit Fett ein, dreht ihn über der Flamme, damit er geschmeidiger wird, legt einen Pfeil ein und schießt ihn durch die siebzehn Äxte hindurch.

Bevor sich die Freier fassen können, hat Odysseus schon den zweiten Pfeil an der Sehne. Der zweite Pfeil trifft den Anführer der Freier, den zynischen Antinoos, genau im Hals. Als Eurymachos, ein anderer Freier, mit Odysseus verhandeln will, trifft ihn ein Pfeil mitten ins Herz.

Nun geht ein Pfeilhagel von der Galerie auf die Freier nieder, oben stehen Telemach, der Sohn, Laertes, der Vater, und die anderen Verbündeten. In einem unglaublichen Massaker bringen Odysseus und seine Freunde die ganze Freierschaft um, bis am Schluß nicht einer mehr übrigbleibt. Die Mägde, die es mit den Freiern getrieben haben, werden an den Türstöcken aufgehängt.

Schließlich, am Ende der Geschichte, am Ende der Odyssee, kommt es zur Begegnung zwischen Odysseus und Penelope. Die beiden müssen knöcheltief im Blut gestanden haben.

Sie erkennt ihn nicht, Odysseus ist immer noch als alter, zerlumpter Bettler verkleidet.

Er tritt vor sie hin und sagt: »Ich bin dein Mann. Ich bin Odysseus.«

Aber sie glaubt ihm nicht, kann ihm nicht glauben. Sie ist voller Angst und voller Zweifel. Sie stellt ihn auf die Probe, sie sagt: »Gut, wenn du es bist, dann wirst du sicher über ein Geheimnis Bescheid wissen, das nur wir beide kennen. Aber du kannst es mir morgen erzählen. Heute war schon genug los. Ich werde einer von den Mägden, die noch am Leben sind, den Auftrag geben, dein Bett aus unserem Schlafzimmer zu tragen. Wenn du mir dann morgen das Geheimnis erzählt hast und ich überzeugt bin, daß du Odysseus bist, dann holen wir das Bett wieder zurück.«

Odysseus wird nun sehr wütend und sagt: »Was heißt das, mein Bett aus dem Schlafzimmer heraustragen! Hast du etwas ändern lassen? Unsere Betten kann man erstens nicht trennen, und zweitens kann man sie nicht aus dem Schlafzimmer herausnehmen. Denn sie sind aus dem Stamm eines alten Olivenbaumes herausgeschnitzt worden.«

Das aber war eben das Geheimnis, das nur Penelope und ihr Mann kannten.

Nun tritt Pallas Athene auf und verwandelt den zerlumpten Bettler Odysseus wieder zurück in den strahlenden Helden, und die beiden Eheleute haben sich, und sie schließen sich in die Arme.

EOS, DIE MORGENRÖTE

Von Ares und dem Fluch der Aphrodite – Von Orion und
den Folgen einer Großjagd – Von Tithonos und den Fallen
der Ewigkeit – Von Memnon und einem ewigen Ritual

Homer, der erste Dichter des Abendlandes, liebt es, neue
Abschnitte in seinen Epen jeweils mit einem neuen Tag
zu beginnen. Und ein neuer Tag beginnt mit Eos. Eos ist
die Morgenröte. Allein in der Odyssee spricht Homer
einundfünfzigmal von Eos als der Göttin des frühen Morgens. Die »Frühgeborene« nennt er sie fünfundzwanzig-
mal, und zweiundzwanzigmal gibt er ihr diesen schönen,
poetischen Namen: die »Rosenfingrige«. Ich gestehe, ich
habe das nicht nachgezählt. Ich besitze eine Odyssee-
Ausgabe, die hat hinten ein kluges, für mich sehr wertvolles Register, daher habe ich es.

Manchmal, wenn der Dichter Eos besonders lieb hat,
dann nennt er sie die »Safrangewandete«. Die Mythographen sind sich einig, daß Eos eine der zartesten, der
liebreichsten, der sanftesten Göttinnen ist. Ihre Aufgabe
besteht darin, den Weg für ihren Bruder Helios, die
Sonne, vorzubereiten.

Die Sonne ist im Griechischen männlich: Helios, der
Gott, der den Sonnenwagen über den Himmel fährt.
Vier Feuer schnaubende, gleißend schäumende, goldene
Rosse sind diesem Wagen vorgespannt. Interessanter-
weise hat dieser Gott, der in anderen Kulturen die Num-

mer eins ist, bei den Griechen kein allzugroßes Gewicht. Helios kann keinen eigenen Mythos vorweisen. Er, der alles sieht und hört, wird manchmal als Zeuge angerufen, wenn einer schwört; aber nicht bei großen Schwüren, da wendet man sich an den Styx, den Fluß der Unterwelt.

In einigen Sagen spielt Helios eine Nebenrolle, so zum Beispiel in der Odyssee, als die Gefährten des Odysseus die Rinder des Sonnengottes schlachteten und damit ihren Untergang besiegelten.

Auch in einer anderen Geschichte muß er sich mit dem passiven Part des entsetzten Zuschauers begnügen, nämlich als sein Sohn Phaëthon den Sonnenwagen ausleiht und damit viel Schaden anrichtet. Zuerst fliegt Phaëthon zu hoch und schlitzt dabei den Himmel auf – noch heute kann man diese Wunde sehen: die Milchstraße –, dann brennt er die Menschen Afrikas schwarz, als er den Wagen zu tief steuert. Ansonsten hat Helios die üblichen Liebschaften, wie es einem Gott zusteht, und das ist schon fast alles.

Von Eos, der Lieblichen, der Sanften, gibt es mehr zu berichten. Sie kündet den Bruder im Osten an, wenn sie den Himmel rosarot oder safranfarben färbt. Die Sanftheit der Eos, diese Zartheit, die hat es dem vielleicht gröbsten, dem rohesten aller Götter angetan, nämlich dem Kriegsgott Ares.

Ares verliebte sich in Eos, wenn man bei Ares überhaupt von Verlieben reden kann, sagen wir, er begehrte Eos, er wollte sie besitzen, und zwar auf seine verschwitzte, brecheiserne Art. Vielleicht waren es ihre Rosenfinger, ihre Strahlen, die ihn an seine blutigen Schwerter, an seine blutigen Lanzen erinnerten, wie auch immer: Den Rohen hat die Zarte herausgefordert. Er lauerte ihr auf und stellte sich ihr in den Weg. Leider muß gesagt werden, daß auch die Zarte am Rohen Gefallen fand.

Ares unterhielt gerade zu dieser Zeit ein anderes Liebesverhältnis, und zwar mit der Göttin der Liebe selbst, mit Aphrodite. Und Aphrodite war eine äußerst eifersüchtige Liebhaberin. Sie sah es nicht gern, daß ihr Ares, den sie für sich in Anspruch nahm, von dem sie behaupten wollte, sie habe ihn gebändigt und gezähmt, daß dieser Ares, der verschwitzt brecheiserne Kriegsgott, ausgerechnet die sanft duftende Eos mit ihrer zerbrechlichen Erotik ihr, die sie die Leidenschaft in Person war, vorzog.

Aphrodite zur Freundin zu haben mag etwas Wunderbares sein, aber Aphrodite zur Feindin zu haben ist etwas Schreckliches. Viele Geschichten bestätigen uns das. Eos hatte nun also die Göttin der Liebe zur Feindin. Und Aphrodite verfluchte Eos, sie fluchte ihr eine unstillbare Gier ins Herz, eine unstillbare Gier nach jungen, sterblichen Männern.

Von nun an, wenn Eos im Osten über den Horizont blickte, suchte ihr Auge die Stuben junger, schlafender Männer ab. Solche wollte, mußte sie besitzen. Sie schämte sich sehr dafür, deshalb errötet der Himmel am Morgen, und er errötet aus Scham. Aber Eos konnte nicht anders, und in den Nächten bangte sie den frühen Stunden entgegen und malte sich aus, wen ihre ersten Strahlen wohl träfen. Einem Fluch der Aphrodite kann man sich nicht entziehen.

Von zwei Geliebten der Eos, nämlich von Orion und Tithonos, möchte ich erzählen.

Orion

Es war einmal ein armer Mann, manche behaupten, es sei
ein König gewesen, ich behaupte, es war ein armer Mann.
Dieser Mann hieß Hyrieus. Er war schon alt, seine Gattin war vor langer Zeit gestorben, er war kinderlos. Seine
Frau hatte er als junger Mann kennengelernt, sie hatten
sich ewige Treue über den Tod hinaus geschworen, und
ein Leben lang hatten sie beide diese Treue gehalten. Aber
sie konnten keine Kinder bekommen. Dann starb die
Frau, und der Mann war allein, und sein innigster
Wunsch, einen Sohn zu haben, war nicht in Erfüllung
gegangen.

Die Nachbarn sagten: »Ach, jetzt ist deine Frau tot.
Das tut uns leid. Und es ist recht, daß du um sie trauerst.
Halte die Trauer ein Jahr. Aber dann such dir eine andere.
Da kann niemand etwas dagegen haben.«

Hyrieus sagte: »Nein. Ich habe es meiner Frau
geschworen.«

»Das ist vierzig Jahre her oder länger«, sagten die
Nachbarn.

Hyrieus sagte: »Trotzdem.«

Und die Nachbarn sagten: »Da ist nichts zu machen.
Jetzt hat er gar nichts, kein Weib, und einen Sohn hat er
auch nicht.«

Es begab sich, daß eines Tages gleich drei der größten
Götter in dieses Land kamen, nämlich Zeus, Poseidon
und Hermes. Zeus, der Göttervater, sagte: »Wollen wir
doch einmal den Hyrieus besuchen, wollen wir schauen,
wie es ihm geht.«

Sie kamen verkleidet. Niemand kann Zeus anschauen,
so wie er ist, davon werden wir noch hören, seinen

Anblick kann niemand aushalten, man wird verrückt, oder man verbrennt oder beides. Also die drei Götter kamen als ganz einfache Wanderer verkleidet, und Hyrieus hat sie natürlich nicht erkannt. Aber er war sehr freundlich zu ihnen und fragte, ob er ihnen Brot, Wein und Oliven anbieten könnte. Sie nahmen gerne, sie aßen mit ihm, betrachteten gemeinsam den Sonnenuntergang.

Hyrieus war wortkarg, weder wollte er viel reden, noch hatte er viel zu erzählen, ein Leben lang dieselbe Aussicht von seinem Häuschen aus hinaus auf die Felder, was gibt es da groß zu berichten.

Nach einer Weile sagte er dann doch etwas, nämlich: »Darf es noch etwas sein?«

»Gern«, sagte Zeus. »Was hast du?«

»Kaum etwas«, sagte Hyrieus. »Wenn es unbedingt Fleisch sein muß, habe ich ein Schaf. Aber es ist mein einziges.«

»Es muß sein«, sagte Zeus.

Er wollte nämlich testen, wie weit des Hyrieus Gastfreundschaft reichte.

Hyrieus schlachtete sein einziges Schaf, briet das Fleisch und setzte es den Göttern vor, und sie aßen. Poseidon schmatzte, Zeus nahm sich die besten Stücke, und Hermes schämte sich ein wenig. Sie waren sehr zufrieden mit Hyrieus.

Nach einem heimlichen Blickwechsel der drei sagte Zeus: »Hyrieus, wir wollen dir etwas Gutes tun, dafür daß du uns so großzügig bewirtet hast. Sag, was ist dein innigster Wunsch!«

Da traten Hyrieus die Tränen in die Augen, und er sagte mit trockener Stimme – seine Stimme nämlich verriet seine Gefühle nicht, die Augen aber schon: »Ich habe nur noch einen Wunsch auf dieser Welt, aber der wird mir nicht mehr in Erfüllung gehen: Ich wünsche mir einen Sohn!«

»Warum, glaubst du, wird dir dieser Wunsch nicht in Erfüllung gehen?« fragte Zeus.

»Weil meine Frau tot ist«, sagte Hyrieus.

»Na und«, sagte Poseidon, »nimm dir halt eine andere.«

»Geht nicht«, sagte Hyrieus, »ich habe es ihr zu Lebzeiten versprochen.«

Die drei Götter sahen sich an, und Hermes sagte: »So sind sie, die Menschen, jedenfalls manche – treu!«

Nun gaben sich die drei als Götter zu erkennen, sie sagten, wer sie seien, und Hyrieus glaubte ihnen. Und Zeus, vielleicht weil er sich einen Jux machen wollte, wer weiß, machte folgenden Vorschlag. Er sagte: »Ich habe gesehen, Hyrieus, daß du nicht nur ein Schaf hattest, das haben wir inzwischen ja aufgegessen, sondern du hast noch eine Kuh.«

»Ja«, gab Hyrieus zu, »ich habe noch eine Kuh, das ist meine einzige Kuh, essen kann man die nicht, die ist zu zäh, und sie ist mein letztes lebendes Eigentum.«

»Gut«, sagte Zeus, »schlachte diese Kuh!«

Hyrieus tat, was der Gott ihm gesagt hatte, und schlachtete die Kuh.

Zeus fuhr fort: »So, nun zieh dieser Kuh die Haut ab!«

Auch das tat Hyrieus.

»Leg diese Haut hier vor uns auf den Boden!« forderte nun Zeus.

Und nun geschieht etwas Eigenartiges. Man muß dazu sagen, immer wieder kommt es in der griechischen Sagenwelt vor, daß von humorigen Geschehnissen, auch von recht skurrilen Begebenheiten berichtet wird, aber das Folgende stellt doch eine Einmaligkeit dar. Die drei Götter drehten sich von Hyrieus weg und schlugen ihr Wasser auf die Haut der Kuh ab.

Im armen Hyrieus werden da Zweifel aufgestiegen sein, ob so ein Vorgehen das Richtige sei zur Erfüllung seines Wunsches. Aber er sagte nichts. Er vertraute den Göttern.

Die sagten: »So, Hyrieus, nun vergrabe dieses Fell und warte neun Monate.«

Auch das tat Hyrieus. Er vergrub die Haut der Kuh und wartete. Tatsächlich, nach neun Monaten brach ein Mann aus der Erde heraus, schon voll entwickelt, ein schöner Mann. Erst durchstießen sein Kopf und seine Schultern den Boden, wie ein Krokus im Frühling. Dann waren sein Rücken und seine Brust zu sehen, die Arme, und schließlich hob er die Füße aus der Erde und stand da. Aber er wuchs weiter und wuchs und wuchs und wurde riesengroß. Er war schon nach einem halben Tag größer als sein Vater, am Abend war er größer als das Haus, in der Nacht wuchs er weiter, über die Wipfel der Bäume hinaus, hinauf in den Sternenhimmel.

Vom Olymp aus blickten Zeus und Hermes herab, Poseidon war wieder im Meer, und sie sagten: »Oh, das haben wir irgendwie nicht richtig gemacht. Wir müssen das Wachstum dieses Menschen, dieses Erdgeborenen, bremsen.«

Das taten sie, indem sie noch einmal auf diesen Mann urinierten, auf diesen Helden, der da emporschoß. Und als der Götterurin die Haut dieses Wesens traf, da hörte es auf zu wachsen.

Hyrieus, der nun sah, daß sein Sohn aus dem Urin der Götter geworden war, nannte ihn Urion. Aus Urion wurde mit den Jahren Orion, das U schliff sich ab zu O, vielleicht war es dem Vater auch peinlich, seinen Sohn Urion zu rufen, und hat deshalb ein wenig Korrektur am göttlichen Werk angebracht.

Orion war ein Riese. Er war so groß, daß er, wenn er durch ein flaches Meerstück ging, gar nicht schwimmen mußte. Wenn er die Adria überquerte, dann ging ihm das Wasser vielleicht knapp bis zum Hals. Und er war sehr schön. Er war der schönste Mann seiner Zeit. Und er war ein leidenschaftlicher Jäger ...

Eines Tages kam Orion nach Chios an den Hof des Königs Oinopion. Oinopion heißt der Weinfarbene, er war ein Sohn des Gottes Dionysos. Von Dionysos, der unter anderem der Gott des Weines ist, werden wir noch ausführlich berichten. Dieser König Oinopion nun hatte eine sehr schöne Tochter, eine sehr zarte Tochter. Wir sehen, immer wieder treffen wir auf eine Verbindung vom Groben und Kraftvollen, vom Starken und Rücksichtslosen mit dem Zarten und Sanften, dem Schwachen und lieblich Naiven.

Die Tochter von König Oinopion hieß Merope. Orion verliebte sich in sie. Und seine Liebe war groß, sie überragte in ihrer Leidenschaft alle Leidenschaften, die Merope je entgegengebracht worden waren, so wie Orion an Körpergröße alle Männer überragte, die je um Merope geworben hatten.

Oinopion sah das nicht ungern. Er wußte, daß Orion ein begeisterter und auch ein begnadeter Jäger war. Chios war damals eine Insel, die zum größten Teil nicht betretbar war, nur ein kleiner Streifen an der Küste war bewohnt, der Rest der Insel war beherrscht von wilden Tieren. Niemand aus Oinopions Königreich traute sich, diese Insel zu erkunden.

Oinopion sagte zu Orion: »Ich bin einverstanden, du kannst meine Tochter Merope zur Frau bekommen; aber unter einer Voraussetzung: Wenn es dir gelingt, innerhalb eines Tages und einer Nacht sämtliche wilden Tiere dieser Insel zu töten.«

Das war eine prachtvolle Herausforderung für Orion! Er schulterte seinen Bogen und marschierte bei Morgengrauen los und schoß in einem Tag und einer Nacht sämtliche wilden Tiere auf der Insel ab.

»Arbeit gemacht«, sagte er. »Laß mich zu Merope!«

Oinopion war ein Schlitzohr, ein Lügner, einer, der sein Wort nicht hielt. Er versperrte die Tür zur Kammer, in der seine Tochter schlief.

»Schau dich doch an«, sagte er zu Orion. »Was denkst du dir denn! Soll ich das Haus für dich aufstocken lassen? Du bist zu groß! Niemals gebe ich dir meine Tochter, niemals!«

Orion schlug die Tür ein und vergewaltigte Merope. – Was aus dem Mädchen geworden ist, weiß man nicht. Ich habe versucht, mich kundig zu machen. Ich habe keine Nachricht von ihr gefunden.

Oinopion wandte sich an seinen Vater Dionysos, er möge ihm sagen, wie er sich rächen könne an diesem Riesen.

Dionysos gab Antwort: »Mach es ganz einfach: Gib diesem Riesen Wein zu trinken. Wein besiegt den stärksten Mann. Warum sollte er nicht auch den größten besiegen?«

Nur ganz selten wird dieser griechische Wein – von

dem man gar nicht genau weiß, wie er eigentlich zusammengesetzt war, man nimmt an, daß er fast siruppartige Konsistenz hatte –, nur ganz selten wird er unverdünnt getrunken. Aus einer Stelle in der Odyssee erfahren wir, daß Odysseus dem Riesen Polyphem unverdünnten Wein zu trinken gab. Polyphem fällt prompt um. Der Wein haut den Kyklopen auf den Rükken.

Nun, auch Oinopion gab dem Orion unverdünnten Wein, und auch den Orion haut es auf den Rücken. Er fällt in Ohnmacht. Er hat einen Vollrausch, merkt nichts mehr, gar nichts.

Und was tut Oinopion? Er hält sich an die Odyssee. Auch er sticht dem Riesen die Augen aus. Er blendet Orion und läßt ihn an den Strand zerren.

Dann vergeht die Nacht, und es vergeht der Rausch, und die Schmerzen kommen, und der Jammer kommt. Mühsam erhebt sich Orion, er ruft, niemand antwortet ihm, er lauscht, er hört die Wellen, die sich vor ihm brechen. Er geht geradeaus ins Meer hinein, er spürt das Wasser an seinem Körper steigen. Er geht und geht und geht, er weiß nicht, wohin er geht.

Plötzlich hört er vor sich Gehämmer, und er denkt, hier ist eine Schmiede. Er bleibt stehen und lauscht, hält den Kopf schief. Das Gehämmer ist gewaltig! So gewaltig ist dieses Gehämmer, daß es nur aus der Schmiede des Schmiedegottes Hephaistos kommen kann. Denkt Orion. Und so ist es auch.

Orion tastet sich durch das Wasser auf die Werkstatt des Hephaistos zu, greift durch ein Fenster in das Innere der Schmiede und faßt den jungen Lehrbuben des Hephaistos, der da gerade im Eisenplatthämmern unterrichtet wird, und nimmt den Buben mit.

Orion raubte den Lehrling des Hephaistos, setzte ihn sich auf die Schulter und sagte zu ihm: »Du wirst mich führen! Deine Augen sollen von nun an meine Augen sein!«

Dieser Lehrbub hat natürlich Angst vor dem großen Orion gehabt, keine Frage, gleichzeitig aber gefiel es ihm auch, welchem Bub würde es nicht gefallen, auf so hohen Schultern zu sitzen, und er sagte: »Ich bin einverstanden. Wohin soll ich dich führen?«

Orion sagte: »Du mußt mich an den Beginn der Sonne führen, dorthin, wo die Sonne aufgeht, nach Osten.«

Orion war nämlich der Meinung, daß die ersten Sonnenstrahlen seine Augen heilen werden.

Der Lehrbub führte ihn also nach Osten, dorthin, wo die Sonne aufgeht. Und dort stand nun Orion mit geblendeten Augen, hilflos breitete er die Arme aus und wartete auf den Tagesbeginn.

»Helios«, rief er, »Helios, heile mich!«

Es war aber nicht Helios, der ihn so sah. Es war Eos, die Rosenfingrige, die Safrangewandete. Sie sah diesen verwundeten Riesen, der so schön war, sie sah ihn vor sich, als sie über die Erdrundung stieg. Und die zarte Eos verliebte sich in Orion, und sie wollte ihn haben. Sie wollte ihn gerade hochheben und mit in ihr Gemach nehmen. Da tauchte Artemis auf, die Göttin der Jagd …

Artemis hatte, erinnern wir uns, ewige Keuschheit geschworen, sie hatte ihren Vater Zeus gebeten, sie ewig keusch zu lassen, ewig jungfräulich. Sie streifte den ganzen Tag und die ganze Nacht in den Wäldern umher, umgab sich mit Tieren und neunjährigen Nymphen und hatte vor nichts mehr Angst als vor sich selbst, nämlich daß sie sich eines Tages in jemanden verlieben könnte.

Und da war es geschehen, daß sie eines Tages auf Chios weilte, just zu jener Zeit, als Orion in einem Tag und in einer Nacht die Insel leergejagt hatte. Artemis beobachtete ihn dabei. Sie war empört. Außer sich war sie. Was fällt diesem Riesen ein, dachte sie, was fällt dem ein, meine Tiere zu vernichten! Aber zugleich mußte sie zugeben, daß Orion ein begnadeter Jäger war. Eine andre Tatsache gestand sie sich allerdings nicht zu: Nämlich daß sie sich in Orion verliebt hatte. Diese Leidenschaft erlaubte sie sich nicht, und darum verwandelte sie die Liebe in Haß.

Artemis kam also und sagte zu Eos: »Halt! Der da gehört mir. Ich habe eine Rechnung mit ihm offen.«

Und Eos flehte sie an: »Nimm ihn mir nicht! Er gefällt mir so gut. Ich bin so gierig nach ihm. Aphrodite hat das gemacht. Es ist ihr Wille. Gib acht, daß sie dir nicht eine ähnliche Gier anwirft.«

Oh, das gab der Artemis zu denken! »Also gut«, sagte sie schließlich. »Ich lasse ihn dir. Aber nur für eine Nacht. Dann gibst du ihn mir frei. Er hat meine wilden Tiere getötet, und das kann ich nicht zulassen.«

Eos war einverstanden.

Die Nacht mit Orion muß wunderbar gewesen sein, denn am Morgen bat Eos die Artemis: »Gib ihm eine Chance, laß ihn hinaus auf den Ozean schwimmen, und erst, wenn sein Kopf am Horizont ist, dann lege deinen Pfeil auf ihn an. Gib ihm diese Chance!«

Artemis war lässig einverstanden, denn sie wußte: Ihre Pfeile trafen alles, was sie wollte.

Orion schwamm hinaus auf den Ozean, und als sein

Kopf schon ganz nahe am Horizont war, spannte die Göttin der Jagd ihren Bogen und schoß ihren unfehlbaren Pfeil ab. Orion war tot.

Dieser verzweifelte Traum der beiden Göttinnen, Eos und Artemis, der für beide unerfüllbar war, für Artemis, weil sie Keuschheit geschworen hat, für Eos, weil sie wußte, als Göttin wird sie mit einem sterblichen Mann nie einig sein können, dieser verzweifelte Traum machte, daß die beiden Göttinnen ein wenig weinten. Sie weinten ein wenig, und sie setzten durch, daß ihr Orion an den Himmel gehoben wurde.

In den Wintermonaten, wenn wir nach Südosten schauen, spannt sich vor unserem Auge sein Sternbild aus. Es umfaßt einen großen Teil diese Himmelssegmentes. Er ist eines der schönsten Sternbilder an unserem Himmel.

Tithonos

Der zweite Geliebte von Eos, der lieblichen Morgenröte, von dem ich erzählen möchte, ist Tithonos. Es ist eine bittersüße Geschichte …

Tithonos war ein trojanischer Prinz, er hatte einen Bruder, der hieß Ganymed. Eos verliebte sich zur gleichen Zeit und zu gleichen Teilen in beide. Es war ein großes Glück für Eos, und sie freute sich über diese reiche Liebe, und sie entführte beide und brachte sie in ihren Palast. Und wenn sie den einen liebte, blickte sie dabei den anderen an, und zum ersten Mal empfand sie den Fluch der Aphrodite als einen Segen, und sie dachte bei sich: Das möchte ich immer haben.

Da kam Zeus und nahm ihr den Ganymed weg. Denn auch Zeus hatte sich in diesen jungen Mann verliebt. Er verwandelte sich in einen Adler und trug Ganymed hinauf zum Olymp. Oh, welch einen Kummer hat der Göttervater damit angerichtet! Seine Frau und Schwester Hera litt entsetzlich, sie flehte ihn an, er möge sie doch nicht so demütigen. Auch die anderen Götter, Athene, Apoll, Hermes, alle, außer Aphrodite, drängten Zeus, er solle den Ganymed zurück auf die Erde schicken. Zeus war verliebt in den jungen Mann. Und er gab ihn erst nach einem sehr bemerkenswerten Vorkommnis frei. Davon später.

Den Tithonos aber ließ Zeus der verliebten Eos. Ihr Glück war nun halbiert, aber noch nicht vernichtet.

Eos sagte zu Zeus: »Was kann ich machen. Ich bin nur eine der kleineren Gottheiten, wohne nicht einmal im Olymp. Du hast mir Ganymed weggenommen, ich muß das akzeptieren, aber als Gegenleistung dafür mache mir diesen sterblichen Tithonos unsterblich, damit ich ihn für immer und ewig haben kann.«

Jetzt, da ihr großes Glück halbiert war, spürte sie wieder, daß Aphrodites Fluch alles andere als ein Segen war. Sie glaubte, wenn sie einen Mann für ewig habe, daß dieser Fluch gebrochen werden könne.

Zeus sagte: »Ich persönlich kann das nicht machen, aber ich werde mit den Schicksalsgöttinnen, den Moiren, reden.«

Die Moiren waren einverstanden, und so bekam Eos ihren Tithonos auf ewig. Wir Menschen halten bei diesem Gedanken inne. Ewig! Unsterblichkeit! Immer das liebe Leben im Sonnenlicht! Keine Glücksvorstellung, die diesen Gedanken nicht zumindest umspielt hätte! Tithonos hatte es geschafft! Dank der Überredungskunst seiner Geliebten ...

Aber die arme, verliebte, voreilige Eos hatte etwas vergessen. Sie hatte zwar Unsterblichkeit für ihren Tithonos erbeten und auch erlangt, aber sie hatte vergessen, sie dem Göttervater in Verbindung mit der ewigen Jugend vorzutragen.

Nun geschah es, daß Tithonos älter wurde. Es ist schier unvorstellbar, daß ein Mann auf ewig altert! Seine Haare wurden grau, seine Knochen wurden brüchig, seine Zähne fielen ihm aus, seine Stimme wurde hoch und piepsig, die Haut wurde schlaff und gelb. Soweit können wir uns einen Alterungsprozeß ja noch vorstellen, da auch wir auf diese Art und Weise altern. Aber dann hatte er die Zeit überschritten, die ein Mensch normalerweise lebt, und er alterte immer noch weiter. Er wußte, er ist unsterblich, er wird ewig weiter altern. Er wußte es. Was für einen Sinn hat da Vorsorge? Paß auf dein Cholesterin auf! Warum? Schone deine Gelenke! Wozu? Treib ein wenig Sport! Wofür? Er schrumpfte zusammen, wurde so groß wie eine Zikade, so klein, daß er in eine Streichholzschachtel gepaßt hätte, wenn es zu dieser Zeit schon Streichholzschachteln gegeben hätte. Die Haut wurde Staub. Auf die letzte trokkene Materie wurde der einst schöne Tithonos reduziert!

Aber Eos liebte ihn trotzdem. Sie versteckte ihn zwar in ihrem Schlafgemach, sie legte Decken über ihn, wenn er mit seiner piepsenden, keifenden Stimme nach ihr rief, aber sie liebte ihn, und sie war ihm treu. Warum liebte sie ihn? Sie liebte ihn, weil sie einen gemeinsamen Sohn hatten, nämlich Memnon.

Diesen Sohn vergötterte Eos. Für Memnon zog sie

die wunderbarste Röte auf, wenn der Morgen sich erhob. Sie bat ihren Bruder Helios, seinen Neffen doch einmal auf dem Sonnenwagen mitzunehmen, das war nämlich der Wunsch des Knaben. Helios warnte davor, doch schließlich ließ er sich überreden. Am Abend war Memnon schwarz. Er war von der Sonne schwarz gebrannt. Memnon ließ sich in Äthiopien nieder, dort sind die Menschen ganz schwarz, sie sind die Nachfahren von Eos' Sohn.

Der Tod des Memnon

Ich möchte noch vom Tod dieses Memnons erzählen. Welch ein Unglück für Eos, die Lieblichkeit in Götterperson! Jeden Morgen bringt sie so viel Freude, den Menschen und auch – glauben wir Homer – den Göttern.

Memnon nahm teil am Trojanischen Krieg. Dieser Krieg war für die damaligen Verhältnisse ein Weltkrieg, es kamen sogar Kämpfer aus Äthiopien. Memnon war ein wunderschöner Mann, gefolgt von einem Troß von Frauen, die ihn bewunderten, die, wenn er vor sie hintrat, in Kreischen ausbrachen, manche fielen in Ohnmacht. Diese Frauen haßten einander, jede von ihnen wollte in der Nacht mit Memnon zusammen sein.

Memnon kämpfte auf der Seite der Trojaner, auf der Seite seines Onkels Priamos. Den Griechen schlotterten die Knie, als sie Memnon sahen, den Herrlichen, und sie dachten bei sich, oh, oh, oh, der wird uns ordentlich aufmischen. Aber es kam anders. Am Ende des ersten Tages, so erfahren wir aus Quellen, die uns in diesem Punkt glaubwürdiger erscheinen als die Ilias, bereits am Ende seines ersten Kampftages traf ihn zufällig, rein zufällig, der Speer des Achill, und er sank nieder und starb.

Das war der größte Schmerz für Eos! Sie weigerte sich von nun an, am Morgen zu scheinen.

»Ab heute keine Morgenröte!« rief sie mit von Schmerz und Wut merklich gehobener Stimme zum Olymp hinauf.

Ihr Bruder Helios sprang ihr bei: »Wenn meine Schwester mir nicht den Weg bahnt«, sagte er, der inzwischen längst erfahren hatte, wie hoch andere Sonnengottheiten in anderen Kulturen geehrt wurden, »wenn sie das nicht tut, dann werde auch ich die Rosse nicht anspannen.«

So.

Es drohten ewige Finsternis und schrecklichste Kälte über die Erde zu kommen. Der Mensch drohte auszusterben, alles, was wuchs, drohte zu verdorren, und die Tiere drohten auszusterben. Tod überall.

So.

Ein Götterrat wurde einberufen, alle waren geladen, alle, nicht nur jene, die im Olymp wohnten.

Zeus trat vor Eos hin und sagte: »Was kann ich für dich tun? Was verlangst du, damit du wieder am Morgen scheinst?«

Eos gab zur Antwort: »Ich möchte, daß mein Sohn Memnon von den Toten aufersteht.«

Zeus sagte: »Das kann ich nicht für dich tun, das geht nicht. Aber ich mache dir einen Vorschlag: Ich werde ein Fest für ihn einrichten, ein jährlich wiederkehrendes Fest, ein Ritual.« Und er legte ihr dar, wie er sich das im einzelnen vorstellte.

Als Memnons Leiche auf dem Scheiterhaufen verbrannt wurde und seine Frauen um die Flammen tanzten und dabei den Flammen sehr nahe kamen, da wurden sie vom Feuer ergriffen und in die Höhe gehoben. Zeus machte aus ihren fuchtelnden Armen Flügel, und sie verwandelten sich in Vögel. Und als sie endlich Tiere waren, konnten sie ihre Eifersucht und ihren Haß voll ausleben, und sie pickten aufeinander ein und verfolgten sich über dem brennenden Scheiterhaufen, und ihr Blut tropfte herunter, und es löschte die Flammen. Die Erde nahm dieses Gemisch aus Blut und Asche in sich auf, und jedes Jahr zur selben Zeit brennt an derselben Stelle der Körper des Memnon neu, und die Vögel kommen und hacken sich gegenseitig das Blut aus den Federn, und das Blut löscht die Flammen. – Dieses Ritual stiftete Zeus für Eos und ihren Sohn Memnon.

Aber die Traurigkeit blieb im Herzen der Eos zurück. Jeden Morgen, wenn ihr Blick auf die Erde fällt, erinnert sie sich an den Tod ihres Sohnes. Die Tränen rinnen ihr über die Wangen und fallen auf die Erde. Das ist der Tau, den wir, wenn wir im Sommer barfuß hinaus auf die Wiese laufen, an unseren Füßen spüren.

DIE SINTFLUT

Von Kallisto und einer dreifachen Verwünschung – Von
einem Unmenschen und seiner Art, ein Gasthaus zu
führen – Von Philemon und Baukis und einem letzten
Wunsch – Von Deukalion und Pyrrha und den Gebeinen
unserer Mutter

Sintflut bedeutet immerwährende Flut, das Wort hat
seine Wurzel im Althochdeutschen. Im 13. Jahrhundert
wurde das nicht mehr verstandene Erstglied *sint-* um-
gedeutet in *Sünd-*, aus der Sintflut wurde die Sündflut,
das Wort lieferte von nun an gleich die Begründung für
die Katastrophe mit.

Sintflut-Sagen finden wir in vielen Kulturkreisen. Die
Geschichte von Noah und seiner Arche kennt bei uns
jeder. Auch in der griechischen Mythologie spiegelt sich
die Erinnerung an diese Katastrophe wider. Was geschah
damals? Wir wissen es nicht. Spekuliert wird viel. Hören
wir, was erzählt wird!

Beginnen wir am Anfang: Prometheus hat uns Menschen erschaffen. Prometheus war von Anfang an unser
Anwalt. Er hat für uns gekämpft. Er hat für uns das Feuer
vom Olymp geholt und wurde zur Strafe an den Kaukasus genagelt. Wir sind Kinder des Titanen Prometheus.
Zeus, der oberste Gott, war gegen uns, er war gegen den
Menschen. Es hat keinen Sinn, sich da etwas vorzumachen. Er hat uns mißtraut, und er hat uns mißtrauisch
beobachtet. Es ist wahr: Er hat nach Gründen gesucht,
die es rechtfertigten, uns auszulöschen.

Ja, und während er so die Menschen betrachtete, um sie bei irgend etwas zu erwischen, da fiel sein Auge auf eine Menschenfrau, nämlich auf die schöne Kallisto. Kallisto heißt: die Schönste. Und sie war die Schönste. Und das Blut kochte auf im Göttervater ...

Zeus war mit sich im Konflikt: Auf der einen Seite war er verrückt nach einer Menschenfrau, auf der anderen Seite wollte er die Menschen von der Erde wegputzen. Die Verliebtheit, das Begehren, die Lust – preisen wir sie hoch! – obsiegten im Göttervater, und er warb um die schöne Kallisto.

Kallisto aber wies ihn zurück. Unfaßbar! Sie habe, argumentierte sie, der Göttin Artemis einen Eid geschworen. Sie wollte wie Artemis bis an ihr Lebensende Jungfrau bleiben. Besser gesagt: Sie hatte es gewollt, damals, als sie den Eid abgelegt hatte. Wir sehen, ihr Wille war angesichts des olympischen Liebhabers bereits etwas spröde geworden.

Zeus bot nun seine ganze Verführungskunst auf, und schließlich gelang es ihm: Kallisto stieg zu ihm aufs Lager.

Arme Kallisto ...

Wir wissen aus einer Menge anderer ähnlicher Fälle, daß Hera, die Gattin des Zeus, mit rasender Rachsucht die Liebhaberinnen ihres Mannes verfolgte. Oft mußte sie rasen, sehr oft! Kallisto hatte sich eine sehr mächtige, eine in ihrer Rachelust unstillbare Feindin geschaffen. Aber Kallisto hatte sich noch eine zweite Feindin geschaffen, nämlich Artemis, die Göttin der Jagd. Ihr hatte sie einen Eid abgelegt, und diesen Eid hatte sie gebrochen. Zwei göttliche Feindinnen für eine göttliche Nacht ...

Nun gibt es olympischen Slapstick: Zeus will Kallisto vor der Rache seiner Gattin Hera verstecken – indem er sie in eine Bärin verwandelt. Hera wiederum will Kallisto etwas Böses tun – indem sie sie in eine Bärin verwandelt. Artemis will sich für den gebrochenen Eid rächen – indem sie Kallisto in eine Bärin verwandelt. Drei Götter verfluchen ein Menschenskind, und alle drei verfluchen es in einen Bären. Dreimal Bär hält wohl besser. Zeus wollte schützen; Hera wollte demütigen; Artemis wollte abschießen.

Arme Kallisto ...

Kallistos Vater, König Lykaon, war ein besonders bösartiges Menschenexemplar. Er stand dabei, als seine Tochter verwunschen wurde, und lachte die drei Götter aus. Für sein verfluchtes, gedemütigtes und zum Abschuß freigegebenes Kind hatte er nicht den geringsten Gedanken der Trauer übrig. Kichernd drehte er sich um, machte wegwerfende Handbewegungen und ging seiner Wege. Wir werden ihm noch begegnen. Er wird uns etwas Schlimmes einbrocken.

Die drei Gottheiten standen da mit ihrer Bärin.

»So sind die Menschen«, sagte Zeus. »Keine Spur Mitleid für ihre Brut!«

Was sollte er tun? Ohne sich gewaltigen Ärger mit Tochter und Gattin einzuhandeln, konnte er Kallisto nicht in ihre schöne menschliche Gestalt zurückverwandeln. Sie ganz im Stich lassen wollte er auch nicht, ein wenig Dankbarkeit für ihre gemeinsame Liebesnacht wollte er ihr doch erweisen.

Außerdem sah sein Röntgenauge, daß Kallisto schwanger war, daß sie göttlichen Keim in sich trug. Er öffnete ihren Bauch, nahm die Leibesfrucht, einen

Knaben, heraus, und dann hob er Kallisto an den Himmel und machte aus ihr das Sternzeichen des Großen Bären.

Es war nicht Zeus' Art, sich viel um seine Kinder zu scheren, auch um diesen Sohn, Arkas wurde er genannt, kümmerte er sich nicht. Er überließ ihn seinem Großvater, eben jenem bösen Lykaon, von dem wir noch hören werden.

Kallisto war nun also ein Sternzeichen. Artemis war damit zufrieden. Hera allerdings nicht. Ihr Zorn wollte es nicht zulassen, daß die kleine Kallisto so einen prominenten Platz oben am Himmel haben soll, daß sie womöglich noch jeden Morgen im Ozean baden kann, wenn ihr Sternbild unterging. Aber weil sich an einem Entschluß des Zeus nicht rütteln ließ, bat sie Okeanos, daß er sich weigere, ihr Sternbild in seinen Fluten aufzunehmen.

Deshalb geht das Sternbild des Großen Bären nicht unter, es kreist um den Polarstern, den Himmelsnagel. An diesen Himmelsnagel hat Hera den Wagen der kleinen Kallisto angehängt. Mehr Rache war ihr nicht möglich.

Nun blickte Zeus auf die Welt und verliebte sich vorläufig nicht mehr in eine Menschenfrau. Sein Ekel vor uns Menschen war durch die Affäre mit Kallisto nicht weniger geworden. Er fand, das Menschengeschlecht sei reif für den Untergang. Und dahin gehend äußerte er sich auch in der Götterschar. Zu seiner Überraschung sahen das die anderen Götter nicht so.

»Sie müssen sich erst konsolidieren«, sagte Hermes. Er hatte viel mit den Menschen zu tun. Er war es, der die Seelen der Verstorbenen in den Hades geleitete. Der Seelenführer wurde er deshalb auch genannt, Psychopompos. Er kannte das Leid der Menschen. Und in unserem Leid sind wir nicht ganz und gar unsympathisch.

»Ja«, sagte auch Apoll, »lassen wir ihnen eine Chance!« Auch Apoll kannte die Menschen besser als die meisten da oben. Acht Jahre hatte er bei einem Menschen gedient – das ist eine andere Geschichte.

Zeus lenkte ein: »Gut«, sagte er, »ich will ihnen noch eine Chance lassen. Ich werde die Erde besuchen. Werde mir ein Bild machen. Von oben betrachtet sehen sie aus wie unnützes Gewürm. Vielleicht ändert sich dieser Eindruck, wenn man ihnen auf gleicher Höhe in die Augen schaut.«

In Wahrheit dachte er bei sich: Aus der Nähe betrachtet sind sie wahrscheinlich noch unerträglicher. Ich werde weiter Gründe sammeln, die es rechtfertigen, daß ich diese Krätze vom Erdboden abschabe.

Zeus machte sich allein auf den Weg. Er wollte niemanden aus seiner Umgebung als Begleiter bei sich haben. Er ging als Wanderer. Er blieb nicht lange. Als er zurückkam, sahen ihn die andren Götter schon von weitem strahlen.

»Heißt das etwas Gutes?« fragte Apoll.

»Ich glaube nicht«, sagte Hermes, der sich im Mienenlesen besser auskannte.

Hermes hatte recht. Die Menschen seien durch und durch verdorben, sagte Zeus. Sie seien durch und durch böse, es gäbe keinen Grund, ihnen die warme Erde weiter zur Verfügung zu halten.

»Weg mit ihnen!«

Die anderen Götter protestierten. Vielleicht hatte der eine oder andere die Menschen lieben gelernt in all ihrer

Fehlerhaftigkeit, ich denke da vor allem an Hermes und auch an Apoll. Andere Gottheiten schätzten den klaren wissenschaftlichen Verstand, den einige Menschen in ihrem Gehirn entwickelt hatten. Pallas Athene war begeistert von der menschlichen Denkfähigkeit. Andere Gottheiten liebten es, wenn ihnen Opfer dargebracht wurden, ganz offen gaben sie zu, daß ihnen menschliche Schmeicheleien guttaten.

»Wenn ihr wüßtet!« rief Zeus aus. »Wenn ihr wüßtet, für wen ihr euch da einsetzt!«

Und dann begann er von seiner Erdenwanderung zu erzählen. Er sei zu diesem König Lykaon gegangen, dem Vater von Kallisto. Er habe nämlich gehört, der sei besonders böse, und er wollte sich überzeugen, ob das wahr sei. Er habe gehört, Lykaon betreibe eine Art Gastwirtschaft, eine merkwürdige Gastwirtschaft allerdings. Denn nur die Hälfte der Gäste, die hineingehen, kommen wieder heraus. Die andere Hälfte der Gäste, so habe er erfahren, die anderen Gäste würden in die Küche geführt, und dort würden sie geschlachtet, und ihr Fleisch diene als Speise für die andere Hälfte der Gäste draußen in der Wirtsstube. So berichtete Zeus mit scheinheiliger Miene. Vom rein wirtschaftlichen Standpunkt aus betrachtet, fuhr er fort, sei das ja eine recht geschickte Art, ein Wirtshaus zu führen, vom moralischen Standpunkt aus betrachtet allerdings …

Hermes stellte seine Augenbrauen ziemlich steil, was bei ihm soviel bedeutete wie: Er glaubte nicht ganz, was ihm da erzählt wurde.

»Und du hast auch in seinem Wirtshaus gegessen?« fragte Hermes.

»Ja«, sagte Zeus. »Das heißt, gegessen habe ich nichts. Nicht als ich sah, was er mir vorsetzen wollte, dieser Unmensch.«

»Was wollte er dir denn vorsetzen?«

»Ich will es gar nicht aussprechen«, sagte Zeus.

»Aber wir wollen es hören«, bestimmte Hera. Von allen Göttern und Göttinnen außer Zeus lag ihr am wenigsten am Menschengeschlecht.

»Ja dann«, seufzte Zeus, »wenn du es unbedingt wissen willst. Einen Knaben hat er mir aufgetischt.«

»Ein Unmensch!« rief Hera.

»Meine Rede«, sagte Zeus. »Aber obendrein war es ein besonderer Knabe. Arkas hieß dieser Knabe!«

»Seinen eigenen Enkel«, entrüstete sich Hera. »Deinen Sohn wagte er dir als Speise vorzusetzen?«

»So sind sie«, sagte Zeus.

Damit hatte er den Großteil der Götter auf seiner Seite, die sagten: »Wenn schon so grauenhafte Sachen geschehen, wenn die Menschen fähig sind, so furchtbare Dinge anzustellen, dann muß man sich wirklich überlegen, ob man sie nicht wegputzt.«

Hermes argumentierte dagegen: »Es könnte sich ja immerhin um einen Einzelfall handeln«, sagte er.

»Alle sind so«, donnerte Zeus.

»Wenn alle so sind«, sagte Hermes, »oder auch wenn die meisten so sind, gut, dann will ich ihrer Vernichtung zustimmen.«

»Nicht einen wirst du finden, der besser ist«, beharrte Zeus. »Nicht einen!«

»Also«, sagt der schlaue Hermes, »sagen wir: Wenn es zwei gibt, die besser sind. Ich komme dir entgegen. Wenn wir zwei finden, die wirklich gute Menschen sind, dann geben wir der Menschheit noch eine Chance. Bist du einverstanden?«

Zeus war in seinem Eifer zu weit gegangen, nun konnte er so einen Vorschlag nicht gut ablehnen.

»Von mir aus«, sagte er.

Und Hermes drechselte seine List weiter: Laß uns also noch einmal hinuntergehen auf die Erde, und laß uns diesmal gemeinsam gehen. Nimm auch Apoll mit, und nimm mich mit! Sechs Götteraugen sehen mehr als zwei.«

Alle Götter unterstützten Hermes' Vorschlag. Zeus blieb nichts anderes übrig, als zuzustimmen.

»Gut«, sagte er, »wenn zwei Gerechte auf der Erde leben, dann will ich die Menschheit verschonen.«

Sie gingen los. Zeus, Hermes, Apoll. Und tatsächlich, sie fanden zwei gerechte Menschen. Sie fanden ein sehr berühmtes, auch in der deutschen Literatur, im berühmtesten Werk der deutschen Literatur, nämlich im *Faust* von Goethe, verewigtes Pärchen, nämlich Philemon und Baukis. Die beiden waren sehr alt, sie erkannten Apoll, Hermes und Zeus nicht, aber sie bewirteten die drei Fremden so gastfreundlich, wie es ihnen möglich war. Sie gaben ihnen alles, was sie hatten.

Zeus mußte zähneknirschend zugeben, daß es wirklich gerechte Menschen, gute Menschen waren. Er wollte Philemon und Baukis belohnen, sagte: »Ihr beiden! Wünscht euch irgend etwas, ganz egal was, alles bekommt ihr von mir! Denn ihr seid gerecht.«

Philemon und Baukis wünschten sich, daß sie gemeinsam sterben, daß keiner den anderen überlebt.

»In den ersten zwanzig Jahren haben wir uns hauptsächlich gestritten«, sagten sie. »In den zweiten zwanzig

Jahren haben wir kaum ein Wort miteinander gesprochen. Aber in den letzten zwanzig Jahren haben wir uns aneinander gewöhnt, und heute lieben wir uns.«

Zeus, Hermes und Apoll machten sich wieder auf den Weg.

»Siehst du«, sagte Hermes, »hier hast du zwei Gerechte. Was jetzt?«

Zeus gab keine Antwort, schritt schnell aus.

»Was ist«, drängte auch Apoll, »gib doch zu, daß du die Wette verloren hast!«

»Dreht euch um«, herrschte Zeus die beiden an.

Hermes und Apoll blickten zurück. Da sahen sie, wie sich Philemon zu Baukis neigte, wie Baukis' Kopf auf Philemons Schultern fiel.

»Wie war doch gleich der Wortlaut meines Versprechens?« fragte Zeus.

»Wenn zwei Gerechte auf der Erde leben, dann will ich die Menschheit verschonen«, zitierte Hermes.

»Diese beiden leben nicht mehr«, sagte Zeus trocken. »Ich habe Befehl gegeben an meinen Bruder Poseidon, den Gott des Meeres.«

Hermes und Apoll sahen: Die Berge waren nur noch Inseln, das Meer stieg, panische Stille herrschte überall. Zeus hatte die Sintflut befohlen.

Prometheus, der Titan, der den Menschen erschaffen hatte, der an den Kaukasus genagelt war, auch er sah, wie die Wasser stiegen, sah, daß Zeus, sein Widersacher, seine Kreatur, den Menschen, vernichten wollte. Er rief seinen Sohn.

»Deukalion!« rief er. »Deukalion, baue dir eine Arche! Baue dir ein Schiff! Nimm deine Frau zu dir und beeile dich, sonst wirst du und mit dir das Menschengeschlecht nicht überleben!«

Deukalion ist der Noah der griechischen Mythologie. Er war verheiratet mit Pyrrha. Und diese beiden, Deukalion und Pyrrha, sie taten, was Prometheus befahl. Sie bauten ein Holzschiff und bestiegen das Schiff und ließen sich von den Fluten hochheben.

Deukalion und Pyrrha hatten keine Kinder. Pyrrha war schon in dem Alter, in dem sie keine Kinder mehr bekommen konnte. Deukalion war auch ein alter Mann, und kurzsichtig war er, und während sie über die Weltenflut trieben, fragten sie sich: »Warum das alles? Was nützt es, wenn wir überleben? Dann dauert die Menschheit noch ein paar Jahre, qualvolle Jahre wahrscheinlich, und dann ist ja doch alles aus.«

So schwammen sie auf den Wassern. Es verging eine Zeit, da kam eine Taube geflogen. Und diese Taube hatte etwas in ihrem Schnabel.

»Was hat die denn in ihrem Schnabel?« fragte Deukalion.

»Ach«, sagte Pyrrha, »du weißt doch, daß ich schlecht sehe.«

»Ich sehe auch schlecht«, sagte Deukalion.

»Wir beide sehen schlecht«, sagte Pyrrha.

»Weil wir eben alt sind«, sagte Deukalion. »Was könnte es denn sein, was diese Taube in ihrem Schnabel hält?«

»Vielleicht einen Zweig«, sagte Pyrrha.

»Ja, da könntest du recht haben«, sagte Deukalion. »Ein schönes gerades Zweiglein könnte es sein.«

Und daraus schlossen die beiden, daß der Wasserspiegel im Sinken begriffen sei, daß irgendwo schon Land sein mußte.

Und sie hatten recht. Das Wasser floß ab, und schließlich setzte ihre Arche auf. Sie besahen sich die Umgebung. Alles war voll Schlamm. Nichts Lebendiges war mehr da. In den Bäumen hing der Schlamm, auf den Feldern lag der Schlamm, von den Hausdächern rann der Schlamm.

»Alles voll Schlamm«, sagte Deukalion.

»Aber wir haben überlebt!« sagte Pyrrha.

Sie knieten nieder und dankten. Ich frage mich, wem haben sie eigentlich gedankt? Merkwürdig: Sie haben nämlich nicht dem Prometheus gedankt, sondern dem Zeus. Wir erfahren nicht, warum sie ausgerechnet ihrem Feind gedankt haben. Nur: Was nützt es dem Menschengeschlecht, wenn ein Paar übrigbleibt, das nicht mehr fruchtbar ist? Es war vielleicht ein besonderer Zynismus von Zeus, daß er ausgerechnet dieses Paar hat überleben lassen. Sicher wäre es für ihn eine Kleinigkeit gewesen, ihre Arche zu versenken.

Deukalion und Pyrrha gingen über die Erde, suchten nach Menschen, suchten nach Tieren, aber sie fanden nichts. Auf ihrer Reise, die Monate und Jahre dauerte, kamen sie schließlich auch zum Kaukasus, zu ihrem Vater Prometheus. Die beiden Alten, denen die Füße weh taten, sie wagten es kaum, den Blick zu erheben. Da hing Prometheus, war mit ausgebreiteten Armen an den Felsen genagelt.

Sie fragten ihn: »Was sollen wir tun?«

Und Prometheus sagte nur einen Satz: »Werft die Knochen eurer Mutter hinter euch!« Dann schwieg er.

Deukalion und Pyrrha wußten nicht, was das bedeutete. Sie zogen weiter durch die Welt, suchten nach Menschen, suchten nach Tieren und suchten nach den

Gräbern ihrer Mütter, weil sie dem Befehl ihres Schöpfers Gehorsam leisten wollten.

Schließlich, nach vielen Jahren, Pyrrha war inzwischen ein altes, ausgetrocknetes, gekrümmtes Weib, Deukalion war ein alter, ausgetrockneter, gekrümmter Mann, fanden sie die Gräber ihrer Mütter. Sie buddelten die Gebeine aus. Und da konnten sie nicht tun, was Prometheus ihnen gesagt hatte. Sie brachten es nicht übers Herz.

»Nein«, sagte Pyrrha, »das mach ich nicht.«

»Nein«, sagte Deukalion, »ich auch nicht.«

Es war ihnen eine verächtliche Geste, die Knochen ihrer Mütter hinter sich zu werfen. Sie taten es nicht.

Deukalion und Pyrrha blickten sich an und fragten sich: »Wir tun es nicht, obwohl wir wissen, daß dann die Menschheit aussterben wird?«

Und sie antworteten einander: »Jawohl, wir tun es nicht, obwohl wir wissen, daß dann die Menschheit aussterben wird.«

Schließlich kam der Pyrrha eine Idee. Sie war von den beiden die Klügere.

Sie sagte: »Der Satz von Prometheus! Vielleicht kann man ihn irgendwie anders interpretieren.«

Deukalion sagte: »Wie soll man den interpretieren? Er war doch ganz eindeutig: Werft die Gebeine eurer Mutter hinter euch!«

»Ja«, sagte Pyrrha, »aber der Begriff Mutter, vielleicht soll man den nicht so wortwörtlich nehmen.«

»Wie kann man denn so einen klaren und deutlichen Begriff wie Mutter anders nehmen als wortwörtlich?« fragt Deukalion.

Pyrrha sagte: »Vielleicht sind ja nicht nur wir gemeint,

du, Deukalion, und ich, Pyrrha, vielleicht hat Prometheus mit uns die ganze Menschheit gemeint.«

»Wir beide sind die Menschheit«, sagte Deukalion. »Es gibt ja nur noch uns.«

»Eben«, sagte Pyrrha, »darum sollte man es nicht so wortwörtlich nehmen. Mit Mutter könnte er auch die Mutter Erde meinen.«

Deukalion schüttelte den Kopf und sagte: »Ja, das klingt ganz gut, aber wie sollen wir die Mutter Erde hinter uns werfen?«

»Ja«, sagte Pyrrha, »paß doch auf. Er hat gesagt: Werft die Gebeine eurer Mutter hinter euch.«

»Und jetzt sag mir nur noch eines«, spottete Deukalion, »was sind die Gebeine der Erde?«

»Es könnte ja sein, daß die Steine die Gebeine der Mutter Erde sind.«

»Das kann ich mir nicht vorstellen.«

Pyrrha sagte: »Probieren wir es doch! Wir sind alt, wir werden bald sterben. Was verlieren wir schon, wenn wir ein paar Steine hinter uns werfen?«

Sie knien sich nieder, sammeln die Steine auf, die in ihrer Reichweite liegen, und werfen sie hinter sich. Und siehe da: Aus den Steinen, die Pyrrha hinter sich warf, erwuchsen Frauen, aus den Steinen, die Deukalion hinter sich warf, wuchsen Männer.

»Darum nun sind wir ein hartes Geschlecht«, schreibt Ovid in einer der *Metamorphosen*, die ich hier in der wunderbaren Übersetzung von Gerhard Fink zitiere, »ein hartes Geschlecht, in Drangsal erfahren, und liefern selbst den Beweis, aus welchem Stoff wir entstanden.«

Nachtrag: Ein Freund, der Tonmeister Günther Hämmerle, mit dem zusammen ich viele Rundfunksendungen über die Welt der klassischen Sagen gemacht habe, fragte mich, was es mit der Taube auf sich habe, mit dieser Taube, die mit diesem schmalen Zweiglein im Schnabel über die Arche von Deukalion und Pyrrha geflogen ist. Jedes Wesen, sagte er, habe doch in der Mythologie seine Geschichte. Recht hat er.

Dies ist die Geschichte der Taube: Die Mutter der Taube legte, als sie sah, daß das Wasser sich hob, ihr letztes Ei auf der Spitze des Parnassos ab. Bis dorthin reichte das Wasser der Sintflut, und zwar gerade so weit, daß das Ei nur knapp mit Wasser bedeckt war. Helios, die Sonne, brütete dieses Ei aus und machte die Frucht reif. Als das Wasser seinen Höhepunkt erreicht hatte, schwamm ein Pfeil daher, ein Pfeil der Göttin Artemis. Dieser Pfeil traf das Ei, und die Schale sprang auf, und unsere Taube schlüpfte heraus. Sie nahm diesen Pfeil in den Schnabel und flog los. Deukalion war, wir wissen es, stark kurzsichtig, und auch Pyrrha hatte keinen scharfen Blick mehr, und beide hielten den Pfeil der Artemis für ein Zweiglein. Als das Wasser versickert war, ließ die Taube den Pfeil fallen. Er fiel hinunter zur Erde und blieb in der Erde stecken. Aber es war kein gewöhnlicher Pfeil. Es war ein Pfeil der Artemis. Die Göttin der Jagd reguliert das Leben der Tiere, sie liebt die Tiere. Bevor die Tiere zu zahlreich werden und sie sich gegenseitig unnütz umbringen, schießt sie die Tiere ab. Der Pfeil ist durchtränkt vom Blut aller Tiere. Als nun dieser Pfeil den Boden berührte, wuchsen daraus alle Tiere, die in der Sintflut umgekommen waren, wieder nach.

Diese Geschichte wollte ich nachtragen. Wer die Quelle zu dieser Geschichte finden will, wird vergeblich suchen. Ich gestehe gern, ich habe diese Geschichte für meinen Freund Günther Hämmerle erfunden.

GIGANTEN UND ANDERE UNGEHEUER

Von Saurierartigen und einem menschlichen Werkzeug –
Von Typhon und den Flachsen Gottes – Von Chiron, dem
Guten, und einem Heilkraut

Im Gegensatz zum biblischen Gott, der ja von den Mächten des Bösen, von Luzifer und seinen Genossen, nie ernstlich in seiner Macht gefährdet war, mußten sich die griechischen Götter mehrfach zusammentun, um ihre Macht zu verteidigen.

Wer vielleicht während seiner Schulzeit – später kommt man ja nicht mehr dazu – Auszüge aus *Paradise Lost* gelesen hat, ein sehr merkwürdiges Werk übrigens, in dem John Milton Satan in seiner ganzen Herrlichkeit beschreibt, einer schwarz polierten Herrlichkeit, ein faszinierender Engel fürwahr, der bei seinem Sturz den halben Himmel mit sich hinabreißt, wer in diesem Epos gelesen hat, der konnte beobachten, daß Satan hier etwas Symbolisches an sich hat. Der Satan des John Milton steht für eine Idee, er ist letztlich Ideologie. Daher rührt seine Unnahbarkeit in diesem Werk. John Miltons Bild des Satans ist nicht mit naiv-kräftigen Strichen gezeichnet, es ist vom Geist des Puritanismus in Zwischentöne gesetzt, schon kündet sich die Aufklärung an. Die Aufklärung hat die Frage »Was ist?« zugunsten der Frage »Was bedeutet?« verdrängt.

Dagegen die Figuren in der griechischen Mythologie:

Was sie sind, sind sie. Nicht mehr und nicht weniger. Ein Gott ist ein Gott ist ein Gott. Nur wir Heutigen, Nachfahren John Miltons, die wir mit dem Wirklichen, das uns in den Geschöpfen der Mythen begegnet, wenig anzufangen wissen, wir versuchen ihnen symbolischen Wert zu geben. Bei allem meinen wir, hinter die Oberfläche schauen zu müssen. Wir psychologisieren oder soziologisieren oder esoterisieren. Was stellen diese Götter dar? Was sind Götter wirklich und eigentlich? Wofür stehen sie? Was spiegeln sie wider? Das ist quälender akademischer Unsinn.

Die Götter, die Giganten, die Titanen, die Nymphen, die Heroen – sie sind, was sie sind. Und was sie sind, offenbaren sie uns in ihren Geschichten. Wer diese als Märlein abtut, braucht erst gar nicht in die Tiefe zu graben. Er wird nichts finden.

Der Olymp ist ein Berg, und auf diesem Berg thronend haben sich die Griechen die Götter vorgestellt – nicht sozusagen, nicht in einem übertragenen Sinn, sondern wirklich. Die Oberfläche beinhaltet alles. Manche Oberflächen sind allerdings sehr kompliziert.

Ich möchte von den Giganten erzählen, vom Kampf dieser fremden, uns tief fremden Wesen gegen die Götter. Kurz zur Erinnerung: Uranos, der Himmel, wurde von seinem Sohn Kronos entmannt. Aus den Blutstropfen, die auf die Erde fielen, wuchsen zunächst die Rachegöttinnen, die Erinnyen. Aber einige der Blutstropfen des Himmels gab die Erde nicht gleich frei. Die behielt sie in ihrem Schoß, und aus ihnen ließ sie die Giganten entstehen.

Die Giganten hielt Gaia noch lange in ihrem Schoß

zurück, denn sie wollte sichergehen, daß sie voll ausge-
reift und stark und wunderbar und kräftig sind, denn
Gaia haßte die neuen Machthaber, die Götter, und sie
wollte sie mit Hilfe der Giganten stürzen.

Warum haßte sie die Götter? Was waren die Gründe?
Ich weiß es nicht. Gaia ist die Einheit, sie trauerte ihrem
Geliebten, Uranos, nach. Sie hatte zwar ihrem Sohn den
Auftrag erteilt, sie vom Himmel zu trennen, den Himmel
zu entmannen; aber sie trauerte ihm trotzdem nach.

Als Himmel und Erde noch beieinanderlagen in
unendlicher Umarmung, da gab es nur das Eins. Alles war
in allem enthalten, nichts war getrennt. Diesem Zustand
trauerte Gaia nach. Mit den Göttern war die Spezialisie-
rung gekommen, die Analyse, der Verstand, die konflikt-
reichen Leidenschaften. All das haßte Gaia. Die Menschen nahm sie damals noch gar nicht richtig wahr. Sie
ahnte nicht, daß ausgerechnet von diesen kleinen, zarten,
blassen, verletzbaren, sterblichen Mängelwesen ihr irgendwann einmal das größte Unheil widerfahren würde.
Aber das ist ein anderes Thema ...

Eines Tages war es dann soweit: Gaia ließ die Giganten aus ihrem Schoß ausschlüpfen. Wie muß man sich die
Giganten vorstellen? Auf jeden Fall annähernd in Men-
schengestalt, darauf wird überall hingewiesen, jedoch
viel größer, mächtiger, stärker. Ihr Körper lief am Ende in
einen Schlangenkörper aus. Vielleicht kann man sie sich
als eine Art Tyrannosaurus rex vorstellen.

Diese Wesen, sobald sie sich aus dem Erdenmutterleib
gezwängt hatten, begannen sofort gegen den Olymp
anzustürmen. Sie waren von Gaia auf den Kampf gegen
die Götter programmiert worden. Ein Geschrei erfüllte
die Luft, das alle Frequenzen aufzehrte. Unter jedem

Tritt dieser Unwesen erbebte die Erde, und sie erbebte gern.

Zeus und die anderen Götter nahmen diesen Angriff keineswegs auf die leichte Schulter. Sie wußten, das sind ernstzunehmende Feinde, Feinde, die sich durch nichts von ihrem Ziel ablenken lassen, weil es außer Kampf für sie nichts anderes gibt.

Und noch etwas: Aus Pflanzengeflüster, das Hestia, die im allgemeinen recht langweilige Göttin des friedlich glosenden Herdfeuers, zu deuten vermochte, hatten die Götter erfahren, daß Gaia ein Kraut hatte wachsen lassen, welches die Giganten, ihre Söhne, unsterblich machte.

Was tun? Zeus gab Befehl an Sonne und Mond, nicht mehr zu scheinen, damit das Kraut nicht aufkäme. Aber es war ein Schattenkraut, das Kraut liebte die Dunkelheit, war geradezu vernarrt danach, in der Dunkelheit saugte es seine Blätter voll mit Unsterblichkeitssaft. Die Giganten fanden das Kraut, sie aßen es und waren unsterblich. Allerdings – unsterblich waren sie nur im Kampf gegen die Götter, das heißt, die Götter konnten die Giganten nicht töten. Aber da gab es ja noch andere Wesen auf der Welt …

Ich sagte es bereits: Gaia hatte den Menschen, dieses kleine, blasse Lebewesen, das auf ihrer Haut herumkrabbelte, noch nicht ernst genommen.

Zeus sprang über seinen Schatten, vergaß seine tiefe Abneigung gegen uns. Er berief den Götterrat ein und sagte: »So, wir werden die Giganten besiegen. Aber wir müssen einen sterblichen Verbündeten an unserer Seite haben, einen Menschen. Denn im Kampf gegen uns Götter sind diese Giganten unbesiegbar. Sie können von uns nicht getötet werden. Aber der Schlag eines Menschen müßte sie, wenigstens theoretisch, töten können.«

»Wenigstens theoretisch«, äffte ihn Apoll nach. »Was soll das heißen?«

Zeus und Apoll hatten große Probleme miteinander. Wir werden davon noch hören. Es ist der klassische Vater-Sohn-Konflikt.

Zeus überhörte also die Frage seines ältesten Sohnes. Er wandte sich an seine Gattin und sagte: »Liebe Hera, das Folgende ist nicht gegen dich gerichtet. Ich werde mit einer Menschenfrau einen Sohn zeugen. Nicht weil ich es will, tue ich es, sondern weil ich es muß. Dieser Sohn wird uns im Kampf gegen die Giganten beistehen.«

Halt, halt! – Die Giganten stürmten bereits den Olymp, da sucht sich Zeus eine Menschenfrau, zeugt mit ihr einen Sohn, den die Frau ja auch erst noch neun Monate austragen muß, dieser Sohn muß dann auch noch zum Mann heranwachsen – wie soll sich das zeitlich ausgehen? Solche Fragen sind zwar erlaubt, aber nicht sinnvoll. Oder soll Götterzeit mit Menschenzeit vergleichbar sein? Doch wohl nicht.

»Also«, sagte Zeus zu Hera, »sei du nicht eifersüchtig. Ich betrüge dich nicht, ich treffe Vorkehrungen! Ich zeuge einen Sohn.«

Die Eifersucht läßt sich mit Argumenten nicht beruhigen. Und Hera haßte diesen Sohn mehr als alle anderen Bastarde, die Zeus gezeugt hatte. Dabei war ihm ein Name gegeben, der bedeutete: Heras Ruhm. Aber diese Anbiederung fruchtete rein gar nichts, ihren flammenden Zorn entlud die Göttin auf – Herakles. Ja, er war es, den Zeus zeugte, um einen menschlichen Mitstreiter im Krieg gegen die Giganten an der Seite der Götter zu haben.

Herakles war gerade rechtzeitig erwachsen geworden, um sich an diesem Kampf zu beteiligen. Die Rechnung der Götter ging auf. Bald war der Kampf für die Götter entschieden. Die Giganten rupften ganze Eichenwälder aus und warfen sie auf den Olymp. Es nützte ihnen nichts. Die Götter knüppelten sie zuletzt auf den Boden, und den Todesstoß versetzte ihnen Herakles. So sah die Arbeitsteilung aus. Irgend jemand wird sich hinterher wohl auch gefunden haben, um oben im Olymp wieder aufzuräumen.

Die Giganten waren besiegt. Diese Gefahr war also von den Göttern abgewendet. Aber Gaias Groll war nicht besänftigt, im Gegenteil.

»Aha«, sagte sie zu sich selbst, denn die Erde spricht gern mit sich selbst, »aha! So haben die das gemacht. Sie haben sich einen Kämpfer nach Maß hergestellt. Das kann ich auch.«

Gaia sah sich um nach einem geeigneten Bettgenossen, der sie schwängern sollte. Sie wollte ein Wesen aus sich hervorbringen, das mächtiger, größer und furchtbarer war als die Giganten, mächtiger, größer, furchtbarer als alles, was je auf ihrer Haut sich bewegt hatte.

Und Gaia holte sich den schrecklichsten Gatten, der sich denken läßt, den finstersten Gesellen der gesamten griechischen Sagenwelt, nämlich Tartaros.

Tartaros ist zweierlei. Einerseits ist er ein Wesen, andererseits ein Ort. Als Ort verkörpert er den finstersten Abgrund im Hades, die unterste und grausigste, einsamste Hölle. Diesen Alptraum, der gleichzeitig ein Ort und ein Wesen ist, wie ja auch Gaia zugleich ein Wesen und ein Ort ist, diesen Tartaros holte sie sich und ließ sich von ihm begatten.

Sie gebar Typhon. In einem gigantischen Ei aus Stein reifte er heran. Als er groß genug war, sprengte er die steinerne Eischale von sich ab und erhob sich auf der Erde. Es war das grauenhafteste Wesen, das je auf dieser Erde aufgestanden ist. Es war wie aus Angst- und Fieberträumen gestiegen. Hesiod – er ist neben Homer der älteste und ehrenwerteste der griechischen Schriftsteller – hat in seiner *Theogonie* den Typhon beschrieben, und ich möchte mit seinen Worten dieses Monster vorführen.

Hesiod schreibt: »Seine Hände sind stark und fähig zu werken, unermüdlich die Füße, aus den Schultern wachsen ihm hundert Köpfe einer Schlange, eines furchtbaren Drachens, leckend mit schwärzlichen Zungen, aus seinen Augen in den ungeheuren Köpfen brach unter den Brauen Feuer hervor. Aber in all den schrecklichen Köpfen waren Stimmen, die mannigfache, unsagbare Laute ausstießen, bald tönten sie in der Sprache der Götter, bald wie ein stark brüllender Stier von ungezähmter Kraft und herrlicher Stimme, bald wie ein Löwe von wildem Mut, bald jungen Hunden ähnlich, ein Wunder zu hören, bald aber pfeifend, daß die hohen Berge widerhallten.«

Dieses gräßliche Geschöpf ließ keine Zeit verstreichen. Es erhob sich aus den Trümmern seines Eis, blickte sich um und marschierte schnurstracks auf den Olymp zu. Die Götter erstarrten, als sie Typhon sahen.

Andere Schriftsteller haben sein Äußeres noch attraktiver in seiner Schrecklichkeit ausgestattet, sie sagten, er habe in der Mitte all seiner Schlangenköpfe einen riesigen Eselskopf stehen gehabt, der die Sterne berührt haben soll, so hoch habe er sich emporgehoben.

Die Götter scharten sich um Zeus. Sie vertrauten auf die stärkste Waffe des Göttervaters, nämlich auf seine Blitze.

Zeus sagte: »Macht ein wenig Platz!« und schleuderte seinen ersten Blitz gegen Typhon.

Dieser Blitz prallte an diesem Wesen ab, gerade daß Typhon ein wenig verwundert den Kopf schüttelte. Welchen Kopf? Irgendeinen, einen kleinen Nebenkopf. Das war alles.

Zeus wurde nervös. »Ihr dürft nicht so nah um mich herum stehen«, schimpfte er, »ich kann nicht richtig zielen.«

Er schoß einen zweiten Blitz ab. Irgendein anderer Nebenkopf des Typhon schüttelte sich. Mehr war nicht.

Den dritten, vierten, fünften Blitz, sie registrierte Typhon gar nicht mehr, er stampfte weiter auf den Olymp zu. Ein Tritt in die Adria, die spritzte auf, wie wenn ein Auto durch eine Pfütze fährt.

Da packte die Götter das Grauen. – Nein, meine olympischen Freunde, es ist nicht wie bei eurem Kollegen, dem biblischen Gott, dessen Macht in keiner Weise und nie vom Teufel gefährdet war. Hier kommt Typhon, und eure Macht ist aufs äußerste gefährdet, jawohl!

Die Götter hatten Angst. Sie hatten so große Angst, daß sie davonliefen. Sie rannten vom Olymp herunter mit eingezogenen Köpfen. Sie rannten und rannten und rannten und rannten bis nach Ägypten. In Ägypten versteckten sie sich.

Aber wie und wo kann sich um Himmels willen ein Gott verstecken? Die Götter Griechenlands versteckten sich, indem sie in Tiere krochen. Zeus kroch in einen Widder, Hermes wurde ein Ibis, Hera wurde eine Kuh,

Artemis wurde zur Katze, Apoll eine Krähe, Dionysos eine Ziege, Aphrodite ein Fisch. So versteckten sie sich in Tiergestalten. Vielleicht ist diese Geschichte aber auch nur ein Trick irgendwelcher graecophilen Mythographen, ich werde erklären, was ich damit meine.

Daß Zeus zum Beispiel ausgerechnet ein Widder wurde, ist nicht zufällig, hat natürlich seine Gründe: Der ägyptische Gott Amon trat als Widder auf, Hermes war Thot in der Form des Ibis, Hera als Kuh war Isis, Artemis als Katze war Path und so weiter und so fort. Schlaue Mythographen haben die Götter ins Exil nach Ägypten geschickt und haben so nebenbei die gesamte ägyptische Götterlehre in Abhängigkeit zu den Olympiern gebracht. Mythologische Kolonialisierung nennt man das.

Typhon tritt übrigens auch in der ägyptischen Mythologie auf, in einiger Umformung freilich, er heißt dort Seth und ist der böse Bruder des Osiris. Aber das nur nebenbei.

Eine einzige Gottheit übrigens rannte nicht feige vom Olymp davon, als Typhon auftauchte, sie bot diesem Wesen Gegenwehr, es war Pallas Athene. Mit dem Schild an ihrem linken Unterarm, ihrer Lanze in der rechten Hand, so stand sie auf der Felskrone und rief dem Monster entgegen: »Sei gefaßt auf meine Klugheit, du Inbegriff eines primitiven Idioten!«

Damit wollte sie Typhon verunsichern. Aber verunsichern kann man nur jemanden, der denkt. Typhon ließ sich nicht verunsichern.

Und nun rief Athene vom Olymp herunter über das Meer nach Ägypten: »Was seid ihr für feige Götter!« und rief ihrem Vater Zeus zu: »Du willst unser Beschützer sein und läufst davon! Und läßt mich, dein Töchterchen, allein!«

Das nahm sich Zeus doch zu Herzen. Er schlüpfte aus seinem Widder und sagte zu den anderen: »Wir können sie nicht allein dort oben lassen. Kehren wir zurück!«

»Und wie willst du dem Typhon entgegentreten?« fragte Apoll.

Zeus kramte die goldene Sichel hervor, mit der sein Vater Kronos den Himmel entmannt hatte.

»Mit dieser Sichel werde ich Typhon erledigen«, sagte er. Seine Stimme klang eher nüchtern als zornig, eher resigniert als siegesgewiß, eher gebrochen als gestählt.

Aber Zeus marschierte tapfer auf dieses Unwesen zu, das in vielen Sprachen und mit vielen Stimmen permanent unglaublichen Blödsinn redete.

Was geschah?

Zeus baute sich vor Typhon auf und rief: »Ich bin Zeus, der oberste Gott. Ich verlange Respekt. Ich bin bereit zu verhandeln. Es ist nicht so, daß wir Götter unbedingt alles brauchen. Man kann teilen. Ich schwöre bei dieser Sichel hier, die mir ein Heiligtum ist, daß ich ... «

Weiter kam er nicht. Typhon, mit einer kleinen, unabsichtlichen Nebenbewegung einer seiner vielen Hände, nahm Zeus die Sichel weg. Da stand nun Zeus wie ein Bub vor dem Schulwart. Und unter sich spürte er ein Zittern und Knacken. Das war Gaia, die voll Schadenfreude kicherte.

In einer weiteren Nebenbewegung einer seiner vielen Hände packte Typhon den Göttervater, und ritsch-ratsch, ritsch-ratsch schnitt er ihm alle Sehnen aus dem Körper. Und nun stand Zeus nicht mehr. Nun lag er. Lag da wie ein alter Vorhang, der von einem Fenster gefallen war.

Armer Zeus, möchte man sagen, aber der Respekt vor dieser Gottheit verbietet es uns, ihn als arm zu bezeichnen, er hätte es ganz bestimmt aus einem Menschenmund nicht gerne gehört.

Typhon schleppte Zeus in eine Höhle. Dort lag er ohne seine Sehnen. Konnte sich nicht rühren. Konnte nicht sterben. Zeus war ja unsterblich. Typhon hätte ihn nicht töten können.

Dennoch hielt es Typhon für richtig, Zeus zu bewachen. Besser gesagt: Gaia hielt es für richtig. Sie kannte seine Verschlagenheit und seine Unberechenbarkeit, und die Klugheit einiger anderer Götter kannte sie auch. Sie ließ Zeus bewachen, und seine Sehnen, die auf einem Häufchen neben ihm lagen, ließ sie ebenfalls bewachen, und zwar von einem Drachen namens Delphyne.

Wir wollen diesen Drachen ein wenig näher betrachten, einfach deswegen, weil sein Name dem größten Orakel der Griechen den Namen gegeben hat, nämlich Delphi. Delphyne war halb Schlange und halb Weib. Sie war ebenfalls von Gaia geboren worden, und sie hauste in jenem Spalt, aus dem Gaia alle ihre Wesen hervorgebracht hat. Es ist dieser Spalt, über dem Uranos, ihr erster Mann, entmannt worden war. Delphyne war die Gattin des Drachen Python. Auch Python war eines dieser Erdgewächse, die Gaia hervorgebracht hat. Apoll war es, der später erkannte, daß dieser Ort, an dem Delphyne hauste, ein idealer Platz für ein Orakel war. Denn aus diesem Spalt stieg die Weisheit der Erde empor.

Delphyne also bewachte die Sehnen des Zeus. Sie tat es, indem sie einfach dasaß und schrecklich war.

Hermes machte sich mit seinem Freund Pan auf die Suche nach Zeus. Und sie fanden ihn. Sie fanden ihn hilflos. Sie sahen auch die Sehnen. Und sie sahen auch Delphyne.

Hermes flüsterte: »Dieses Wesen hat vor gar nichts Angst. Aber ich habe Angst vor diesem Wesen.«

Und Pan, dieser wilde Waldgott, der sich in Dingen auskannte, von denen Hermes keine Ahnung hatte, begann die Stimme der Delphyne zu studieren.

Er sagte zu Hermes: »Du hast recht. Dieses Wesen hat vor gar nichts Angst – außer vor einem Wesen, das ähnlich ist wie es selbst.«

Und dann ahmte Pan die Stimme, die entsetzlich kreischende Stimme der Delphyne nach. Da erschrak zuerst Hermes, und dann erschrak Delphyne. Und Hermes faßte sich und nutzte ihre Unaufmerksamkeit und stahl die Sehnen und lud sich Zeus auf und trug die Sehnen und Zeus aus der Höhle. Und während Pan mit seinen Faxen Delphyne weiter ablenkte, brachte Hermes den Göttervater und seine Flachsen in Sicherheit.

Bald war Zeus wiederhergestellt. Aber wir sehen: Allein hätten es die Götter nicht gegen Typhon geschafft. Einen zweiten Angriff hätten sie wohl nicht überlebt. Deshalb traten nun die Schicksalsgöttinnen auf den Plan. Immer wieder mischen sich die Schicksalsgöttinnen ein, die Moiren. Man weiß wenig über sie. Auch die Griechen wußten nur wenig über die Moiren. Sie waren mächtige Gottheiten, sogar Zeus war von ihnen abhängig. Ihr Wort galt. Immer. Unbedingt.

Und die Moiren entschieden: »Nein, Typhon, dieses primitiv-idiotische Monster, soll die Welt nicht beherrschen!«

Sie lockten Typhon zu sich und sagten ihm: »Wir wollen dir Speise und Trank anbieten, du mußt ja kräftig sein in deinem letzten Kampf.«

Und sie gaben ihm Menschennahrung zu essen, das sind feinst zubereitete Schwachheiten. Die schmeckten dem Typhon! Er wollte immer mehr Menschennahrung, und die Moiren gaben sie ihm.

Ein wenig peinlich berührt sehen wir, daß die Menschennahrung den Typhon so sehr schwächte, daß er sich im Endkampf gegen Zeus wie ein nur zur Hälfte aufgepumpter Badefrosch benahm und unterlag. Zeus hob die Insel Sizilien hoch und schlug sie dem Typhon auf den Schädel. Er begrub ihn einfach unter der Insel. Seinen Feueratem kann man ab und zu bewundern – wenn der Ätna spuckt.

Es bewegen sich durch die griechische Sagenwelt noch eine ganze Reihe von Halbwesen oder mehrgestaltigen Wesen, die zusammengesetzt sind aus Menschen und verschiedenen Tieren. Sie alle wären einer näheren Betrachtung wert. Die Sphinx zum Beispiel. Von ihr haben wir schon erzählt im Zusammenhang mit Ödipus. Oder die Chimaira – sie ist ein feuerspeiendes Ungetüm, vorne ein Löwe, in der Mitte eine Ziege, hinten eine Schlange, durchaus interessant. Sie wird uns in der Geschichte von Bellerophon begegnen. Es wird übrigens, so viel sei verraten, ihr letzter Auftritt sein. Von der Hydra werden wir erzählen, wenn Herakles auf sie trifft. Vom Kerberos, dem Schrecken verbreitenden Höllenhund, werden wir ebenfalls noch berichten.

Aber es gibt auch Monster, Mischwesen, die aus Tieren und Menschen zusammengesetzt sind, die nicht böse sind. Das prominenteste und zugleich liebenswürdigste dieser Wesen ist der Kentaur Chiron. Er wurde von Kronos gezeugt, als der gerade in ein Pferd verwandelt war und es mit einer Stute trieb, in die er sich verliebt hatte. Chiron erscheint folglich pferdegestaltig, hat aber Kopf und Arme eines Menschen.

Chiron ist einer der berühmtesten Ärzte und Wohltäter des griechischen Altertums. Er war auch ein berühmter Lehrer. Er hat Jason erzogen. Er hat Achill erzogen. Er war ein Freund von Herakles, ein Freund von Apoll. Vor ihm neigten sich selbst die Götter in Ehrfurcht. Sie bewunderten seine Güte und anerkannten seine geistige und moralische Größe. Nicht zuletzt aus diesem Grund fand die legendäre Hochzeit zwischen Peleus und Thetis in seiner Höhle statt.

Eine kleine Anekdote zum Schluß dieses Kapitels: Sie betrifft das sogenannte Tausendgüldenkraut. Es gab in römischer Zeit ein Heilkraut, das wurde Centaurum genannt. Im Mittelalter meinte man, dieses Wort leite sich vom lateinischen centum = hundert und von aurum = Gold ab, und ein volkstümlicher Hang zur Übertreibung modelte den Namen dieses Krautes um in Tausendgüldenkraut. Die Ableitung ist vollkommen falsch. In Wahrheit hieß das Kraut Centaurum nach seinem Erfinder, nämlich nach dem Kentauren Chiron. Es ist das Kraut des Kentauren, das den Wunden Linderung bringt.

Chiron starb übrigens einen schrecklichen, merkwürdigen und auch rührenden Tod. Eigentlich war er ja unsterblich. Als Sohn des Kronos wäre er eigentlich unsterblich. Er verletzte sich eines Tages an einem Giftpfeil des Herakles. Dieses Gift machte unglaubliche Schmerzen, und zwar Schmerzen bei Menschen und bei

Göttern. Und gegen dieses Gift nützte auch kein Heilkraut. Chiron schrie und krümmte sich unter Schmerzen. Er wußte, er würde ewig schreien und ewig sich krümmen müssen, weil er ja unsterblich war. Er wußte, dieses Gift in seinem Körper wird nicht nachlassen, ihn zu quälen.

Da kam Prometheus des Weges, und Prometheus schlug ihm einen Tausch vor.

Er sagte: »Gib du mir deine Unsterblichkeit, und ich gebe dir dafür meine Sterblichkeit.«

Chiron tauschte. Er konnte endlich sterben und war von seinen Qualen erlöst.

Prometheus war nun unsterblich. Aber es war für ihn kein besonders guter Tausch. Er wurde an den Kaukasus genagelt, und er mußte ewig leiden, ewig, denn nun war er unsterblich.

BELLEROPHON

Von König Glaukos und einem verirrten Pfeil – Von Lügen
und fliegenden Pferden – Von der Chimaira und von folg-
samen Wassern – Von Übermut und Fall

Es war einmal ein König, der hieß Glaukos. Dieser König
war ein Pferdenarr, er besaß ein weltweit berühmtes
Gestüt. Er weigerte sich, seine Stuten am Fest der Aphrodite von Hengsten decken zu lassen. Er behauptete nämlich, und das war eine Herausforderung an die Göttin der
Zeugungskraft, er könne das zusammen mit seinem Pfer-
dezüchter besser, als das Aphrodite mit ihrer ganzen
Göttlichkeit herbrächte.

Aphrodite war gekränkt, sie war beleidigt, und sie war
zornig. Sie ging zu Zeus und bat um Erlaubnis, den Glaukos bestrafen zu dürfen. Sie behauptete, und das war eine
Lüge – Lügen spielen in dieser Geschichte eine nicht zu
unterschätzende dramaturgische Rolle –, Glaukos füt-
tere seine Stuten mit Menschenfleisch. Deshalb, sagte
Aphrodite, seien des Glaukos Pferde bei den Wettrennen
die besten. Glaukos organisierte nämlich gern Wettrennen und forderte alle seine Nachbarkönige auf, ihre
Pferde gegen seine in die Konkurrenz zu schicken.

Dieser König Glaukos hatte einen Sohn, der hieß
Hyponoos. Auch Hyponoos liebte die Pferde, aber er war
nicht interessiert an Pferderennen und auch nicht an
Pferdezucht. Sein großes Vorbild war der Held Perseus.

Hyponoos war ein verträumter junger Mann. Den ganzen Tag brachte er mit Träumereien zu, er stellte sich vor, er sei so ein Held wie Perseus. Er sah sich neben ihm stehen. Und die schönste Phantasie war: Er, Hyponoos, bezwinge den Pegasos.

Erinnern wir uns an die Sage vom Helden Perseus: Als Perseus das Haupt der Medusa abschlug, befreite er aus ihrem Körper das Pferd Pegasos, es rauschte aus dem Stumpf ihres Halses empor, ein geflügeltes Pferd, und es flog davon. Dieses Pferd ist bis heute ein Symbol für die Kraft der Dichtung, für die Kraft der Phantasie.

Diesen Pegasos wollte Hyponoos besitzen, ihm träumte er nach. Ansonsten tat er nicht viel, er lag den ganzen Tag im Gras herum und beobachtete den Himmel.

Nun schickte Aphrodite diesem Sohn ihres Widersachers Glaukos eines Tages eine Vision. Sie hatte von Zeus die Erlaubnis bekommen, den Glaukos zu bestrafen. Wie sie das mache, sei ihre Sache, sagte der Göttervater.

Aphrodite formte eine Wolke am Himmel, so daß diese Wolke aussah wie ein Pferd mit Flügeln, wie Pegasos. Hyponoos sprang auf, nahm Pfeil und Bogen, band eine Schnur an den Pfeil, er wollte Pegasos ja nicht töten, sondern einfangen, zielte auf die Wolke und schoß den Pfeil ab. Der Pfeil flog nach oben, flog nach unten und traf, von Aphrodite gelenkt, den Belleros, nämlich den genialen Züchter der Rosse, der im Dienst des Königs Glaukos stand. Belleros war tot.

Der Pfeil hatte ihn aber gerade in dem Augenblick getroffen, als er die Pferde zum Rennen vorführen wollte. Die Pferde wurden konfus und liefen durcheinander, stolperten übereinander, wurden zornig und aggressiv. Glaukos eilte herbei. Die Pferde bäumten sich auf, und schließlich wandten sie sich gegen ihren Herrn. Sie fraßen Glaukos auf. Das hatte sich Aphrodite als Strafe für Glaukos ausgedacht, weil der nicht bereit war, seine Pferde an ihrem Feiertag decken zu lassen.

Man suchte nach der Ursache des Malheurs, sah, daß der Pfeil, der in Belleros' Brust steckte, an einer Schnur hing, ging der Schnur nach und fand Hyponoos.

Der Unglücksschütze hatte von diesem Tag an einen Spitznamen weg, er wurde Bellerophon genannt, das heißt soviel wie »Der, der den Belleros getötet hat«.

Als Bellerophon ging er in die griechische Mythologie ein, und er hat einen guten Platz unter den Helden in der ersten Reihe.

Aber den Hof seines Vaters mußte er verlassen, denn das Unglück, das geschehen war, wurde ihm allein angelastet.

Bellerophon zog also durch die Welt, und auf seiner Reise kam er an den Hof eines Königs namens Proitos. Dieser König nahm ihn freundlich auf.

»Du hast einen geraden Blick«, sagte Proitos. »Ich vertraue dir. Bewege dich an meinem Hof, als wäre es der deine. Ich weiß, du wirst nichts tun, was mir schaden könnte.«

Aber Proitos' Frau Anthaia verliebte sich in Bellerophon. Sie bemühte sich mütterlich um den jungen Helden, sie bot ihm ihr Ohr, wenn er von seinen Sorgen erzählte. Sie tröstete ihn, und wenn sie ihn tröstete, streichelte sie ihn. Deshalb tröstete sie ihn gern.

Bellerophon erzählte ihr die ganze Geschichte, was geschehen war mit dem Pfeil, daß er schuld sei am Tod seines Vaters, daß er seine Heimat verlassen mußte. Er erzählte, und Anthaia tröstete.

Bellerophon erzählte ihr, daß es das Ziel seines Lebens sei, eines Tages Pegasos, das geflügelte Pferd, zu besitzen.

Anthaia streichelte ihn und sagte: »Weißt du, mein Freund, manchmal verfüge ich über hellseherische Fähigkeiten. Dann sehe ich, was geschehen wird. Das war letzte Nacht der Fall. Ja, ich habe gesehen, daß du diesen Pegasos besitzen wirst. Ich weiß auch, was du dafür tun mußt.«

»Sag es mir«, rief Bellerophon aufgeregt. »Ich werde alles tun, damit ich dieses Pferd, diesen Schatz, besitze.«

Anthaia sagte: »Bau einen Altar für Aphrodite, und lege dich am Abend auf diesen Altar, und schlafe auf diesem Altar. In der Nacht wird Aphrodite zu dir kommen. Ganz egal, was geschehen wird, tu, was sie von dir will. Dann wirst du Pegasos besitzen.«

Bellerophon zögerte nicht, er baute den Altar für Aphrodite und legte sich am Abend auf den Altar und schlief ein. In der Nacht wachte er auf, weil er merkte, es war jemand gekommen. Er öffnete die Augen und sah: Es war nicht Aphrodite, die er erwartet hatte, sondern es war Anthaia, die Frau des Königs Proitos, der ihm so viel Vertrauen entgegengebracht hatte.

Anthaia wollte mit ihm schlafen. »Komm«, sagte sie, »es ist Aphrodites Wille. Begehe nicht denselben Fehler wie dein Vater. Wenn Aphrodite ihren Willen nicht bekommt, rächt sie sich schrecklich.«

Und Anthaia stieg zu Bellerophon auf den Altar. Aber er stieß sie beiseite, er wollte die Gastfreundschaft des Proitos nicht beleidigen.

Anthaia, die in ihrem Stolz verletzt war, ging zu ihrem Mann und behauptete: »Dieser junge Kerl, dieser Bellerophon, dem du so großzügig dein Vertrauen geschenkt hast, wollte mich in der letzten Nacht vergewaltigen!«

Proitos glaubte seiner Frau. Er wollte Bellerophon töten. Aber es galt ein Gesetz, daß man sich an einem Gast nicht vergehen darf, ganz egal, was er auch gemacht hat. Wenn man das tut, schickt man sich selbst die Erinnyen auf den Hals. Und das wollte Proitos ganz bestimmt nicht.

Er schrieb einen Brief, versiegelte diesen Brief, sprach nicht mit Bellerophon über die Sache, sondern sagte nur zu ihm: »Bellerophon, mein Gast, sei so gut und tu mir einen Gefallen. Bringe diesen Brief zu meinem Schwiegervater, Iobates! Er wohnt drei Tagesreisen von hier, bitte gib den Brief dort ab.«

Bellerophon, dieser freundliche junge Mann, tat dem König gerne einen Gefallen, und er machte sich auf den Weg. Er war selbstverständlich nicht so vorlaut, den Brief zu öffnen, um nachzuschauen, was darin stand. Bellerophon war ein ehrlicher Mann. Wir wissen, was in dem Brief an Iobates, den Schwiegervater des Proitos, stand.

»Töte den Überbringer dieses Schreibens«, stand da. »Töte ihn! Er wollte deine Tochter vergewaltigen!«

Nun kam also Bellerophon an den Hof von Iobates, und dieser nahm den Brief entgegen. Aber Iobates ließ sich Zeit, er hatte seinen Schwiegersohn als einen ziemlichen Langweiler in Erinnerung. Was wird der mir schon groß schreiben, dachte er. Er öffnete diesen Brief nicht gleich, ließ ihn einige Tage liegen.

Außerdem interessierte ihn dieser junge Mann, der sich selbst Bellerophon nannte, er war ihm sehr sympathisch.

»Nimm Platz«, sagte er zu ihm. Es war Abend. »Der Brief hat Zeit.«

Er gab ihm Wein zu trinken, dann war es schon sehr spät, und er sagte: »Ach, ich werde diesen Brief morgen öffnen. Du hast einen geraden Blick. Ich vertraue dir. Bewege dich an meinem Hof, als wäre es der deine. Ich weiß, du wirst nichts tun, was mir schaden könnte.« Und er wies Bellerophon in seine Unterkunft.

Der nächste Tag war sehr schön, Jagd war angesagt, Iobates lud Bellerophon dazu ein. Das beste Pferd stellte er ihm zur Verfügung, und er war begeistert, wie geschickt der Jüngling damit umgehen konnte.

Sie zogen hinaus aufs Feld, und Iobates bemerkte, daß Bellerophon ein Auge auf seine jüngste Tochter geworfen hatte, auf Philonoë. Er merkte auch, daß auch Philonoë den Bellerophon sympathisch fand. Das war dem Iobates ganz recht.

Diese Tochter Philonoë war das gute Kind, sie ist das gute Kind in dieser Geschichte. Man kennt das ja aus den Märchen der Brüder Grimm, da gibt es auch ja oft zwei Töchter, eine ist gut, treu und zurückhaltend, die andere ist aggressiv, geil und böse. In unserem Fall war Philonoë die gute Tochter, und ihr Vater Iobates sah es gern, daß sie sich in Bellerophon verliebt hatte.

Erst nach zehn Tagen kam Iobates auf die Idee, den Brief seines Schwiegersohnes zu öffnen. Er hatte ihn ganz vergessen, fand ihn zufällig und dachte: Ach ja, diesen Brief meines Schwiegersohnes muß ich ja auch noch lesen.

Er las die Botschaft: »Töte den Überbringer des Briefes, denn er wollte deine Tochter Anthaia vergewaltigen!«

Nun war Iobates in einen ähnlichen Konflikt geraten wie vor ihm sein Schwiegersohn Proitos. Auch er hatte zuviel Zeit verstreichen lassen, hatte den Bellerophon bereits bei sich als Gast aufgenommen. Auch Iobates wollte sich die Erinnyen nicht an den Hals hetzen. So dachte er sich eine List aus.

Er sagte zu Bellerophon: »Du bist ein kräftiger und tapferer junger Mann. Schau her, in unserem Reich herrscht ein Ungeheuer, das Menschenopfer fordert, das die Ernte zerstört, das die Tiere getötet. Es ist die Chimaira.«

Die Chimaira ist ein Ungeheuer, das den Kopf eines Löwen, den Körper einer Ziege und den Schwanz einer Schlange hat, und obendrein speit es Feuer.

Iobates sagte: »Bellerophon, wenn du dieses Ungeheuer tötest, dann bekommst du Philonoë, meine jüngste Tochter, zur Frau.«

Bellerophon wollte sich sofort auf den Weg machen, er war naiv und traute sich alles zu. Aber Philonoë kam zu ihm und sagte: »Bellerophon, du weißt, daß ich dich liebe.«

»Ich weiß es«, sagte Bellerophon.

»Darum«, sagte sie, »solltest du nur mir vertrauen und sonst niemandem. Willst du das?«

»Ich will es«, sagte Bellerophon.

Da warnte sie ihren Liebsten: »Unterschätze diese Chimaira nicht! Allein wirst du sie nicht besiegen können. Sie wird dich töten. Du wirst sie nur mit Hilfe des Pegasos, des fliegenden Pferdes, besiegen können.«

Bellerophon war begeistert, sagte: »Ja, dieses Pferd wollte ich eh immer besitzen! Sag mir, wie komme ich zu diesem Pferd?«

Philonoë sagte: »Also, paß auf. Baue einen Altar für die Göttin Pallas Athene. Leg dich am Abend auf diesen Altar, und schlafe auf diesem Altar.«

Bellerophon sagte: »Halt, halt, halt! Etwas Ähnliches habe ich bereits von deiner Schwester gehört. Ich habe getan, was sie sagte, und es hat mir Unglück gebracht.«

Philonoë sagte: »Nein, ich spreche die Wahrheit. Du hast versprochen, mir zu glauben. Meine Schwester lügt, sie lügt immer. Ich dagegen bin diejenige, die immer die Wahrheit sagt. Baue diesen Altar für Pallas Athene, lege dich darauf. In der Nacht wird etwas geschehen, und du wirst wissen, was du zu tun hast.«

Bellerophon glaubte ihr. Er baute den Altar für Pallas Athene, legte sich darauf und schlief ein.

In der Nacht hatte er einen Traum. In diesem Traum erschien ihm Pallas Athene, und sie sagte zu ihm: »Wenn du versprichst, daß du Zeus ein großes Opfer darbringst, dann wird am nächsten Tag ein goldenes Zaumzeug neben deinem Altar liegen.«

Im Traum versprach es Bellerophon. Und als er am nächsten Tag aufwachte, lag das goldene Zaumzeug neben ihm. Er nahm es in die Hand, und es war ihm, als zöge es ihn fort.

Bellerophon folgte dem Zaumzeug, und das Zaumzeug führte ihn zu Pegasos. Es entschwebte den Händen des Bellerophon und legte sich dem Pegasos an. Pegasos ließ den Bellerophon auf seinen Rücken steigen, und von nun an gehörte ihm dieses wunderbare geflügelte Pferd.

Nun war Bellerophon bereit, gegen die Chimaira in den Kampf zu ziehen.

Philonoë, jene kluge, schöne und liebenswerte Tochter des Iobates, warnte Bellerophon nochmals: »Du mußt wissen, wie man mit Pegasos umgeht. Wenn du ihn nicht richtig zügelst, dann wird es zu hoch hinauffliegen, und die Sonne wird dich verbrennen.«

»Wie mache ich das?« fragte er.

Da gab sie ihm zwei kindskopfgroße Bleikugeln, die er an den Sattel des Pferdes band, damit das Pferd nicht allzu hoch hinauffliegen konnte.

Bellerophon saß auf und flog im Gleitflug und mäßiger Höhe über die Erde dahin. Es war wunderschön, er konnte unten alles ganz deutlich erkennen und so die Gegend nach der Chimaira absuchen.

Dann sah er sie. Er kam gerade um ein Waldstück geflogen, und plötzlich stand sie unter ihm und äugte zu ihm empor. Es war kein großer Abstand zwischen den beiden. Sie schickte ihm einen Feuerstrahl entgegen. Bellerophon erschrak so sehr, daß er aus Versehen eine der Bleikugeln lostrat.

Die Bleikugel fiel nach unten und fiel ins Maul der Chimaira, die gerade einen neuen Feuerstoß absandte. Dieser neue Feuerstoß machte, daß das Blei schmolz, und es rann der Chimaira in den Hals und verbrannte und verglühte ihr die Innereien – sie war tot. Nichts mehr zu machen.

Auf diese Art und Weise und ohne jeden Kampf hatte also Bellerophon die Chimaira besiegt.

Er schleppte das tote Monster nach Hause zu Iobates und sagte: »So, was du von mir gefordert hast, ich habe es erledigt!«

Philonoë, die Tochter, stand neben ihrem Vater und freute sich, daß sie jetzt das Jawort ihres Vaters bekäme. Aber Iobates war entsetzt, weil er Bellerophon ja aus ganz anderen Gründen losgeschickt hatte.

Er sagte: »Ich kann dir meine Tochter nicht geben. Noch nicht. Du mußt noch eine zweite Aufgabe für mich erledigen.«

Er schickte Bellerophon ganz allein gegen ein feindliches Heer. Und wieder war es Philonoë, die ihrem Liebsten die richtigen Ratschläge gab.

Sie sagte: »Fliege über dieses Heer, und fliege hin und her wie eine Bremse, von rechts nach links, von vorne nach hinten, damit du die Soldaten verwirrst.«

Genau das tat Bellerophon, er flog, auf seinem Pegasos reitend, über dem feindlichen Heer kreuz und quer durch die Luft. Die Soldaten schossen ihre Pfeile nach ihm, den Pfeilen erging es ähnlich wie damals dem Pfeil des Bellerophon, als er auf die Wolke schoß: Sie flogen nach oben, und dann flogen sie nach unten. Und sie töteten die Soldaten, die sie abgeschossen hatten. Am Schluß lag das ganze Heer besiegt unter Bellerophon und Pegasos.

Bellerophon kehrte zu König Iobates zurück und sagte: »Es war ganz leicht, Iobates, ich habe alle deine Feinde an einem einzigen Nachmittag besiegt.«

Iobates war erfreut und entsetzt zugleich, er sagte: »Nein, ich gebe dir meine Tochter immer noch nicht.«

Das Gespräch zwischen Iobates und Bellerophon fand nicht in der Stadt statt, sondern draußen auf dem Feld. Iobates sagte zu Bellerophon: »Ich lasse dich nicht mehr in die Stadt hinein. Du bist mein Feind.«

Bellerophon war verwirrt: »Was habe ich denn getan? Was habe ich denn angestellt?« fragte er.

Iobates sagte: »Du wirst es selbst wissen. Verlaß diese Gegend, diese letzte Chance gebe ich dir.«

Da stand Bellerophon, wie aus den Wolken gefallen, da und sagte: »Aber ich habe doch alles erledigt, was du mir aufgetragen hast.«

Aber Iobates drehte sich schon weg und ging zurück in die Stadt. Als er von den Zinnen der Stadt aus sah, daß Bellerophon immer noch draußen stand, schickte er Truppen hinaus und befahl: »Verjagt ihn! Tötet ihn!«

Der König hörte nicht auf seine Tochter. Philonoë weinte und bat ihren Vater: »Laß ihn leben. Was hast du gegen ihn, sage es mir, es kann sich nur um ein Mißverständnis handeln.«

Iobates hörte ihr nicht zu.

Da kniete sich Philonoë nieder und betete. Sie betete zum Gott des Meeres, zu Poseidon. Sie sagte: »Laß irgend etwas geschehen, daß mein geliebter Bellerophon nicht getötet wird.« Sie versprach Poseidon, daß sie ihm eine Liebesnacht gewähren werde, wenn er ihre Bitten erhöre.

Einem solchen Angebot gegenüber war Poseidon nicht abgeneigt. Er schickte das Wasser an Land, befahl dem Wasser, es solle sich an Bellerophons Fersen heften.

Bellerophon ging ahnungslos auf die Stadt zu und rief: »Ich lasse mich hier nicht einfach wegschicken! Ich möchte wissen, was ich getan habe! Ich werde ungerecht behandelt! Hört, ihr Bürger!«

Die Menschen der Stadt, die oben auf den Zinnen standen, sahen, daß Bellerophon das Meer hinter sich herzog. Wenn er in die Stadt kommt, dann wird das Meer die ganze Stadt wegschwemmen, dachten sie. Und Bellerophon war nicht aufzuhalten. Da ergriffen nun die Frauen der Stadt die Initiative.

Bei den Frauen waren die Instinkte noch in Ordnung. Sie sahen diesen jungen Mann.

»Ganz egal«, sagten sie sich, »was der Grund ist, warum Iobates ihn so haßt und umbringen will, wir glauben nicht, daß dieser junge Mann, dieser Bellerophon, etwas angestellt hat.«

Ich sagte, sie ergriffen die Initiative. Wie sah das aus? Sie liefen auf Bellerophon zu, inzwischen war schon das ganze Land vom Meer überschwemmt, sie hoben ihre Röcke hoch, wateten durch das Wasser und riefen Bellerophon zu: »Nimm uns! Nimm uns, wir gehören dir!«

Darüber erschrak Bellerophon so sehr, daß er stehenblieb und sich schamhaft umdrehte und wieder über die Felder hinauslief. Und das Meer ging mit ihm.

Da erkannte nun auch Iobates, daß dieser junge Mann ganz bestimmt nicht seine Tochter Anthaia vergewaltigen hatte wollen, daß Anthaia wieder einmal gelogen hatte, daß sie Bellerophon zu Unrecht beschuldigt hatte. Er war froh, daß diesem Bellerophon nichts passiert war, daß er seine Aufgaben so glanzvoll gelöst hatte, und er entschuldigte sich bei ihm, erzählte ihm die ganze Geschichte und setzte den Tag der Hochzeit zwischen Bellerophon und Philonoë fest.

Diese ganze Geschichte ist so gebaut, daß man glaubt, es muß ein Happy-End geben, die Geschichte muß gut ausgehen. Die Sympathien sind ganz auf der Seite des jungen Mannes Bellerophon, er bekommt ja, was wir ihm wünschen, er bekommt seine geliebte Philonoë, und sie bekommt ja auch ihren geliebten Bellerophon. Aber ganz anders als die Geschichten, die in Hollywood produziert werden, gehen bisweilen die Geschichten aus, die der Volksmund sich erdichtet. Die Geschichte von Bellerophon geht nicht gut aus.

Bellerophon ließ keine Gelegenheit verstreichen, sich auf den Rücken seines geflügelten Pferdes zu schwingen und mit ihm durch die Lüfte zu fliegen. Eine dieser Bleikugeln war in den Rachen der Chimaira gefallen und hatte sie getötet. Die andere Bleikugel besaß er noch, um damit sein Pferd am Abschwirren zu hindern. Eines Tages, es war ein wunderschöner Tag, vergaß Bellerophon diese Bleikugel und setzte sich auf den Pegasos und flog unbeschwert, im wörtlichen Sinne unbeschwert, davon.

Philonoë merkte, daß er die Bleikugel vergessen hatte. Sie sah ihn nach oben ziehen, immer weiter nach oben, sah nur noch einen kleinen Punkt, und dann sah sie ihn nicht mehr.

Pegasos flog hoch und hoch, sein geflügeltes Pferd wollte hinauf zum Olymp. Zeus hatte auch gar nichts dagegen, daß ihn ein Sagenwesen besuchte, aber er hatte etwas dagegen, daß ein Sterblicher zu ihm in den Olymp kam. Zeus sah, wenn nicht gleich etwas geschieht, wird zum ersten Mal ein Sterblicher den Olymp besuchen. Das wollte keiner der Götter. Also schickte er ein kleines Tier aus, nämlich eine Bremse. Diese Bremse traf den Pegasos, setzte sich auf sein Hinterteil und stach zu. Pegasos bäumte sich in der Luft auf und warf Bellerophon ab.

Bellerophon fiel vom Himmel. Unten stand seine geliebte Philonoë und sah das Unglück. Da nahm sie das übriggebliebene Bleigewicht, hängte es sich um den Hals und stürzte sich ins Meer. Das war die versprochene Liebesnacht mit Poseidon. So etwas überlebt ein junges Mädchen nicht.

Bellerophon schlug auf der Erde auf, aber er war nicht tot, er war lahm, und er war blind, weil er der Sonne zu nahe gekommen war.

So unberechenbar tragisch endete dieses strahlende Leben. Bellerophon kroch über die Erde, und es verliert sich seine Spur. Niemand weiß, wohin er gekrochen ist. Niemand weiß, wo und wie er schließlich und endlich geendet ist. Es verliert sich die Spur, und von seinem strahlenden Leben auf dem Rücken des Pegasos blieben am Schluß nur Traurigkeit und Elend übrig.

DEMETER, PERSEPHONE, HADES

Von Iasion und einer zerschmetterten Liebe – Von Kore und
einem brüderlichen Mädchenschacher – Von der
Unterwelt – Von einem jahreszeitlichen Kompromiß – Von
einem ambitionierten Liebhaber – Von einem freßsüchtigen
König

Demeter gehört zum vornehmsten und ersten Stamm der
Olympier. Sie ist eine Schwester von Zeus, von Hera, von
Hestia, Poseidon, Hades. Sie hielt zu ihren Geschwistern
eine gewisse Distanz, und das hatte seinen Grund:

Einst waren die Götter eingeladen zu einer großen
Hochzeit, bei der ein Göttersproß, nämlich Harmonia,
die Tochter der Aphrodite und des Ares, mit einem Sterblichen, mit Kadmos, dem Gründer von Theben, vermählt
wurde. Bei dieser Feier verliebte sich Demeter, und zwar
aufs heftigste, in Iasion.

Iasion, ein Sterblicher, einer aus dem Freundeskreis
des Kadmos, der gekommen war, um Kadmos aus seiner
Junggesellenschaft zu verabschieden, war ein bescheide-
ner Mann, der äußerlich wenig hergab und auch sonst
wenig Ambitionen hatte, ins Göttliche reichende schon
gar nicht. Auch er verliebte sich.

Die beiden, Göttin und Mensch, besprachen sich
heimlich, und sie waren sich einig, daß der Unterschied
zwischen ihnen keine Rolle spielen sollte, Liebe und Begehren, meinten sie, sei bei Göttern und Menschen gleich.
Ihr Begehren allerdings war so heftig, daß sie das Ende
der Hochzeit nicht abwarten wollten. Sie liefen hinaus

aufs Feld, und, wie es heißt, auf dem »dreimal gepflügten Brachfeld« schliefen sie miteinander.

Zeus vermißte seine Schwester, und er schickte Hermes los, der solle sie suchen, und Hermes fand sie. Er führte das Liebespaar vor den Göttervater.

»Was muß ich erfahren«, sagte Zeus zu Demeter. Den Iasion würdigte er keines Blickes.

»Laß ihr den Spaß«, sagte Hermes. »Es hat sie immer von uns weg hinunter zur Erde gezogen.«

Aber Zeus sah es nicht gerne, wenn es seine Geschwister mit Sterblichen trieben. Er selbst freilich nahm sich dieses Privileg selbstverständlich heraus. – Ein Privileg für einen Gott, mit einer Menschenfrau zu schlafen? Scheint so.

»Nein, ich will ihr den Spaß nicht lassen«, sagte er und schleuderte seinen Blitz auf Iasion und brannte ihn vor den Augen seiner Liebsten nieder.

Der wahre Grund für seinen Zorn ist nicht schwer zu erraten: Zeus war selbst in Demeter verliebt, und er wollte sie auf seinem Lager sehen, und seine Eifersucht war ebenso zweifelsfrei wie alle anderen seiner Leidenschaften. Ein Gott ist eifersüchtig auf einen Menschenmann? Scheint so. Aber Zeus genierte sich deswegen nicht.

Als das Hochzeitsfest für Kadmos und Harmonia zu Ende war und sich die Gäste, auch die göttlichen, verlaufen hatten, trat Zeus neben seine Schwester und sagte: »Du weißt, warum ich es getan habe?«

Demeter antwortete nicht.

»Ich sehe dir an, daß du es weißt«, sagte er.

In ihrer Trauer, ihrer Verzweiflung, in dieser Leere, dieser Depression, die Demeter befallen hatte, als ihr Geliebter Iasion vernichtet neben ihr auf der Erde lag, ließ sie ihrem Bruder seinen Willen und schlief mit ihm. Das heißt, sie ließ sich von ihm nehmen, willenlos, ohne Regung.

Demeter brachte ein Kind zur Welt, ein Mädchen. Dieses Mädchen nannte sie Kore. Sie versteckte das Mädchen vor ihrem Bruder. Sie kannte Zeus. Sein Blick, als sie und Iasion vor ihm gestanden hatten, blieb ihr ewig in Erinnerung. Ein terroristisches Verlangen war in diesem Blick gewesen, das radikale Liebesbegehren.

Kore war das schönste Götterkind. Ihre Augen strahlten schöner als die Augen der Aphrodite, ihr Mund war lieblicher als der Mund der Hera, und ihre Gestalt war stolzer als die Gestalt der Pallas Athene. Demeter versteckte ihr Kind in einer blühenden, üppigen Wiese. Sie versteckte es vor den zu erwartenden Nachstellungen ihres Bruders Zeus.

Kore saß in der Wiese und pflückte Blumen, hielt den Blick zur Erde gesenkt wie ihre Mutter, beobachtete die Käfer und das Gewürm.

Und wie Demeter befürchtet hatte: Nun entbrannte Zeus in Leidenschaft für seine Tochter. Dieser Zug von Melancholie zwischen Kores Augen und Mund reizte ihn außerordentlich, und gleichzeitig war es gerade diese Melancholie, die ihm Respekt einflößte. Melancholie hat etwas Majestätisches an sich.

Zeus wagte es nicht, Kore entgegenzutreten und ihr sein Begehren offen zu zeigen. Er näherte sich ihr als Schlange. Kroch als Schlange von hinten an sie heran. Als Schlange drang er in sie ein und befruchtete sie.

Kore, seine eigene Tochter, die er zusammen mit seiner Schwester gezeugt hatte, brachte den Zagreus zur Welt.

Über Zagreus habe ich an anderer Stelle schon ausführlich berichtet.

Zeus hatte also seinen Willen gehabt, aber es war noch jemand da, der Kore begehrte, vielleicht sogar noch heißer begehrte als Zeus, nämlich sein finsterer Bruder Hades. Hades ist der König der Unterwelt. Als Himmel und Hölle, Meer und Erde aufgeteilt wurden, hat er die untere Region bekommen, und er gab der Unterwelt seinen Namen – Hades.

Hades hauste unter der Erde, das Sonnenlicht hätte ihn blind gemacht, er konnte nicht nach oben kommen, um nach Kore zu suchen. Aber unter der Erde konnte er nicht feststellen, wo sich Kore gerade aufhielt. Normale Wesen, seien es Tiere, Götter oder Menschen, konnte er am Tritt ihrer Schritte orten. Nicht Kore. So sanft berührten ihre Sohlen die Erde, so zärtlich streifte ihr Fuß über das Gras, daß kein Geräusch nach unten drang.

Er bat seinen Bruder zu sich und sagte: »Gib mir ein Zeichen, Zeus! Ich will sie mir holen. Wo ist sie?«

Zeus, er hatte ja seinen Willen gehabt, ließ an der Stelle, wo Kore Blumen pflückte, eine blaue Hyazinthe aus dem Boden wachsen. Die Wurzeln der Hyazinthe zeigten Hades unter der Erde an, wo sich die Angebetete gerade aufhielt. Hades spannte seine blauen Pferde an und brach wie ein Vulkan aus der Erde. Er riß die kleine Kore an sich, zog sie auf seinen Wagen, und schon versank das ganze Gespann wieder in der Tiefe.

Von nun an hieß sie nicht mehr Kore, Hades gab ihr einen neuen Namen. Er nannte sie Persephone. Persephone ist die manchmal als schrecklich, oft aber als barmherzig bezeichnete Göttin der Unterwelt.

Bevor ich mit der Geschichte von Kore/Persephone und ihrer Mutter Demeter fortfahre, möchte ich etwas näher auf die Unterwelt, den Hades, eingehen.

Das ist so leicht gesagt: näher auf die Unterwelt eingehen ... Woher weiß ich denn, wie es dort aussieht? War ich dort? Nein, natürlich nicht. Aber wir besitzen Literatur, die Literatur führt uns überall hin. Wir wissen, es ist einigen Helden gelungen, bis in die Unterwelt vorzudringen, und die haben es herumerzählt, und die davon gehört haben, haben es weitererzählt, und so haben die Geschichten die Runde gemacht, bis sie eines Tages an eines Dichters Ohr drangen, der diese Berichte in poetischer Form niederschrieb.

So erfahren wir von Homer, daß Odysseus bis an die Pforten des Hades gelangte, und Vergil weiß eine ähnliche Geschichte von Aeneas. Und noch etliche Dichter mehr überliefern uns Abenteuer von Helden, die im Hades waren. Aus ihren Schilderungen können wir uns ein Bild dieser schattigen Stätte der Trauer machen.

Zunächst: Wenn ein Mensch stirbt, dann kommt Hermes, der Seelenbegleiter, und er führt die Seele des Verstorbenen hinab in die Unterwelt. Der Zugang zur Unterwelt, das wissen wir aus der Odyssee, liegt ganz im Westen, am Ufer des Okeanos, und zwar verdeckt von einem schwarzen Pappelhain. Odysseus fuhr dorthin, er wollte den Seher Teiresias treffen und mit ihm reden, ihn über sein Schicksal aushorchen.

Odysseus wußte genau Bescheid, wie man die Schatten der Verstorbenen anlocken konnte. Er ließ vor dem Eingang zur Unterwelt eine Rinne in den Boden ziehen, in diese Rinne goß er das Blut eines Schafes. Der Geruch des Blutes zog die grauen Seelen an. Je näher sie dem Blut kamen, desto lebhafter wurden sie, und wenn sie von dem Blut tranken, bekamen sie sogar etwas Farbe und Kontur.

Den eindrücklichsten Bericht, wie man sich das Leben – pardon: das Dasein – in der Unterwelt vorzustellen habe, hat Achill gegeben. Odysseus fragte ihn, wie es dort unten denn so sei.

Achill antwortete: »Es ist furchtbar, es ist grau, es passiert gar nichts. Du bist nichts.«

Es wäre ihm lieber, fuhr der Held fort, er wäre der ärmste Knecht des ärmsten Bauern oben auf der Erde und er müßte das jämmerlichste Feld pflügen, als daß er hier unten der König sein dürfte über eine Million Schatten.

Wenn ein Mensch stirbt, dann müssen ihm die Hinterbliebenen eine Münze unter die Zunge legen, das ist der sogenannte Obolos. Denn wenn der Verstorbene diesen Obolos nicht bei sich hat, wird er nicht hinüber in die Unterwelt können, was aber nicht heißt, daß er dann wieder zurück auf die Erde ins liebe Sonnenlicht darf. Vielmehr wird er als schmerzlich ruheloser Geist herumfliegen müssen, und das will niemand. Weder der Tote selbst will das, noch seine Hinterbliebenen wollen es.

Mit dieser Münze muß der Fährmann bezahlt werden, Charon. Er ist ein schmutziger, grauseliger, stinkender alter Mann. Er nimmt das Geld und rudert die Seelen über den Styx, das ist der Fluß, der die Unterwelt, das Reich der Toten, vom Reich der Lebenden trennt. Ich habe übrigens nirgends einen Hinweis darauf gefunden, daß Charons Arbeitszeit in irgendeiner Weise geregelt ist, daß er Urlaub in Anspruch nehmen kann, daß er eine Vierzigstundenwoche hat oder was immer. Immer ist er im Einsatz, denn immer wird gestorben. Man fragt sich, was macht er mit dem Geld, das er den Toten abknöpft. Hortet er es nur? Wozu? Hofft er, es irgendwann einmal ausgeben zu können?

Styx heißt der Verhaßte, bei ihm schwören die Götter. Wenn ein Gott einen Schwur tut, dann tut er ihn beim Styx. Auch für die Götter hat es verheerende Folgen, falsch zu schwören. Es kann ihnen bei falschem Schwur eine Zeitlang die Unsterblichkeit entzogen werden.

Am jenseitigen Ufer des Styx, also auf der Seite der Unterwelt, wartet Kerberos, das ist der Höllenhund. Manche Augenzeugen berichten, er habe fünfzig Köpfe, abgesichert ist diese Aussage nicht. Auf alle Fälle ist er schrecklich anzusehen, daran ist nicht zu zweifeln. Die Ankommenden begrüßt er durchaus freundlich, er wedelt mit dem Schwanz, kläfft nicht allzu laut, schleckt nicht allzu aufdringlich. Nur wenn jemand zurück will, zurück in das liebe Leben im Sonnenlicht, dann zeigt er seine Zähne.

Nun haben wir also den Hades betreten. Der teilt sich in drei Teile, in zwei kleinere und in einen besonders großen. Der große heißt Asphodeliengrund. Von den beiden kleineren heißt der schöne Elysium und der gräßliche Tartaros. Es ist ja wohl so, daß die meisten Leute weder ganz böse noch ganz gut sind, also die meisten kommen nach ihrem Tod in den Asphodeliengrund, nur die ganz ganz Guten kommen in das Elysium und die ganz ganz Bösen in den Tartaros.

Es gibt eine Kreuzung auf dem Weg ins Innere des Hades, hier sitzen die drei Richter der Unterwelt, Rhadamanthys, Aiakos und Minos. Sie begutachten und schikken die Seelen in den jeweiligen Abschnitt, wo sie hingehören. Wobei, das muß ich noch dazu sagen, erst in späterer Zeit nach moralischen Kriterien aufgeteilt wurde, also daß die besonders Guten ins Elysium und die besonders Bösen in den Tartaros kommen.

Bei Homer ist keine Rede davon. Im Elysium zum Beispiel sitzt Menelaos, der war zeitlebens weder besonders gut, noch war er besonders tapfer. Er sitzt nur dort und läßt es sich gutgehen, weil er der Gatte der Helena war, aus keinem anderen Grund. Auch Helena ist im Elysium. Weil sie die schönste Frau war. Aber nicht, weil sie die beste Frau in einem moralischen Sinn war. Die Moralvorstellungen aus unserem christlichen Himmel-und-Hölle-Spiel können wir auf die Antike gewiß nicht übertragen.

Die meisten Seelen tummeln sich auf dem Asphodeliengrund. Was tun sie dort? Mechanisch führen sie die Tätigkeiten aus, die sie schon zu Lebzeiten getan haben. Sie imitieren, parodieren ihr Leben. Manchmal neigt sich der eine über den See der Erinnerung, er trinkt und erinnert sich an seine schönen Tage. Ein anderer, der keine schönen Tage hatte, neigt sich über den Fluß Lethe, den Fluß des Vergessens, und er trinkt und vergißt.

Werfen wir noch einen Blick in den Tartaros. Dort treffen wir einen alten Bekannten, über den ich schon berichtet habe, nämlich Tantalos. Apropos Moral: Tantalos, ich erinnere daran, hat seinen Sohn Pelops geschlachtet, gekocht und den Göttern als Speise vorgesetzt. Er wollte ihre Allwissenheit testen. Das Ergebnis war positiv. Für Tantalos negativ. Man schlug ihn in den Tartaros, wo er Hunger und Durst leidet. Aber nicht für den grausigen Sohnesmord wird er bestraft, sondern weil er die Götter versuchte ...

Sisyphos treffen wir im Tartaros, auch eine sehr bekannte Figur. Albert Camus hat diese Figur zum Titelhelden eines seiner wichtigsten philosophischen Werke gemacht hat, der *Mythos von Sisyphos*.

Warum ist dieser Sisyphos dort unten, warum muß er immer einen großen Stein auf einen Berg hinaufwälzen, der dann auf der anderen Seite wieder herunterrollt?

Er hat etwas getan, wovon wir alle nur träumen können, er hat nämlich den Tod überlistet. Ganz selten taucht in der griechischen Mythologie der Tod als Figur auf. Er wird Thanatos genannt.

Sisyphos also hat den Thanatos überlistet und eingesperrt, als er kam, um ihn zu holen, und der Gott Ares, der Kriegsgott persönlich, mußte ihn befreien. Nachdem Thanatos diesen Schock überwunden hatte, wurde er ein zweites Mal losgeschickt, und diesmal ging Sisyphos ganz brav an der Seite des Todes mit.

»Nein, nein«, sagte er, »die Faxen sind vorbei.«

Aber der Schlaukopf hatte sich zuvor mit seiner Frau folgende Sache ausgedacht.

Er sagte zu ihr: »Wenn ich gestorben bin, laß meinen Leichnam liegen, keine Ehre für mich, gar nichts, mißachte mich vollkommen, tue so, als ob ich ein Fremder für dich wäre, rümpfe die Nase über mich, laß meine Leiche liegen, wo sie ist.«

Und seine Frau tat, wie er ihr geheißen.

Dann, als Sisyphos unten im Hades war, hat er vor dem Gott der Unterwelt geklagt: »Schau, meine Frau«, sagte er, »sie ehrt mich nicht, sie läßt meine Leiche einfach liegen, rümpft die Nase über mich. Ist das recht?«

Hades sagte: »Nein, es ist nicht recht.«

»Es ist sogar ungerecht«, klagte Sisyphos. »Aber was kann ich schon anderes erwarten. Das Leben war ungerecht, sollte da der Hades gerecht sein!«

Das griff an die Ehre des Unterweltgottes. »Gut«, sagte Hades, »du darfst für einen Tag hinaufgehen, um deine Frau zu bestrafen.«

Sisyphos ging hinauf, aber er kam nicht wieder. Er hat also ein zweites Mal den Tod überlistet.

Das sehen die Götter nicht gerne, und deshalb haben sie den Sisyphos in den tiefsten Tartaros verbannt, wo er seiner zwangsneurotischen Sache nachgehen muß.

Nun aber wollen wir nach unserem kurzen Ausflug in den Hades fortfahren in der Geschichte von Demeter und ihrer Tochter Kore, die nun Persephone hieß und die Königin der Unterwelt werden soll.

Demeter war entsetzt, daß es Zeus zugelassen hatte, daß ihre geliebte Kore von ihrem gemeinsamen Bruder Hades in die Unterwelt entführt wurde. Daß er es nicht nur zugelassen, sondern den Finsterling dabei auch noch unterstützt hatte.

Sie sagte: »Ich will mit euch Göttern nichts mehr zu tun haben!«

Sie verließ den Olymp und ging hinunter auf die Erde. Sie befahl den Pflanzen, nicht mehr zu sprießen. Sie ist ja die Gottheit der nährenden Gewächse. Mit einer Weizengarbe im Arm wird sie gern dargestellt. Die Erde begann zu veröden, und es war klar, daß kein Tier überleben können wird und daß auch der Mensch nicht überleben kann, daß die Ackerkrume weggeweht und daß die Erdoberfläche bald aussehen wird wie der tote Mond.

Das gab den Göttern doch zu denken. Mehr noch: Das machte sie fassungslos und verwirrte sie. Sie hatten sich inzwischen daran gewöhnt, von den Menschen Opfergaben dargebracht zu bekommen. Das war angenehm. Mehr noch: Sie selbst zweifelten nämlich allmählich daran, ob sie unabhängig von den Opfergaben, unabhängig von den menschlichen Gebeten überhaupt existierten. Eine äußerst interessante philosophische Frage, eine äußerst riskante theologische Frage!

Zeus schickte Hermes zu Demeter, der mit ihr verhandeln sollte. Sie solle zur Vernunft kommen und nicht so radikal sein in ihrem Rachebedürfnis.

»Du weißt«, sagte Hermes zu ihr, »ich war schon damals bei der Iasion-Geschichte auf deiner Seite.«

Aber Demeter schüttelte den Kopf, sagte nein, sie wolle nicht verhandeln, für sie komme ein Kompromiß nicht in Frage.

»Ich möchte meine Tochter zurück!«

Schließlich, und das ist, soweit mir bekannt ist, einer der ganz wenigen Konflikte, bei denen Zeus nachgab, schließlich fällt der Göttervater eine Entscheidung und windet sich: »Gut, gut, gut, du bekommst deine Tochter zurück. Ich werde einen Streit mit meinem Bruder Hades in Kauf nehmen. Du bekommst Kore zurück – allerdings unter einer Bedingung, diesbezüglich kann ich nichts machen, es ist in der Unterwelt Gesetz: Du bekommst deine Tochter zurück, wenn sie während ihres Aufenthaltes im Hades nichts zu sich genommen hat, wenn sie nichts gegessen hat.«

Man steigt also gemeinsam hinab. Persephone/Kore wird befragt: »Hast du etwas gegessen?« Sie sagt nein. Auch Hades muß zugeben, er habe sie nicht essen sehen.

Dann ist ja alles geklärt.

Zeus sagt zu Hades: »Tut mir leid, Bruder, ich muß sie mit hinaufnehmen. Ich habe beim Styx geschworen, daß ich sie zu ihrer Mutter zurückbringe, falls sie nichts zu sich genommen hat.«

Hades, sehr verbittert, voller Zorn, kann nicht anders, er muß Kore, die er, und das durchaus liebevoll, Persephone nennt, gehen lassen.

Da meldet sich ein kleiner Verräter, er heißt Askalaphos, der sagt: »Halt! Ich habe gesehen: Dieses Mädchen Kore hat vier Kerne eines Granatapfels gegessen. Ich habe es gesehen!«

»Schwör beim Styx«, sagt Hades.

Askalaphos schwört.

Hades: »Sie bleibt!«

Zeus weiß, wie Demeter reagieren wird.

Er sagt: »Also vier Kerne eines Granatapfels kann man nicht als Essen bezeichnen, Bruder.«

Aber Zeus kann auch nicht so tun, als ob sie *gar* nichts gegessen hätte.

»Ach, meine Geschwister machen es mir schwer!« stöhnt er und macht einen Kompromißvorschlag: »Drei Monate im Jahr soll Kore als Persephone, als Göttin der Unterwelt, im Hades bleiben. Während der restlichen neun Monate darf sie oben bei ihrer Mutter sein.«

Nach langen, zähen Verhandlungen stimmt Demeter zu. Nach weiteren Verhandlungen stimmt Kore/Persephone zu. Es stimmt schlußendlich auch Hades zu. Zeus hat einen Diplomatensieg errungen und fühlt sich schlecht.

Aber bevor Kore/Persephone aus der Unterwelt emporsteigt, läßt sie den Verräter, den Askalaphos, im

Schlamm der Unterwelt versinken, und sie persönlich wälzt einen schweren Stein auf ihn.

Drei Monate also ist Kore/Persephone in der Unterwelt bei Hades, das sind die Wintermonate. Während dieser Zeit ist ihre Mutter voll Trauer, und die Vegetation stirbt ab. Dann kommt sie für neun Monate auf die Erde zurück, die Vegetation beginnt zu blühen, die Bäume und die Sträucher tragen Früchte, da herrschen Frühling und Sommer.

Persephone, wenn sie bei Hades, dem Gott der Unterwelt, ist; Kore, wenn sie bei ihrer Mutter Demeter ist – sie blieb die schönste, die begehrenswerteste Göttin, und ihr Ruf war groß in der ganzen Welt. Wenn man einem Mann großartige Liebhaberqualitäten bescheinigen wollte, dann sagte man: Dem wäre es sogar zuzutrauen, daß er Persephone überredet.

Und da gab es einen gewissen Peirithoos, der war ein Weiberheld, ein enger Freund des Theseus, der sah eines Tages eine Statue der Persephone, und er verliebte sich in sie. Vielleicht muß man es anders sagen, er begann zu prahlen und sagte, wenn für ihn überhaupt eine Frau in Frage komme, dann nur diese, er möchte nur Persephone haben, sonst will er keine Frau haben.

Theseus, ebenfalls ein Haudegen, ein Held, ein Angeber, ein Draufgänger, sagte: »Gut, Peirithoos, dann holen wir sie uns doch!«

Sie machten sich auf den Weg in die Unterwelt. Es gelang ihnen, Charon zu bestechen. Womit, kann ich gar nicht sagen. Vielleicht gaben sie ihm einen Anlagetip, wohin er das viele Geld bringen könnte, das er inzwischen besitzen mußte. Es gelang ihnen mit List, an Kerberos vorbei zu kommen. Wie sie das gemacht haben? Auch darüber verrät uns die Mythe nichts.

Im Hades traten sie offen vor den König der Unterwelt hin. Peirithoos sagte: »Ich möchte Persephone haben.«

Hades sagte: »Sie ist meine Frau.«

Peirithoos sagte: »Wenn du sie mir nicht freiwillig gibst, werde ich sie mir einfach nehmen.«

Hades besah sich den Peirithoos, in seinem Blick mischte sich Ironie mit Traurigkeit und Ärger. Ironie, weil er ein solches Ansinnen nur komisch finden konnte; Traurigkeit, weil hier wieder einmal ein Beispiel für vergebliche menschliche Ambition vorgeführt wurde; Ärger, weil die Menschen offensichtlich indolent waren.

Zu Peirithoos' Überraschung sagte Hades mit leiser, schleppender Stimme: »Gut, ich werde es Persephone ausrichten. Sie soll entscheiden.«

Er wies ihnen Platz zu auf zwei Schemeln und sagte: »Wartet hier.« Dem großen Helden Theseus schenkte Hades übrigens nicht einen Blick.

Theseus und Peirithoos setzten sich. Sie hätten vorher genaue Erkundigungen über das Schattenreich einziehen sollen. Zum Beispiel über die Schemel, die dort herumstehen. Jeder Mythologe hätte ihnen geantwortet: Vorsicht vor Schemeln in der Unterwelt! Es kann sich nur um die berühmten Schemel des Vergessens handeln. – Sobald ihr Gesäß diese Schemel berührte, verfielen sie in einen starren, schlafähnlichen Zustand.

Herakles war es, der den Theseus befreite, aber nur den Theseus, den Peirithoos behielt Hades unten, so konnte er in seinem Dämmerzustand immer einen kleinen Blick auf die wunderschöne Persephone werfen.

Demeter, Persephones Mutter, weigerte sich, den Olymp je wieder zu betreten, sie wollte mit den Göttern nichts mehr zu tun haben, sie entfremdete sich den Göttern des Olymp. An deren Treiben nahm sie nicht teil, und als die Götter sich versammelten, um vom Berg Ida aus die Schlacht vor Troja zu beobachten, da zeigte sie wenig Interesse. Krieg war ihr widerlich.

Sie blieb auf der Erde und wandelte durch das Getreide. Sie liebte die blühenden Blumen, sie liebte das reifende Obst. Es gab an allen Stellen Griechenlands der Demeter geheiligte Haine. Dort wuchsen Bäume, die nicht beschnitten werden durften, die durften dort stehen, bis sie von selbst umfielen.

In der Nähe eines solchen Haines lebte ein Mann, der hieß Erysichthon. Er war ein sehr reicher Mann und ein, heute würde man sagen, fortschrittlicher Mann, ein moderner Mann. Der sah sich die Bäume der Demeter an und sagte: »Die sind ja wunderschön, diese Bäume, aber im Grunde, wer einen gesehen hat, hat sie alle gesehen, und die restlichen stehen nur im Weg und versperren einem die freie Sicht. Es ist wertvolles Holz, das man brauchen kann.«

Er begann, die heiligen Bäume zu fällen. Denn er hatte vor, ein Haus daraus zu bauen, ein Gasthaus mit einem großen Speisesaal.

Er sagte: »Dieser Hain steht an einer sehr günstigen Stelle. Hier kommen viele Reisende vorbei. Die werden viel Geld in meine Börse bringen.«

Demeter, sie ist ja eine sehr sanfte Göttin, kam zu ihm, verkleidet als eine alte Frau, und sie sagte: »Laß das sein, Erysichthon. Weißt du denn nicht, daß diese Bäume der Göttin Demeter geweiht sind?«

Erysichthon sagte: »Das interessiert mich nicht, weißt du. Ich habe nichts gegen die Göttin. Aber ihr Holz brauche ich. Ich habe eh einen Baum stehen lassen. Vor diesen Baum könnt ihr euch setzen und ihn anschauen und eurer Demeter die Ehre erweisen. Die anderen Bäume brauche ich für mein Gasthaus.«

»Du baust ein Gasthaus?« fragte die alte Frau.

»Jawohl«, sagte Erysichthon, »in meinem Gasthaus werden viele Hungrige aus und ein gehen. Ich schätze, ich tue ein gutes Werk.«

»Na gut«, sagte das Weiblein, »ich habe dich gewarnt.«

Demeter fluchte dem Erysichthon einen unstillbaren Hunger in den Leib.

Erysichthon begann zu essen, er hatte Hunger wie noch nie. So sehr schmeckte ihm alles, und er aß alles und aß und aß. Aber er wurde nicht dicker, er wurde dünner. Er aß und aß, und bald mußte er auch in der Nacht aufstehen und sogar in der Nacht essen, weil dieser Hunger ihn nicht in Ruhe ließ. Bald konnte er überhaupt nicht mehr schlafen, er mußte ununterbrochen essen, bis er sein ganzes Vermögen aufgegessen hatte.

Erysichthon hatte eine Tochter, und diese Tochter führte ihn nun durch die Welt, und sie verkaufte sich als Prostituierte, um Geld zu bekommen, damit ihr Vater sich Lebensmittel kaufen konnte, denn sein Hunger war unstillbar. Bald reichte auch dieses Geld nicht mehr aus.

Zuletzt steckte sich dieser Erysichthon die Gabel in die Waden und begann, sich selbst aufzuessen. Er aß seine Füße und seine Beine, aß seinen Bauch und seine Arme. Am Schluß war nur noch ein kauender Kopf übrig. Und die Zähne begannen an den Lippen zu nagen ...

Das war der Fluch der Demeter, und es ist vielleicht die einzige schreckliche, verderbliche Tat, die ihr nachgesagt werden kann.

HERAKLES – KINDHEIT UND JUGEND

Von Alkmene und Amphitryon – Von einem recht schäbigen
Betrug – Von zwei ungleichen Zwillingen – Vom ersten
Totschlag des Helden – Von einer Liebesnacht mit fünfzig
Frauen – Vom Glück in der Familie – Vom Wahnsinn – Vom
dümmsten König

Es war einmal ein König, dem wurden alle seine Herden
gestohlen, und er sandte seine Söhne aus, damit sie die
Tiere wieder zurückbringen und die Räuber bestrafen.
Aber die Räuber waren sehr mächtig, und sie töteten die
Söhne. Dem König blieb nur seine Tochter, und diese
Tochter hieß Alkmene.

Der König war voll Trauer und voll unversöhnlichem
Zorn. Er war ein cholerischer Mann. Er schnallte sich
seine Waffen um und sagte: »So, nun werde ich auszie-
hen müssen, um meine Söhne zu rächen und um meinen
Besitz wieder zurückzuholen.«

Er hatte ein Problem: Was sollte er während seines
Feldzugs mit Alkmene, seiner Tochter, tun? Alkmene war
eine junge Frau, und sie hätte gut allein leben können.
Aber ihr Vater hatte sehr genaue Vorstellungen, was eine
Frau zu können oder zu wollen habe. Er bestellte einen
Anverwandten namens Amphitryon zu sich und sagte
zu ihm: »Amphitryon, du scheinst mir der Richtige.
Dir werde ich meine Tochter Alkmene anvertrauen, während ich meine Söhne räche. Du bist unser Anverwand-
ter. Paß auf Alkmene auf. Ich muß mein Eigentum
zurückholen.«

Dann zog der König aus.

Amphitryon hatte schon lange ein Auge auf Alkmene geworfen. Und sie paßten auch gut zusammen. Amphitryon war ein kluger, zurückhaltender Mann, der weniger auf die Fäuste als auf seinen Geist setzte. Er liebte lange Spaziergänge und weitschweifige Gespräche, die mit »Was wäre, wenn … « begannen.

Er sagte zu Alkmene: »Du weißt, daß ich dich liebe. Was wäre, wenn wir beide Mann und Frau würden?«

Alkmene sagte zu ihm: »Die Wahrheit ist, daß auch ich dich liebe, Amphitryon. Und ich habe nichts dagegen, wenn wir beide Mann und Frau werden. Aber ich kann es nicht machen, bevor meine Brüder nicht gerächt sind.«

Die Brüder von Alkmene hatten sich nämlich um ihre jüngste Schwester gesorgt, und ihr Schmerz über den Verlust war groß, und in der ersten Verzweiflung hatte sie einen Schwur getan, daß sie Jungfrau bleiben würde, bis ihre Brüder gerächt seien.

»Wenn ich in deiner Situation gewesen wäre«, sagte Amphitryon, »hätte ich wahrscheinlich einen ähnlichen Schwur geleistet. Aber der erste Zorn sollte sich inzwischen gelegt haben, und nun muß man klug vorgehen.«

Alkmene gab ihm recht.

Amphitryon zog Erkundigungen ein und machte sich auf den Weg zu dem neuen Besitzer des gestohlenen Viehs. Die Räuber hatten es ja längst weiterverkauft.

Er sagte zu dem Besitzer: »Du weißt, das ist gestohlenes Vieh.«

Der Mann ließ sich durch die klare, zweifellose Art von Amphitryon einschüchtern.

»Was schlägst du vor?« fragte er.

»Verkauf mir das Vieh«, sagte Amphitryon. »Ich mache dir einen zwar kleinen, aber einen den Umständen entsprechend doch vorteilhaften Preis.«

Der Mann verkaufte das Vieh.

Amphitryon kam mit den Rindern und Schafen nach Hause, gerade als auch Alkmenes Vater, dieser allerdings unverrichteter Dinge, mit seinen Leuten im Hof einritt. Der König war grau vor Zorn und Gram.

Amphitryon ging zu ihm und sagte: »Hier, das Rindvieh hast du schon mal zurück. Die Söhne werde ich dir auch noch rächen.«

Der König, eifersüchtig, fragte: »Wie hast du die Tiere zurückbekommen?«

Amphitryon sah gar keinen Grund, ihn zu belügen, und antwortete: »Ich habe sie gekauft.«

Der König fing an zu schreien: »Bist du wahnsinnig? Mein Eigentum zurückzukaufen? Das ist doch ein Triumph für die Räuber.«

Amphitryon sah das ganz anders, er sagte zu ihm, und zwar sagte er es ruhig und klar: »Nein, sieh es doch einmal so: Es ist sogar eine Demütigung für die Räuber. Denn warum haben die Räuber gestohlen? Was wäre, wenn sie so reich und mächtig wären wie du? Dann hätten sie dein Vieh nicht zu stehlen brauchen. Sie haben gestohlen, weil sie nicht reich sind, weil sie nicht in der Lage sind, auf anständige Art und Weise Geld zu verdienen. Ich zeige den Räubern dadurch, daß ich das eigene Vieh zurückgekauft habe, wie unendlich reich du bist und wie unendlich überlegen du ihnen bist. Das demütigt sie.«

Der König hat das nicht verstanden. »Du bist ein Schwätzer, Amphitryon!« fuhr er den jungen, besonnenen Mann an. »Willst du mit Was-wäre-wenn durchs Leben kommen?«

»Du bist sehr undankbar«, sagte Amphitryon, und für einen Wimpernschlag flammte doch Zorn in ihm auf. Er warf seinen Stock gegen eine der Kühe, die er für den König zurückgekauft hatte. Der Stock aber prallte am Horn dieser Kuh ab, schnellte zurück und traf den König, und der König war tot.

Alkmene, des toten Mannes Tochter, war Zeugin. Sie hatte gesehen, daß Amphitryon nicht schuld war.

Sie sagte: »Ich will auch weiterhin deine Gattin werden, Amphitryon. Das Unglück meines Vaters soll keinen Schatten auf unsere Liebe werfen. Es hätte genausogut anders geschehen können. Was wäre, wenn er den Stock geworfen hätte. Ich hätte mehr um dich getrauert, als ich nun um ihn trauere. Das ist die Wahrheit. Ich will nach wie vor deine Frau werden. Aber du weißt, ich habe einen Schwur getan. Du mußt zuerst meine Brüder rächen, sonst geht es nicht!«

Amphitryon sah das ein. Er stellte ein kleines Heer zusammen und machte sich auf den Weg. Er wußte nicht, wie er die Räuber bestrafen sollte. Er war ganz und gar nicht einer, der Menschen umbringt, einer, der unbedingt töten will.

Er traf die Räuber und umkreiste sie. Er machte großen Lärm, so daß es klang, als wären sie zu hundert und mehr. So versuchte er seine Feinde einzuschüchtern. Er drängte sie zusammen, und da kam ihm Zeus zu Hilfe. Er ließ eine Wolke vom Himmel herabsinken.

Sie war graubauchig und schwer von Regen. Sie senkte sich auf die Räuber und durchtränkte die Kleider der Räuber und machte die Kleider schwer, als wären ihre Taschen voll Blei gestopft. Und die schweren Kleider machten, daß die Räuber von ihren Pferden gezogen wurden. Am Boden kämpften die Räuber mit ihren Kleidern, wanden sich heraus. Die Wolke durchtränkte nun die Haut der Räuber und ließ die Haut aufquellen. Das dauerte eine Weile, und es dauerte lang, sehr lang.

Es sollte auch lang dauern. Zeus wollte dem Amphitryon helfen, das schon. Aber warum? Wir, die wir Zeus nun schon recht gut kennen, wir ahnen, was er vorhatte: Ihm gefiel Alkmene so gut. Er nutzte die Gelegenheit aus, als die junge Frau allein zu Hause war, und er besuchte Alkmene. Es traf sich gut, daß ihm Alkmene gefiel. Denn diesmal trat Zeus nicht nur als lustvoll zeugend Schaffender an das Bett einer Frau. Er war sozusagen in offizieller Mission unterwegs ...

Zeus folgte einer Wahrsagung, einer Weissagung, daß sich die Giganten gegen den Himmel erheben werden und daß die Götter nur zusammen mit einem Sterblichen diese Unwesen werden besiegen können. Zeus hatte sich also umgesehen auf dem Erdkreis, hatte Ausschau gehalten nach einer geeigneten Frau, die klug genug, die schön genug, die stark genug war, um mit ihm einen solchen Sterblichen ins Leben zu rufen. Sein Auge war auf Alkmene gefallen. Mit ihr wollte er den Herakles zeugen.

Zeus schlüpfte zu diesem Zweck in das leibliche Gewand des Amphitryon. Was heißt das? Er kopierte den Amphitryon. Während das Original damit beschäftigt war, die Räuber zu besiegen, erschuf Zeus einen zweiten Amphitryon, den zog er sich über, und als solcher besuchte er Alkmene in der Nacht. Alkmene war nämlich nicht nur klug, schön und stark, sie war auch treu, und niemals hätte sie einen anderen zu sich gelassen als Amphitryon, dem sie ihr Wort gegeben hatte.

Zeus trat also in Alkmenes Gemach und sagte: »Liebe Alkmene, hier bin ich, dein Amphitryon. Ich habe die Feinde geschlagen. Die Mörder deiner Brüder sind gerächt. Ich habe sie eingekreist, habe einen Riesenlärm gemacht, habe sie zerquetscht, diese Feinde«, und er erzählte ausführlich: »Einen nach dem anderen habe ich niedergemacht. Es fiel eine Wolke vom Himmel, sie kam mir zu Hilfe. Irgendein Gott muß sie mir geschickt haben. Sicher ein wunderbarer Gott. Ich kann mir nicht vorstellen, daß es ein anderer gewesen ist als der berühmte, überall hoch verehrte, der schöne, gute und weise Zeus ...«

Alkmene unterbrach ihn zärtlich: »Erzähl nicht so viel, Amphitryon«, sagte sie, »ich glaube dir ja. Laß doch Zeus aus dem Spiel. Ich finde es wunderbar, daß meine Brüder gerächt sind, und ich finde dich wunderbar. Ich habe dich erwartet.«

Sie schlief mit Zeus im Glauben, es sei Amphitryon.

Zeus hatte vorher Befehl an Helios, den Gott der Sonne, und an Selene, die Göttin des Mondes, gegeben, hatte gesagt: »Paßt auf: Sonne, du bekommst einen Tag Urlaub. Mond, du mußt dafür leider doppelt so lang arbeiten!«

Er hat auch Hypnos, den Schlaf, hinzugeholt und hat gesagt: »Du, Schlaf, streng dich an. Ich will eine Nacht von sechsunddreißig Stunden haben. Sechsunddreißig Stunden soll die Welt schlafen. So eine lange Liebesnacht brauche ich, um einen Helden wie Herakles zu zeugen. Ist das klar?«

Sonne, Mond und Schlaf taten, wie befohlen, und die Liebesnacht zwischen Zeus und Alkmene dauerte sechsunddreißig Stunden. Zeus war ein großer Liebhaber, das kann sich jeder vorstellen! Nach sechsunddreißig Stunden war Alkmene erschöpft, glücklich und erschöpft. Zeus zog sich zurück, und Alkmene sank auf ihr Lager, um zu schlafen.

Aber sie bekam nicht viel Schlaf. Denn da klopfte es an der Tür, und draußen stand Amphitryon. Diesmal war es der echte Amphitryon.

Alkmene sagte: »Amphitryon, was willst du schon wieder?«

Er war überrascht, daß sie so wenig überrascht war, und er sagte: »Du fragst, was ich will? Ich habe deine Feinde besiegt. Ich habe deine Brüder gerächt. Ich habe die Mörder deiner Brüder eingekreist, ich bin um sie herum getanzt, ich habe geschrien, ich habe getan, als wären wir viele, und dann kam eine Wolke...«

Und während er erzählte, umfing er Alkmene, und sie glitten aufs Bett und schliefen miteinander, und Amphitryon konnte vor lauter Glück gar nicht aufhören zu reden, und er redete und redete, was sonst gar nicht seine Art war.

Schließlich unterbrach ihn Alkmene: »Aber Amphitryon«, sagte sie und lächelte dabei, »willst du mir jetzt jeden Abend dieselbe Geschichte erzählen? Ich glaube dir doch. Du bist ein großer Held, und das nicht nur auf dem Schlachtfeld. Aber laß mich nun endlich schlafen. Ich muß mich erholen von unserer wunderbaren Nacht und auch von dem wunderbaren Nachspiel...«

Und Amphitryon sagte: »Was redest du da, Alkmene? Was für eine wunderbare Nacht denn? Die Nacht hat doch noch gar nicht richtig begonnen.«

Und sie sagte zu ihm: »Aber du warst doch letzte Nacht schon bei mir.«

Da wurde Amphitryon sehr blaß, und er sagte: »Was redest du, Alkmene? Wer war letzte Nacht hier?«

»Du warst hier!« sagte Alkmene.

Amphitryon sah, daß ihn Alkmene nicht belog. Da wußte er, das war nicht mit rechten Dingen zugegangen. Und er ließ es sich am nächsten Tag von dem großen Hellseher Teiresias bescheinigen.

Teiresias sagte zu ihm: »Amphitryon! Vorsicht! Halt dich zurück! Hier war ein Größerer am Werk. Es war Zeus persönlich.«

Es heißt, daß Amphitryon von diesem Tag an nicht mehr mit Alkmene geschlafen habe, er habe sie nicht mehr angerührt.

Zeus hatte bei diesem Seitensprung gute Argumente. Er sagte vor der Götterversammlung und meinte damit hauptsächlich seine Frau Hera: »Es war notwendig. Es war notwendig, denn ich habe einen Helden gezeugt.«

»Einen Helden, so«, keifte Hera. »Und wie heißt dieser Held?«

»Ich habe ihn vor allem dir zu Ehren gezeugt«, sagte Zeus. Es war dies wohl das abstruseste Trostgeschenk, das ein Mann seiner betrogenen Ehefrau je dargebracht hat.

»Ja«, beharrte Zeus bockig, der sah, wie Hermes seine Backen einsog, um nicht herauszulachen, »ja, ich habe diesen Helden dir zu Ehren gezeugt, Hera. Und darum wird er Herakles heißen, was soviel bedeutet wie Heras Ruhm.«

Aber Hera ließ sich nicht trösten. Sie hatte endgültig genug von Zeus' Seitensprüngen. Sie zwang ihn, beim Styx zu schwören, daß es das letzte Mal war, daß er mit einer Sterblichen ins Bett stieg.

Hera haßte Herakles. Sie haßte ihn, als er noch im Mutterleib war. Von Anfang an haßte sie ihn.

Als Alkmenes Zeit kam, glaubte Hera, nun sei auch die Zeit ihrer Rache gekommen, und sie wollte Alkmene mitsamt ihrer Leibesfrucht vernichten. Sie wandte sich an die Göttin der Geburt, an Eileithyia. In ihren Händen liegt es, ob eine Geburt gut vonstatten geht oder ob sie kompliziert wird.

Hera sagte zu Eileithyia: »Setz du dich vor Alkmenes Kammer. Verknote die Arme, verknote die Beine! Solange du so verknotest bist, wird sie ihr Kind nicht zur Welt bringen können.«

Das tat Eileithyia. Sie saß vor der Kammer, die Finger hatte sie gekreuzt, die Arme hatte sie gekreuzt, und die Beine hatte sie gekreuzt. Drinnen in der Kammer schrie Alkmene und plagte sich. Sieben Tage lang dauerten die Wehen. Ihre Leibesfrucht wollte nicht zur Welt kommen, konnte nicht zur Welt kommen. Alkmene wäre daran gestorben, wenn nicht ... Unvorstellbar! Was wäre, wenn Alkmene gestorben wäre? Alkmene wäre gestorben, Herakles wäre schon als Baby gestorben, und die Giganten hätten den Himmel erobert. Wir hätten die ganze griechische Mythologie nicht, und unsere Welt würde beherrscht von diesen Giganten, die so aussehen wie Saurier!

Aber da gab es eine Magd, eine schlaue Magd, Retterin der Welt! Alkmenes Magd! Sie hieß Galanthis, ihr Name sei gepriesen. Die dachte sich eine List aus. Sie sah die Göttin der Geburt vor Alkmenes Kammer sitzen, und sie wußte, daß Eileithyia die Geburt verhindern wollte. Plötzlich sprang die Magd aus der Stube und rief: »Wunderbar! Das Kind ist da! Ein Knabe, ein Knabe!«

Eileithyia: »Was?« Sie sprang auf, um nachzusehen, und damit löste sie ihre Finger, ihre Arme und ihre Beine. Alkmene war befreit.

Und sie brachte Zwillinge zur Welt. Zwei Buben. Herakles wurde der eine genannt, Iphikles der andere. Nein, richtig müßte es heißen: Sie wurden beide Herakles und Iphikles genannt. Wer der eine und wer der andere war, das konnten die Eltern nicht auseinanderhalten. Nicht unpikant das Ganze. Die Zwillinge hatten schließlich zwei Väter – einer von den beiden war immerhin der Sohn des Zeus. Aber welcher?

Die einen behaupten, Hera habe die Schlangen geschickt. Andere sagen, Amphitryon sei es gewesen. Wie auch immer – als die Kinder gerade ein halbes Jahr alt waren, krochen zwei Schlangen zu ihnen ins Bettchen. Iphikles wachte als erster auf und schrie. Als die Eltern hereinstürzten, sahen sie ihre beiden Söhnchen im Bett sitzen, der eine schrie wie am Spieß, der andere hielt zwei nur noch wenig zuckende Schlangen in seinen Fäustchen. Da war dann klar, wer Iphikles, des Amphitryon Sohn, und wer Herakles, des Zeus' Sohn, war. Als halbjähriges Kind hatte Herakles bereits zwei Schlangen erwürgt. Das war seine erste Heldentat auf Erden.

Herakles ist der berühmteste und in seiner Präsenz ausgreifendste Held der gesamten griechischen Sagenwelt.

Wenn man dem Herakles folgt, dann streift man fast alle Sagen irgendwann und irgendwo. In jedem Sagenkreis ist Herakles beheimatet. Es ist, als ob dieser Held einen Faden hinter sich hergezogen hätte, der sich in den Teppich der gesamten griechischen Mythologie einwirkte. Von keiner größeren Schlägerei wird berichtet, in die dieser Herakles nicht verwickelt gewesen war.

Ein Held definiert sich durch seine Tat, nur durch seine Tat. Was einer tut, das ist er. Sobald einer nicht handelt, ist er nicht mehr. Damit ist der Rahmen abgesteckt, innerhalb dessen Heroen vom Zuschnitt eines Herakles ihren Charakter, besser: ihren Typus entfalten können.

Nicht der Name macht den Helden, sondern seine Taten. Entscheidend sind immer die Taten. Das führte dazu, daß in manchen Gegenden auf die Namen der eigenen Helden verzichtet wurde, ihre Taten aber, um sie aufzuwerten, dem Herakles angehängt wurden. Dann hieß es: Herakles war hier! Auch bei uns war Herakles! Beweis: Dieses und jenes hat er hier vollbracht. Die Tat des Herakles veredelte den Boden, auf dem er sie begangen hat. So wurde eine ungeheure Menge von Heldentaten auf die – gewiß breiten – Schultern dieses Helden geladen. Die Muskeln schwollen, notgedrungen.

Von einem poetischen, ästhetischen Gesichtspunkt aus betrachtet besteht allerdings die Gefahr, daß ein solchermaßen Überladener nicht mehr in der Lage ist, einen eigenen Charakter zu entwickeln. Einer, der alles kann und alles macht und alles erlebt, der ist eigentlich nicht. Das ist für uns, die wir weder alles können noch alles erleben, in seiner Dialektik des Mangels tröstlich.

Der Mythograph jedoch, der sich anschickt, das Leben eines Herakles nachzuerzählen, scheitert entweder, oder aber er greift zur Schaufel – zur ganz großen Schaufel – und trägt damit den Haufen der Heldentaten ab. Nicht daß er nach dieser Arbeit den »echten«, den »originalen« Herakles vor sich hätte – wie wäre der beschaffen? –, er hätte einfach für etwas Übersicht gesorgt.

Rümpfen wir also einmal mehr die Nase über die solide, objektive wissenschaftliche Mythenforschung und machen wir uns mit subjektiver, ganz und gar unwissenschaftlicher Willkür ans Werk!

Herakles bekam eine sorgfältige Ausbildung. Er wurde im Bogenschießen unterrichtet, im Singen, im Ringen, im Schwimmen unterwiesen, und natürlich im Fechten. Als Musiklehrer war ihm übrigens der Bruder des Orpheus zugeteilt.

Herakles muß ein sehr schlechter Sänger gewesen sein und ein ebenso schlechter Lyraspieler. Das lag ihm nicht. Dazu war er zu grobschlächtig. Seine Finger waren zum Umschließen einer Keule gemacht und nicht zum Streichen über Saiten. So ist der erste Totschlag, den Herakles beging, nicht verwunderlich: Er tötete seinen Musiklehrer, weil dieser von ihm schöne Lieder verlangt hatte. Er schlug ihm die Lyra über den Kopf. Herakles wurde freigesprochen. Ein Notwehrparagraph kam zur Anwendung.

Übrigens habe ich, während ich mich mit Herakles beschäftigte, zufällig im Fernsehen einen Rambo-Film gesehen, und der Gedanke drängte sich mir auf, daß Rambo zweifellos eine Herakles-Figur ist. In einem allerdings unterscheidet er sich: Die Taten von Rambo – und er ist ein Massenmörder, am Ende dieses Spielfilms hat er so viele Leute umgebracht, wie eine deutsche Kleinstadt füllen würden –, seine Taten sind moralisch motiviert, wie hanebüchen auch immer.

Herakles dagegen braucht für nichts, was er tut, eine moralische Rechtfertigung. Er ist, was er ist, und tut, was er tut. Er richtet sich nicht nach Gesetzen, er schafft Gesetze. Er stellt die Ordnung nicht wieder her, wie das Rambo zu tun vorgibt.

Eines Tages kam Herakles auf seinem Spaziergang durch die Welt in eine Gegend, die von einem furchtbar gefährlichen Löwen bedroht war. Herakles wußte davon nichts, und er begegnete diesem Löwen an einem Waldstück. Herakles, der sich seiner Stärke bewußt war, setzte sich gemächlich ins Gras und verzehrte sein Mitgebrachtes. Den Löwen behielt er im Augenwinkel. Er wollte das Tier nicht töten, dachte, wenn ich mich ruhig verhalte, wird auch er sich ruhig verhalten. Aber dieser Löwe war ein Killer, ein Menschenkiller. Ohne Vorwarnung setzte er zum Sprung an. Herakles, sein Wurstbrot halb im Mund, griff mit der rechten Hand zum Schwert, und da verhedderte er sich mit seinem Ärmel im Gürtel. So blieb ihm nichts anderes übrig, als mit eingeklemmter rechter Hand mit dem Löwen zu raufen, und er erwürgte ihn mit der unbewaffneten Linken.

Das hatte ein Jäger gesehen, und der meldete es seinem König. Der König dankte Herakles dafür, indem er ihm seine fünfzig Töchter anbot.

»Wie meinst du das?« fragte Herakles.

»Ich meine es, wie ich es sage. Du kannst sie zur Frau haben.«

Es ist nicht gesichert, ob der König sich vielleicht nur ungeschickt ausgedrückt hat, ob er eigentlich meinte: Such dir eine von meinen fünfzig Töchtern aus. Herakles jedenfalls nahm das Angebot wörtlich.

Die barmherzigeren Mythographen sagen, er habe diese fünfzig Töchter in fünfzig aufeinanderfolgenden Nächten genossen. Pindar dagegen behauptet, er habe sie alle miteinander in einer Nacht genossen. Wie auch immer, die fünfzig Frauen brachten dem Herakles fünfzig Söhne zur Welt. Sie bildeten den Grundstock der sogenannten Herakliden.

Es gibt dunkle, durchaus unheroische Flecken im Leben des Herakles. Hera haßte ihn, wie wir wissen. Ihr Haß wurde nicht weniger, im Gegenteil. Sie trieb Herakles systematisch in den Wahnsinn. Immer wieder verfiel dieser Held in geistige Umnachtung. Vielleicht liegt der wahre Grund darin, daß sein Geist all diese schrecklichen Heldentaten nicht aushielt. Nehmen wir es zu seinen Gunsten an. Von seinem ersten Wahnsinnsanfall möchte ich erzählen:

Herakles befreite die Stadt Theben von Steuern, indem er den Steuereintreibern auflauerte und ihnen die Nasen und die Ohren abschnitt. Der König von Theben dankte ihm in der gewohnten Form: Er gab ihm seine Tochter Megara zur Frau.

Diese Megara hätte alles zur Verfügung gehabt, diesen wilden, stürmischen Herakles zu zähmen und aus ihm einen angenehmen und zivilisierten Menschen zu machen. Herakles liebte Megara. Und sie liebte ihn. Drei Buben schenkte sie ihm. Er brachte ihnen bei, was er wußte. Es war nicht viel Brauchbares darunter. Er kümmerte sich um die drei und räumte sie aus dem Weg, wenn Megara mit der Hausarbeit beschäftigt war.

Er erzählte seinen Söhnen Geschichten. »Das alles hat euer Vater früher erlebt«, sagte er.

»Ehrlich?« fragten sie.

»Ehrlich!« sagte er.

So lebte Herakles etliche Jahre in Frieden und in Ruhe, ohne diese Umtriebigkeit, die ihn sonst immer befiel. Er hatte keine Heldentaten nötig. Er war ja glücklich.

Hera blickte von oben herunter, und sie mißgönnte ihrem Feind natürlich dieses Glück. Sie schickte den Wahnsinn. Der schoß herab wie ein Falke.

Herakles, mitten an einem strahlenden Nachmittag, bekam einen Wahnsinnsanfall. Er blickte seine drei Buben an, und er blickte seine Frau Megara an. Plötzlich verwandelten sich die Gesichter der Buben in Hyänenfratzen und das Gesicht seiner Frau in eine Löwenfratze. Herakles glaubte, daß diese Hyänen und diese Löwin seine Frau und Kinder bedrohten, und er stürzte sich auf sie und erwürgte die Hyänen und erschlug die Löwin.

Als die Tat vollbracht war, sah er, was er angerichtet hatte, und er war von unsäglichem Schmerz geplagt. Er lief hinaus in die Welt und wollte nicht mehr weiterleben. Er verfluchte sein Leben, er verfluchte seine Stärke.

Er stellte sich mitten auf ein Feld, hob den Kopf und schrie zu den Göttern empor: »Wer von euch war das? Komm herunter und stelle dich dem offenen Kampf! Schlage mich, aber gib mir meine Familie wieder!«

Nun wurde es Zeus zu bunt: Er wollte nicht mehr weiter zusehen, wie Hera, seine Frau, seinen wunderbaren

Helden Herakles plagte. Er sprach ein Machtwort: »Ich verbiete dir, dich weiterhin um die Angelegenheiten dieses Mannes zu kümmern!«

Hera zuckte mit der Schulter.

Aber was tat Herakles? Er suchte das Orakel in Delphi auf und fragte: »Was kann ich tun, um von dieser entsetzlichen Schuld gereinigt zu werden?«

Das Orakel gab ihm ungewöhnlich deutlich Auskunft, es sagte: »Mach dich auf den Weg, Herakles, und suche den feigsten, den dümmsten, den kleinkariertesten, den geizigsten, den niedrigsten König der ganzen Welt. Dieser König heißt Eurystheus. Zu ihm gehst du, ihm bietest du dich als seinen Diener an. Tust du ohne Widerrede, was er will, dann wirst du von deiner Schuld gereinigt. Diese Demütigung mußt du, der größte, strahlendste Held der Welt, auf dich nehmen.«

Herakles zögerte keinen Augenblick. Er war bereit, seine Ehre hinzuwerfen, wenn er nur reingewaschen würde von dieser grausigen Tat.

Er fand diesen Eurystheus, und er sah: Das Orakel hatte recht, dieser Eurystheus war tatsächlich das Spießigste, Dümmste, Feigste und Geschwätzigste von Mensch.

Herakles kniete sich vor ihm nieder, beugte das Haupt und sagte: »Ich bin zu dir geschickt worden. Ich soll dir dienen. Sag, was ich tun soll.«

Eurystheus wich zurück vor diesem Koloß von Mann, dessen Muskeln wie Fußbälle waren. Er meinte zuerst, er werde zum Narren gehalten, sah dann aber, daß es Herakles ernst war.

Eurystheus dachte lange nach, dann sagte er: »Du sollst mir zwölf Arbeiten erledigen. Ist das recht?«

»Alles ist mir recht«, sagte Herakles.

»Alles?«

»Alles!«

Wir werden sehen, wie Eurystheus dieses »alles« interpretierte.

HERAKLES – DIE ZWÖLF ARBEITEN

Der Nemëische Löwe – Die Lernäische Hydra – Die
Keryneische Hindin – Der Erymanthische Eber – Der Stall des
Augias – Die Stymphalischen Vögel – Der Kretische Stier –
Die Pferde des Diomedes – Der Gürtel der Amazone – Das
Vieh des Geryon – Die Äpfel der Hesperiden – In der
Unterwelt

Es war das Schicksal des Königs Eurystheus, der Herr des
Herakles zu sein. Nichts Eigenes wird von ihm erzählt,
sein Leben ist auf diesen Helden ausgerichtet. Er weiß,
Herakles ist unvergleichlich größer und stärker als er.
Und es gefällt ihm, daß er den Chef dieses Helden spielen
darf – zumindest am Anfang gefiel es ihm.

Es gefiel ihm, sich Arbeiten auszudenken, von denen
er sicher war, Herakles würde sie nicht bewältigen können. Was mache ich mit ihm, wenn er versagt? So fragte
er sich händereibend. Wie werde ich ihn doch bloßstel-
len! Zwölf Arbeiten dachte sich Eurystheus für Herakles
aus, jede für sich eine Unmöglichkeit …

Zunächst schickte er ihn aus, er solle den Nemëischen
Löwen töten. Eurystheus war davon überzeugt, daß
es keinem Sterblichen, Zeussohn hin, Zeussohn her,
gelingen könnte, dieses Untier zu töten. Der Löwe
galt als unbesiegbar. Kein Pfeil, keine Lanze, kein
Speer, kein Schwert, kein Dolch konnten sein Fell durchbohren.

Seit er sich beim Ziehen des Schwertes mit der rechten
Hand im Gürtel verheddert hatte, trug Herakles keine
Waffe außer einer Keule bei sich. Sie hatte er sich aus

einem Olivenbaum geschnitten. Also zog er frisch drauflos, und bald schon fand er die Höhle des Nemëischen Löwen. Um dessen Verhalten zu testen, warf er Steine nach ihm, so doppelfaustgroße, traf damit den Rücken des Löwen. Der schien das gar nicht zu bemerken. Dann kletterte Herakles auf einen Baum direkt über der Höhle. Von dort ließ er einen wäschekorbgroßen Felsbrocken auf den Schädel des Löwen fallen. Der Löwe schüttelte die Mähne, das war aber auch alles.

Da wurde es dem Herakles zu bunt, er sprang vom Baum auf den Rücken des Löwen, er ritt auf ihm wie ein Cowboy beim Rodeo. Und während er mit seinen mächtigen Schenkeln die Flanken des Tieres zusammenpreßte, hämmerte er mit seiner Keule so lang auf den Kopf des Löwen ein, bis dem doch schummrig wurde und er torkelte. Und Herakles hämmerte und hämmerte, hämmerte eine Stunde lang und hämmerte den Nemëischen Löwen flach, hämmerte ihn bodengleich, hämmerte weiter, als das Tier schon tot war, hämmerte, bis das Fell gegerbt war. Er brauchte nichts weiter zu tun, als den fertigen Fellteppich vom Boden aufzuheben. Dieses Fell zog er sich über, mit diesem Fell trat er vor König Eurystheus. Fell und Keule waren von nun an die Markenzeichen des Herakles, seine Corporate Identity.

Eurystheus sah den schweißglänzenden Helden mit dem übergehängten Fell die Halle seines Palastes betreten, und da packte ihn solche Angst, daß er in einen Krug sprang.

Aus diesem Krug heraus rief er Herakles entgegen: »Herakles, komm nicht näher, rede mit mir durch die Öffnung des Kruges.«

Herakles sagte: »Ich habe diese Arbeit für dich erledigt. Du brauchst keine Angst vor mir zu haben, ich bin ja gekommen, um dir zu dienen.«

»Aber du siehst so gräßlich aus«, sagte Eurystheus.

»Ich weiß«, sagte Herakles, der sein Selbstbewußtsein noch lange nicht wiedererlangt hatte. »Ich *bin* gräßlich. Darum muß ich dir ja dienen.«

»Könnte es dir einfallen in deiner Gräßlichkeit, daß du mir etwas antust?« fragte Eurystheus.

»Das kann schon sein«, sagte Herakles. »Wenn der Wahnsinn auf mich niederschießt wie ein Falke ... «

Da haderte Eurystheus mit seinem eigenen Schicksal: »Warum haben die Götter ausgerechnet mich, den feigsten, den dümmsten, den schäbigsten, den niedrigsten, den kleinkariertesten König, ausgesucht?«

Herakles sagte: »Halt keine Reden, sag mir die nächste Arbeit. Was soll ich tun?«

Eurystheus sagte: »Die Lernäische Hydra, die sollst du mir töten!«

Er hatte sich nämlich vorher mit anderen Feigen, Niederträchtigen, Kleinkarierten, Schäbigen beraten. Und sie waren alle einig gewesen, diese Arbeit kann er nicht schaffen, kann er nicht, kann er nicht.

Die Lernäische Hydra hatte hundert Köpfe, und diese Köpfe wuchsen nach. Wenn man einen abschlug, dann wuchs er doppelt nach. Also günstig für das Ungeheuer, wenn es verletzt wird! Einer dieser Köpfe war obendrein unsterblich. An dem konnte man herumhauen, wie man wollte.

Ach, es war ein unfaires Spiel gegen Herakles! Denn der Feige, Schäbige, Niederträchtige bekam zudem Hilfe von oben. Hera schickte eine Riesenkrabbe. Sie sollte die

Lernäische Hydra im Kampf gegen Herakles unterstützen.

Herakles wurde gewarnt. Zeus gab Hermes Befehl, er solle dem Helden Informationen zukommen lassen. Hermes verkleidete sich als Kellner in einer Schenke.

»Es gibt Dinge, die kann ein Mann nicht allein machen«, steckte er ihm.

»Ein richtiger Mann kann alles allein machen«, sagte Herakles.

»So reden die Dummen«, zischte Hermes aus den Mundwinkeln.

Herakles wollte schon auf ihn losgehen, da hob der Gott sein Hosenbein und zeigte ihm die zierlichen Flügelchen über dem Knöchel. Nun verstand Herakles.

Er holte seinen Neffen Iolaos zu Hilfe. Iolaos war der Sohn seines Zwillingsbruders Iphikles. Er war ein geradliniger Charakter, wortkarg, griffsicher und ohne Schnörkel. Allerdings auch ganz ohne Humor. Für Ironie hatte er absolut keinen Sinn. Er nahm alles wörtlich. Aber auch Herakles hatte einen Hang zur Wörtlichkeit, und so paßten die beiden gut zusammen.

Iolaos wird von nun an der Freund und der Begleiter des Herakles. Viele der legendären Heroen hatten so einen Freund an ihrer Seite. Theseus den Peirithoos, Odysseus den Diomedes, jedenfalls während des Krieges in Troja, Aeneas den Achates. Und blicken wir zurück in die Urzeit der Literatur, so finden wir an der Seite des Gilgamesch den Enkidu.

Diese Freunde haben meist nur die Funktion, Spiegel zu sein. Sie spiegeln die unbeschreibliche, unfaßbare Heldenhaftigkeit ihres Herrn – denn eigentlich sind sie mehr Waffenträger denn Freund – und mildern damit den Glanz des Wunderbaren, so daß wir ihn mit unseren Augen ertragen. Diese Heldenfreunde sind Vermittler zwischen dem Halbgott und uns Menschen. Und weil sie meistens nüchterne, glaubwürdige Sancho Pansas sind, gelten sie auch als vertrauenswürdige Quelle.

Freund und Mitkämpfer des Herakles war von nun an also sein Neffe Iolaos. Mit ihm gemeinsam kämpfte er gegen die Lernäische Hydra und gegen die Riesenkrabbe. Sie teilten sich die Aufgaben. Während Herakles der Hydra einen Kopf nach dem anderen abschlug, brannte Iolaos die Wunden aus, so daß keine neuen Köpfe nachwachsen konnten. Gleichzeitig trampelten sie im Takt auf der Riesenkrabbe herum, bis deren Panzer zusammenkrachte.

Aus dieser verblutenden Hydra und dem Schleimsaft der zusammengekrachten Riesenkrabbe mischte Herakles nach einem eigenen Rezept sein Pfeilgift. Der Kentaur Chiron bekam es zum Beispiel zu spüren.

Herakles hatte es also wieder geschafft. Schon deutlich breitbeiniger stellte er sich vor den Krug, in dem Eurystheus steckte, warf die Reste der Hydra auf den Boden und sagte: »Ich habe auch diese Arbeit erledigt. Weiter!«

Eurystheus keifte aus seinem Krug heraus: »Ich habe Späher ausgesandt, die haben mir berichtet, du hast nicht allein gekämpft. Deshalb kann ich diese Arbeit nicht gelten lassen.«

Da sagte Herakles: »Gut, dann bringe ich dir den unsterblichen Kopf der Hydra. Ich habe ihn drei Meter tief neben der Straße begraben. Kein Problem, ich grabe ihn wieder aus. Ist gleich geschehen. Den bringe ich dir. Das mache ich ganz allein, und den stecke ich dir dann in den Krug hinein.«

Eurystheus schrie: »Gut, gut, gut, ich laß diese Arbeit gelten!«

Nun folgen ein ganze Reihe von Arbeiten: Herakles mußte eine weiße Hirschkuh der Artemis, die Kerynei-sche Hindin, an der Leine in den Palast des Eurystheus bringen. Eigentlich wollte der Feige, daß Herakles das Tier erlege. Aber Herakles sagte, er werde sich nicht gegen die Göttin der Jagd versündigen. Und so einigte man sich auf diesen Kompromiß.

Weiter schickte ihn Eurystheus gegen den Erymanthi-schen Eber, der das unübertroffene Stinktier aller Zeiten war und ungeheure Massen von allen möglichen weichen Dingen in sich hinein schlingen konnte, dessen Kot die ganzen Felder verpestete und verätzte. Herakles tötete ihn und wollte ihn nur so zum Spaß zu Eurystheus in den Krug stopfen, wovon ihn Iolaos gerade noch abhalten konnte.

Da wurde es dem Eurystheus zuviel, er hielt diese Angst nicht mehr aus. Er gab dem Herakles Urlaub.

Er sagte: »Die weiteren Arbeiten muß ich mir erst aus-denken. Komm in ein paar Jahren wieder, dann werde ich dir die weiteren Aufgaben geben. Dann sollst du gereinigt werden von deiner Schuld.«

Eine der zwölf Arbeiten des Herakles ist in den euro-päischen Märchenschatz eingegangen. Jedes Kind kennt sie: die Reinigung des Augiasstalles.

Eurystheus dachte sich: »So. Stark ist er. Es hat kei-nen Sinn, ihn noch gegen andere Ungeheuer zu schik-ken, er wird sie alle besiegen. Ich muß mir irgend et-was anderes ausdenken. Vielleicht ist seine schwache

Stelle der Ekel, vielleicht ekelt er sich vor irgend etwas.«

Nicht schlecht gedacht. Wir erinnern uns an jenes Märchen der Brüder Grimm »Von einem, der auszog, das Fürchten zu lernen«. Wir wissen, dieser Mann *wollte* sich fürchten, er *wollte* Angst haben, er *wollte* zurückweichen. Keine Gefahr dieser Welt machte, daß sich dieser Mann fürchtete. Erst als ihm Mägde lebendige Fische ins Bett warfen, als diese glitschigen Fische an seinem Körper zappelten, da fürchtete er sich, denn – er ekelte sich. Dieser Ekel, der zur Angst wird, den wollte Eurystheus bei Herakles mobilisieren. Nicht schlecht gedacht.

Es gab da einen besonders schmutzigen König in der Gegend, der einen Riesenstall besaß, entsprechend viele Tiere hatte und zu faul war, diesen Stall auszumisten. Dieser König hieß Augias. Der Stall war unbrauchbar, zugeschissen. Abbrennen, sagten alle.

Eurystheus sagte zu Herakles: »Wenn es dir gelingt, diesen Stall, der so entsetzlich stinkt, daß keine Kuh sich näher als hundert Meter heranwagt, in einem einzigen Tag zu säubern, dann erkenne ich auch diese fünfte Arbeit als erledigt an.«

Hier konnte Herakles mit seinen Fäusten, seinem Willen und seiner Stärke nicht besonders viel anfangen. Er mußte seinen Verstand einsetzen. Aber er hatte Verstand geerbt, von seiner Mutter Alkmene.

In der Nähe des Stalles war ein Fluß, und diesen Fluß leitete Herakles um. Er öffnete alle Tore und alle Fenster des Stalles und ließ den Fluß einen dreiviertel Tag lang mit der vollen Strömung durch den Stall fließen. Der Fluß schwemmte den ganzen Dreck hinaus. Am späten Nachmittag leitete Herakles den Fluß wieder in sein altes Bett und schloß die Fenster und Tore des Stalles. Der Stall war so sauber wie noch nie.

Er baute sich vor Eurystheus auf und sagte: »Es ist Abend, ich habe den Stall des Augias gesäubert. Er jedenfalls ist zufrieden. Nicht einmal die Hände habe ich mir dabei schmutzig gemacht.«

Eurystheus zeigte sich zum ersten Mal beeindruckt.

Er gab ihm weitere Arbeiten auf, wir sind bei der sechsten Arbeit, das sind die Stymphalischen Vögel mit ihren Bronzeschnäbeln und ihren Bronzeklauen. Sie schoß Herakles mit den vergifteten Pfeilen vom Himmel.

Eine weitere Aufgabe hieß, er solle den Kretischen Stier holen. Auch diese Arbeit machte Herakles keine Mühe. Er trug den Stier auf seinen Schultern vor Eurystheus und brachte ihn anschließend wieder zurück in sein Labyrinth.

Dann sollte er die Pferde des Diomedes bändigen, diese grauenhaften, halbkirchturmhohen Pferde, die sich nur von Menschenfleisch ernährten. Auch diese Pferde bezwang Herakles.

Eurystheus wußte sich keinen Rat mehr. »Vielleicht«, dachte er sich, »ist sein schwacher Punkt das andere Geschlecht. Vielleicht hat er Angst vor Frauen!«

Eurystheus hatte ein recht hübsches Töchterchen, ein Töchterchen mit einer nicht üblen Larve.

Dieses Töchterchen sagte: »Ich wünsche mir den Gürtel der Amazonenkönigin, der würde doch gut zu mir passen. Es heißt, sie hat so einen wunderbaren Gürtel, den will ich haben.«

»Hast du verstanden?« sagte Eurystheus zu Herakles.

»Ja«, sagte Herakles und suchte die Amazonen.

Dieser sagenhafte Frauenstamm war matriarchalisch organisiert. Den Knaben wurden gleich nach der Geburt die Arme und die Beine gebrochen, damit sie nur noch für die Musik und die leichte Hausarbeit zu gebrauchen waren und nicht in den Krieg ziehen könnten. Denn den besorgten die Frauen. Die Frauen trugen einen kurzen bronzenen Bogen und bronzene Schilde, eine ihrer Brüste schnitten sie sich ab, denn sie war ihnen beim Bogenschießen im Weg. Solche Geschichten wurden über die Amazonen erzählt.

Wenn von ihnen erzählt wurde, dann fuhr den rasendsten Helden das Zittern in die Knie. Alle fürchteten sich davor, eines Tages mit einer solchen Amazone in Berührung zu kommen.

Herakles hatte sich mit einer kleinen Kampftruppe auf den Weg gemacht, und sie fanden die Amazonen, und sie ließen sich freiwillig festnehmen und vor die Königin führen.

Die Königin der Amazonen war sehr angetan von Herakles, von seinem Äußeren jedenfalls, etwas anderes interessierte sie nicht allzusehr bei Männern. Von seiner Stärke war sie beeindruckt, von seiner männlich herben Schönheit.

Sie fragte: »Was willst du hier?«

Herakles, der von Lügereien nie etwas gehalten hatte, sagte ihr offen die Wahrheit: »Ein feiger, dummer, häßlicher, niederträchtiger König hat seiner arroganten, hochnäsigen, blöden Tochter versprochen, daß sie deinen Gürtel bekommen soll. Ich bin im Dienst dieses Königs, weil ich verflucht bin, weil ich im Wahnsinn meine Frau und meine Kinder getötet habe. Ich bin gekommen, um dir diesen Gürtel wegzunehmen.«

Zu seiner größten Überraschung sagte die Amazonenkönigin: »Ich gebe dir diesen Gürtel. Du brauchst nicht darum zu kämpfen.«

»Was willst du dafür?« fragte Herakles.

Die Amazonenkönigin sagte: »Ich will dich. Für eine Nacht will ich dich haben. Du gefällst mir, ich möchte von dir Kinder, Töchter.«

Herakles war selbstverständlich dazu bereit. Es war ihm eine Ehre, mit der Amazonenkönigin zu schlafen.

Er folgte ihr in ihr Zelt. Draußen warteten die anderen Amazonen, und plötzlich verbreitete sich ein Gerücht – dafür hatte Hera gesorgt! Sie hatte also dem Verbot des Zeus getrotzt. Sie mischte sich wieder ein! Das Gerücht besagte, daß Herakles die Amazonenkönigin töten wolle.

Das Gerücht schwoll an, und die Amazonen gerieten in Aufruhr. Sie rissen das Zelt auf, sahen, daß Herakles bereits auf ihrer Königin lag, sie stürzten sich auf ihn. Herakles umschlang die Königin, nahm sie als Geisel, und als die Amazonen weiter auf ihn einschlugen, schnitt er der Königin, die ihm sehr gut gefiel, die ihm nichts getan hatte – sie liebte ihn zwar nicht, das wäre übertrieben, aber sie hätte gerne Töchter von ihm gehabt –, schnitt ihr den Hals durch.

Es kam zu einem Gefecht, Herakles konnte fliehen, in der Hand hielt er den blutigen Gürtel der Königin.

Am Erfolg dieser Arbeit konnte er sich nicht freuen. Er verfluchte sich, und er verfluchte den König Eurystheus, denn er hatte der Amazonenkönigin kein Leid antun wollen.

Eurystheus nahm den Gürtel entgegen, gab ihn seiner Tochter. Die trug ihn ein-, zweimal, dann lag er herum.

Das war die neunte Arbeit des Herakles. Die zehnte: Er mußte das Vieh des Geryon zu Eurystheus führen, auch diese Arbeit erledigte er mit Bravour.

Dann sagte Eurystheus zu ihm: »Hol mir die Äpfel der Hesperiden.«

Das war eigentlich eine Gotteslästerung.

Herakles warnte den Eurystheus, er sagte: »Geh nicht zu weit! Ich weiß, du bist ein dummer, feiger, niederträchtiger König, und du kannst deine ganze Dummheit, Feigheit, Niedertracht an mir auslassen, weil ich dein Diener bin. Aber fordere nicht die Götter heraus.«

»Ich will, was ich will«, sagte Eurystheus.

Die Äpfel der Hesperiden waren etwas Besonderes. Zuerst aber die Hesperiden selbst: Sie sind Töchter des Titanen Atlas, und sie bewachen ebendiese Äpfel.

Nur die wenigsten wissen es: Die Götter sind nicht bedingungslos unsterblich. Das ist ein Geheimnis, das sie über die Jahrtausende bis zu uns herauf vertuschen wollten. Sie benötigen zu ihrer Unsterblichkeit bestimmte Speisen, und eine dieser bestimmten Speisen sind die Äpfel der Hesperiden. Wer diese Äpfel wegnimmt, der nimmt den Göttern die Unsterblichkeit weg. Darauf machte Herakles den Eurystheus aufmerksam.

»Es ist eine Gotteslästerung«, sagte er oder so ähnlich.

Aber Eurystheus antwortete: »Das ist mir egal! Du hast mir versprochen, du wirst mir dienen, und ich möchte die Äpfel der Hesperiden.«

»Wie du willst«, sagte Herakles.

Er wollte ihm die Äpfel bringen, sie ihm zeigen und sie dann sofort wieder zurück in den Garten der Hesperiden tragen. Dieser Eurystheus sollte wahrhaftig zu seiner Blödheit nicht auch noch unsterblich werden.

Herakles machte sich auf den Weg, niemand wußte, wo dieser sagenhafte Garten lag. Er suchte den Titanen Atlas auf, den Vater der Hesperiden. Atlas stand dort, wo heute das Atlasgebirge ist, und er war verflucht worden, den Himmel zu tragen, er steht dort auf ewig und hat den Himmel auf seinen Schultern.

Herakles sagte: »Wo ist der Garten, den deine Töchter bewachen, wo die schönen Äpfel wachsen?«

Atlas sagte: »Ich weiß, wo dieser Garten ist, aber ich sage es dir nicht.«

Herakles in seiner offenen Art erzählte ihm sein ganzes Schicksal, seine ganze Tonleiter von Wahnsinn, Schuld und Leid, und Atlas sagte: »Also gut. Ich werde dir zwar nicht sagen, wo diese Äpfel sind, aber ich werde sie dir holen.«

»Das geht nicht«, sagte Herakles. »Dann fällt doch der Himmel herunter.«

»Stell du dich hier vorübergehend hin«, sagte Atlas. »Halte du vorübergehend den Himmel fest.«

Herakles tat es. Er lud sich den Himmel auf die Schultern.

Atlas war froh, daß er den Himmel endlich einmal loshatte, ging und holte die Äpfel der Hesperiden.

Dann aber hatte er eine Idee. Er stellte sich vor Herakles hin und sagte: »Ich hatte soeben eine Idee. Eigentlich will ich den Himmel gar nicht mehr tragen. Trag du ihn. Ich bringe die Äpfel deinem dummen König. Du sollst den Himmel von nun an tragen.«

Herakles sagte: »Das ist unfair von dir, das weißt du.«

»Ich weiß«, sagte Atlas.

»Gut«, sagte Herakles, »ich bin selber schuld. Du

warst schlauer als ich. Geschieht mir ganz recht. Nur einen Gefallen mußt du mir tun.«

»Welchen denn?« fragte Atlas.

»Schau«, ächzte Herakles, »du bist ein Spezialist. Ich aber bin erst ein Anfänger im Himmeltragen. Ich habe den Himmel noch nicht richtig auf den Schultern, er drückt.«

»Das ist schlecht«, sagte Atlas anteilnehmend. »Das tut mit der Zeit nur noch mehr weh.«

»Eben«, sagte Herakles. »Darum will ich mir nur schnell noch ein Kissen holen, daß ich ihn mir bequem auf den Nacken setzen kann, den Himmel. Könntest du den Himmel so lang noch kurz halten?«

Der dumme Atlas sagte: »Selbstverständlich, so lange kann ich ihn gern noch halten.«

Er stellte sich drunter, und Herakles schlüpfte unter dem Himmel hervor und sagte: »Ciao, mein Freund! Danke für die Äpfel. Trag du den Himmel weiterhin! Du hast doch mehr Routine als ich.«

Und weg war er.

Die letzte Arbeit war die schwierigste. Sie verlangte das ganze Berserkertum des Herakles. Eurystheus nämlich sagte zu ihm: »Als zwölfte Arbeit, als letzte Arbeit sollst du mir den Höllenhund holen, den Kerberos.«

Nein! Nein! Das ist unmöglich. Da braucht man erst gar nicht zu diskutieren!

»Dann kannst du gleich von mir verlangen, daß ich mir selber den Kopf abschlage«, sagte Herakles. »Verlange es nur! Ich tu's!«

»Dein Kopf interessiert mich nicht«, sagte Eurystheus aus seinem Krug heraus. »Tu, was ich von dir verlange!«

Da blieb dem Herakles nichts anderes übrig.

So etwas muß man mit Schwung machen. Mit gewaltigen Schritten stürmte er zum Eingang der Unterwelt. Er packte Charon, den stinkenden Fährmann, am Kragen, sagte: »Du wirst mich da hinüberfahren!«

Er ließ dem Charon gar keine andere Möglichkeit, der erschrak vor der Willensstärke des Herakles und ruderte ihn auf die andere Seite. Dem Herakles ging das viel zu langsam, er riß ihm die Riemen aus der Hand und ruderte selbst, bei dieser Gelegenheit brach ein Riemen.

Als er auf der anderen Seite war, machte er ein Riesengeschrei, rief hinein in diesen Hades, wer sich ihm in den Weg stelle, der werde sein blaues Wunder erleben. Der Kerberos zog den Schwanz ein, als er ihn sah, und versteckte sich.

»Wo ist hier der König?« rief Herakles. Die Schatten umschwirrten ihn wie die Motten das Licht.

Hades kam herunter von seinem Palast, schwarz wie er war, schweren Schrittes, und sagte: »Herakles, was machst du für ein Geschrei? Die Zeit für dich ist noch nicht reif. Wenn du hierherkommst, dann mach kein Getöse, sondern reihe dich ein in die Schatten. Hier sind alle gleich. Und Kraft und Mut sind hier nicht gefragt.«

Aber Herakles ließ so philosophisch nicht mit sich reden, er packte nun auch den Hades am Kragen und fuhr ihn an: »Schaff mir den Hund her! Es ist meine letzte Arbeit, ich will endlich erlöst werden von diesem dummen, einfältigen, häßlichen König Eurystheus.«

Hades sagte: »Diesen Hund kannst du nur bekommen, wenn du mit mir kämpfst. Das ist ein Entgegenkommen, verstehst du. Weil du der Sohn meines Bruders bist, also quasi mein Neffe. Jeden anderen würde ich mit einem Fingerschnippen zum Schatten machen!«

Mit Hades kämpfen? Das ist nun ein Gedanke, bei dem jedem gut mythengläubigen Griechen das Blut in den Adern gefriert. Wer soll gegen den Gott der Unterwelt kämpfen!

Herakles tat es. Er kämpfte nicht nur gegen ihn, er gewann diesen Kampf auch. Er verwundete Hades sogar. Hades mußte in den Olymp hinauffahren, um sich dort Medizin zu holen und sich verbinden zu lassen.

Schließlich gab Hades nach. Er war fair. »Gut«, sagte er, »du sollst den Kerberos haben, aber nur, wenn du ihn ohne Waffe bändigen kannst, und nur, wenn du ihn auf deinen Schultern über die Erde trägst bis zu deinem komischen König.«

»Was denn noch alles!« rief Herakles verzweifelt aus.

»Und auch nur«, fuhr Hades fort, »wenn du mir den Hund wieder zurückbringst. Denn wenn du Kerberos nicht zurückbringst, gerät das Gefüge der Welt durcheinander. Dann werden die Toten auf die andere Seite des Styx gehen, sie werden sich unter die Lebenden mischen, und es wird keine ruhige Sekunde mehr auf der Erde sein. Denn die Toten und die Lebenden gehören nicht zusammen. Die vertragen sich nicht.«

Herakles, der ja kein Schuft war, versprach dem Hades, daß er das alles tun werde.

Er trug den Kerberos auf seinen Schultern über die Welt und setzte ihn vor den Krug des Eurystheus und sagte zum Höllenhund: »So, nun darfst du einmal laut bellen, so laut wie du willst, so laut, wie du kannst, und dann gehen wir wieder.«

Kerberos legte los, stieß sein ungeheuerstes Geheul aus, das sich in diesem Bronzekrug vervielfachte und überschlug und sich mit dem vielfachen Echo vereinigte.

Eurystheus war von diesem Augenblick an taub und stumm. Herakles aber war erlöst. Er hatte seine zwölf Arbeiten erledigt und war damit von der Schuld gereinigt, jener furchtbaren Schuld, als er im Wahnsinn seine Frau und seine drei Söhne getötet hatte.

HERAKLES – SEINE LIEBE, SEIN ENDE

Neuer Wahnsinn – Kampf mit dem Orakel – Deianeira –
Das Blut des Kentauren Nessos – Ein altes Weib –
Liebeskummer – Ein Gewand für den Helden – Der
Scheiterhaufen – Philoktet und der Bogen des Helden

In nachgerade unverantwortlicher Raffung berichte ich
vom Leben des Herakles. Als hätte ich eine Stadt zu
beschreiben und erzählte nur von einer Straße. Es muß
der Eindruck gewonnen werden, als folgten die Hera-
kleischen Arbeiten dicht auf dicht. Das stimmt nicht. Sie
strukturieren für eine lange Zeit das Leben unseres Helden. Ihre Erledigung zog sich viele Jahre hin. Dazwischen
abenteuerte Herakles durch die Welt, führte Kriege, verführte Frauen, befreite Freunde. So wob er zum Beispiel
mit an dem breiten Netz der Ursachen für den Trojanischen Krieg, als er gemeinsam mit Telamon – dem späteren Vater des großen Aias – die Stadt einnahm, König
Laomedon tötete und Priamos als neuem Herrscher über
Troja den Thron übergab.

Oder eine andere Geschichte, die so zwischendurch
passierte: Kyknos, der tyrannische Sohn des Kriegsgottes
Ares, forderte Herakles zum Zweikampf. Kyknos hatte
ein großes Projekt in Arbeit: Er baute an einem mächtigen Tempel für seinen Vater. Dieser Tempel war aus den
Schädeln seiner Opfer errichtet. Es fehlte ihm ein letzter
Kopf für die Spitze der Kuppel. Es sollte Herakles' Haupt
sein. Herakles nahm die Herausforderung an. Er schlug

Kyknos windelweich. Ares eilte seinem Sohn zu Hilfe. Da nahm es Herakles gegen den Gott des Krieges auf. Pallas Athene stand dem Helden dabei zur Seite. Ares bekam sein Fett weg. Kläglich jammernd, an allen Ecken und Enden voll blauer Flecken, zog er sich auf den Olymp zurück.

Und so weiter und so weiter …

Wie bereits gesagt: Auf Herakles' Schultern ist viel geladen worden. Gemacht worden war er ja eigentlich, um den Göttern im Kampf gegen die Giganten beizustehen. Diese Heldentat war auch noch irgendwo in seinem Leben untergebracht – fast nebenbei. Und immer wieder wurde er in seinem Tatendrang vom Wahnsinn gelähmt. Hera ließ ihn nicht in Frieden. Vielleicht war seine manische Abenteuersucht nichts anderes als eine dauernde Flucht vor dem Wahnsinn, der in ihm lauerte, der auf einen Augenblick der Besinnung lauerte, um dann seine Seele an sich zu reißen. Diesem Dämon entging Herakles nicht …

Herakles ist inzwischen ein reifer Mann, und wir sehen ihn abermals vom Wahnsinn verfolgt, und wieder ist es Hera, die Göttermutter, die ihm diesen Wahnsinn ins Herz stößt. Wir sehen Herakles verwirrt, er hat rasende Kopfschmerzen, soeben hat er einen sinnlosen Mord begangen. Wieder wußte er nicht, was er tat. Er hat einen Knaben von einem Turm geworfen, weil er sich einbildete, der Knabe sei ein Falke, der es auf sein Augenlicht abgesehen habe. Noch während des Falls des Knaben sieht Herakles, was er angerichtet hat.

Wieder sucht Herakles das Orakel in Delphi auf, er will Rat. Er tritt vor die Pythia hin – die Pythia ist die

Priesterin in Delphi –, und er sagt, und es klingt wie ein Befehl: »Gib mir Rat! Ich bin verzweifelt!«

Die Pythia ist entsetzt über das Aussehen des Herakles, über seine Verwirrung, und sie stammelt: »Geh weg! Ich will mit dir nichts zu tun haben. Ich habe Angst vor dir, der Wahnsinn steht in deinen Augen.«

Er daraufhin: »Wenn du mir nicht hilfst, dann werde ich dein Orakel verwüsten, dann werde ich Delphi dem Erdboden gleichmachen!«

Schon will er auf die Pythia losgehen, da fährt Apoll dazwischen. Apoll ist der Hausherr des Orakels in Delphi, es ist ihm geweiht, und er gibt von Delphi aus seine Ratschläge an die Menschen. Und schließlich war Delphi eine gute Sache, die kann man nicht einfach so in Stücke hauen. So ähnlich argumentiert der Gott.

»Ich habe Kopfschmerzen«, schreit Herakles und geht nun gar auf Apoll los.

Es kommt zu einem Zweikampf zwischen dem Gott Apoll und dem Menschen Herakles, beide sind sie Söhne des Zeus, beide sind sie gleich stark. Es ist ein absurder und aussichtsloser Kampf, da er ewig dauern würde. Wem würde das nützen? Niemandem!

Zeus wirft seinen Blitz dazwischen. Er gibt sich den Anschein, als wäre er überparteilich. Aber seine Sympathie gehört Herakles.

Mit Apoll hat Zeus seine Probleme. Wir werden davon im nächsten Kapitel hören. Zeus mahnt die beiden Streithähne ab, aber dann gibt er Apoll den Befehl, er solle die Pythia auffordern, dem Herakles eine Botschaft zu überbringen.

Diese Botschaft kommt wohlgemerkt von Zeus, und sie besteht aus zwei Teilen. Der erste Teil lautet: »Kein

Lebendiger wird dich töten.« Der zweite Teil: »Die Liebe in deinem Leben wird sehr heiß sein.«

Beide Teile klingen an sich sehr gut, und Herakles interpretiert sie auch im guten Sinn. Er entschuldigt sich bei Apoll und der Pythia und wankt ins Tal hinab.

Und er fühlt, daß es ihm wohler wird, daß der Wahnsinn allmählich von ihm abläßt. Die Kopfschmerzen lassen nach und verschwinden schließlich ganz.

Herakles verläßt Delphi nicht als ein geheilter Mann, aber als ein beruhigter, ruhiger gewordener Mann. Er geht. Das Gehen hat ihm immer gutgetan. Er geht und singt. Ungewöhnlich genug. Hat er nicht seinen ersten Gesanglehrer erschlagen? Er besitzt weder eine schöne Stimme, noch kann er einen einzigen Ton dorthin setzen, wohin er gehört. Aber das Singen macht ihm Freude. Gehen und singen …

Als er so über das Land kommt, trifft er auf eine junge Frau. Sie will gerade einen Fluß überqueren. Sie hebt ihre Kleider hoch, damit sie nicht naß werden, und setzt ihre nackten Füße ins Wasser. In diesem Augenblick springt etwas aus dem Hinterhalt. Ist es ein Pferd? Ist es ein Mann? Es ist ein Doppelwesen, ein Kentaur, und es ist ein sehr gefährlicher Kentaur, es ist Nessos. Er will die junge Frau vergewaltigen.

Aber die Frau hat Glück. Herakles hört ihr Schreien, und er eilt herbei, er packt den Kentauren an der Mähne, und mit bloßen Fingernägeln reißt er ihm den Hals auf. Der Kentaur sinkt nieder, das Blut läuft ihm aus dem Hals.

Bevor der böse Kentaur Nessos stirbt, bittet er die junge Frau zu sich, er will sie sprechen.

»Wie heißt du?« fragt er.

»Deianeira«, sagt sie.

»Komm zu mir, komm näher«, stöhnt Nessos. »Ich will dir etwas sagen.«

Deianeira hat immer noch Angst vor diesem Unwesen.

Aber Herakles sagt: »Fürchte dich nicht. Er wird sich hüten, dir etwas zu tun. Er stirbt. Ganz gleich, wie böse er ist, jedes Wesen hat das Recht, daß man sich im Augenblick seines Todes anhört, was es zu sagen hat.«

Damit wendet sich Herakles diskret ab.

»Komm her«, sagt Nessos. »Komm näher!« Und er flüstert Deianeira ins Ohr: »Nimm mein Blut, fülle es in ein Fläschchen, es ist ein Zaubermittel. Dieser Mann hier, der mir den Tod brachte, dieser Mann, der wird dein Ehemann werden. Nein, dreh dich nicht um zu ihm. Hör mir zu. Er wird dich lieben, und du wirst ihn lieben, Deianeira. Dieses Zaubermittel macht, daß du nie Grund zur Eifersucht haben wirst. Ich schenke dir mein Blut.«

Deianeira sagt zu dem Kentaur: »Warum möchtest du, der mir zuerst Gewalt antun wollte, in deinem letzten Augenblick etwas schenken?«

Da sagt der Kentaur: »Schau mich an, Deianeira: Was bin ich?«

»Du bist ein Kentaur«, sagt Deianeira. »Zur Hälfte bist du ein Pferd, zur anderen Hälfte bist du ein Mann.«

»Ja«, sagt Nessos. »So manche sagten: Du hast es gut, Nessos. Du bist ein Pferd, und du bist ein Mann. Gehörst du zu denen, Deianeira?«

»Ich weiß nicht ...«

»Ich sehe: Ich bin weder ganz ein Pferd, noch bin ich ganz ein Mann. Ich bin ein unnützes, ein widerliches Wesen. Es ist gut, wenn ich vom Erdboden verschwinde. Ich habe nur Unheil angerichtet. Und wäre nicht dieser

Held gekommen, wahrscheinlich hätte ich dich getötet, Deianeira. Bevor ich gehe, möchte ich noch eine gute Tat tun, eine einzige gute Tat. Du mußt mein Blut nehmen. Nimm es!«

Deianeira fängt das Blut des Kentauren in einer Flasche auf. Der Kentaur stirbt, und Deianeira geht an der Seite des Herakles in ihre Zukunft, in ihrer beider Zukunft.

Herakles erholt sich schnell von seinem letzten Wahnsinnsschub. Vorübergehend ... Sein altes Selbstvertrauen kehrt zurück, auch sein Interesse an der Welt kehrt zurück. Er singt nicht mehr, er wandert nicht mehr allein über die Fluren.

Herakles heiratete Deianeira. In der ersten Zeit waren die beiden viel zusammen. Deianeira war glücklich. Sie gebar dem Herakles einen Sohn, sie nannte ihn Hyllos, und eine Tochter, Makaria. Wieder bot sich für den Helden die Gelegenheit der Ruhe, der Lebensruhe. Er liebte seine Familie. Aber dann trieb es ihn wieder hinaus. Herakles spürte den Dämon in seiner Seele, und mit manischem Tatendrang versuchte er ihn niederzuhalten.

Er läßt Deianeira allein. Er läßt seine Kinder allein. Er sagt sich: Es ist besser, der Vater streunt in der Welt herum, als daß ihm zu Hause irre Visionen ins Hirn fahren wie schon einmal ... Er zieht hinaus in die Welt, um Heldentaten zu begehen, und wieder sind es eine Menge von Heldentaten.

Deianeira wartet. Sie ist geduldig, sie hat Verständnis. Sie liebt. Eines Tages klopft ein altes Weib an ihre Tür. Wenn solche alten Weiber auftauchen, sollte man – zumindest in der griechischen Götter- und Heldenwelt – immer mißtrauisch werden. Es ist natürlich Hera. Sie hat sich als altes Weib verkleidet. Sie ist getrieben vom Haß auf den Mann, der »Heras Ruhm« heißt.

Sie sagt zu Deianeira: »Ich will dir etwas sagen. Ich sehe, hier herrscht Glück.«

»Schon«, sagt Deianeira.

»Ist er nicht da?« fragt das Weib.

»Zur Zeit halt gerade nicht«, sagt Deianeira.

»Daß du und dein Herakles, daß ihr beide euch gefunden habt«, sagt das Weib, »das war kein Zufall.«

Deianeira fragt: »Was meinst du damit?«

Das Weib sagt: »Das ist beschlossen worden.«

Das freut Deianeira. Sie denkt, das alte Weib meint damit, es sei höherer Wille gewesen, es sei göttlicher Wille gewesen. Sie sagt: »Ja, ich habe auch schon das Gefühl gehabt. Als ich Herakles gesehen habe, habe ich gedacht, auf diesen Mann habe ich gewartet.«

Und das Weib sagt: »Ich weiß nicht, ob du mich richtig verstanden hast. So habe ich es nicht gemeint.«

Und dann erzählt sie Deianeira eine Episode aus dem Leben des Herakles. Sie sagt: »Weißt du, er hat vorher etliche Arbeiten verrichten müssen.«

»Weiß ich doch«, sagt Deianeira. »Hat er mir doch erzählt.«

»Unter anderem war er im Hades, in der Unterwelt«, fährt das Weib ungerührt fort.

Deianeira sagt: »Ja, das weiß ich doch auch. Das hat mir Herakles doch längst erzählt.«

Das alte Weib sagt: »Ja, vielleicht hat er dir nicht alles erzählt. Hat er dir zum Beispiel von deinem Bruder erzählt?«

Da wird Deianeira blaß. »Was ist mit meinem Bruder?« fragt sie. »Mein Bruder ist gestorben, er ist tot.«

»Siehst du«, sagt das alte Weib, »er ist tot, er ist gestorben, er ist im Hades. Und Herakles hat ihn dort getroffen.«

»Nein«, sagt Deianeira, »davon hat mir mein Mann nichts erzählt.« Sie ahnt, daß etwas Böses auf sie zukommt.

Das alte Weib sagt: »Ja, ich möchte dir nicht weh tun, Deianeira. Aber du bist nichts anderes als der Preis für zwei Blutstropfen.«

Deianeira sagt: »Das verstehe ich nicht.«

Hera, verkleidet als alte Frau, sagt: »Weißt du, die Seelen in der Unterwelt, die haben kein größeres Gelüst als Blut. Herakles hat dort deinen Bruder getroffen, und dein Bruder hat zu Herakles gesagt: Ich habe eine wunderschöne Schwester dort oben, Deianeira heißt sie, du kannst sie haben. Du kannst mit ihr machen, was du willst. Gib mir dafür zwei Tropfen deines Blutes. Dann gehört sie dir. Und Herakles stach sich in den Finger«, erzählt die alte Frau, »und dein Bruder hat zwei Tropfen seines Blutes bekommen und hat dich dafür hergegeben. So ist das.«

Das trifft Deianeira furchtbar, denn sie glaubte, Herakles habe sie aus reiner Liebe genommen, sie glaubte, diese Liebe sei bei den Göttern beschlossen worden. Und nun muß sie erfahren, daß sie für zwei Blutstropfen verkauft worden ist.

Arme Deianeira!

Aber als sie wieder allein ist und vornübergebeugt mit verschränkten Armen in ihrem Zimmer auf und ab geht, sagt sie sich: »Es ist ja deswegen nicht ausgemacht, daß mich Herakles nicht liebt. Er hat mir doch seine Liebe immer wieder und immer wieder gezeigt. Wir haben doch Kinder miteinander, Hyllos und Makaria.«

Und sie ging hinüber ins Kinderzimmer und streichelte den beiden Schlafenden über die Köpfchen.

»Es kann ja sein«, redete sie weiter mit sich selbst, als sie wieder in ihrem Zimmer auf und ab ging, vornüber-gebeugt, die Arme vor dem Körper verschränkt, »es kann ja sein, daß er eine Wette eingegangen ist mit meinem Bruder, damals kannte er mich ja noch nicht. Aber jetzt kennt er mich, und jetzt liebt er mich und denkt gar nicht mehr an diese Wette.«

Dann kommt Herakles nach Hause. Deianeira ist ver-sucht, ihm von dem Besuch der alten Frau zu erzählen. Aber sie tut es nicht.

Herakles nimmt nicht viel Notiz von ihr. Deianeira bemüht sich, Herakles zu gefallen. Sie versucht es zuerst mit Milde, ist sehr zärtlich zu ihm. Sie schmust. Aber sie merkt, Herakles hat sein Interesse an ihr verloren. Dann gibt sie sich kindlich und hilfsbedürftig. Gewöhnt sich Augenaufschläge und eine nuschelnde Sprechweise an. Aber auch das wirkt bei Herakles nicht. Sie gibt sich müt-terlich und gibt sich streng, aber auch darauf reagiert Herakles nicht. Herakles hat jedes Interesse an ihr ver-loren.

Deianeira kann es nicht glauben. Helle Panik steigt in ihr auf. Da erfährt sie, daß Herakles ein Heer zusam-menstellt. Was ist geschehen? Sie erkundigt sich, wo denn Krieg sei, was denn passiert sei. Sie erfährt, Herakles habe mit einem König einen Wettbewerb im Bogenschießen veranstaltet, Herakles – wer denn sonst – habe diesen Wettbewerb gewonnen, und der Preis sei die Tochter des Königs gewesen. Der König habe den Preis nicht zahlen wollen, und nun marschiere Herakles los. Denn er sei vernarrt in diesen Preis.

Das zerschmettert Deianeira. Sie geht hin zu diesem König und sucht diese Tochter auf. Die Tochter heißt Iole.

Deianeira sagt zu Iole: »Ich bin die Frau von Herakles. Was nimmst du ihn mir weg?«

Iole ist ein junges, arrogantes Ding, sie tut gelangweilt, sagt: »Ich bin gewonnen worden, mir ist es recht. Was willst du? Wenn er dich nicht liebt, wenn er kein Interesse mehr an dir hat, was kann ich dafür?«

Sie schickt Deianeira wieder weg.

Nun ist Deianeira noch verzweifelter. Da fällt ihr dieses Zaubermittel ein, das ihr der Kentaur Nessos gegeben hat, das Fläschchen mit dem Blut. Sie will sich selbst und auch dem Herakles etwas Gutes tun, sie ist ja der Meinung, daß Herakles bei ihr, nur bei ihr gesund werden kann, nur sie ihn von seiner grauenhaften Umtriebigkeit heilen kann.

Sie bestreicht mit dem Blut ein Gewand von Herakles und schickt es hinaus ins Feldlager zu ihrem Mann.

Nun erfahren wir, daß der Kentaur Nessos gelogen hat, daß er nicht eine letzte gute Tat tun wollte, daß er im Gegenteil eine letzte böse Tat tun wollte. Das Blut des Kentauren brennt wie Feuer. Es verbrennt den Körper desjenigen, der mit ihm in Berührung kommt. Und Herakles zog das Kleid an.

Die Weissagung des Orakels von Delphi ging also in Erfüllung: »Die Liebe wird in deinem Leben sehr heiß sein.«

Dieses Kleid, das mit dem Blut des Nessos getränkt war, das darum das Nesselkleid genannt wird, es brennt höllisch auf Herakles' Körper. Er reißt das Kleid herunter und reißt sich dabei die Haut mit ab. Herakles droht zu sterben.

Es gibt noch die zweite Weissagung, und die lautet: »Kein Lebender wird dich töten.« Der Kentaur Nessos ist ja schon tot. Ein Toter hat Herakles also zu Fall gebracht.

Herakles bricht nieder, schreiend, am ganzen Körper eine einzige Wunde. Als Deianeira davon erfährt, nimmt sie sich das Leben. Die Geschichte nimmt nun ein dramatisches Ende.

Herakles, der eine einzige Wunde ist, die Schmerzen sind unerträglich, bekommt von seinem Vater Zeus eine Nachricht zugesandt. Zeus läßt ihm in kühlen Worten ausrichten: »Bau einen Scheiterhaufen! Leg dich auf diesen Scheiterhaufen, und bitte jemanden, daß er diesen Scheiterhaufen anzündet.«

Herakles tut, was Zeus befiehlt. Er hofft auf seinen Vater, hofft, wenn er gehorcht, wird sich sein Schmerz auflösen.

Er richtet einen Scheiterhaufen auf, legt sich darauf und ruft seinen Freunden zu: »Wer will diesen Scheiterhaufen anzünden? Ich bitte euch, tut es! Tut es! Zeus will es so!«

Aber die Freunde sind starr vor Entsetzen, niemand traut sich, die Fackel auf diesen Scheiterhaufen zu werfen. Und Herakles liegt da und schreit zum Himmel.

Da kommt Poias des Weges. Poias ist ein Hirte. Er schaut sich die Sache an.

Herakles schreit: »Zünde mich an! Zünde mich an!«

Poias ist ein durch und durch materialistisch gesinnter Hirte, er sagt: »Was soll ich tun?«

»Mich anzünden!« schreit Herakles. »Zeus will es so. Und ich muß gehorchen!«

»Was gibst du mir dafür, wenn ich dich anzünde?« fragt Poias.

Herakles sagt: »Ich gebe dir das Beste, was ich besitze. Ich gebe dir meinen Bogen.«

Da sagt Poias: »Wer bist du?«

»Ich bin Herakles!«

Diesen Namen kennt Poias, und er sagt: »Na gut. Den Bogen des Herakles gegen die Brandfackel, das ist ein guter Tausch.«

Er wirft die Fackel auf den Scheiterhaufen, und Herakles verbrennt.

Bevor wir von der Himmelfahrt unseres Helden berichten, wollen wir kurz von der weiteren Geschichte dieses Bogens erzählen. Der Sohn des Poias war Philoktet, und Philoktet erbte von seinem Vater, als einziges Erbe übrigens, diesen Bogen des Herakles. Philoktet brachte es zum Meister auf diesem Gerät. Als dann die Helden von ganz Griechenland zusammengetrommelt wurden, um nach Troja zu ziehen, meldete sich auch Philoktet.

Er sagte: »Ich bin ein guter Bogenschütze. Außerdem besitze ich den Bogen des Herakles.«

Er war der beste Bogenschütze im Heer. Agamemnon, der Heerführer, war froh, einen solchen Bogenschützen bei sich zu haben.

Da wurde Philoktet, noch bevor sie Troja erreichten, von einer Schlange gebissen. Die Wunde begann zu schwären, sie stank entsetzlich und schmerzte genauso entsetzlich, und das veränderte den Charakter des Philoktet.

Er war nämlich vorher ein fröhlicher Mann gewesen, und nun wurde er zänkisch und böse. Er wurde zynisch und bitter, stöhnte die ganze Zeit über seine Schmerzen, beschimpfte seine Freunde, beschimpfte die Offiziere, und niemand wagte es, sich ihm zu nähern, weil die Wunde so entsetzlich stank.

Da machte Odysseus einen Vorschlag: »Dieser Philoktet wird die Moral der Truppe zersetzen«, sagte er. »Setzen wir ihn aus.«

Sie luden den Philoktet vom Schiff und warfen ihn auf eine einsame Insel. Dort lag er nun mit seinem Bogen, und die Wunde heilte nicht, sie schwärte weiter.

Aber siehe da, am Ende des Trojanischen Krieges, noch hatten die Griechen die Stadt nicht eingenommen, kam ein Wahrsager und sagte: »Ihr werdet diese Stadt niemals einnehmen, wenn nicht Philoktet bei euch ist, denn er ist der Besitzer des Bogens des Herakles.«

Nun mußten die Griechen jemanden losschicken, um den Philoktet, der nichts auf der Welt mehr haßte als diese Griechen, zu überreden, daß er zurückkomme und an ihrem Krieg teilnehme.

Sie schickten den Sohn des Achill, Neoptolemos, und es gelang ihm auch tatsächlich, den Philoktet zu überreden, denn nur mit dem Bogen des Herakles konnte Troja von den Griechen eingenommen werden. Und so war es dann auch.

Nun, Zeus hat den Herakles ja nicht auf den Scheiterhaufen befohlen, um ihn weiter zu quälen, sondern um die Sterblichkeit aus ihm herauszubrennen. Denn Zeus hatte beschlossen, den Herakles zu einem Gott zu machen.

Als seine leibliche Hülle verbrannt war, hob Zeus des Herakles eigentliches Wesen, wir sagen dazu: seine Seele, in den Himmel. Den Herakles selbst, also sein Sichtbares, heftete er an den Himmel als Sternzeichen.

Von nun an war Herakles ein Gott, er durfte an der Tafel der Götter speisen. Zeus gab ihm großzügig die Göttin Hebe zur Gattin. Hebe ist die Göttin der Jugend. Seitdem hatten die Griechen einen Gott mehr im Himmel.

Nicht alles geht logisch und chronologisch zu in diesen Geschichten. Es sind nicht unbedingt Geschichten, aber es sind schöne Geschichten. Und als solche sind sie wahr.

APOLL

Von Koronis und einem großen weißen Vogel – Von Chiron
und seinem besten Schüler – Von dem Vorschlag, einen
Gott der Medizin zu installieren – Von der Eifersucht des
Zeus – Von Leto und der Eifersucht der Hera – Von der
Weisheit der Erde – Von der Entführung des Ganymed und
dem Aufstand der Götter – Von der Rache des Zeus – Von
Admetos und Alkestis

Vor Apotheken kann man das Schild sehen. Es zeigt ein
geschwungenes A mit einem Schlangenkopf oder einen
Stab, um den sich eine Schlange windet. Das ist der Äsku-
lapstab. Er hat seinen Namen von Aesculapius, und der
war nach dem griechischen Asklepios so benannt. Asklepios aber hieß der berühmteste mythische Arzt der Antike. Von ihm will ich berichten, auch von ihm, vor allem
aber von seinem Vater.

Sein Vater war Apoll.

Man möge mir verzeihen, wenn ich diesen Gott erst
ein wenig umkreise, bevor ich direkt auf ihn zu sprechen
komme. Er nimmt im Olymp eine Sonderrolle ein, und sei
es auch nur deshalb, weil die Mythographen und Aus-
leger, die Kulturgeschichtler und Dichter im Lauf der
Jahrhunderte eine Sonderrolle für ihn geschrieben haben,
die ihn auf der Bühne unserer Geisterwelt in einem Licht
erscheinen läßt, das sich nicht mehr allein aus griechisch-
antiken Quellen speist, sondern ihn zu einem gesamt-
abendländischen Liebling macht, der für alle möglichen
Sehnsüchte herhalten muß. Deshalb wollen wir uns
ihm über seinen Sohn Asklepios und dessen Mutter
nähern.

Es ergab sich eines Tages, daß sich der Gott in eine Menschenfrau verliebte, nämlich in Koronis. Und er verliebte sich mit allen Schmerzen. Apoll lieferte sich dieser fröhlichen Königstochter aus. Er gab mehr, als er bekam. Sie war wohl am Anfang beeindruckt von seiner strahlenden Göttlichkeit, aber sie liebte ihr Menschsein sehr, und ihre Weiblichkeit liebte sie auch sehr. Sie ahnte, daß der Umgang mit einem Gott von ihrer Eigenliebe nichts übrig lassen würde, und instinktiv hielt sie Apoll auf Distanz.

Sie ließ sich mit Männern ein, von denen selbstverständlich keiner dem Zeussohn das Wasser reichen konnte. Männer waren sie, mehr nicht – aber auch nicht weniger –, sie liebten das Leben, und sie liebten sich selbst, und ihr Interesse an Koronis hielt eine Nacht, vielleicht zwei, vielleicht drei, aber es war nicht absolut. Apoll dagegen liebte absolut, denn ein Gott liebt absolut. Auch wenn diese Liebe nur kurz währen sollte, sie war absolut, und sie war es in jedem Augenblick.

Entgegen seinem strahlenden Namen, der uns ihn heute vorführt als einen erfolgreichen, vor allem bei Frauen erfolgreichen Gott, war Apoll gar nicht so erfolgreich bei Frauen, hatte da im Gegenteil oft Pech. Niemand weiß, warum. Nützen denn Schönheit, Geist, Talent auf allen Gebieten, Kraft und Erhabenheit nichts? Nein? Was nützt denn bei Frauen? Apoll war verzweifelt. Kann man die Frauen mit Nachkommenschaft binden?

So wurde Koronis schwanger von Apoll. Sie trug sein Kind unter dem Herzen. Was ist Charme? Wenn man es nur wüßte! Apoll hätte seinen Platz an der olympischen Tafel dafür gegeben! Koronis war schwanger, aber dann lernte sie einen anderen Mann kennen, einen, wie es hieß, weder schönen noch geistvollen, weder talentierten noch kräftigen und schon gar nicht erhabenen, aber einen charmanten Mann, und Koronis heiratete diesen Mann. Dieses kümmerliche menschliche Mängelwesen zog sie dem Gott vor!

Sie war schwanger von einem Gott und heiratete einen Menschen! Ein Fest für jede Gerüchteküche! Apoll wußte lange nichts davon. Er wartete auf ein Zeichen von Koronis, wartete neben der Quelle, an der sie sich immer getroffen hatten. Manchmal hörte er ein Rascheln und dachte, jetzt kommt sie. Aber wieder war es nichts. Es waren die Neugierigen, die den Liebeskranken durch die Zweige hindurch anglotzen wollten.

Da kam ein Rabe geflogen, und der erzählte es ihm.

»Deine Koronis tut nicht recht«, sagte der Rabe.

Ach, die Raben! Diese grundehrlichen, treuen, großen weißen Vögel! »Koronis, deine Geliebte, die schwanger von dir ist, ist bei einem anderen Mann.«

»Was sagst du da?« fragte Apoll leise.

»Ja«, sagte der grundehrliche Vogel, »Koronis hat geheiratet. Sie habe das ludrige Leben satt, sagt sie.«

Da wurde Apoll so zornig, und er brüllte den Raben mit solcher Gewitterstimme an, daß ihm das Gefieder vor Schreck schwarz wurde. Von diesem Tag an sind die Raben große schwarze Vögel.

Apoll war damit noch lange nicht zufrieden. Der Zorn eines Gottes kann mit Herumschreien nicht gekühlt werden, auch mit Holzhacken nicht. Apoll suchte Artemis, seine Zwillingsschwester, auf und sagte zu ihr: »Schieß diese Koronis mit einem Pfeil ab, schieß sie ab! Mach sie tot, diese verfluchte Sterbliche! Ich will sie nicht mehr

sehen. Ich will sie nicht einmal mehr im Visier meiner
Waffe sehen!«

Artemis tat es. Einvernehmen herrschte zwischen den
Geschwistern. Sie, die Keusche, kennt kein Erbarmen,
und Mitleid mit den Liebhaberinnen ihres Bruders kennt
sie sowieso nicht. Sie schoß Koronis ab. Bevor Koronis
ihr Leben aushauchte, schnitt ihr Artemis, die Göttin der
Jagd, nach Weidmannsart den Bauch auf und holte die
göttliche Leibesfrucht heraus. Es war ein Knabe. Sie gab
ihn seinem Vater.

»Soll ich ihn auch abschießen?« fragte sie. »Er ist dein
Sohn, also zum Teil göttlichen Ursprungs. Ich dachte, ich
frage erst.«

Apoll nahm das schreiende rosa Hautbällchen in seine
Hände.

»Hast du einen Namen für ihn?« fragte Artemis. »Er
sieht aus wie ein Ferkel.«

»So sehen alle Menschenkinder aus«, sagte Apoll. Er
hatte Erfahrungen mit den Menschen, mehr Erfahrungen
als die meisten seiner Mitgötter. »Ich will ihn Asklepios
nennen«, sagte er.

»Ist gut«, sagte Artemis, und schon war sie dahin über
Feld und Flur, durch Wald und Gebirg.

Apoll packte das schlechte Gewissen. Er ist ja der einzige Gott, der zu diesem merkwürdigen Gefühlsgemisch
fähig ist. Ich kenne keinen anderen Gott, der je ein
schlechtes Gewissen hatte. Apoll hat es manchmal. Es
packte ihn das schlechte Gewissen, daß er im Jähzorn
Befehl gegeben hatte, Koronis zu töten.

Nur wenige Götter verändern ihren Charakter im
Lauf ihrer Geschichte – wenn man bei einem Gott überhaupt von Geschichte sprechen kann: Die meisten Göt-

ter sind, was sie sind, und bleiben, was sie von Anfang an waren. Sie leben in einem ewigen Augenblick. Apoll unterschied sich auch diesbezüglich von den meisten anderen. Er strebte nach einem Ideal. Dieses Ideal hieß Vernunft.

Er sagte sich: »Es war nicht vernünftig, die Frau, die ich liebte, töten zu lassen.« Wir geben ihm recht.

Er wollte seinen Jähzorn wiedergutmachen. Er wollte seinem Sohn Asklepios die beste Ausbildung angedeihen lassen, die sich denken läßt. Der tadelloseste Pädagoge in der griechischen Mythologie ist der Kentaur Chiron – von ihm habe ich bereits erzählt –, Chiron sollte der Lehrer des Asklepios werden.

Chiron war ein guter, ein gütiger, ein weiser und freundlicher Erzieher. Er hatte viele Helden großgezogen, Jason hatte er zum Mann gemacht, Achill, dessen Vater Peleus, Herakles versuchte er zu formen. Er nahm sich gern des Asklepios an.

»Wofür interessierst du dich am meisten?« fragte er den Buben.

»Für alles, was man nicht sieht«, antwortete Asklepios.

»Eine gute Antwort«, sagte Chiron. »Aber du mußt sie mir näher erläutern. Nenne etwas, das man nicht sehen kann.«

»Zum Beispiel«, sagte Asklepios, »wie es innen im Menschen aussieht.«

»Sehr gut«, lobte Chiron. »Wirklich sehr gut!«

Zu Apoll sagte er: »Er wird gut. Er wird der Beste.«

»Nichts weniger«, sagte Apoll.

Die Lieblingswissenschaft des Chiron war die Medizin. Er nahm sich vor, aus Asklepios den besten Arzt zu machen. All sein medizinisches Wissen gab Chiron diesem Kind.

Asklepios war ein sehr intelligenter und gelehriger Schüler. Und wenn sich sein Lehrer eher der Theorie, der Forschung, verschrieben hatte, so neigte Asklepios entschieden zur Praxis. Als junger Mann jedenfalls.

»Forschung«, pflegte er zu sagen, »die Forschung kann doch nur einen Zweck haben, nämlich zu heilen.«

Bald war er ein berühmter, weit geschätzter Arzt. Er half Leuten, die keine Hoffnung mehr hatten. Die Menschen strömten zu ihm und baten um Rat. Und Asklepios wußte Rat. Er linderte. Er tröstete. Er heilte.

Apoll war sehr stolz auf seinen Sohn, und er machte oben im Olymp in Anwesenheit des Zeus einen Vorschlag.

Er sagte: »Wollen wir nicht hier oben auf dem Olymp einen Gott der Heilkunst haben? Die Heilkunst hat eine Zukunft, sie entwickelt sich. Die Menschen bringen den Ärzten Vertrauen entgegen, sie verehren den Arzt. Wir sollten im Olymp einen Gott der Heilkunst haben. Ich schlage vor, daß mein Sohn Asklepios unsterblich und zum Gott gemacht wird.«

Apolls Karten waren gar nicht so schlecht. Seine Halbschwester Athene zum Beispiel stimmte diesem Vorschlag zu. Sie hatte eine Schwäche für jenes Treiben, das der Mensch Wissenschaft nennt. Auch Apolls Schwester Artemis stimmte seinem Vorschlag zu, wohl nur aus geschwisterlichem Einvernehmen. Hephaistos, der Schmied, der Techniker, der geniale Handwerker, war auch dafür. Der Mensch sei im Prinzip nichts anderes als eine Maschine, sagte er, und Maschinen soll man im

Gegensatz zu Göttern auseinandernehmen und wieder zusammenbauen.

Apoll argumentierte weiter: »Seht ihr, ich und meine Schwester Artemis, wir sind dafür da, um den kranken, alten Menschen den Pfeil zu senden«, den sanften Pfeil meinte er. Apoll und Artemis haben nämlich unter anderem die Aufgabe, den Menschen, wenn er alt und krank ist, vom Leben in den Tod zu befördern. »Warum kann es nicht einmal umgekehrt sein?« sagte Apoll. »Warum können wir, die wir sonst immer Leben verkürzen, warum können wir nicht auch Leben verlängern?«

Die übrigen Götter waren einverstanden, die Leidenschaft Apolls steckte sie an.

Nur einen steckte diese Leidenschaft ganz und gar nicht an, nämlich Zeus.

Zeus sagte: »Nein!«

»Und warum nicht?« fragte Apoll, ohne seinen Vater anzusehen.

»Weil ich nein sage!«

»Aha.«

Hier zeigt sich ein Grundkonflikt im Olymp, und es ist ein Konflikt, wie er in vielen Familien die Gemüter in Spannung hält. Apoll ist der erstgeborene Sohn des Zeus, und Zeus war immer mißtrauisch, daß er ihm die Macht wegnehmen könnte. Er war auf Apoll grundsätzlich schlecht zu sprechen. Er mochte ihn nicht. Konnte ihn nicht leiden. Kritisierte an ihm herum. Sein Äußeres war ihm zu weibisch. Wie ihm das Äußere seiner Schwester Artemis zu männlich war. Apoll, der als junger Gott um die Liebe seines Vaters gebuhlt hatte, hat sich später in große Distanz zu Zeus begeben.

Er zuckte mit der Schulter, erhob sich von der Göttertafel und sagte: »Na gut, wenn nein, dann eben nein.«

Und ging hinab zu seinem Sohn Asklepios und sagte zu ihm: »Tu du dein Handwerk, übe du deine Kunst aus. Übe sie aus, so gut du kannst. Du stehst unter meinem Schutz. Was auch immer du tust, du hast meinen Segen.«

Asklepios wirkte weiter als Arzt, und er tat sehr viel Gutes. Er brachte den Menschen Hoffnung, und er brachte ihnen Trost und Genesung. Er heiratete, und er hatte zwei Söhne. Diese beiden Söhne unterrichtete er in der Kunst der Medizin. Einer von diesen wurde Chirurg, der andere wurde Seelenarzt – ja, auch das gab es damals schon im mythischen Griechenland.

Asklepios selbst blieb zwar praktischer Arzt, aber da er nun Söhne hatte, die das Handwerk gut verstanden und ihm viel Arbeit abnahmen, wandte er sich doch, entgegen seinem ersten, jugendlichen Ruf, immer mehr der Wissenschaft zu. Es interessierte ihn bald nur mehr eine Frage: Wie kann der Mensch unsterblich gemacht werden? Was kann wissenschaftlich unternommen werden, damit der Mensch nicht stirbt? Und weiter sogar: Was kann die Wissenschaft tun, um einen Toten aus dem Hades zurückzuholen?

Und seine Forschungen hatten Erfolg. Mir fällt eine Anekdote ein: Woody Allen, der befragt wurde, ob er sich wünsche, daß seine Werke unsterblich würden, soll gesagt haben: Meine Werke? Was gehen mich meine Werke an! *Ich, ich* will unsterblich sein! Asklepios hätte ihm diesen Wunsch erfüllen können!

Es gelang dem Meister, Menschen wieder ins Leben zurückzurufen, Menschen, die nicht mehr atmeten, deren Augen schon gebrochen waren. Sein Ruhm war beispiellos! Aus allen Ländern pilgerten Männer, Frauen, Kinder zu ihm, sie fielen vor ihm auf die Knie, und sie wollten ihn verehren wie einen Gott.

Aber Asklepios sagte: »Nicht ich! Steht auf! Ich bin nur ein Wissenschaftler. Der Gott, das ist mein Vater, das ist Apoll. Wenn ihr jemanden anbeten wollt, dann Apoll!«

Das taten die Leute. Apoll hatte einen Zulauf wie nie zuvor, wie nie ein anderer Gott. Apolltempel wurden überall errichtet. Es sah so aus, als ob dieser Gott größer würde als sein Vater Zeus, daß er ihm den Rang abliefe, daß er ihn stürzte – ohne Gewalt, nicht wie Zeus seinen Vater Kronos gestürzt hatte.

Das weckte die Eifersucht des Zeus. Er blickte hinunter auf die Erde und hörte die Rufe der Verehrung für seinen Sohn. Aber er wartete noch ab. Er wußte, er war im Himmel ziemlich allein mit seiner Abneigung gegen diese beiden so sympathischen, neugierigen, wissensdurstigen Herren, gegen Apoll und Asklepios.

Da kam ihm sein finsterer Bruder Hades unverhofft zu Hilfe. Hades ist kein böser Gott, er ist ein gerechter Gott, das Wort Kompromiß kennt er nicht, und von Forschung im Grenzbereich zwischen Leben und Tod hält er berufsbedingt nichts.

Er kam und sagte zu Zeus: »Es stört mich nicht so sehr, daß vielleicht keine Menschen mehr sterben. Es stört mich nicht einmal so sehr, daß dieser Herr Asklepios die Toten aus meinem Reich herausholt. Aber es stört mich die offensichtliche Ungerechtigkeit. Entweder sind alle Menschen sterblich, oder alle Menschen sind unsterblich. Entweder werden alle Menschen in den Hades gebracht, oder es werden alle Menschen aus dem Hades ins Leben zurückgeführt. Ich weiß ja, daß sie alle verrückt nach dem Leben im lieben Sonnenlicht sind. Aber ich kann es nicht dulden, daß einige privilegiert sind und zurückgeholt werden und andere nicht. Wenn dieser Herr Asklepios seine Kunst weiter betreibt«, sagte Hades, »dann werde ich selbst die Tore meines Reiches öffnen und werde alle Toten zurück ins Leben schicken. Auf der Erde wird ein Gedränge sein, und es werden Eifersucht und Haß und Neid und Rachsucht herrschen. Denn es wird eng werden auf der Erde.«

Diese Beschwerde des Hades kam Zeus gerade recht. Er sagte zu den anderen Göttern: »Ihr habt es gehört, ich muß handeln.«

Und ohne Vorwarnung, ohne daß er mit Apoll darüber gesprochen hätte, nahm er einen seiner Blitze und schleuderte ihn gegen Asklepios und tötete den Arzt.

Das löste einen ungeheuren Zorn in Apoll aus, eine tiefe, unheilbare Verbitterung. Aber Apoll ließ sich nicht vom Jähzorn hinreißen. Er stählte seinen Haß mit Vernunft. Er plante den Aufstand gegen seinen Vater, und er hatte gute Chancen.

Bevor ich in der Geschichte fortfahre, möchte ich ein wenig grübeln. Apoll war ein Grübler. Grübeln wir über ihn nach.

Apoll wurde erst durch die Römer zu einem strahlenden Gotthelden, bei den Griechen war er eine durchaus gebrochene, unglückliche, eine – ungeschickt wäre falsch gesagt –, eine merkwürdig eigensinnige Persönlichkeit. Die Römer haben übrigens den Apoll als einzigen auch mit seinem Namen übernommen. Denn aus Zeus wurde Jupiter, aus Hera Juno. Aus dem Kriegsgott Ares wurde

Mars, aus Hermes Merkur, aus Aphrodite wurde Venus und so weiter und so fort. Aus Apoll wurde Apoll, Apoll blieb Apoll.

Er ist eine dialektische Gottheit. Er bringt einerseits den Tod, indem er mit seinen sanften Pfeilen die Menschen abschießt, andererseits ist er der Gott der Heilkunst. Er zupft aus den Saiten der Lyra trostreiche Musik, dieselben Saiten spannt er als Sehnen in seinen Bogen, der trostlosen Tod bringt. Er ist der Gott der Hirten, aber der Wolf ist ihm das nächste Tier.

Er wird auch Phoibos Apoll genannt, das spielt auf seinen Anspruch an, auch Sonnengottheit zu sein. Man weiß, woher die Idee zu dieser Gottheit kam, nämlich aus dem Babylonischen, dort wurde sie Schamasch genannt und war die Gottheit der Sonne.

Zeus hat Apoll gezeugt zusammen mit der Titanin Leto. Als Leto schwanger war, wurde sie von Hera, der ewig Eifersüchtigen, verfolgt. Hera hetzte erst den Drachen Python auf Leto, der solle sie verschlingen. Das Ungetüm machte der Schwangeren das Leben schwer, aber es versagte. Zeus ließ es nicht zu, daß seine Nachkommenschaft im Magen eines Monsters verdaut würde.

So schickte Hera Leto einen Fluch nach: »Jedes Land«, bestimmte sie, »jedes feste Stück Land, das diese Leto auf seinem Boden gebären läßt, wird zerrissen zu Spreu und in die Winde geworfen!«

Das will kein Land.

Leto irrte durch die Welt und suchte einen Platz, wo sie ihre Kinder, es waren Zwillinge, zur Welt bringen könnte. Da bot sich die Insel Delos an. Sie war, was es heute, da die Schöpfung auf diesem Gebiet wenigstens vollendet ist, nicht mehr gibt, nämlich eine schwimmende Insel.

Diese Insel argumentierte so: »Ich bin kein Festland, also kann mich der Fluch der Hera nicht treffen. Aber die Dankbarkeit der Leto kann mir nützen.«

Sie gab Leto einen schattigen Platz, und Leto brachte Apoll und Artemis zur Welt.

Diese beiden Kinder litten darunter, daß ihr Vater Zeus sie keines Blickes würdigte und sich nicht um sie kümmerte. Das hatte Folgen für Apoll, der sehr viele unglückliche Liebschaften hatte. Mit der Liebe konnte er nur sehr schwer umgehen. Wir vermuten – aber bitte, das ist nur eine Vermutung –, wir vermuten, er besaß keinen Charme. Hermes zum Beispiel besaß Charme.

Artemis verzichtete von vornherein auf die Liebe, sie sagte, sie wolle keusch bleiben auf ewig, sie wolle Jungfrau bleiben immerdar.

Am Anfang seines göttlichen Daseins hing Apoll an seinem Vater Zeus, suchte seine Liebe, entbehrte sein Lob. Später, als er merkte, er wird nur immer zurückgestoßen, machte er sich frei von dieser Sehnsucht. Sehnsucht aber ist eine Energie, und Energie kann nicht verlorengehen, das wissen wir aus der Physik, auch im Herzen eines Gottes kann die Sehnsucht nicht verlorengehen, sie kann umgeformt werden, das schon.

Als Apoll auf der Welt war, machte er sich gleich an die Arbeit, das Leid zu rächen, das seiner Mutter angetan worden war. Er schoß seine Pfeile auf Python ab, den Drachen, der die schwangere Leto auf Befehl der Hera hatte verschlingen sollen, und er tötete den Drachen.

Python war ein Geschöpf der alten Mutter Erde, der

Gaia, und Gaia zürnte dem jungen Gott. Sie bespuckte Apoll mit Schlamm. Da bekam er seinen ersten Anfall von Jähzorn.

»Schau mich doch an«, schrie er in das Loch der Erde, das sich vor ihm auftat. »Was machst du dich stark für dieses Geschöpf. Es ist häßlich! Es ist unnütz!«

»Und was denkst du, bin ich?« sagte Gaia.

Und sie sagte es in einem Ton, der Apoll zur Vernunft brachte.

»Alle Weisheit ist in mir«, sagte Gaia. »Und aus diesem Loch hier kann ich die Weisheit strömen lassen. Aber nicht für einen, der mir ein Geschöpf getötet hat und dafür keine andere Entschuldigung vorbringt, als daß er schöner sei als jenes.«

»Was kann ich tun, daß du mir deine Weisheit gibst?« fragte Apoll.

Da gab ihm Gaia den Rat, er solle an ebender Stelle, wo er Python erlegt hatte, ein Orakel gründen, und weiter solle er eine Priesterin einstellen und sie im Andenken an ebenjenes häßliche Geschöpf Pythia nennen.

Apoll tat, wie ihm Gaia geheißen, und gründete das Orakel von Delphi. Hier wollte er den Menschen gute Ratschläge für ihr Leben geben. Und: Hier in Delphi entfaltete sich sein Ruf, so daß der Gott von Delphi dem Olymp bald schwere Konkurrenz machte.

Dann – es war lange vor dem Fall Asklepios' – geschah etwas, was große Unruhe im Himmel auslöste. Zeus nahm sich einen jungen Liebhaber, und zwar Ganymed, einen Prinzen aus Troja.

Zeus verliebte sich schrecklich in diesen Prinzen. Er riß ihn aus seiner Umgebung heraus, führte ihn auf den Olymp und machte ihn dort zum Mundschenk. Das empörte die Götter, allen voran natürlich Hera. Und diesmal hatte sie Unterstützung.

Die Götter sagten: »Das ist ungeheuerlich, daß du deine Gattin dermaßen demütigst, dir einen Geliebten zu holen und es vor ihren Augen mit ihm zu treiben.« Aber Zeus war nicht umzustimmen, er war so schrecklich verliebt in diesen Ganymed.

Nun besprachen sich Hera und Apoll, und mit dem Lockversprechen, er könnte doch unter Umständen der Nachfolger des Göttervaters werden, gewannen sie Poseidon, den Gott des Meeres, den blauhaarigen Bruder des Zeus.

Athene, die Unbestechliche, stellte sich, ohne daß ihr ein Posten im Schattenkabinett der Aufrührer versprochen worden wäre, hinter Hera. Es waren sich also die stärksten Gottheiten einig. Sie fielen von hinten über Zeus her, schlugen ihn zu Boden – unvorstellbar! –, der ganze Olymp bis hinunter zu den satten Fluren muß gedröhnt haben. Sie hielten ihn fest und knoteten ihn an jedem Bein und an jedem Arm mit hundert Knoten an das Gestein.

Aber da gab es eine kleine Verräterin, eine süße Verräterin, die Meeresnymphe Thetis. Sie war sehr verliebt in Zeus, und sie sah, daß ihr großer Geliebter hilflos gefesselt am Boden lag. Sie rannte in den Hades und rief den hundertarmigen Riesen Briareos herbei.

Sie sagte: »Du mußt Zeus helfen!«

Und dieser hundertarmige Riese stampfte zum Olymp hinauf, warf zur Seite, was ihm im Weg stand, Bäume, Felsen, Götter. Mit seinen fingerfertigen hundert Händen knüpfte er die hundert Knoten im Nu auf, und Zeus war befreit.

Und er sagte: »So! Nun! Mein ist die Rache.«

Er packte seine Frau Hera, hängte sie an den Himmel und band an ihre Beine die schweren Ambosse ihres Sohnes Hephaistos: »Ich werde dich in die Länge ziehen, bis dir Hören und Sehen vergeht!«

Hera hing am Himmelsgewölbe und wurde von ihrem Gatten gefoltert – unvorstellbar auch dieses Bild, oh, das hat den Griechen wehgetan!

Es kam dann Hephaistos und sagte empört: »Meine Mutter? Nicht mit meinen Ambossen!« Er nahm ihr die Ambosse von den Füßen und befreite sie. Dafür wurde er von Zeus vom Himmel heruntergeschleudert. Es war das zweite Mal, daß Hephaistos diese Schnellreise machte. Gewöhnen kann man sich daran nicht, auch ein Gott nicht.

Zeus sagte: »Poseidon und Apoll, weil ihr euch gegen mich empört habt, werde ich euch demütigen. Ihr, die ihr so große Gottheiten seid, müßt auf der Erde Frondienst tun. Ich gebe den Ganymed zurück, ich habe es unter der Folter versprochen, er soll nach Troja zurückkehren. Und ihr, ihr könnt gleich mit ihm gehen. Ihr sollt in Troja dem König Laomedon helfen, eine Mauer um die Stadt zu bauen. Denn irgendwann wird es einen Krieg um diese Stadt geben, und dann soll sie nicht im ersten Handstreich eingenommen werden können.«

Apoll und Poseidon gehorchten. Zeus aber behielt ein Weh im Herzen, nämlich daß er seinen geliebten Ganymed hat ziehen lassen müssen. Er hob sein Bild an den Himmel und machte aus ihm das Sternbild des Aquarius.

Poseidon und Apoll traten in die Dienste des trojanischen Königs. Sie bauten ihm eine Mauer um die Stadt. Ein Götterjahr arbeiteten sie, das sind acht Menschenjahre. Woher wir das wissen? Keine Ahnung. Damit war die Sache zwar nicht vergessen, aber sie war bereinigt, bis ..., bis die Geschichte mit dem Asklepios geschah.

Zeus hatte den Arzt in seiner Eifersucht mit seinem Blitz vernichtet. Und Apoll sann wieder auf Vergeltung. Er war diesmal vorsichtig, er wußte: Offen kann ich gegen meinen Vater nicht auftreten. Er wußte, daß die Blitze von drei Kyklopen geschmiedet wurden, sie waren Zeus' mächtige Waffe. Er dachte sich: Wenn ich ihm diese Waffen wegnehme, dann ist ein Großteil seiner Macht gebrochen.

Und er erschoß diese drei Kyklopen, die Schmiede der göttlichen Blitze.

Nun war es an Zeus, verbittert und zornig zu sein. Er wollte nun ohne großes Federlesen mit diesem Generationskonflikt im Olymp aufräumen. Er hatte die göttliche Nase voll.

Zeus verkündete: »Ich will Apoll in den Tartaros schmeißen, in den hintersten, dunkelsten Winkel der Hölle!«

Auch wenn die anderen Götter durchaus der Meinung waren, Apoll gehöre bestraft, dieses Bild, daß ein Gott wie Apoll neben einem Tantalos, neben einem Sisyphos gequält werden soll, das ließ ihr göttlicher Stolz nicht zu! Nein. Ein neuer Aufstand drohte, und überraschenderweise gab Zeus nach.

Er sagte: »Gut, ich werde Apoll noch ein zweites Mal auf die Erde schicken. Wieder soll er einem König demütig dienen.«

Er schickte ihn zu König Admetos. Aber entweder hatte sich Zeus nicht genau erkundigt, oder aber er war doch nicht ein so grobschlächtiger Vater, wie manche ihm vorwerfen. Dieser Admetos war nämlich ein gütiger, liebevoller Mann, und Apoll befreundete sich mit ihm, und die Zeit an seinem Hof wurde ihm eine liebe Zeit.

Apoll lernte das Los und die Mühen und auch das Elend der Menschen kennen. Er gewann Einsicht in das Leben der Menschen.

Admetos hatte eine Frau, die hieß Alkestis, und Admetos und Alkestis liebten sich. Es war Apolls größter Wunsch, diesen beiden etwas Gutes zu tun, bevor er wieder in den Olymp auffuhr.

Das ist kurzgefaßt die Geschichte von König Admetos und seiner Frau Alkestis:

Als Apolls Zeit auf der Erde verstrichen war, sagte er zu Admetos: »Paß auf! Ich gebe dir das schönste Geschenk, das ich dir, wie ich glaube, geben kann. Ich werde in der Stunde deines Todes, wenn ich von den Moiren den Befehl bekomme, meinen sanften Pfeil auf dich abzuschießen, noch einmal zu dir kommen, und wenn du bis dahin jemanden gefunden hast, der an deiner Stelle sterben will, dann lasse ich dich leben.«

Wir Menschen wissen, daß dies eine sehr zweischneidige Gnade ist. Apoll war im Menschlichen noch nicht so sehr bewandert. Er lernte noch – und er mußte aus der Geschichte eine bittere Lehre ziehen.

Admetos und Alkestis lebten ein Leben lang zufrieden und glücklich, natürlich vergaß Admetos das Geschenk des Apoll nicht. Er hatte oft darüber nachgedacht, und die Gedanken waren wie eine Schleife in seinem Hirn. Er wußte nicht, wie er aus diesem Dilemma herauskommen sollte.

Und dann war es eines Tags soweit. Admetos wurde

krank, und er wußte, er würde bald sterben müssen. Nun besuchte er seine Freunde, er suchte all diejenigen auf, denen er im Leben Gutes getan hatte, und sagte: »Wärest du bereit, für mich zu sterben?«

Natürlich war niemand bereit. Alles wollten sie ihm geben, sie wollten ihm ihr Geld geben, ihr Haus, doch nicht ihr Leben.

Als die Stunde des Todes kam, stand Apoll vor ihm und sagte: »Was ist, Admetos? Hast du jemanden gefunden, der mit dir tauschen will?«

Alkestis aber lauschte an der Tür. Sie stürzte herein und sagte: »Was ist los? Worum geht es? Was muß geschehen, damit mein lieber Mann am Leben bleibt?«

Da erzählte ihr Apoll von seinem Angebot.

Da sagte Alkestis: »Ich! Ich möchte für meinen Mann sterben!«

Admetos sagte: »Nein! Ich will doch nur deinetwegen leben! Ohne dich will ich nicht leben!«

Es war ein Dilemma.

Apoll merkte, daß er großen Schaden angerichtet hatte.

Wie geht die Geschichte aus? Es kommt der Deus ex machina, der Gott aus der Maschine, in diesem Fall die Göttin. Persephone nämlich tauchte aus der Unterwelt auf und schenkte Alkestis und Admetos noch je ein Jahr und versprach ihnen, daß sie danach beide gemeinsam sterben würden wie Philemon und Baukis.

Euripides erzählt die Geschichte anders zu Ende. Sein Stück *Alkestis* war ja eigentlich als Satyrspiel geplant. Ein lustiger, sauffröhlicher Herakles ringt darin mit dem Tod, besiegt ihn – wer hätte etwas anderes erwartet – und gibt Alkestis an Admetos zurück.

Apoll wandte sich nun ganz seinem Orakel in Delphi zu und gab dort Ratschläge an die Menschen, vorsichtige Ratschläge. Er wollte ja nicht wieder etwas falsch machen. Kein Wunder, daß seine Orakelsprüche oft so verschlüsselt waren.

Über dem Eingang ließ er eine Schrift anbringen, darauf steht: »Erkenne dich selbst!«

Das ist der Wahlspruch dieses Gottes. Und zugleich, wie es heißt, ist es der klügste Rat, den Gaia je nach oben geschickt hat.

METAMORPHOSEN

Von Narkissos und Echo – Von Io, Argos, einer Kuh und
einer Bremse – Von Kephalos und Prokris

Die Metamorphosen des Ovid ist eines meiner Lieblings-
bücher, und das schon sehr lange. Zu jeder Tages- oder
Nachtzeit, zu jedem Wetter, zu jeder Gemütslage findet
sich dort eine Geschichte.

Nichts geht verloren! Davon erzählt dieses Buch.
Keine Aussage enthält das Buch, keinen moralischen Hinweis, keine Deutung, sondern Erzählung. Als wäre die
Welt nicht, wenn nicht erzählt wird. Nichts geht verloren,
eins geht über ins andere, Wandlung und Verwandlung
herrschen überall, und wir – wir nehmen daran teil, indem wir davon erzählen.

Von drei dieser Wandlungen und Verwandlungen
möchte ich berichten.

Die Geschichte von Narkissos

Es war einmal eine Mutter, die war überglücklich, weil
sie einen Knaben geboren hatte, der ganz außerordentlich
schön war. Was heißt schön? Er war nicht ebenmäßig
schön, aber er sah lieblich und anziehend und interessant
aus. Was heißt das nun?

Wissen wir doch: Wenn eine Schönheit nicht in ihrer reinen Form zutage tritt, sondern wenn sie ein wenig, an wenigen Stellen an das Nichtschöne angrenzt, dann finden wir einen besonderen Reiz, einen erregenden Kitzel an dieser Schönheit. Und dieser Knabe, von dem wir erzählen wollen, verfügte über diese interessante, diese aufreizende, diese anziehende Schönheit.

Dieser Knabe hieß Narkissos. Er hatte blondes Haar, das wie Gold sein Gesicht umschmeichelte, und seine Augenbrauen waren nicht gerade wie ein Ideal, sie stiegen zur Mitte hin etwas an, er hatte grünblaue Augen. Wenn er sprach, verzog er ein wenig sein Mündchen, aber nicht viel, nur so ein wenig schief war sein Mund beim Sprechen, das machte sein Gesicht ganz außerordentlich lieblich.

Seine Mutter hätte ihren Sohn Narkissos am liebsten gar nie aus ihren Armen gelassen. Sie sorgte sich um seine Zukunft. Sie besuchte den Seher Teiresias und befragte ihn: »Wird denn mein Narkissos lange leben? Wird er ein langes Leben haben?«

Teiresias besah sich den Knaben, mit den Händen tastete er sein Gesicht ab, denn Teiresias ist ein blinder Seher, er strich über das Gesicht und die Schultern des Knaben, er ließ den Knaben ein paar Worte sprechen, fühlte dabei seinen Mund mit den Fingerspitzen. Er fühlte, daß der Mund ein klein wenig schief war beim Sprechen, und durch seine Finger wußte Teiresias, daß das ganz allerliebst aussehen mußte.

Dann tat Teiresias seinen Spruch, er sagte: »Ja, Frau, dein Narkissos wird sehr lange leben, aber nur unter einer Voraussetzung: Wenn er sich selbst nicht erkennt.«

Die Mutter wußte nicht, wie sie das deuten sollte. »Was soll das heißen?« fragte sie.

Teiresias sagte: »Ja, ich sollte eigentlich meine Sprüche nicht kommentieren, das nimmt ihnen den Reiz des Rätsels. Aber in diesem Fall, weil du ein so außergewöhnlich schönes Kind hast, dessen Schönheit ein wenig am Nichtschönen streift, was die Sache ja gerade so lieblich macht, deshalb werde ich dir sagen, was ich meine. Seine Seele kann er ruhig erkennen, auch seine geistigen Fähigkeiten kann er erkennen, das schadet alles nichts. Aber er soll nicht erkennen, daß er so schön ist. Er soll sein Äußeres für durchschnittlich halten. Am besten, er interessiert sich nicht dafür. Dann wird er lange leben. Mehr kann ich dazu nicht sagen.«

Damit mußte sich die Mutter zufriedengeben.

Narkissos war noch ein Kind, und er dachte gar nicht daran, über sich selbst nachzudenken. Er wurde von allen bewundert, aber er ließ sich nicht von Arroganz hinreißen, er merkte es gar nicht, daß er bewundert wurde. Die Mutter hütete sich, seine Schönheit in seiner Gegenwart zu loben. Sie gewöhnte sich sogar einen etwas ruppigen Ton an im Umgang mit ihm.

Und dann sah eines Tags die Nymphe Echo den Narkissos, wie er beim Wasser spielte. Da war er dann schon fünfzehn, und um seine Oberlippe keimte der erste Flaum. Es braucht nicht erwähnt zu werden, daß das seine Schönheit, eben diese besondere Schönheit, nur beförderte.

Heimlich beobachtete ihn Echo. Und wie sie sich in Narkissos verliebte!

Echo hatte einen Sprachfehler, sie plapperte alles nach, was die Leute sagten. Das hatte einen Grund.

Sie gehörte zu einer Schar von Nymphen, die Zeus bei seinen Liebesabenteuern begleitete.

»Was ist meine Aufgabe in deinem Dienst?« fragte sie eines Tages den Göttervater.

»Das will ich dir sagen«, antwortete er. »Fang einfach an zu reden, sobald du meine Gattin Hera siehst. Wenn ich dich reden höre, weiß ich, aha, Hera naht, und dann werde ich meine Vorkehrungen treffen.«

Echo hatte also Schmiere zu stehen für den Göttervater. Sie war die Hera-Warnanlage. Aber Hera war nicht dumm.

»Du«, sagte sie zu Echo, »was redest du denn so panisch in die Luft hinein, he? Hast du das Zeug alles selber erfunden, was da aus deinem Mund kommt?«

»Nein«, sagte Echo zitternd, »sicherheitshalber habe ich lange Gedichte auswendig gelernt, damit mir beim Reden der Stoff nicht ausgeht.«

»Aha«, sagte Hera, »sicherheitshalber. Soso. Hast also einen Auftrag. Verstehe. Schau mich an!«

Da gab Echo alles zu. Einer Nymphe kann es nicht gelingen, der Göttermutter ins Angesicht zu lügen.

»So«, sagte Hera, »ich werde dich verfluchen. Ja, das tu ich. Du sollst von nun an nur noch nachplappern, was andere Leute sagen, das ist sicherheitshalber, damit dir der Stoff nicht ausgeht, du verstehst. Und zwar sollst du nur noch die letzte Silbe nachplappern von all dem Zeug, was den Leuten aus dem Mund herauswächst in ihrer Schnabelsucht.«

Arme Echo, sie mußte von nun an den Leuten immer die letzte Silbe nachplappern. Aus diesem Grund hielt sie sich von den Leuten fern und ist in die Berge gezogen. Nur selten kam sie herab.

Aber eines Tages kam sie herab, nämlich um Narkissos am Wasser zu beobachten. Echo hat sich verliebt, und Narkissos hat sie nicht bemerkt. Hat keine Notiz von ihr genommen, hat freundlich gegrüßt, sie hat ihm denselben Gruß erwidert, und dann hat er sich wieder seiner Sache zugewandt.

Das kränkte Echo tief, und sie betete zu Nemesis, das ist die Göttin der Vergeltung, und sagte zu ihr: »Bitte räche diese Zurückweisung. Ich kann's nicht ertragen, ignoriert zu werden.«

Nemesis nickte stumm. Sie wollte nicht, daß Echo ihre Worte wiederholte.

Und wie sah die Rache aus? Nemesis lockte Narkissos zu einem klaren Waldsee. Dort ließ sie das Messer, das Narkissos in der Hand hielt, aus seiner Hand fallen. Er beugte sich nieder, um das Messer aufzuheben, da sah er sein Spiegelbild im See.

Von diesem Augenblick an war er seinem Spiegelbild verfallen, er konnte nicht anders, er mußte sich immer wieder ansehen. Immer wieder mußte er sich ansehen, mußte die Augenbrauen heben, um zu sehen, wie lieblich sie sich hoben, mußte sprechen, um zu sehen, wie lieblich sich sein Mund verzog. Er konnte nicht ablassen von seinem Spiegelbild. Er verdarb an Ort und Stelle und starb.

Aus seinen Gebeinen wuchs eine Blume, die Narzisse.

Was geschah mit Echo? Sie zog sich ganz in die Berge zurück, kam nie wieder ins Tal. Dort machte sie die Bauern verrückt. Wenn ein Bauer des Weges kam und ein Wort sagte, dann plapperte sie seine letzte Silbe nach. Das machte die Bauern so verrückt, daß sie die Nymphe Echo eines Tages erschlugen.

Ihr Blut sank in die Erde, und Gaia nahm es auf und verteilte es über die Berge. Wenn man in die Berge ruft, so antwortet Echo.

Die Geschichte von Io

Io war eine Priesterin der Göttin Hera, und sie war eine loyale Priesterin. Sie war Priesterin geworden aus Sympathie und aus Mitleid für diese Göttin, die ja von ihrem Gatten Zeus so oft, so schändlich betrogen wurde. Sie fand das Verhalten des Zeus abstoßend, und in keinem ihrer Gebete versäumte sie es, Hera ihrer Solidarität zu versichern.

Und ausgerechnet, ausgerechnet auf die Priesterin Io hatte Zeus ein Auge geworfen. Interessant eigentlich! Denn Io kopierte Hera aufs genaueste. Sie war die ins Menschliche verkleinerte Hera. Interessant, daß Zeus an der Kopie mehr Gefallen fand als am Original.

Zeus wußte, es würde bei Io nicht leicht sein. Da mußte Vorarbeit geleistet werden. Er kleidete sich in einen Traum. Er ließ träumen, und Io träumte, und im Traum flüsterte ihr Zeus ins Ohr. Er wolle ihr beiliegen, flüsterte er, er wolle ihr draußen auf dem Feld beiliegen, er wolle ihr im Klee beiliegen. Das sagte er immer wieder und immer wieder. Und er verstand es, seiner Stimme jenes Timbre zu geben, das die Sinne erregt.

Io wachte am Morgen auf, und sie hatte ein furchtbar schlechtes Gewissen. Denn sie sagte sich: »Ich bin ja verantwortlich für meine Träume. Ich bin am Tag eine Priesterin der Hera, und in der Nacht träume ich, daß ich meine Göttin betrüge.«

Und so war es: Am Tag betete sie zu Hera, in der Nacht ließ sie sich von Heras Mann becircen. Sie träumte und träumte.

Sie sprach mit ihrem Vater darüber, sagte: »Was soll ich nur tun? Ich will es nicht, und ich liebe meine Göttin, und ich verabscheue Zeus, weil er sie so oft, so schändlich betrügt, und in der Nacht kommt er zu mir und will mit mir schlafen.«

Der Vater wußte sich auch keinen Rat, und sie gingen gemeinsam nach Delphi.

Das Orakel war ziemlich kurz angebunden und sagte zu dem Vater: »Schicke deine Tochter weg. Ob sie schuldig oder unschuldig ist, das spielt gar keine Rolle, es sind für dich unfaßbare Kräfte im Spiel. Wenn du sie in deinem Reich beläßt, sie wird dein Reich vernichten, ob sie es will oder nicht. Schick sie weg!«

Dem Vater machte das Gewissenskonflikte, aber zuletzt entschied er sich für sein Reich, er schickte seine Tochter fort. Er führte sie an die Grenzen seines Reiches und sagte zu ihr: »Komm nicht mehr nach Hause.«

An der Grenze des Reiches wartete ein Hirte auf sie. Ein freundlicher Hirte.

Der sagte zu ihr: »Ich kann es auch nicht verstehen. Wenn ich der Vater wäre, ich würde dich nicht wegjagen.«

»Was soll ich nur tun?« fragte Io.

»Setz dich«, sagte der Hirte. »Essen wir erst, ich habe etwas Brot und Wein bei mir.«

Er war sehr freundlich zu ihr, gab ihr seinen Rat, blickte sie zärtlich an. Io war angewiesen auf Rat und Zärtlichkeit. Und – ja, dieser Hirte gefiel ihr. Schon lachte sie … Wer war dieser Hirte? Es war Zeus. Zeus kam seinem Ziel immer näher. Io wurde müde.

Der Hirte sagte: »Harter Boden hier, ich weiß. Bist du nicht gewohnt, stimmt's?«

»Bin ich nicht gewohnt, nein«, sagte Io.

Der Hirte zog seine Jacke aus. »Hier leg dich drauf.«

Das tat Io. Aber die Jacke war kurz. Für den Kopf war keine Unterlage.

»Du kannst deinen Kopf in meinen Schoß legen«, sagte der Hirte.

»Kann ich das?« fragte Io.

»Ja, ja«, sagte der Hirte. Zeus kam gut voran.

Da lag nun Io, und der Hirte umarmte sie, und ein Schauer ging durch ihren Körper.

In diesem Augenblick hörte Zeus die donnernden Schritte seiner Gattin, und er wußte, er mußte etwas tun. Es war keine Höhle da, in der er Io hätte verstecken können, die Szene fand auf dem freien Feld statt. Kein Baum war da, nichts. Da verwandelte er Io in eine weiße Kuh.

Hera kam und sagte: »Was tust du hier?«

»Ich?« fragte Zeus. »Ich bin ein Hirte. Mit meiner Kuh bin ich hier. Das tun Hirten, daß sie mit ihrer Kuh irgendwo sind. Was regst du dich so auf?«

Aber Hera durchschaute ihn und sagte: »Ja, diese Kuh gefällt mir, sie ist sehr schön.«

»Es geht«, sagte Zeus.

Hera fragte: »Liebst du mich denn noch?«

Zeus sagte: »Du weißt doch, daß ich nur dich liebe.«

Sie fragte: »Wie sehr liebst du mich denn, Zeus?«

Er sagte: »Ich liebe dich über alle Maßen. Ich würde dir alles geben.«

Er übertrieb, und sie sagte darauf: »Ich will doch nicht alles von dir. Es genügt mir doch schon, wenn du mir diese weiße Kuh schenkst.«

Da wurde es eng für Zeus. Er sagte: »Nein, diese Kuh schenke ich dir nicht. Diese auf gar keinen Fall. Die ist nicht schön genug für dich. Das ist einfach eine Kuh ... «

»Aber gerade diese Kuh möchte ich haben«, sagte Hera.

Es blieb ihm nichts anderes übrig, als Hera die Kuh zu schenken.

Arme Io!

Hera nahm die Kuh mit, und sie rief das Ungeheuer Argos herbei. Argos hat hundert Augen – Argosaugen –, diese Augen sind am ganzen Körper verteilt. Nur zwei Augen schlafen jeweils, die anderen sind wach. Argos ist der beste Wächter, den man sich vorstellen kann.

Zu diesem Argos sagte Hera: »Du bewachst mir diese Kuh!«

Sie wußte, eine Kuh ist kein Hindernis für Zeus, der kann sich jederzeit in einen Stier verwandeln, war alles schon da.

Argos setzte sich neben die Kuh und bewachte sie. Aber Zeus hatte so große Lust auf Io, und er wollte noch längst nicht aufgeben.

Er sagte zu seinem Sohn Hermes: »Es ist mir egal, wie du das anstellst, Hermes. Schalte diesen Argos aus!«

Hermes war ein sehr pfiffiger Gott, und er wußte, wann Gewalt angewendet werden mußte und wann List. Er wußte auch, wann man jemanden mit dem Erzählen von Geschichten besiegen kann. Ein durch und durch vorbildhafter Gott!

Hermes gesellte sich zu Argos und fing an, ihm Geschichten zu erzählen. Das gefiel dem augenübersäten Wesen.

Es richtete alle seine Augen auf Hermes und sagte: »Erzähl weiter, man sieht bei deinen Geschichten so schöne Dinge vor sich.«

»Wo siehst du diese schönen Dinge?« fragte Hermes.

»Das ist ja gerade das Eigenartige«, sagte Argos, »ich sehe sie vor meinem inneren Auge.«

»Da hast du recht«, sagte Hermes. »Meine Geschichten kann man vor dem inneren Auge sehen. Aber ich glaube, du kannst meine Geschichten nicht richtig sehen.«

»Warum kann ich deine Geschichten nicht richtig sehen?« fragte Argos.

»Du läßt viel zuviel Licht von außen hinein«, sagte Hermes. »Erst wenn du alle deine Augen, die über deinen ganzen Körper verteilt sind, schließt, erst dann kannst du optimal mit deinem inneren Auge sehen.«

Was muß dieser Hermes für schöne Geschichten erzählt haben! Argos jedenfalls war hingerissen von diesen Geschichten, er wollte mehr von ihnen hören, und er wollte sie optimal vor seinem inneren Auge sehen. Er lehnte sich zurück und schloß die Augen, alle Augen.

Da schlug ihm Hermes den Kopf ab. Seit diesem Tag hat Hermes den Beinamen »der Argostöter«.

Hera war also wieder einmal überlistet worden. Sie nahm die Augen des Argos und setzte sie auf den Schweif des Pfaus. Wenn ein Pfau sein Rad schlägt, sehen wir diese Augen.

Aber auch Hera gab noch nicht auf. Sie befahl eine Bremse zu sich und sagte: »Du bist klein. Laß dich nicht überlisten, und laß diese Io nirgends sich niedersetzen. Stich sie! Denn wenn sie sich irgendwo niedersetzt, wird mein Gatte als Stier nicht weit sein. Laß ihr keine Ruhe, treibe sie über die ganze Welt!«

Diese Bremse ließ sich von den Geschichten des Hermes nicht einlullen. Sie jagte die arme Io, die in der Kuhexistenz gefangen war, durch die ganze Welt. Vorbei an der Adria trieb sie die Kuh, ein Teil der Adria wurde nach ihr benannt, noch heute heißt es das Ionische Meer. Von Europa nach Asien wurde sie gejagt von der Bremse, sie überschritt die Furt von Europa nach Asien, noch heute heißt diese Furt Bosporus, nach der in eine Kuh verwandelten Io so benannt.

Sie kam zum Kaukasus, wo Prometheus an den Fels genagelt war. Aischylos berichtet uns von dieser Begegnung in seiner Tragödie *Der gefesselte Prometheus*.

Schließlich kam sie zu Tode erschöpft in Ägypten an.

Dort hatte Zeus dann ein Nachsehen mit ihr, er sagte: »Weißt du, es ist nicht nur meine Lust, daß ich hinter euch her bin, es ist mein Schöpfungsauftrag. Auf die Lust werde ich nun verzichten, du hast genug gelitten, aber ich kann nicht auf den Schöpfungsauftrag verzichten. Ich werde mich also nicht geschlechtlich mit dir vereinigen, ich werde dir einen Sohn zeugen, indem ich mit dem Finger dein Fell berühre. Ein Gott wie ich kann das.«

Das tat er, und Io war schwanger von Zeus, ohne daß er sich geschlechtlich mit ihr vereinigt hatte. Da war dann Hera zufrieden, und sie verwandelte Io zurück in eine Frau.

Die Geschichte von Kephalos und Prokris

Es war einmal ein Liebespaar, er hieß Kephalos, und sie hieß Prokris. Bevor sie heirateten, schworen sie sich, sie würden sich nie im Leben betrügen. Dann setzten sie den Termin für die Hochzeit fest.

Dieser Kephalos war ein leidenschaftlicher Jäger, und er streifte ganz früh am Morgen durch die Felder. Dort sah ihn Eos, die Morgenröte. Aphrodite hatte ihr eine wilde Gier nach jungen Sterblichen ins Herz geflucht.

Eos verliebte sich in Kephalos, aber Kephalos sagte zu ihr: »Du bist wunderbar, und ich würde mich auch sofort in dich verlieben, hätte ich nicht diesen Schwur meiner Prokris schon gegeben, daß ich sie niemals betrügen will.«

Eos sagte: »Das ist sehr schön, aber ich glaube nicht, daß deine Prokris ebenso treu ist wie du.«

Kephalos sagte: »Was erzählst du mir? Natürlich ist sie treu, ich lege meine Hand ins Feuer für sie.«

Dann sagte Eos: »Du brauchst nicht deine Hand ins Feuer zu legen, du brauchst sie nur zu testen. Führe sie in Versuchung!«

Kephalos ließ sich überreden, das ist nicht sehr schön, aber er ließ sich überreden. Eos veränderte sein Aussehen, er zog sich andere Kleider an und ging an den Hof, wo Prokris lebte. Er kam als ein Fremder.

Er kam an und sagte: »Bist du Prokris?«

»Ja«, sagte sie. »Mein Name ist Prokris.«

»Ich soll dich schön grüßen von deinem Gatten Kephalos«, sagte der Fremde. »Er ist für ein paar Tage verreist, aber er wird bald wiederkommen, und er freut sich schon auf dich.«

Prokris nahm das gelassen an, sagte ja und lud den Fremden ein zu bleiben. Die Gastfreundschaft gebot ihr das.

Nun machte sich Kephalos, verkleidet als ein Fremder, an Prokris heran. Er sagte ihr, wie schön er sie finde: »Wenn ich dein Mann wäre, ich würde dich nicht allein lassen, nicht einen Tag, nicht eine Stunde.«

»Ach«, sagte Prokris, »ich vertraue ihm.«

»Ja«, sagte er, »aber kann er auch dir vertrauen?«

Prokris fühlte sich hingezogen zu diesem Fremden, es war ja ihr Kephalos, es war ja Kephalos' Art, die ihr so wohltat, ohne daß sie es wußte. Sie fühlte es: Von diesem Mann droht meinem Treueschwur Gefahr.

Dieser Kephalos, verkleidet als ein Fremder, umwarb sie und umgarnte sie. Er sagte zu ihr, sein größter Wunsch im Leben sei, mit ihr zu schlafen. Sie hörte das nicht ungern. Sie hörte es gern.

Nach langem, langem, langem Drängen gab Prokris nach, und sie ging mit diesem Fremden ins Bett.

»Nur mein Kephalos hat mich bisher so geliebt«, sagte sie.

Da gab sich Kephalos zu erkennen, er sagte: »Ja. Ich bin es ja auch. Du hast mich mit mir betrogen.«

Prokris war entsetzt über die Hinterlist ihres Liebsten. Sie lief weg und rief zurück: »Ich möchte von dir nichts mehr wissen. Du hast mich in eine entsetzliche Situation gebracht! Ich sehe dich nie wieder!«

Sie ging hinaus in die Welt und kam auch nach Kreta. Ihr Zorn auf Kephalos war immer noch heiß.

In Kreta lebte Minos. Minos war einer der berüchtigt-

sten Frauenhelden seiner Zeit, und Prokris sagte sich:
»Ich werde mich rächen an Kephalos, indem ich mit diesem Minos ins Bett gehe.«

Sie schlief mit ihm, und Minos, so frauengierig er auch
war, war ein zärtlicher Liebhaber, der auch zuhören
konnte. Prokris erzählte ihm die ganze Geschichte.

Er sagte: »Es bleibt dir gar nichts anderes übrig, du
mußt Gleiches mit Gleichem vergelten, und wir werden
dem Ganzen noch ein wenig Pfeffer geben.«

Er stattete Prokris als einen Knaben aus, er verkleidete
sie und machte einen jungen, hübschen Mann aus ihr.

Er sagte: »Du wirst sehen, wir werden jetzt deinen
Kephalos testen.«

Sie zog los, kehrte zurück an den Hof, wo Kephalos
war, der immer noch seiner Prokris nachtrauerte.

Sie trat vor ihn hin und sagte: »Ich muß dir eine Nachricht von deiner Prokris überbringen: Sie wird nie mehr
zu dir zurückgehen. Zuerst wollte sie, dann wollte sie
nicht mehr. Schlag sie dir aus dem Sinn!«

Kephalos weinte, aber es ging so eine seltsame Anziehungskraft von diesem jungen Mann aus, ist ja klar, es
war ja Prokris. Dieser junge Mann warf ihm lüsterne
Blicke zu, und Kephalos verliebte sich in ihn. Schließlich
bat er den Gastfreund offen, ihn in seinem Schlafgemach
besuchen zu dürfen.

Prokris, verkleidet als Knabe, erlaubte es.

Dort gab sie sich ihm zu erkennen und sagte: »Du hättest ebenfalls deinen Eid gebrochen.«

Da blieb ihnen nichts anderes übrig, als sich zu ver-
söhnen. Und es wurde eine gute Sache zwischen ihnen,
denn sie wußte Geheimes von ihm, und er wußte Geheimes von ihr.

Das sah Eos, die Morgenröte, nicht gerne, weil sie die beiden gerne auseinandergebracht hätte, um den Kephalos für sich ganz allein zu haben. Noch einmal wandte sie eine List an. Wie gesagt, Kephalos war ein leidenschaftlicher Jäger, und er jagte manchmal die ganze Nacht und war schweißgebadet am Morgen. Eines Morgens stellte er sich auf einen Hügel.

Und wie er so schweißgebadet dastand, rief er: »Aura komm, Aura komm!«

Er meinte damit den Wind, der kommen sollte, um ihn abzukühlen. Ein Knecht hörte das und erzählte es der Prokris.

Er sagte: »Dein Mann steht draußen auf dem Hügel und ruft irgendeiner Aura, die zu ihm kommen soll.«

Prokris dachte sich: »Er betrügt mich schon wieder, wir haben uns doch gegenseitig vergeben und uns endgültig Treue geschworen.«

Sie schlich sich in der darauffolgenden Nacht hinaus, weil sie selbst sehen wollte, wie Kephalos dieser Aura rief.

Als sie hinter ihm im Gebüsch war, knackte ein Zweig, und Kephalos meinte, es sei ein Eber, und er drehte sich um, warf seinen Speer, und der durchbohrte die arme Prokris.

Bevor sie starb, sagte sie: »Bitte, bitte, mein Kephalos, betrüge mich nicht mit dieser Aura.«

Er sagte: »Was redest du da, meine Prokris? Ich habe den Wind gerufen, daß er mich abkühlt.«

Da merkte er, daß er dem Fluch der Eos erlegen war und daß er seine Prokris verloren hatte, diesmal endgültig.

DIE ARGONAUTEN

Von Pelias, genannt der Bittere – Von einer heiteren
Schulklasse – Von einer verlorenen Sandale – Vom
goldenen Vlies – Von der Koalition zwischen zwei
Göttinnen – Von Medea – Von der Koalition zwischen
drei Göttinnen

Die Argonauten waren eine Gruppe von Helden, und
sie waren bekannt im ganzen damaligen Erdkreis. Jede
Region, die auch nur einen Heroen hervorbrachte,
behauptete später, er habe zu den Argonauten gehört,
oder er habe zumindest einen Ahnen gehabt, der bei
ihrem großen Abenteuer dabeigewesen sei. Die Argonauten sind die antiken Urhelden, sie verkörpern das Urbild
der Helden in Griechenland. Wenn man ihre Geschichte
etwas genauer betrachtet, und das wollen wir ja, dann
erlebt man manche Überraschung.

Überliefert hat uns dieses Abenteuer Apollonius von
Rhodos, er lebte fünfhundert Jahre nach Homer und hat
sich selbstverständlich an seinem großen Vorbild Homer
orientiert. Er nannte sein Buch » Argonautika «. Es lohnt
sich durchaus, sein Epos zu lesen, man ist allerdings gut
beraten, wenn man das Hauptaugenmerk auf das Nebenbei lenkt, auf die scheinbar kleinen Nebengeschichten
und Nebenbemerkungen. Der Hauptstrang der Geschichte atmet den etwas muffig-schweißigen Superlativ
der bedingungslosen Heldenverehrung. Homer wirkt dagegen frisch ausgelüftet. In den Nebengeschichten der
» Argonautika « relativiert sich jedoch das Heldentum auf

eigentümliche Weise. Was auch immer die Gründe dafür sein mögen, uns interessieren die gebrochenen, angepatzten Helden mehr als die hochpolierten, die dastehen wie glänzende Marmorstatuen.

Zur Vorgeschichte: Es war einmal ein Mann, ein sehr bitterer Mann, der hieß Pelias. Seine Bitterkeit rührte daher, daß ihn seine Mutter als Säugling zusammen mit seinem Zwillingsbruder ausgesetzt hatte. Aber diese Mutter tat das nicht freiwillig, sie wurde von ihrer Mutter, also von der Großmutter des Pelias, dazu gezwungen.

Als Pelias ein junger Mann war, tötete er die Großmutter.

»Ich nehme dir das Leben«, sagte er, bevor er zuschlug, »weil du mir meines genommen hast, noch bevor es richtig begann.«

Die Großmutter hatte sich in einem Tempel der Hera vor ihrem Enkel versteckt.

»Laß mich leben«, bat sie, »laß mich wenigstens so lange leben, bis ich die Mauern des Tempels verlassen habe. Laß mich noch einen Blick auf die Felder und die Bäume und die Wolken werfen.«

Pelias gewährte die Bitte nicht. Über dem Altar der Hera enthauptete er seine Großmutter.

Das löste großen Zorn bei Hera aus. Das wollte sie sich nicht gefallen lassen, daß in ihrem Heiligtum eine solche Untat geschah. Wir wissen, Hera ist in ihrem Zorn sehr groß, und in ihrer Rache ist sie sehr tüchtig. Pelias hatte sich eine mächtige Feindin gemacht.

Aber das kümmerte ihn nicht, er wischte sein Schwert ab und machte sich auf den Weg. So gelangte er in die Stadt Iolkos.

Hier herrschte sein Halbbruder Aison. Aison war das rechte Gegenteil von Pelias, er war ein schwacher, ein zerstreuter Mann, der zwar nicht auf Anhieb wußte, was Gerechtigkeit bedeutete, der sich aber stets um sie bemühte. Es fiel Pelias nicht schwer, ihm in einem Handstreich die Macht aus der Hand zu reißen und sich auf den Thron von Iolkos zu setzen.

Zu ebendieser Zeit kam Aisons Frau nieder und brachte einen Knaben zur Welt. Sie war nicht so zerstreut und weltfremd wie ihr Mann, und sie sagte sich: »Es wird so sein, daß der neue, bittere König meinem Knaben ein Leid zufügen will.«

Und darum behauptete sie öffentlich, es sei eine Totgeburt gewesen. Sie ließ ein Begräbnis organisieren, weinte laut und begrub einen Stein. Heimlich gab sie das Kind in Pflege zu Chiron, dem Kentaur.

Wir kennen Chiron, den bedeutenden Pädagogen. Viele Helden sind bei ihm in die Schule gegangen, er hat versucht, ihnen Weisheit, Güte und Freundlichkeit einzutrichtern. Chiron bemühte sich, und sehr bald erkannte er den Charakter dieses Knaben. Er nannte ihn Jason.

Der Charakter des Jason scheint auf den ersten Blick nur aus Negativem zu bestehen. Er war zum Beispiel der Wahrheit nicht sonderlich zugetan, er log oft, man sollte besser sagen, er schummelte. Jason war nicht sehr mutig, er war sogar feig, keine Spur von Zivilcourage. Aber dann war er wieder tollkühn, fuhr dazwischen, weil es ihm eben an Verstand mangelte und er nicht sehr weit in die Zukunft zu blicken vermochte. Vor allem war er ein Großmaul, im Grunde war er ein Angeber, er war verschwenderisch, und er führte gern das große Wort in der

Klasse bei seinen Freunden, ein lautes, hohles Wort meistens.

Aber, und das sah Chiron sehr deutlich, zu all diesen negativen Eigenschaften des Jason kam eine einzige positive Eigenschaft hinzu. Aber diese Eigenschaft überwog alle negativen: Jason hatte Charme.

Wir wissen es, daran hat sich bis heute nichts geändert, wenn ein Mensch Charme hat, dann vergeben wir ihm alles, dann kann er ein Großmaul sein, dann kann er ein Lügner sein, dann kann er uns weh tun, und immer werden diese negativen Eigenschaften, diese bösen Seiten an ihm überstrahlt von jenem Lebenslicht, das wir Charme nennen, von dem wir gar nicht wissen, was es eigentlich ist. Kein Mensch kann uns sagen, was Charme ist.

Dieser Jason also hatte Charme, er war beliebt in der Klasse. Es war eine ganz besondere Klasse, die Chiron unterrichtete, es saßen nämlich in der Schulbank einige zukünftige Helden von krassem Kaliber. Da war zum Beispiel Peleus, der zukünftige Vater des Achill, da saß Telamon, ein starker, großer Mann, schon als Kind mit Muskeln wie pralle Wasserschläuche ausgestattet, er wird der Vater des Aias werden. Da saßen Kastor und Polydeukes, die Brüder der schönen Helena. Auch Orpheus soll ab und zu aufgetaucht sein in dieser Klasse. Laertes, der zukünftige Vater des Odysseus, kam dazu.

Diese Klasse hielt zusammen. Es war eine schwierige Klasse, sie machte dem Chiron nicht nur Freude, es waren Rabauken dabei, die lieber am Strand saßen und brüllten, als daß sie studierten. Chiron sah schon, mit diesen Buben wird, was die Weisheit betrifft, kein großer Staat zu machen sein. Aber er hatte sie gerne, denn sie hatten das Herz, wie es heißt, am rechten Fleck. So argumentierte er Freunden gegenüber. Die Wahrheit hieß: Der Charme des Jason hatte auf die ganze Klasse abgefärbt.

Jason war nicht der Klügste, er war auch nicht der Stärkste. Er war in allem unterer Durchschnitt. Aber – er hatte Charme. Chiron, dieser vorzügliche Menschenkenner, nannte ihn Jason, das heißt »der Heiler«.

»Ja«, argumentierte er gegenüber besorgten Freunden, »dieser junge Mann ist ein Heiler. Denn es kann einer sein, wie er will, wenn er Charme hat, dann heilt er viele Wunden, ohne daß er es weiß.«

Mit durchaus gemischten Gefühlen sah Chiron zu, wenn sich seine Schüler unten am Meer trafen und ihren Träumen nachhingen. Einen Traum hatten sie alle gemeinsam: Sie wollten große, berühmte Seeleute werden, die schreckliche Abenteuer erlebten, die viele Frauen hatten, die tätowierte Arme hatten und die viel Rum trinken konnten. Das war ihr Traum.

So wuchs Jason auf. Er war zufrieden. Er war überzeugt, daß ihn jeder liebte. »Einen Feind? Nein, einen Feind habe ich nicht«, hätte er sicher gesagt.

Aber er hatte einen Feind, einen mächtigen, bitteren Feind.

Pelias, der der Bittere genannt wurde, König von Iolkos, ließ sich eines Tages ein Orakel erstellen.

Dieses Orakel besagte: »Pelias, du wirst deine Macht in eisernen Händen halten. Niemand wird dir diese Macht nehmen können. Aber dann wird ein junger Mann kommen. Er wird nur eine Sandale an seinen Füßen haben, daran wirst du ihn erkennen. Dieser junge Mann wird dir die Macht und auch das Leben nehmen.«

Nun, Pelias hörte sich dieses Orakel an, aber er war viel zu bitter, um an Orakel zu glauben. Bitterkeit ist wie Säure, und sie zersetzt mit der Zeit jeden Glauben.

Er sagte: »Ja, ja, ja, wir werden sehen.«

Die Jahre vergingen, und er vergaß den Spruch.

Aber dann eines Tages blickte er durch ein Fenster seines Palastes und sah draußen im Hof einen jungen Mann stehen. Und dieser junge Mann hatte nur eine Sandale am Fuß. Da fiel ihm der Spruch wieder ein.

Dieser junge Mann war Jason.

Was war geschehen? Jason wurde, als er die Schule mit Ach und Krach absolviert hatte, von Chiron in die Welt hinausgeschickt.

Chiron sagte ihm: »Sei nicht so großmaulig draußen in der Welt, halte dich ein wenig zurück, und sei freundlich.«

Aber er wußte, dieser Rat wäre gar nicht notwendig gewesen, denn Jason wird auf alle Fälle und immer großmaulig sein, und freundlich ist er ohnehin.

Auf seiner Reise in die Welt hinaus kam Jason an einen Fluß, und an diesem Fluß wartete ein altes Weib. Wenn alte Weiber auftauchen, die irgendwo stehen und schauen, dann handelt es sich meistens um die Göttermutter Hera. Das kann man als Faustregel nehmen.

Auch in diesem Fall war es Hera, sie stand am Fluß und jammerte: »Wer trägt mich über den Fluß? Ich bin alt, ich kann nicht gehen.«

Die Passanten sagten: »Ja, wenn du zu alt bist und nicht gehen kannst, dann bleibe doch, wo du bist.«

Aber Jason sagte: »Ach was, ist doch eine Kleinigkeit. Dich setze ich auf eine meiner Schultern, dich trage ich über diesen Fluß.«

Ein Großsprecher, er hatte das Gewicht dieser alten Frau unterschätzt, es war ja immerhin die Göttermutter Hera. Er mühte sich ab, die Leute am Ufer lachten ihn aus. Aber schließlich gelang es ihm, sie doch auf die andere Seite zu bringen.

Da sah er, daß er eine Sandale im Fluß verloren hatte.

»Jetzt habe ich glatt meine Sandale verloren«, lachte er.

Das Ganze war ein Test der Göttermutter Hera, sie wollte sehen, ob dieser Jason der Geeignete wäre für ihre Rache. Ihn hatte sie sich ausgesucht, er sollte den Pelias dafür bestrafen, daß er seine eigene Großmutter in ihrem Tempel enthauptet hatte. Ich sagte ja schon, was Rache betrifft, da ist Hera ziemlich gut.

Allerdings ist sie nicht so gut, was die Auswahl von Helden betrifft, da gibt es eine Bessere im Götterhimmel, nämlich Pallas Athene. Die kann mit Helden umgehen. Hera hat da nicht allzuviel Erfahrung. Eine Göttin der Strategie ist sie gewiß nicht.

Wie auch immer, nun stand Jason mit nur einer Sandale im Hof vom Palast zu Iolkos, und König Pelias sah auf ihn herab. Normalerweise hätte Pelias kurzen Prozeß gemacht, er hätte einfach diesem jungen Mann den Kopf abhacken lassen und dann gefragt: Was wollte er eigentlich? Aber es war ausgerechnet der Festtag des Poseidon, und Pelias wollte nicht Fluch auf sich laden durch eine solche Untat an einem Feiertag.

Er ließ Jason in den Palast führen und redete mit ihm belangloses Zeug, um ihn auszuhorchen. Bald mußte er sich sagen: »Na ja gut, also wenn das derjenige ist, von dem das Orakel gesprochen hat, da brauche ich mich nicht sehr zu fürchten.« Er mußte kichern. Es schien ihm ein arger Einfaltspinsel zu sein, dieser junge Mann mit der einen Sandale. Er durchschaute seine Großmauligkeit.

Jason erzählte von Abenteuern, und Pelias hörte ihm zu.

Und dann sagte Jason: »Hör zu, ich bin Jason. Ich bin aus dieser Stadt, und es ist mir gesagt worden, ich soll den Thron hier erben.«

So frech und offen war er.

Und Pelias, der kaum das Lachen unterdrücken konnte, sagte: »Ja! Gut daß du kommst! Ich habe eh schon auf dich gewartet!«

»Wirklich?«

»Ja, freilich! Es wurde mir langsam schon zuviel, diesen Thron hier zu verwalten!«

Jason tapste auf diesen Scherz wie auf eine Bananenschale, merkte gar nicht, daß er ausrutschte.

»Ich will dir diesen Thron selbstverständlich überlassen«, höhnte Pelias weiter, »aber da gibt es eben ein so dummes Orakel, und das besagt, derjenige, der mein Nachfolger wird, der muß erst das goldene Vlies holen.«

Jason sagte: »Aha! Ja, dann hole ich halt das goldene Vlies.«

Jemanden nach dem goldenen Vlies schicken war, wie wenn man heute zu jemandem sagt: »Geh dorthin, wo der Pfeffer wächst!« Es war eine Verwünschung.

Pelias hätte nie geglaubt, daß Jason das wörtlich nehmen würde. Aber Jason hat es wörtlich genommen.

Er hat gesagt: »Gut! Sage mir, wo ungefähr ist dieses goldene Vlies.«

»Bist du sicher, daß du nur deine Sandale verloren hast?« fragte Pelias.

»Bin sicher«, sagte Jason. »Warum?«

»Ich meine nur«, sagte Pelias, womit er meinte, Jason müsse obendrein seinen Verstand verloren haben. »Ja also«, sagte er, »das goldene Vlies ... Das ist ganz weit weg, irgendwo am Ufer des Schwarzen Meeres. Da gibt es ein sagenhaftes Land, Kolchis, immer Nebel, und dort hängt das goldene Vlies in einem Hain des Ares.«

»Aha«, sagte Jason und machte sich schon auf den Weg.

Das war dem Jason nämlich sehr recht. Denn lieber, als König irgendwo in einer ruhigen Stadt zu sein, wollte er Abenteuer erleben. Das war der Augenblick, eine echte Gelegenheit.

Er suchte seine alten Freunde auf und sagte: »Hört! Jetzt endlich ist es soweit! Wir werden die großen Abenteuer erleben, von denen wir immer geträumt haben. Ich soll das goldene Vlies holen.«

Die Klügeren unter seinen Schulfreunden sagten: »Das goldene Vlies? Naja, dann geh du mal allein und hol es.«

Aber die meisten waren dieselben Raufbolde und Traumtänzer wie Jason.

Sie sagten: »Wir sind dabei, selbstverständlich. Jason ist unser Freund, da machen wir mit.«

Mag einer vielleicht denken, ich baue die Geschichte der Argonauten willkürlich etwas um, um diesen Helden ihre Heldenhaftigkeit streitig zu machen. Es ist nicht ganz so, vielleicht ein wenig, aber es ist nicht ganz so.

Verschaffen wir uns einen Überblick:

Hera sah hinunter auf ihren Jason und sagte sich: »Was soll ich mit ihm anfangen? Ich kann ihn nicht brauchen. Wie soll er meine Rache üben, wenn er sich dauernd von seinen Angebereien ablenken läßt, dieser

Dummkopf! Er fährt jetzt nach Kolchis und will da das sagenhafte goldene Vlies holen, statt daß er direkte Rache nimmt an Pelias und ihm ein Scheit in den Bauch jagt.«

Hera wandte sich an Pallas Athene und sagte: »Was meinst du?«

»Ich meine, du hast recht«, sagte Athene.

»Ich habe hier irgend etwas falsch eingefädelt«, sagte Hera. »Ich wünsche mir, daß dieser Jason dort unten meinen Feind Pelias fällt, aber er läßt sich von ihm eine Fahrt zum goldenen Vlies einreden zusammen mit seinen Freunden. Mir entgleitet diese Sache, kannst du mir nicht helfen?«

Pallas Athene sah sich die Sache an, sie ist ja eine militärische Gottheit, und sagte: »Nun gut, ich will es versuchen. Ich kann sie jetzt nicht mehr von ihrer Fahrt abbringen, aber ich kann schauen, daß diese Fahrt sehr heldenhaft wird und daß sie auf dieser Fahrt immerhin einige Erfahrungen sammeln, die ihnen bei der Vernichtung des Pelias von Nutzen sein werden.«

Nun sind also gleich zwei Göttinnen da, die diesen Burschen helfen. Soweit die Tatsachen. Also, ich will ja wirklich nicht die Heldenhaftigkeit des Jason und seiner Freunde schmälern. Aber so etwas kam bisher noch nie vor, bisher hat es immer eine Gottheit allein geschafft, weil die Helden selbst ja auch etwas dazu beigetragen haben.

Diese Helden brachten offensichtlich selbst nicht allzuviel mit, zum Beispiel dieser Argos, der nun anfing, Bretter zusammenzunageln für ein Schiff, das gleich die ersten drei Male hintereinander absoff, als er es zu Wasser ließ. Nannte sich Schiffbauer! Er setzte durch, daß das Schiff nach ihm hieß – nämlich »Argo«.

Die ganze Sache mußte dann Pallas Athene in die Hand nehmen. Sie baute ein wunderbares Schiff und nicht nur das: Den Kielmast verfertigte sie aus dem Holz einer heiligen Eiche, einer Eiche, die ihrem Vater Zeus gehörte. Dieser Kielbalken führte die Argo, also die Argonauten, wie sie sich nannten. Sie hatten noch nicht einmal einen Fuß auf das Schiff gesetzt und mußten nicht einmal navigieren können, das übernahm dieser Kielbalken. Die Argo fuhr mit Automatik!

Der Kielbalken konnte übrigens auch sprechen. Er tat es aber erst später, weil die Saufgelage, die auf dem Schiff stattfanden, diesem Kielbalken wahrscheinlich die Sprache nahmen.

Als die Argonauten nun ein Schiff hatten und die Realität ihres Abenteuers vor ihnen stand, ließen sie diese Realität nicht zu groß werden. Realität – was soll das! Ihre Träume waren es, ihre Träume, von ihnen ließen sie sich führen. Aus ihren Träumen zogen sie ihre ganze Kraft und nicht aus der Realität.

Noch ehe sie losfuhren, gab es einen Streit am Ufer. Der ging nicht darum, wer den besseren Platz auf der Argo haben sollte, sondern dieser Streit ging darum, wer den schöneren Traum von ihren Abenteuern träumte. Dieser Streit, der bald in eine Schlägerei ausartete, konnte nur durch Träumerei geschlichtet werden. Durch eine musikalische Träumerei diesmal. Orpheus spielte auf der Leier, aber die war zu leise für die Krakeelerei, da hörten die Bolde nicht zu. Deshalb nahm er eine Muschel, ein Tritonshorn, und blies hinein, da lauschten sie. Die Melodie, die er ihnen vorspielte, war voll von Träumen ihrer Zukunft, und da wurden sie ruhig.

Seemannsgarn ist lang, und an diesem langen Garn

lassen sich alle möglichen Geschichten aufhängen. Was wirklich während der Reise auf der Argo geschah, das wissen wir nur aus den Erzählungen der Argonauten, als sie wieder glücklich zu Hause waren. – Ich bitte um ein barmherziges, aber entschiedenes Fragezeichen!

Da war zum Beispiel die sagenhafte Insel Lemnos, wo Frauen allein ohne Männer lebten. Ihre Männer hatten sie nämlich verlassen, weil die Frauen eines Tages zu stinken begannen. Klar, daß die Argonauten diese Insel anliefen!

Sie mußten sich entscheiden: Sollten sie ihren geschlechtlichen Trieb weiter unterdrücken, oder sollten sie sich die Nase zuhalten. Sie haben sich entschieden, die Nase zuzuhalten. Soweit das Abenteuer bei den stinkenden Frauen von Lemnos.

Oder dieser sagenhafte Ruderwettbewerb – da war Herakles vorübergehend bei den Argonauten. Jason überlistete die anderen. Er tat, als ob er rudere, aber sie wußten es alle, und sie liebten ja den großmauligen Jason. Keiner der Argonauten verübelte es ihm außer Herakles. Der war nur vorübergehend bei den Argonauten, und er sah, mit diesem Haufen kann man keine großen Taten erleben, die dann in die Geschichte des Heldentums eingehen könnten. Er verließ die Argonauten wieder.

Herakles hat nicht damit gerechnet, daß sich viele, viele hundert Jahre später ein Apollonius von Rhodos über seine Schreibtafel beugen und versuchen wird, das Beste aus diesem Argonautenzug herauszuholen.

Ich finde, das Beste dieser Argonauten, das sind ihre Träume. In diesen Träumen waren sie wirklich groß, da erlebten sie ungeheure Abenteuer. Zum Beispiel umsegelten sie in diesen Träumen ganz Europa. Wir heute wissen, daß man Europa nicht gut umsegeln kann, weil Europa doch an einer sehr breiten Seite an Asien angeschmiedet ist, aber das war kein Hindernis für die Argonauten, sie segelten die Donau hinauf und segelten den Rhein hinauf, sie kamen bis ins Baltikum, bis Skandinavien, überall auf der Welt waren sie – in ihren Träumen.

Solange sie auf diesem Schiff Argo waren, das ja von einem intelligenten Kielbalken gezogen wurde, wachten zwei Göttinnen über ihnen, Hera und Athene, so lange geschah ihnen nichts. Aber dann erreichten sie das Land, wo der Pfeffer wächst, dann erreichten sie Kolchis.

Das war ein düsteres Land. In Kolchis herrschte der König Aietes. Als die Argonauten an Land gingen, sahen sie auf den Zäunen, die die Wege säumten, die Köpfe der Feinde dieses Königs. Dem einen oder anderen der Argonauten wird nun ganz mulmig geworden sein, der wird sich gedacht haben: Wäre ich nur nicht hierher gekommen!

Die Musik ihrer Träume wurde schräg und bedrohlich. Es wird so mancher unter den Argonauten gewesen sein, der im Lauf dieser Fahrt vergessen hatte, was eigentlich der Zweck dieser Reise war – nämlich das goldene Vlies. Hier in Kolchis, wo der Himmel voll düsterer Wolken hing, hier sollte es einen Hain des Gottes Ares geben, wo das goldene Vlies hing.

Vom Himmel herab schauten Hera und Athene zu, und sie sagten: »Nein, in diesem gefährlichen Land, wo dieser gefährliche König herrscht, da sind sogar wir beide zu schwach, um unsere Lieblinge zu schützen. Was sollen wir tun, daß dieser König Aietes die nicht wegputzt?«

Sie gingen um Rat zu Aphrodite.

Wer da glaubt, Aphrodite sei lediglich eine liebliche, zärtliche Göttin, der irrt. Aphrodite ist eine mächtige und eine strenge Gottheit. Sie ist nicht nur die Göttin der Liebe, sie ist auch die Göttin der Lust, und die Lust ist mächtig und streng.

Es kommt ganz selten vor, daß sich diese drei Göttinnen einig sind – Hera, Aphrodite und Athene –, aber in diesem Fall waren sie sich einig. Es ging darum, einem liebenswürdigen Haufen von Raufbolden zu helfen, ein Stück goldenes Fell zu erobern. Ein wenig später, als es um einen goldenen Apfel geht, da war diese Einigkeit wieder dahin.

Aber nun waren sie einig, und Athene und Hera sagten zu Aphrodite: »Schau dir die Szene an. Was soll hier geschehen? Wie können wir Jason und seine Freunde retten?«

Aphrodite studierte die Situation und sagte: »Dieser König Aietes hat eine Tochter. Stolz ist sie, groß ist sie, stark ist sie, und klug ist sie. Wir müssen schauen, daß wir diese Tochter auf die Seite der Argonauten kriegen.«

Sie meinte Medea. Medea war eine Zauberin. Sie war klug und stark und groß und stolz.

»Ja, um Gottes Willen, wie soll das gehen!« rief Hera.

»Ganz einfach«, sagte Aphrodite, »wir müssen sie verliebt machen in Jason.«

»In Jason«, rief Athene, »in diesen schwächlichen, wenngleich charmanten Aufschneider? Niemals wird Medea diesen Mann lieben!«

»Das werde ich schon einrichten«, sagte Aphrodite und holte Pfeil und Bogen.

Als es dann soweit war, als sich Jason und Medea gegenüberstanden, zielte sie auf das Herz der Medea und schoß ihren goldenen Pfeil ab. Der durchbohrte das Herz der jungen Frau und drang so tief ein, daß nur noch die Federn herausschauten.

Medea liebte Jason. Es war eine zehrende Liebe, die Vernichtung und Selbstvernichtung in Kauf nahm. Da war es aus mit dem johlenden Traum der Argonauten.

JASON UND MEDEA

Von König Aietes und einem ungleichen Kampf –
Von der Flucht der Argo aus Kolchis – Von einem
Brudermord – Von einer erpreßten Hochzeit – Vom
Tod des Pelias – Vom Verschwinden Medeas – Von
Jasons Tod

Als die Argonauten in Kolchis landeten, machte Jason folgenden Vorschlag: »Wir gehen zu dem König Aietes und sagen ihm ganz offen, was wir wollen. Wir bringen ihm Geschenke mit, machen ihm ein Angebot und sagen: Wir wollen dein goldenes Vlies, und das wollen wir in Ruhe aushandeln, wir wollen keinen Krieg.«

So machen das vernünftige Leute. Jason tritt vor Aietes hin, er vertraut auf seinen Charme. Er setzt sein freundlichstes Gesicht auf und beginnt zu erzählen. Er erzählt von Chiron, seinem Lehrer, erzählt von der legendären Schulklasse, erzählt von seiner ersten Reise, von der alten Frau, die er über den Fluß getragen hat, erzählt von seiner Sandale, die im Schlamm steckengeblieben ist.

»Was willst du?« unterbricht ihn Aietes.

Auch Jasons Charme hat das Gesicht dieses Mannes nicht aufzuhellen vermocht.

»Ich will das goldene Vlies«, sagt Jason mit treuherzigem Blick.

»Verschwindet hier«, fährt ihn Aietes an, »und wenn ihr euch nicht beeilt, schneiden wir euch die Ohren ab und die Nasen und die Hände.«

Jason ist fassungslos, seine Begleiter sind fassungslos, und die eiskalte Angst überfällt sie. Sie sehen es im Gesicht des Aietes: Dieser Mann meint es ernst. Und mancher von den Argonauten denkt bei sich: Solche Figuren haben wir uns vielleicht vorher ausgedacht in unseren Träumen, und wir haben in unserer Phantasie gegen sie gekämpft, wir waren Sieger in unserer Phantasie, aber das hier ist ja die Wirklichkeit. Gegen diesen Mann hier werden wir unterliegen.

König Aietes erhebt sich, will schon Zeichen geben, damit die Wachen die frechen Burschen ergreifen, da betritt Medea den Raum.

In diesem Augenblick schießt Aphrodite ihren Pfeil ab, und der goldene Pfeil der Liebe, der Pfeil der zehrenden, rasenden Lust trifft Medea mitten ins Herz.

Medea sagt: »Halt, mein Vater, laß mich erst einen Vorschlag machen.«

Medeas Herz brennt, aber sie ist klug, so klug ist sie, daß sie weiß, wenn sie jetzt ihre Verliebtheit zeigt, dann wird sie die Sache des Jason ruinieren.

Sie hält also ihre Gefühle zurück.

Sie sagt: »Vater, ich mache einen Vorschlag: Wir haben doch im Stall zwei so grauenhafte Stiere, feuerspeiende Stiere, und wir haben doch noch einen ganzen Sack mit Schlangenzähnen, die, wenn sie ausgesät werden, zu eisernen Männern werden. Gib doch diesem jungen Mann eine Chance! Er soll die beiden feuerspeienden Stiere vor einen Pflug spannen, soll damit den Acker brechen, soll die Schlangenzähne aussäen und soll gegen die aufkeimenden Eisenmänner kämpfen. Wenn es ihm gelingt, dann wollen wir ihm das goldene Vlies überlassen.«

Dieser Vorschlag gefällt Aietes, denn er denkt sich, seine Tochter will sich einen grausamen Spaß machen. Sie weiß natürlich genau, daß niemand gegen diese feuerspeienden Stiere und niemand gegen die eisernen Männer ankann. Er stimmt zu.

Jason sagt: »Ich möchte unter diesen Umständen auf das goldene Vlies verzichten. Danke. Auf Wiedersehen.«

Er will sich davonmachen. Er hat Angst, er weiß, er wird dieser Aufgabe nie und nimmer gewachsen sein. Angst hat er. Und seine Freunde machen ihm keinen Vorwurf deswegen.

Aber der König sagt: »Was? Keine Ambitionen mehr?«

»Nicht direkt«, sagt Jason, und seine Wimpern flattern.

»Ich lasse mich nicht zum Narren halten«, sagt Aietes. »Du wolltest das goldene Vlies, also stimme jetzt zu!«

Jason und seine Freunde stecken die Köpfe zusammen, sie sagen: »Held hin oder her, wir hauen ab! Es bleibt uns nichts anderes übrig, verschwinden wir!«

»Halt!« ruft Medea. »Vater, wollen wir den Fremdlingen nicht Zeit zum Überlegen geben? Ich schlage vor, sie geben uns morgen früh Bescheid.«

Aietes ist auch damit einverstanden.

»Bin neugierig, was du dir da noch für eine Überraschung ausgedacht hast«, flüstert er Medea zu.

Die Argonauten kehren in ihr Lager zurück, packen zusammen, wollen sich davonmachen, da eilt Medea herbei.

Sie sagt zu Jason: »Ich möchte mit dir allein sprechen.«

Nun, da Jason mit Medea allein ist, kommt seine alte Angeberei wieder auf, er sagt: »Ich wollte natürlich nicht abhauen. Ich wollte mich schon stellen. Ich habe mir nur eine List zurechtgelegt ... «

Er windet sich, und Medea sagt: »Du brauchst mir nichts vorzumachen. Ich weiß, daß du Angst hast, und ich weiß auch, daß du kein mutiger Mann bist. Ich weiß, daß du feige bist, aber ich sage dir etwas: Das macht mir nichts aus, denn ich liebe dich. Ich liebe dich mehr als mein Leben. Der Pfeil der Aphrodite hat mein Herz durchbohrt, und mein Herz brennt, und ich bin bereit, alles für dich zu geben. Ich werde euch helfen. «

Jason ist tief beeindruckt von diesen Worten, und zum ersten Mal, ja, vielleicht zum ersten Mal in seinem Leben überhaupt spielt er nicht mehr Theater. Er läßt alles fahren, er beginnt zu weinen und legt seinen Kopf an die Schulter von Medea.

Sie streichelt ihn sanft und sagt: »Du kannst bei mir so sein, wie du bist. Wenn wir beide allein sind, dann brauchst du kein Held zu sein. Ich werde auf dich aufpassen, ich werde für dich sorgen, und ich werde zusehen, daß dir kein Leid geschieht. Ich werde eine Tigerin sein, und du bist mein Junges. Ich habe hier eine Salbe, und diese Salbe wird dich vor dem Feuer der Stiere schützen. Ich gebe dir hier einen eisernen Ring. Dieser eiserne Ring ist ein Magnet, den wirfst du unter die eisernen Männer, wenn sie aus dem Boden wachsen. Er wird sie zusammenhalten, und so werden sie dir nichts tun können. «

Jason sagte: »Warum tust du das für mich? Was soll ich dir dafür geben? «

Medea sagte: »Was du mir geben sollst? Du sollst mir deine ewige Liebe schwören, das will ich. Sonst will ich nichts. Wenn du das tust, dann werde ich immer bei dir sein, und immer werde ich auf dich achtgeben. Willst du mich ewig lieben?«

Jason sagte, er will. Erstens war er nicht der Mann, der weit in die Zukunft blickte. Was heißt schon ewig für einen, der kaum eine Vorstellung von übermorgen hat! Zweitens hat es ihm sehr wohl getan, einmal in seinem Leben nicht angeben zu müssen, sich ganz öffnen zu dürfen.

Er sagte: »Ja. Ich schwöre dir die ewigste Liebe und nicht nur das ... «, und er wollte schon wieder mit seinen Angebereien anfangen.

Medea unterbrach ihn: »Sei ganz ruhig«, sagte sie. »Versprich mir deine Liebe, das genügt mir.«

Mit Medeas Hilfe gelingt es also Jason, sowohl die feuerspeienden Stiere zu besiegen als auch die aufkeimenden Eisenmänner.

Aber König Aietes hält sein Versprechen nicht. Er will das goldene Vlies nicht herausgeben.

»Ach«, sagt er mit einem schiefen Grinsen, »das habe ich doch glatt vergessen. Da sitzt so eine giftige Schlange auf dem Ast, an dem das Vlies hängt. Die gehört dem Ares. Und die bewacht das Vlies, damit nicht irgendwelche Idioten kommen und es wegnehmen. Tut mir ehrlich leid.«

Wieder hilft Medea. Sie schläfert die Schlange ein und raubt das Vlies. Sie bringt es an Bord der Argo, und sie flieht mit den Männern. Die Argo sticht in See.

Von nun an geschieht alles nur nach dem Willen der Medea. Die Männer auf der Argo, sie wollen das nicht, sie wollen Frieden mit König Aietes, in Ruhe wegziehen wollen sie, was kümmert sie dieses goldene Fell. Aber Medea gibt Befehl.

Die Argonauten fliehen, und sie werden von Aietes verfolgt.

Aietes läßt seinen Sohn holen.

»Hier«, sagt er zu dem jungen Mann. »Deine Schwester, die du angeblich liebst, sie ist entführt worden von diesen Halunken! Wir müssen sie zurückholen!«

»Ja«, sagt Aietes' Sohn.

Zwei Schiffe bedrohen die Argo. Medea plant kalt. Sie kennt nur noch Gefühle für Jason. Das vordere Schiff ist das Schiff ihres Bruders.

Sie läßt ihrem Bruder eine Nachricht zukommen, die besagt: »Jason hat mich entführt. Er will mich als Geisel verwenden und Lösegeld erpressen. Jason möchte eine Unterredung mit dir.«

Diese Botschaft läßt Medea ihrem Bruder zukommen, und zu Jason sagt sie dasselbe.

Sie sagt: »Mein Bruder möchte mit dir um mich verhandeln. Er möchte, daß die Sache friedlich gelöst wird.«

Nichts ist Jason, nichts ist den Argonauten lieber als eine friedliche Lösung! Jason stimmt begeistert zu.

»Ja«, sagt er, »vielleicht war die Ewigkeit doch ein wenig zu groß angelegt für uns beid ... «

Medea hört nicht darauf.

Das Treffen zwischen Jason und Medeas Bruder findet in der Nacht statt, an einer kleinen, geschützten Bucht. Die Argo hat etwas abseits angelegt, das Schiff des Bruders hat auf der anderen Seite der Bucht angelegt. Die drei sind also allein – der Bruder, Jason, Medea.

Der Bruder sagt: »Gut, ich möchte verhandeln. Ich möchte wissen: Was muß ich bezahlen für meine Schwester? Ich bin bereit, jeden Preis für sie zu bezahlen.«

Auch der Bruder wollte keinen Krieg. Er wollte, daß die Sache friedlich gelöst wird.

Jason sagte: »Was meinst du? Ich denke, du nimmst Medea einfach mit, und die Sache ist erledigt.«

Da zückte Medea ein Messer, in der Dunkelheit sah Jason das nicht, und sie ergriff seine Hand. Jason merkte nicht, daß zwischen ihrer Hand und seiner Hand das Messer war, und seine Hand führend, erstach Medea von hinten ihren eigenen Bruder.

Da lag er tot, und Jason war entsetzt und rief: »Er wollte doch verhandeln. Warum hast du ihn getötet?«

Medea sagte: »Wir beide haben ihn getötet, ich habe deine Hand geführt.«

Das Grauen stand bleich in Jasons Gesicht.

Medea war mit ihrer List noch nicht am Ende, es war eine grausame List. Sie wußte, es wird bald das Schiff des Vaters kommen, und der Vater wird sich nicht so ohne weiteres durch Verhandlungen aufhalten lassen. Sie zerhackte die Leiche ihres Bruders und verteilte diese Leichenteile über den Küstenstreifen. Denn sie wollte, daß der Vater aufgehalten würde durch das Bild seines so entsetzlich zugerichteten Sohnes.

Nun wußte Jason gar nicht, was er sagen sollte, er war wie gelähmt. Der Speichel rann ihm aus dem Mund, und er wimmerte und weinte leise vor sich hin.

»Keine Angst«, sagte Medea, »ich bin bei dir. Ich bin die Tigerin, und du bist mein Junges.«

Medea zog ihn hinter sich her, zog ihn auf die Argo, und sie fuhren weiter.

Nun hatten sie einen großen Vorsprung vor dem Vater.

Jason erzählte seinen Gefährten nicht, was geschehen war. Er wurde immer stiller, er redete nicht mehr so viel. Früher hatte er ohne Unterbrechung geredet, er war ein fröhlicher Aufschneider gewesen, nun redete er nicht mehr. Er war deprimiert, saß unten in seiner Kajüte und ließ niemanden zu sich. Er ließ auch Medea nicht zu sich. Das heißt, diese wilde, gefährliche, leidenschaftliche Ehe war noch nicht vollzogen, Jason und Medea hatten noch nicht miteinander geschlafen.

Jason wollte nicht, daß Medea zu ihm kam, das tat Medea sehr weh.

»Vielleicht leben wir nicht mehr lange«, sagte sie zu Jason. »Schau, mein Vater ist immer noch hinter uns her, und er kommt immer näher. Ich kenne seinen Zorn. Er wird denken, du hast seinen Sohn getötet. Er wird uns verfolgen, bis er uns hat. Und er wird uns vernichten. Wir werden bald tot sein, Jason. Alles habe ich nur für dich getan. Du hast versprochen, mich ewig zu lieben. Liebe mich wenigstens eine Umarmung lang!«

Sie legte sich Jasons Arme um den Hals.

»Wer wird uns segnen?« sagte Jason.

Die Argo näherte sich der Insel Scheria, das ist eine sagenhafte Insel, auf der die Phäaken leben, wir kennen diese Insel aus Homers Odyssee. Medea ließ anlegen, und sie ging zum König und zur Königin der Insel.

Sie sagte: »Gebt uns Exil, wir werden verfolgt von meinem Vater. Er will nicht, daß ich diesen Mann hier heirate.«

Die Königin fragte: »Ist denn eure Ehe schon voll-zogen?«

Da sagte Medea: »Nein!«

Die Königin: »Dann seid ihr nicht Mann und Frau, dann kann ich euch keinen Schutz gewähren. Aber ich sehe, das Schiff deines Vaters ist noch ein Stück weit drau-ßen; wenn ihr euch beeilt, die Ehe zu vollziehen, dann werde ich ihn aufhalten. Dann werde ich ihm sagen, wel-ches Gesetz hier herrscht, daß einem Ehepaar kein Leid geschehen darf.«

Nun zwang Medea den Jason zu sich und sagte: »Es ist deine Pflicht, mit mir zu schlafen. Wenn du es nicht tust, dann nimmst du in Kauf, daß mich mein eigener Vater tötet und dich auch und alle deine Gefährten. Du sollst es nicht tun, weil du mich liebst oder weil du Lust nach mir hast, du sollst es tun, weil es deine menschliche Pflicht ist.«

Jason war so bedrückt, so niedergeschlagen, so voll lebenraubender Sinnlosigkeit, er antwortete nicht, er voll-zog die Ehe mit Medea. Und antwortete nicht.

Als Aietes landen wollte, konnte ihn die Königin von Scheria wegschicken, konnte ihm zurufen: »Du hast kein Recht mehr, ich beherberge hier ein Ehe-paar!«

Erst viel später, als die Königin erfuhr, wen sie beher-bergt hatte, was Jason und Medea angerichtet hatten, da fiel sie in Zorn und Gram. Sie wäre an diesem Zorn und diesem Gram beinahe gestorben.

Nun ging die Reise der Argonauten zu Ende. Die mei-sten der Kameraden des Jason hatten unterwegs schon die Argo verlassen. Jason und Medea näherten sich der Stadt Iolkos, wo König Pelias lebte und herrschte. Für ihn war Jason schließlich ausgefahren, um das goldene Vlies zu holen.

Aber König Pelias wollte dem Jason nicht die Macht abtreten, wie er es versprochen hatte.

»Danke, daß du mir den Fellfetzen geholt hast«, sagte er. »Und nun verschwinde!«

Medea, die Tigerin, die ihr Junges verteidigte, traf sich mit den Töchtern des Pelias. Sie gab sich als eine Freundin aus.

Sie sagt: »Euer Vater hat doch bald Geburtstag. Warum schaut ihr so bekümmert?«

»Er ist schon sehr alt, und er ist krank«, sagen die Töchter. »Er leidet an Alter und Krankheit.«

Medea sagt: »Ich verfüge über Zauberkräfte. Es ist für mich kein Problem, einem Mann das Alter und die Krankheit wegzunehmen. Ich kann euch zeigen, wie man einen Menschen verjüngt.«

Das interessiert die Töchter, und Medea sagt: »Ich werde es euch vorführen. Bringt mir ein altes Schaf, irgendein altes Schaf.«

Sie bringen einen alten Hammel. Medea nimmt eine scharfe Klinge und tötet das Schaf, zerschneidet es in viele kleine Teile. Die Teile wirft sie in einen Sud und kocht sie.

Sie sagt: »Dieser Sud ist ein Zaubermittel. Wenn man Altes, Krankes, Zerschnittenes hineinwirft, kommt es als Junges, Gesundes, Ganzes heraus.«

Und sie zieht aus diesem Sud ein junges Lamm hervor und sagt: »Seht her! Zuerst war es ein alter, blöder, kranker Bock, jetzt ist es ein junges Lamm. Meine Methode hat dieses Schaf verjüngt. Macht es genauso mit eurem Vater.«

Die Mädchen sind sehr beeindruckt, sie geben dem Vater Wein zu trinken, bis er berauscht ist und einschläft. Dann führen sie an ihm Medeas Methode der Verjüngung durch. Aber irgend etwas klappt nicht, und das war das Ende des Pelias.

Jason, der all dieses Grauen mitbekommen hat, versank in zähe seelische Finsternis. Er saß nur noch da, den Kopf in die Hände gestützt, und sagte kein Wort mehr. Medea hatte inzwischen zwei Söhne von Jason geboren, und sie versuchte wenigstens nach außen den Anschein einer glücklichen Familie zu wahren.

Wenn die Leute fragten: »Wie geht es deinem Mann?«, dann sagte sie: »Heute geht es ihm schon bedeutend besser als gestern.«

Eines Tages kam ein Arzt vorbei, und der sagte: »Es würde deinem Jason guttun, wenn ihr beide eine Reise machtet.«

Medea ist einverstanden. Diese Reise führte sie nach Theben.

Und plötzlich beginnt Jason tatsächlich aufzuleben. Medea freut sich zuerst, aber dann erkennt sie den wahren Grund: Jason hat sich verliebt. Er hat sich verliebt in Glauke, in die Tochter des thebanischen Königs.

Diese Liebe gab Jason seine alte Lebensfreude zurück. Er sprach es auch ganz offen vor Medea aus.

Er sagte zu ihr: »Du weißt doch selbst: Nach allem, was geschehen ist, nach all dem Grauen, das wir, ich sage absichtlich wir, obwohl du es allein getan hast, du hast es ja für mich getan, nach allem, was wir angerichtet haben, können wir doch nicht mehr zusammenleben. Wir haben es doch gemerkt, Medea. Entbinde mich des Schwurs, den ich dir gegeben habe!«

Alles rast in ihr. Aber sie beherrscht sich. Sie tut so, als ob sie der Liebe zwischen Jason und Glauke zustimmte. Aber alles in ihr rast. Sie schickt sogar ein Hochzeitsgeschenk, sie gibt Jason frei. Dieses Hochzeitsgeschenk ist ein Kleid, und das Kleid hat sie vorher mit dem Blut eines toten Kentauren bestrichen. Wir kennen das schon von der Geschichte um Herakles' Ende.

Als Glauke, die Braut, sich dieses Kleid überziehen will, beginnt dieses Kleid zu brennen. Es brennt ihr die Haut weg. Ihr Vater kommt dazu, um sie zu retten, da greift das Feuer auf den Vater über und verbrennt auch ihn.

Jason steht dabei und muß zusehen, wie seine Liebe verbrennt. Und es verbrennt sein Leben.

Medea aber erhebt sich vom Boden und fährt davon in die Wolken. Sie wird in dieser Geschichte nicht mehr gesehen. Daß sie vorher noch ihre Kinder tötete, ist eine private Zugabe von Euripides. Wir wissen es besser.

Was ist aus Jason geworden? Er war niedergeschlagen bis ans Ende seines Lebens. Das Ende hat ihm der Kielbalken gebracht, der Kielbalken der Argo, der aus dem sprechenden, heiligen Baum des Zeus gemacht worden war. Jason saß jahrein, jahraus unter der Argo, im Schatten seines Schiffes, und das Schiff begann, vor sich hin zu modern.

Eines Tages fragte der Kielbalken: »Jason, hörst du mich?«

»Ja«, sagte Jason, »ich höre dich.«

»Willst du noch?«

»Nein«, sagte Jason, »ich will nicht mehr.«

Da brach der Kielbalken vom Schiff, er fiel herunter und fiel dem Jason auf den Kopf und schlug ihm den Schädel ein.

UNTERGANG DER STADT TROJA

Von der Pathologie des Krieges – Von der Ausrottung
der trojanischen Königsfamilie – Vom Kind Astyanax –
Von einem logischen Ratschlag –
Heimkehrergeschichten

Homer, der die Schlacht um Troja in seiner Ilias ausführlich beschreibt, erzählt uns nicht vom Untergang dieser Stadt. Die Ilias endet, bevor Troja untergeht, und die Odyssee beginnt, nachdem Troja untergegangen ist. Aus anderen Quellen müssen wir uns über den Untergang dieser Stadt informieren.

Nun, der Untergang wurde wohl eingeleitet mit dem Tod des Achill. Das erscheint zunächst widersinnig, weil der Tod des Achill vor allen Dingen die Feinde Trojas schwächte, nämlich die Griechen.

Wie starb Achill? Er starb durch einen Pfeil, abgeschossen von Paris. Aber Paris selbst war beileibe nicht ein so guter Schütze, er hätte nicht die Ferse des Achill treffen können. Denn Achill war am ganzen Körper unverwundbar, nur eine Stelle, an seiner Ferse eben, dort wo die sogenannte Achillessehne sitzt, dort war er verwundbar. Apoll war es, der Gott des Bogens, er lenkte den Pfeil, den Paris lediglich von der Sehne schwirren ließ. Er lenkte den Pfeil in die Ferse des Achill, dieser Pfeil war vergiftet, und Achill starb unter Qualen auf dem Schlachtfeld.

Es muß für die Griechen ein ungeheurer Schock gewesen sein, daß ihr größter Held gefallen war. Denn er war der Inbegriff des Sieges für sie. Was muß dieser Held für ein mächtiger Kämpfer gewesen sein! Einmal – die Ilias erzählt ebendiese Geschichte – hat sich Achill aus dem Kampfgeschehen zurückgezogen, und gleich sah es für die Griechen verheerend aus. Die Trojaner rückten vor.

Nun hatten sie ihren Helden verloren. Er wurde vom Schlachtfeld getragen, und es entstand ein eifersüchtiges Ringen um seine Rüstung. Das ist verständlich, wenn man weiß, was für eine Rüstung das war. Die Rüstung war aus purem Gold, von Hephaistos persönlich angefertigt, vom Gott der Schmiede. Es hieß, wem diese Rüstung gehörte, der werde ähnlich wie Achill unverwundbar sein.

Agamemnon, der Heerführer, sagte: »Der tapferste, der beste Krieger der Griechen soll diese Rüstung bekommen.«

Es blieben da eigentlich nur zwei, die in Frage kamen, nämlich auf der einen Seite Odysseus, auf der anderen Seite Aias, der große Aias, der Sohn des Telamon.

Odysseus war nicht so kräftig, nicht so mutig, nicht so stark wie Aias, aber er war klug. Seine Klugheit hat den Griechen im Krieg gewiß mehr genützt als die Stärke des Aias.

Die Rüstung wurde dem Odysseus zugesprochen – für seine Klugheit, wie es hieß. Und das, obwohl sich Odysseus gar nicht so intensiv darum beworben hatte. Er sah wohl voraus, was für Probleme das für den großen Aias mit sich bringen würde.

Aias war so tief gekränkt, so verletzt, daß ihm nicht diese Ehre zuteil wurde, daß er in Wahnsinn verfiel.

Er schwor dem ganzen griechischen Heer Rache, er wünschte sich, daß die Trojaner den Krieg gewännen.

In seinem Wahnsinn sah er eines Abends unten im Tal die griechischen Helden alle beieinander stehen, er nahm sein Schwert, er wunderte sich noch, daß sie alle so weiß gekleidet waren und so ruhig dort standen, er nahm das Schwert und fuhr in diese Helden hinein und schlachtete die griechischen Helden ab.

Als er dann im Blut dieser Helden stand, wich der Wahnsinn aus seinem Kopf, und er sah, es waren nicht die griechischen Helden, die er umgebracht hatte. Er hatte eine Schafherde niedergemetzelt. Er hörte hinter sich das Gelächter des Thersites. Thersites war der Clown, der böse Clown im griechischen Heer, der nun den großen Aias auslachte.

Er sagte: »Bist du denn völlig von Sinnen? Was bringst du denn die Schafe um? Zeig doch deine Kraft im Kampf gegen die Feinde!«

Das war eine erneute Demütigung für den großen Aias, für ihn war sie unerträglich. Er stürzte sich in sein Schwert.

Nun brach die Panik vollends bei den Griechen aus, nun waren die zwei stärksten Helden nicht mehr da, Aias und Achill. Es sah so aus, als ob das Heer vertrieben würde, als ob der Krieg für sie verlorenginge.

Da geschah es, daß Odysseus den Helenos gefangennahm. Helenos war ein Sohn des Königs Priamos von Troja, und er war mit hellseherischen Fähigkeiten ausgestattet.

Odysseus schlug vor, daß man eine Art Waffenstillstand, ein verabredetes Patt, verhandelte. Aber die Generalität war dagegen. Helenos wurde gefoltert, seine Geheimnisse wurden aus ihm herausgepreßt, er wußte, welche Bedingungen erfüllt werden mußten, um Troja zu schlagen.

Er nannte einige dieser Bedingungen. Zum Beispiel: Der Sohn des Achill müsse geholt werden, um auf der Seite der Griechen zu kämpfen. Es müsse des weiteren Philoktet geholt werden. Ich habe schon von ihm berichtet, das ist jener Held, der schon vor dem Krieg auf einer Insel ausgesetzt wurde, weil er an einer schwärenden Wunde litt. Philoktet war der Besitzer des Bogens des Herakles.

Zuletzt wurde unter Folter aus Helenos herausgepreßt: Es muß ein hölzernes Pferd gebaut werden.

Odysseus riet zur Vorsicht. Er ist in dieser Geschichte derjenige, der den Frieden will, der die Verhandlungen will. Aber das hölzerne Pferd wurde gebaut. Später wurde die Idee dazu dem Odysseus angedichtet.

Das hölzerne Pferd wurde voll Soldaten gefüllt, vor die Stadt Troja gestellt, die Griechen zogen sich zurück. Das Pferd wurde in die Stadt gezogen.

Ein Zwischenfall: Laokoon, er war ein Priester des Apoll, ein trojanischer, er rief: »Zieht dieses Pferd nicht in die Stadt, nehmt keine Geschenke von den Griechen an.«

Da kamen Schlangen aus dem Wasser gekrochen und erwürgten ihn und seine Söhne.

Die Trojaner sagten: »Das ist ein Zeichen. Laokoon hat unrecht.«

Diese Schlangen waren von Athene geschickt worden, um die Trojaner zu täuschen.

Die Trojaner zogen das Pferd in ihre Stadt und zogen damit das Verderben in ihre Stadt. Denn in der Nacht brachen die griechischen Soldaten aus dem Pferd hervor und öffneten die Tore Trojas. Die Soldaten drangen in die Stadt, und nun begann dieses große und unglaubliche Gemetzel.

Das ist der erste Holocaust, die erste menschliche Ausbrennung, die im Abendland beschrieben wird. Von dieser Stadt Troja wird am Ende nicht ein Stein auf dem anderen bleiben.

Knapp vierhundert Jahre nach Homer schrieb der griechische Geschichtsschreiber und erste europäische Kriegsberichterstatter Thukydides die *Geschichte des Peloponnesischen Krieges*. Das ist nun ein realer Krieg, kein mythischer Krieg.

Bei Thukydides gibt es ein kleines Kapitel, das ist überschrieben mit »Die Pathologie des Krieges«. Das sind nur wenige Seiten. In knappester Form beschreibt Thukydides, wie gegen Ende eines Krieges die Motivationen, die zu dem Krieg geführt haben, die Beweggründe, wie auch jene von Ritterlichkeit und Moral getragenen Leidenschaften, die den Krieg zu Anfang als unausweichlich und edel erscheinen haben lassen, zerfallen und sich in ihr Gegenteil verwandeln. Der Krieg verdirbt.

Thukydides: »Auch änderten sie die gewohnten Bezeichnungen für die Dinge nach ihrem Belieben. Unüberlegte Tollkühnheit galt für aufopfernde Tapferkeit, vorausdenkendes Zaudern für aufgeputzte Feigheit, Besonnenheit für den Deckmantel der Ängstlichkeit, alles bedenkende Klugheit für alles lähmende Trägheit; wildes Draufgängertum hielt man für Mannesart, vorsichtig wägendes Weiterberaten wurde als schönklingender Vorwand der Ablehnung angesehen. Wer schalt und zürnte, war immer zuverlässig, wer widersprach, eben dadurch verdächtig.«

Eine Situation, in der keiner mehr weiß, wofür er, auf welcher Seite er, warum er eigentlich kämpft, in der sich jede Menschlichkeit aufzulösen beginnt, und zwar restlos – das ist Krieg. Das hat Thukydides vor fast zweieinhalbtausend Jahren so beschrieben, und es läßt sich übertragen auf alle Kriege, auf alle Kriege bis in unsere heutige Zeit, diesbezüglich ist Thukydides einer der hellsichtigsten Kriegsanalytiker der Weltgeschichte. Der Krieg verdirbt.

Die Pathologie des Krieges – wir können sie auch bei jenem mythischen Krieg, dem Trojanischen Krieg, beobachten.

Als nun die Stadt Troja von den Griechen eingenommen war, wurde ein Statthalter eingesetzt, nämlich Neoptolemos, der Sohn des Achill. Er dürfte nicht älter als sechzehn Jahre gewesen sein. Er war ein verwildertes, amoralisches, blutrünstiges Kind. Er errichtete eine Schreckensherrschaft in diesen ersten Tagen nach der Einnahme der Stadt. Er ließ die Bewohner der Stadt, soweit sie nicht fliehen konnten, und nur wenige konnten noch fliehen, massenweise abtransportieren und hinschlachten.

Odysseus war einer der wenigen, die davor warnten. Solche Grausamkeiten, abgesehen von jeder Moral, seien sinnlos und folgenschwer, sagte er.

Aber Neoptolemos trieb es immer schlimmer. Er setzte durch, daß die trojanische Prinzessin Polyxena, die Schwester des Hektor, über dem Grab seines Vaters Achill geopfert wurde. Sie wurde lebendig verbrannt.

Er sagte: »In der Nacht habe ich geträumt, mein Vater will auch etwas von der Beute haben.«

Es kam zu anderen grauenhaften Szenen: Der kleine Aias, der lokrische genannt, ein cholerischer, verschlagener Mann, vergewaltigte Kassandra, die Hellseherin, auch eine der Töchter des Priamos, vergewaltigte sie am Altar ihrer Göttin Pallas Athene. Das Standbild der Athene wandte die Augen ab, weil selbst der Stein diesen Frevel nicht mitansehen konnte.

Odysseus forderte, daß der lokrische Aias vor Gericht gestellt würde, und auch andere Offiziere, die sich noch einen Rest von Menschlichkeit in ihrem Herzen erhalten hatten, forderten dasselbe. Sie schickten eine Petition zu Neoptolemos, dem Statthalter.

»Gut«, sagte der, »wenn man ein Gericht will. Gut.«

Den Richter allerdings wollte Neoptolemos selber spielen.

Der lokrische Aias und Neoptolemos machten sich einen Spaß daraus, einen lustigen Schauprozeß abzuziehen. Natürlich wurde Aias freigesprochen, in seiner Verteidigungsrede – denn Neoptolemos spielte auch den Anwalt des Angeklagten – erzählte der Sohn des Achill den anwesenden Helden, wie er selbst vorgegangen sei in der Vernichtung der Familie des Priamos. Er erzählte, er habe den Palast gestürmt mit ein paar Freunden, habe dort einen jungen Mann getroffen, das sei Polites gewesen, einer der Söhne des Priamos. Ihn habe er an den Haaren durch den ganzen Palast geschleift, damit er ihm den Vater zeige.

Der Vater, König Priamos, war ein alter Greis, ein gebrechlicher Greis, der sich zitternd an seine Frau Hekabe klammerte. In der Küche waren die beiden, dort fand man sie. Vor den Augen dieses alten Ehepaares, das nun schon so schreckliche Dinge erlebt hatte in den zehn Jahren des Krieges, tötete Neoptolemos auf besonders grausame Art und Weise den Polites, ihren jüngsten Sohn. Er warf ihn auf den Boden und sprang mit seinem Übergewicht auf seinen Kopf, bis der Schädel zerplatzte.

Priamos habe mit seiner piepsenden Greisenstimme zu schreien angefangen, erzählte Neoptolemos, und er sei auf ihn losgegangen mit seinen vertrockneten Fäusten:

»Dein Vater Achill«, habe Priamos geschrien, »der uns so viel Unheil gebracht hat, würde dich verurteilen! Achill würde seinen eigenen Sohn verfluchen, wie ich dich jetzt verfluche!«

Da packte ihn Neoptolemos – dieses sechzehnjährige, übergroß gewachsene, überkräftige Kind –, packte den Greis an den Haaren und sagte: »Gut, Priamos, dann erzähl es doch meinem Vater, was ich hier tue. Sag ihm doch, was für einen verdorbenen Balg er hat!«

Er riß den Körper des Priamos auf die Schlachtbank und hackte ihm den Kopf ab. Und warf Kopf und Körper aus dem Fenster.

Das sah Hekabe, die Gattin des Priamos, die Mutter des Polites. Da wurde sie verrückt, sie verwandelte sich in einen Hund, und sie begann zu heulen.

Solche Greuel passierten vor den Augen des Odysseus und der anderen Offiziere, die noch einen Rest von Anstand bewahrt hatten.

Und dann geschah folgendes: Die Stadt war schon entvölkert, entweder die Bewohner waren geflohen, oder aber sie waren getötet worden, da fand man ein Kind, einen Buben, drei, vier, fünf Jahre alt vielleicht, ausgehungert und mager, mit großen, schönen Augen.

Diesen Buben überließ man nicht dem Neoptolemos. Menelaos, der Weichherzige, der Gatte der Helena, nahm ihn in seine Obhut.

Sentimentalität, heißt es, sei nichts anderes als die Kehrseite der Brutalität. Da mag etwas Wahres daran sein.

Dieser Knabe, der da gefunden wurde, zitternd am ganzen Körper, inmitten von Unrat, dorthin hatte er sich verkrochen, man wußte zuerst nicht, was es mit diesem Kind auf sich hatte. Menelaos behielt ihn in seinem Zelt. Der Anblick dieses Knaben rührte ihn zu Tränen, und das tat ihm wohl, weil solche Rührungen hatte er schon lange nicht mehr verspürt in seinem Herzen. Er setzte den Knaben vor sich hin und schaute ihn an und begann zu weinen, das tat ihm gut.

Dieses Kind sprach nichts, und es war der Ehrgeiz des Menelaos, den Buben zum Sprechen zu bringen. Neoptolemos kümmerte sich nicht sehr viel um dieses Kind und die anderen Helden auch nicht. Aber schließlich gelang es dem Menelaos, dem Kind zu entlocken, wer es denn sei.

Es sagte seinen Namen: »Astyanax.« Und es sagte auch den Namen seines Vaters: »Hektor.«

Hektor war der älteste Sohn des Priamos, ihn hatte Achill im Zweikampf getötet. Er war der Vorzeigeheld der Trojaner.

Dieser Astyanax war der letzte, der vom trojanischen Königsgeschlecht übriggeblieben war. Er war der einzige.

Menelaos umarmte den Kleinen, sagte, er möchte ihn adoptieren, er möchte ihn liebhaben und mit nach Hause nehmen.

Das ist Sentimentalität, die Kehrseite der Brutalität. Zuerst hat Menelaos dafür gesorgt, daß das ganze Geschlecht, daß die ganze Verwandtschaft des kleinen Astyanax umgebracht wurde, und dann befiel ihn diese Sentimentalität.

Nun geschah etwas sehr Merkwürdiges. Es ist nach meinem Dafürhalten der dunkelste Punkt in der Geschichte des Trojanischen Krieges, zumindest ist es der dunkelste Punkt auf der Seele des Odysseus. Dieser Odysseus, der nicht nachließ, vor den Grausamkeiten des Neoptolemos zu warnen, Odysseus kam nun und sagte: »So, wenn dieser Astyanax der Sohn des Hektor ist, dann müssen wir ihn töten.«

Menelaos war außer sich: »Du willst ein Kind töten?«

Der Krieg verdirbt. Er verdirbt alles, die Städte, die Felder, die Wirtschaft, die menschliche Seele, sogar die Logik. Die Astyanax-Geschichte ist ein Beispiel für die Pathologie des Krieges, wie sie Thukydides beschreibt.

Odysseus argumentierte nämlich durchaus logisch – folgerichtig, aber unmenschlich.

Er sagte: »Wir haben den schrecklichsten Krieg geführt, der sich denken läßt. Niemand von uns will, daß sich so ein Krieg wiederholt. Ihr habt die gesamte königliche Familie ausgerottet, ihr habt die Frauen versklavt und vergewaltigt, ihr habt die Tante des Astyanax, Kassandra, vergewaltigt und habt den Vergewaltiger freigesprochen, ihr habt seinen Onkel Polites auf grausamste Art und Weise getötet und seinen Mörder zum Richter gemacht. Ihr habt seinen Großvater Priamos, einen hilflosen Greis, enthauptet, ihr habt Hektor getötet und habt seinen Körper um die Stadt geschleift. Ihr habt

Dinge getan, die so furchtbar sind, daß dieser Astyanax, wenn er erst ein Mann geworden ist, sie rächen muß. Er muß! Er kann gar nicht anders, er muß diese Untaten rächen!«

Es konnte dem Odysseus schwer widersprochen werden.

Er fuhr fort: »Dieser Astyanax, wenn er erst zwanzig ist, wird ein Heer zusammenstellen, und er wird gegen Griechenland ziehen, und es wird dieser Krieg von neuem beginnen. Er muß es tun. Deshalb«, schloß Odysseus, »deshalb bleibt uns diese letzte, vielleicht grauenhafteste Tat nicht erspart. Wir müssen dieses Kind töten!«

Menelaos riß ihm das Kind aus den Armen. »Der Kleine steht unter meinem Schutz«, rief er.

»Ausgerechnet unter deinem Schutz!« höhnte Odysseus. »Ausgerechnet du willst der Schutzherr der Kinder sein!«

Und dann wandte sich Odysseus an Agamemnon, den Bruder des Menelaos.

»War es nicht er«, fragte er, »der dich in Aulis zwang, deine Tochter Iphigenie zu opfern, damit Wind aufkomme und wir hierher zu dem unseligen Gestade von Troja segeln konnten? Und er will der Schutzherr der Kinder sein!«

Da wurde beschlossen zu tun, was Odysseus forderte. Astyanax wurde auf den letzten übriggebliebenen Turm von Troja geschleift, und von dort warf man ihn hinunter, man warf ihn zu Tode.

Ich weiß nicht, wer es getan hat. Wie ich Odysseus kenne, glaube ich nicht, daß er es getan hat. Er ist doch vor allem ein Mann der Theorie, ein Schreibtischtäter. Er hat die Untat angezettelt, aus logischen Gründen. Aber die Logik des Krieges kann niemals die Logik der Moral sein.

Der Trojanische Krieg war also beendet, die Helden packten ihre Sachen und fuhren nach Hause. Das Ziel war erreicht, Menelaos hatte seine Gattin Helena wiedergewonnen. Denn dafür waren zehn Jahre Krieg und ein so grausames Ende in Kauf genommen worden. Als Telemach, der Sohn des Odysseus, zehn Jahre nach Ende des Krieges nach Lakedaimon kommt und dort Menelaos und Helena trifft, sagt Helena schmunzelnd, damals sei sie eine Hündin gewesen. Der Trojanische Krieg war also für sie nicht mehr als ein erotischer Jugendstreich.

Nun fahren die Helden nach Hause. Da gab es zum Beispiel den kretischen König Idomeneus, auch er hatte um Helena angehalten damals, und deswegen war auch er in den Krieg gezogen. Idomeneus hatte sich am Schluß nicht an den Grausamkeiten beteiligt, aber er hatte auch nichts dagegen getan.

Er geriet unterwegs in einen Sturm, und er gelobte dem Gott Poseidon: »Wenn du mich leben läßt, so will ich dir ein Opfer darbringen. Das erste Lebendige, das ich auf meiner Insel vor die Augen bekomme, werde ich dir opfern.«

Das war sein eigener Sohn, der ihn vom Hafen abholen wollte. Idomeneus opferte seinen eigenen Sohn. Seine Frau verjagte ihn daraufhin von der Insel. Irgendwo verliert sich die Spur des Idomeneus.

Eine andere Geschichte, die des kleinen Aias, des lokrischen, wie er genannt wurde, dieses besonders grausamen, besonders zynischen Helden: Er wurde vom selben Sturm ins Meer geworfen. Sein Schiff wurde zerschlagen, und er schwamm ans Land.

Bevor er das Land erreichte, hob er die Faust gegen die Götter und rief: »Ihr verfluchten Idioten da oben! Ich habe das ganze Leben hindurch gesündigt, und mir ist nichts geschehen. Wenn ich jetzt hier sogar noch lebendig aus dieser Flut steige, dann habe ich das mir allein zu verdanken und nicht euch!«

Dann griff er nach dem Felsen.

Das war dann Zeus zu bunt. Er schickte einen Blitz und zerschlug Fels und Mann. So endete der kleine Aias.

Neoptolemos, der Sohn des Achill, er wurde in Delphi vor dem Orakel hinterrücks erstochen. Er wollte gerade erfahren, wie lange sein Leben noch dauern wird. Die Pythia blickte ihn nur an, sagte kein Wort. Sie sah den Mörder hinter Neoptolemos stehen. Sie brauchte ihm keine Antwort mehr zu geben.

Die griechische Literatur kannte viele solcher Heimkehrergeschichten. Die prominenteste ist die Odyssee. Die meisten kleineren oder größeren Epen sind verlorengegangen, der Rest umfaßt wenige Zeilen. Wir müssen uns die Geschichten mühsam aus anderen Quellen rekonstruieren.

Aber das sind alles die Geschichten der Angreifer, die Geschichten der Sieger. Es gibt auch eine Geschichte der Besiegten. Von den Trojanern blieb nur einer übrig, einer mit einer kleinen Gefolgschaft. Das war Aeneas. Er hatte sich mit einer Gruppe von Leuten in die Wälder zurückgezogen, als in seiner Stadt der Krieg pathologisch wurde.

AENEAS

Von der Flucht aus der brennenden Stadt – Von einem
Funken Hoffnung – Von Ascanius – Von Dido und ihrer
Liebe – Vom harten Herzen des Emigranten – Von
Tischen, die man essen kann – Vom neuen Troja

Aeneas auf der Flucht aus Troja – auf den Schultern trägt
er seinen Vater Anchises, der wiederum die Hausgötter
mit seinen Händen umklammert, und neben Aeneas geht
sein kleiner Sohn Ascanius, verwirrt, die Augen voll
Angst.

Dieses Bild des Flüchtlings beschreibt die letzten Tage
der Stadt Troja. Aeneas hatte sich mit den letzten seiner
Familie durch die Straßen der brennenden Stadt ge-
drängt. Um ihn herum schrien und liefen die Menschen.
Kinder fielen, wurden zertrampelt, alte Menschen sanken
nieder, als würde sie der Boden aufnehmen. Aeneas hielt
mit der einen Hand seine Frau, mit der anderen seinen
Sohn, auf seinen Schultern wimmerte sein gelähmter
Vater. Und dann ließ die Frau seine Hand los, und er
konnte sie im Getümmel nicht mehr sehen. Sie verschwand, und er fand sie nie wieder.

Mit Vater und Sohn und einem Häufchen Getreuen
gelang ihm die Flucht aus der Stadt. Sie zogen sich in die
Wälder um den Berg Ida zurück, versteckten sich dort.
Diese Menschen sind die einzigen in Freiheit Überleben-
den der Stadt. Viele Frauen wurden versklavt.

Wer ist nun dieser Aeneas, der als einziger großer Held von dem einst stolzen, weit gerühmten Stamm der Trojaner übrigblieb?

Seine Mutter ist eine Göttin, es ist die Göttin der Liebe, es ist Aphrodite. In den glücklichen Zeiten von Troja war sein Vater Anchises ein Hirte gewesen. Anchises gehörte nicht zum unmittelbaren Königsgeschlecht der Trojaner, er entstammte einer Nebenlinie. Sein Haus stand außerhalb der Stadt.

Anchises hütete also die Schafe an den Hängen des Ida, und da erschien ihm eines Tages Aphrodite. Sie war nämlich von Zeus verzaubert worden; einmal war es umgekehrt, einmal verzauberte nicht sie, sondern war verzaubert worden. Um sie, deren Macht in Wahrheit die des Göttervaters überragte, zurückzustutzen, zu demütigen, machte sie Zeus in den kleinen Hirten Anchises verliebt.

Ach, Aphrodite brauchte keine Worte. Sie blickte den jungen Mann an, und dann legte sie sich neben ihn ins Gras. Sie verführte Anchises auf dem Berg Ida, er wußte nicht, wer sie war, und sie schliefen miteinander.

Sie wurde schwanger. Sie gab sich dem Anchises zu erkennen, und der hatte natürlich furchtbare Angst, denn so bewandert war er in der Mythologie seines Volkes schon, daß er wußte, wie riskant eine direkte Verbindung von Gott und Mensch ist – für den Menschen, versteht sich.

Aber Aphrodite sagte zu ihm: »Du brauchst keine Angst zu haben, Anchises. Ich werde es nicht zulassen, daß jemand dir etwas tut. Voraussetzung allerdings ist, daß du unser kleines Techtelmechtel verschweigst. Verstehst du mich?«

»Aber ja«, sagte Anchises. In seinen Gedanken sah er sich freilich schon umringt von den Burschen der Stadt, wie sie ihn feierten, wie sie ihn beneideten – ihn, den Liebhaber der Aphrodite.

»Gut«, sagte Aphrodite, »du hast mich also verstanden.«

»Freilich«, sagte Anchises.

»Du erzählst niemand davon, daß du mit der Göttin der Liebe persönlich geschlafen hast?«

»Nein, nein«, sagte Anchises, kreuzte im Rücken Zeigefinger und Mittelfinger.

Es ist schon etwas ganz Besonderes, der Liebhaber von Aphrodite gewesen zu sein, wer will das bestreiten. Und Anchises wollte ja auch wirklich seinen Mund halten, aber dann eines Abends saß er mit Freunden zusammen, Wein wurde getrunken, über Frauen wurde gesprochen, über Mädchen, die der eine schon gehabt, der andere noch nicht gehabt hatte, und so weiter.

Da sagte einer über ein Mädchen, das gerade vorbeiging: »Mit der habe ich auch schon.«

Und weil es ein besonders hübsches Mädchen war, fragten die anderen: »Und? Wie ist es?«

Und der Bursche sagte: »Also mit ihr zu schlafen, ich kann euch sagen, das ist so gut, wie wenn man gleich mit der Göttin der Liebe persönlich schläft!«

Und Anchises, er war schon ziemlich betrunken, der sagte: »Woher willst du das wissen?«

Der Bursche sagte: »Das ist halt so ein Sprichwort, das sagt man halt so. Man sagt, mit dieser Frau zu schlafen muß so schön sein, wie mit Aphrodite zu schlafen.«

Anchises sagte: »Ja, das ist ein Sprichwort, das schon. Ein besonders blödes Sprichwort ist das. Woher soll von euch einer wissen, wie schön es ist, mit Aphrodite zu schlafen?«

Da sagten die anderen: »Und du?«

»Ich weiß es«, sagte Anchises.

»Ja, woher willst du es denn wissen?« riefen die anderen. »Was erzählst du denn hier!«

Da war dann die Versuchung doch zu groß.

Anchises sagte: »Ich? Ich habe mit Aphrodite geschlafen, und sie hat einen Sohn von mir.«

Da bat dann Aphrodite Zeus, er möge dem Anchises nun doch einen Denkzettel verpassen. Zeus schickte einen kleinen Blitz, einen Miniblitz, aber der reichte immerhin aus, daß Anchises gelähmt war von diesem Tag an. Deshalb konnte er auch nicht auf seinen eigenen Füßen die brennende Stadt Troja verlassen. Als es soweit war, war er angewiesen auf seinen Sohn.

Und dieser Sohn war Aeneas, ihn hatte Aphrodite von Anchises empfangen. Ein Lügner war Anchises nicht, nur ein Aufschneider.

Aeneas hatte sich am Trojanischen Krieg erst spät beteiligt, er wollte neutral bleiben. Er war ein friedlicher Charakter, er warnte die Trojaner.

Er sagte: »Gebt die Helena zurück! Laßt es nicht auf einen Krieg ankommen!«

Sie hörten nicht auf ihn.

Auf dem Berg Ida versteckten sich die Geretteten und warteten, ernährten sich von Wurzeln und Beeren und Vögeln, die sie mit Steinen erlegten. Sie verkrochen sich in Höhlen und sandten Späher aus, die erst wiederkommen sollten, wenn die Griechen das trojanische Gestade verlassen hatten.

Wir sehen nun Aeneas auf dem Berg Ida, umgeben von einem jämmerlichen Haufen. Hier ist nichts mehr zu finden von strahlendem Heldentum. Dieser Aeneas ist umgeben von Alten und Schwachen, von Frauen, von Verwundeten, von Hoffnungslosen. Als dann gemeldet wird, daß die Griechen abgefahren sind, wollen viele gar nicht mehr hinunter in die Ebene. Sie wollen sich den Anblick ihrer zerstörten Stadt nicht zumuten.

Es herrschen Weinen und Wehklagen, die meisten haben auch keine Kraft mehr zum Weiterleben. Zukunft gibt es für sie nicht mehr.

Aeneas – was bleibt ihm anderes übrig? – versucht so etwas wie Hoffnung zu wecken.

Er muß diesen Leuten sagen: »Wir geben nicht auf, es geht weiter!« Was soll er sonst tun?

Sie glauben ihm nicht.

Er sagt dann: »Nein, nein, ihr dürft nicht an meinen Worten zweifeln! Denn sie kommen von Gott. In der Nacht ist mir im Traum eine Botschaft zugekommen. Wir müssen Schiffe bauen, wir müssen hinaus, eine neue Heimat wartet auf uns.«

Weil er die Verzweiflung sieht, darum spricht er so. Er hat nicht geträumt, und keine Botschaft ist zu ihm gekommen. Aber als er das sagt, sieht er einen kleinen Schimmer in den Augen seiner Leute, und das spornt ihn an, das beseelt ihn, und er ist sich plötzlich selbst nicht mehr sicher.

Er sagt sich: »Vielleicht ist wahr, was ich laut sage, und falsch, was ich still denke.«

Die Hoffnungslosen sehen die Hoffnung in seinen Augen, die er sich selbst nur eingeredet hat, und er sieht die Hoffnung in ihren Augen.

Alle Zukunft wird auf diesen Mann geladen, und er sagt: »Bauen wir Schiffe. Ziehen wir hinaus.«

»Wohin sollen wir gehen?« sagen die Leute.

»Es wird uns Zeus führen!« sagt Aeneas. »Es wird uns meine Mutter Aphrodite führen.«

Die meisten kennen ja die Geschichte von Anchises und Aphrodite, und ehrlich gesagt, die meisten haben sie nicht geglaubt. Die meisten haben doch geglaubt, Anchises ist ein Angeber und ein Lügner, er erzählt das nur. Bisher glaubten sie diese Geschichte nicht, sie dachten sich halt, Anchises' Frau wird weggelaufen sein und ihm dieses Kind dagelassen haben.

Aber nun, da ihnen nichts weiter geblieben ist auf dieser Welt und die Hoffnung, dieser recht dünne Stoff, dieser theoretische Wert, das einzige ist, nun glauben sie, daß Aeneas der Sohn einer Göttin ist, weil sie es glauben wollen. Sie wollten, daß der Sohn einer Göttin sie aus diesem Elend herausführt.

Sie bauten Schiffe. Aeneas bangte: Hoffentlich bekomme ich tatsächlich Weisung von irgendwoher!

Dann waren die Schiffe fertig, und der Wind trieb sie hinaus aufs Meer, bald sahen sie das Ufer nicht mehr.

Die Fahrt des Aeneas ist eine wirkliche Irrfahrt im Gegensatz zu der Irrfahrt des Odysseus. Des Odysseus Irrfahrt muß man relativieren: Zehn Jahre war er unterwegs, heißt es. Von diesen zehn Jahren verbrachte er allein sieben Jahre bei der hübschen Nymphe Kalypso und zwei weitere Jahre bei der interessanten Hexe Kirke, also dauerte die Irrfahrt ein Jahr. Außerdem wußte Odysseus sein Ziel, er wußte nicht, ob er es erreichen würde, aber immerhin hatte er ein Ziel, ein konkretes Ziel – Ithaka.

Die Irrfahrt des Aeneas war eine Flucht, er wußte nicht, wo das Ende sein wird. Das Ziel war nichts weiter als eine Verheißung. Die ganze Welt war potentielle Heimat für ihn, Aeneas hatte keine Heimat mehr.

Der große römische Dichter Vergil hat den Helden Aeneas gewählt, um ein Verbindungsglied von der alten, ehrwürdigen, klassischen, griechischen Mythologie zum römischen Weltreich herzustellen. Jede Herrschaft versucht sich Legitimation aus einer Tradition zu schaffen. Die Römer wollten ihre Zivilisation zurückgeführt sehen auf dieses heroische Zeitalter, und diese Verbindung hat Vergil geschaffen. Er hat den Aeneas zum Urururahn Roms gemacht. Davon erzählt seine *Aeneis*.

Vergil erzählt, Aeneas habe einen Orakelspruch von Apoll empfangen, er habe ihm gesagt: »Kehre zurück in das Urland deiner Väter!«

Vergil ist überzeugt, damit ist Italien gemeint gewesen.

Auf seiner Irrfahrt habe er dieses Land gesucht und zu guter Letzt auch gefunden. Vergil hat sich in seiner Geschichte recht nahe an Homer orientiert, an der Odyssee. Eine gute Idee.

Eine der Episoden erzählt von der Begegnung mit Dido, der Königin von Karthago.

In Karthago an der Nordküste Afrikas herrschte die Königin Dido, sie war eine Witwe, sie hat ihren Mann verloren und war dadurch sehr hart geworden. Sie war eine beinharte, rücksichtslose Händlerin geworden, und wer da kam und ihr keinen Vorteil bieten konnte, wer da mit dem Schiff anlegte und nur etwas wollte, und sei es auch nur ein wenig Barmherzigkeit, für den hatte sie ganz und gar nichts übrig. Fremde konnte sie ohnehin nicht ausstehen, denn Fremde hatten ihrem Mann den Tod gebracht.

Auf den Hafen von Karthago steuerte nun dieses elende Schiff des Aeneas zu, das eine elende Fracht barg,

einen Haufen Hoffnungsloser, die doch Hoffnung gewonnen hatten aus einem Fünkchen Hoffnung, das in
den Augen ihres Führers brannte. Für andere Leute der
Hoffnungsträger zu sein, das macht das Herz des Erwähl-
ten hart. Wir werden das sehen.

Aphrodite aber hielt die Hand über ihren Sohn, und
sie sah voraus, daß eine Landung in Karthago mit einem
Schiff, das gar nichts zu bieten hatte, nicht gut ausgehen
konnte. Sie befahl Aeneas, er solle abseits der Stadt anlegen und solle seinen kleinen Sohn Ascanius zur Königin
Dido schicken. Alles andere solle Aeneas ihr überlassen.

Aphrodite stattete Ascanius mit besonderer Schönheit
aus und gab ihm einen Duft an den Leib, den die Königin
liebte, und gab ihm ein Geschenk mit, nämlich einen Teller mit schön angerichteten Meeresfrüchten, den sollte er
Dido bringen.

Der Bub war sehr aufgeregt und sagte: »Was soll ich
denn sagen?«

Aber Aphrodite sagte: »Es werden dir die richtigen
Worte in den Mund gelegt werden, keine Sorge.«

Ascanius ging also, und er wurde vor Dido hingeführt.
Zunächst betrachtete ihn die Königin mit ihren harten
Augen.

»Was willst du?« fragte sie.

Ascanius, mit dem lieblichsten Stimmchen, mit dem
lieblichsten Blick, sagte: »Ich komme von meinem Vater.
Mein Vater heißt Aeneas, und er läßt dir ein Geschenk
bringen.«

»Und was ist das?« fragte Dido.

Ascanius zeigte die Meeresfrüchte vor. Da mußte Dido
doch schmunzeln, denn sie war es gewohnt, ganz andere
Geschenke zu bekommen, sie, die Mächtige, die die Köni-

gin der mächtigen Stadt Karthago war. Und nun kam da ein Knabe zu ihr und brachte ein paar Muscheln und ein paar Meeresfrüchte auf einem schäbigen Teller. Aber der Knabe roch sehr gut ...

Sie sagte: »Erzähl mir von deinem Vater!«

Da erzählte Ascanius, er sprach mit den Worten der Aphrodite, aber mit seinem lieblichen Stimmchen. Er erzählte das Schicksal seines Vaters Aeneas, den Untergang der Stadt Troja erzählte er, die furchtbaren Schicksalsschläge auf dieser Fahrt. Er erzählte. Es gelang ihm, das Herz der Dido zu erweichen. In seinem Händchen hielt Ascanius irgend etwas verborgen.

Dido fragte: »Was hast du denn hier?«

Ascanius öffnete seine Hand, da war ein winziges Schiffchen zu sehen.

Er sagte: »Das ist das einzige Spielzeug, das ich besitze. Das hat mir mein Vater geschnitzt aus Meerschaum. Es soll ein Schiff sein.«

Dido betrachtete dieses Ding und sah, daß es zwar nicht mit dem größten Geschick, aber dafür mit größter Liebe gemacht war.

Dido fragte: »Wann hat denn dein Vater dieses Schiffchen für dich gemacht?«

Ascanius sagte: »Abends an Bord, wenn alle anderen schliefen.«

Dido fragte: »Er hat trotz all seiner Sorgen und all dieses Grauens, das er erlebt hat, und all dieser Verantwortung, die auf ihm lastete, Zeit gefunden, für dich ein kleines Spielzeug zu machen?«

»Ja«, sagte Ascanius, »er hat es gemacht, und nicht nur für mich, auch für andere Kinder an Bord hat er Schiffchen gemacht, aber für mich das schönste.«

Das rührte nun Dido zu Tränen, sie wollte immer mehr erfahren von Aeneas, und Ascanius erzählte.

Schließlich sagte Dido: »Ich möchte deinen Vater kennenlernen.«

Es war eine vertraute Innigkeit zwischen ihr und Ascanius. Aphrodite legte immer noch ein wenig Glut nach.

Zuletzt stand Ascanius auf, trat nahe an Dido heran, streckte sein Händchen aus, das innen ein wenig feucht war, und sagte: »Ich schenke dir dieses kleine Schiffchen.«

Damit hatte er das Herz der harten Dido gewonnen, das heißt: für seinen Vater.

Dido empfing Aeneas, empfing ihn prachtvoll. Wie ein Bettler wirkte Aeneas, heruntergekommen war er, die Haut aufgeschwollen vom Meerwasser, hinter ihm her sein zerlumpter Haufen. Aber sie wurden empfangen wie eine königliche Abordnung.

Dido verliebte sich in Aeneas, und zwar mit derselben Kraft, die zuvor ihre Härte geschmiedet hatte. Dieselbe Kraft, die noch gestern die Menschen zurückgewiesen hatte, wandelte sich nun in Hingabe um. Sie wollte, daß Aeneas mit seinem Volk bei ihr in Karthago bliebe.

Ich sagte es schon: So viel Verantwortung härtet einen Menschen seelisch ab. Aeneas war inzwischen ein harter Mann geworden, er war solcher Liebesbezeugung nicht mehr zugänglich. Er hatte nur noch eine Idee, er wollte eine neue Heimat für sich und sein Volk finden. Aber die neue Heimat, die er vorgab zu suchen, war in Wirklichkeit seine alte Heimat, aber die war verloren.

Aeneas schätzte diese Situation ganz kühl ein, er sagte sich: »Meine Leute brauchen Ruhe, meine Leute brauchen anständiges Essen, und meine Schiffe müssen überholt werden. Ich werde die Verliebtheit dieser Königin ausnutzen, ich werde mich ihr hingeben, und in dieser Zeit werden wir uns restaurieren können für unsere weitere Suche.«

Aeneas zog also bei Dido ein, sie liebten sich, sie wohnten in ihrem Palast, er schlief in ihrem Bett. Sie nahm das als ein Versprechen, obwohl er ihr dieses Versprechen wörtlich nie gegeben hatte. Aber für sie waren sie beide Mann und Frau.

Dann hatte sich das Volk des Aeneas einigermaßen erholt, die Schiffe waren wieder hergerichtet.

Er sagte: »Ich breche auf. Ich muß meine neue Heimat suchen.«

Da war Dido entsetzt, sie sagte: »Ich dachte, das hier sei nun deine neue Heimat. Karthago. Ich dachte, du bleibst hier, und dein Volk mischt sich mit meinem!«

»Nein«, sagte Aeneas, »ich muß weiter.«

Und sie sagte: »Wie soll ich hier ohne dich leben können? Ich liebe dich doch! Du bist in mir.«

Das verhärtete Emigrantenherz des Aeneas war nicht zu erweichen. Er sagte: »Ich habe einen Auftrag, ich muß weiter. Ich bin nur für mein Volk verantwortlich und sonst für nichts.«

Sie sagte: »Aber alles hier erinnert mich an dich, Aeneas! Der Tisch, an dem du gesessen hast, erinnert mich an dich. Meine Kleider werden mich an dich erinnern, das Bett wird mich an dich erinnern. Hier, das kleine Schiffchen deines Sohnes wird mich an dich erinnern!«

Aeneas sagte: »Dann wirf alles auf einen Haufen und zünde an, was dich an mich erinnert. Ich muß gehen.«

Er drehte sich um und ging und bestieg sein Schiff.

Dido warf all diese Dinge auf einen Haufen, den Tisch, die Stühle, ihre Gewänder, das Bett, das Schiffchen des Ascanius, und zündete diesen Haufen an.

Dann blickte sie an sich hinab und sagte: »Am meisten aber wird mich mein Körper an ihn erinnern.«

Sie sprang auf den Scheiterhaufen und verbrannte. Das war das Ende von Dido.

Aeneas fuhr weiter auf der Suche nach seiner neuen Heimat.

Es wird wohl so gewesen sein, daß am Anfang dieser Irrfahrt alle Hoffnungen auf Aeneas gerichtet waren, alle Hoffnungen seines Volkes, dieses jämmerlichen Haufens, daß die Ruhelosigkeit des Führers bald auch Verzweiflung bei den Leuten ausgelöst hat.

Manche werden gesagt haben: »Lassen wir uns irgendwo nieder. Irgendwo! Nur diese Suche, dieses Herumreisen, das halten wir nicht mehr aus!«

Dann wurde behauptet, ein Hellseher habe gesagt, dort, wo ihr so viel Hunger habt, daß ihr sogar die Tische aufeßt, dort wird eure neue Heimat sein. Das wurde kolportiert, alle in der Umgebung des Aeneas sprachen davon, auch er glaubte es schließlich.

Er sagte sich: »Genau, so wird es sein.«

Das klingt ja sehr unwahrscheinlich, daß einer den Tisch aufißt vor lauter Hunger.

Sein Sohn Ascanius war inzwischen ein Mann, und er war es eigentlich, der die Truppe führte, mit größtem Respekt seinem Vater gegenüber natürlich.

Eines Tages landeten sie bei einem Fluß, der später Tiber genannt wird. Dort wurden sie von den Bauern freundlich empfangen. Die Bauern gaben ihnen zu essen, und wie es der Brauch war, servierten sie die Speise auf gepreßten Weizenfladen. Die Leute des Aeneas wußten nicht, wie man damit umgeht, sie wußten nicht, daß man diese Fladen nicht ißt, daß diese Fladen nur sozusagen die Teller waren für die Speisen. Sie aßen alles auf, auch die Fladen.

Die Bauern kamen und lachten über den Appetit der Leute und sagten: »Habt ihr denn einen so großen Hunger gehabt, daß ihr den Tisch auch gleich mit aufgegessen habt?«

Da sagte dann Ascanius zu seinem Vater: »Siehst du! Hier, hier werden wir bleiben, das ist das Ziel. Jetzt ist die Weissagung in Erfüllung gegangen.«

Obwohl Aeneas damit nicht zufrieden war, denn ihn zog es immer wieder hinaus, ich sagte schon, in Wirklichkeit wollte er seine alte Heimat wiederfinden, gab er schließlich nach.

»Es ist gut hier«, sagte Ascanius.

»Wenn du meinst«, sagte Aeneas.

»Was sagt er?« fragten die anderen den Ascanius nach der Unterredung.

Ascanius nickte. »Hier werden wir das neue Troja aufbauen«, sagte er.

Viele hundert Jahre später wird Romulus an derselben Stelle oder irgendwo anders am Schienbein des italienischen Stiefels die Stadt Rom gründen.

AMOR UND PSYCHE

Von der göttlichen Schönheit eines Menschenkindes – Von
Aphrodites Eifersucht – Von einem Konflikt zwischen Eros
und Apoll – Von Zephyros, dem Westwind – Vom Liebhaber
der Nacht – Von drei bösen Schwestern – Von einem
Tropfen Öl – Von drei oder vier Aufgaben – Vom ewigen
Schlaf

Der spätrömische Dichter Lucius Apuleius – er lebte von
124 bis 180 nach Christus – verfaßte nach dem Vorbild
des großen Ovid eine Sammlung mit Verwandlungsge-
schichten, die heute unter dem Titel *Der goldene Esel*
bekannt ist.

Mehr als Ovid interessierte ihn allerdings die Rah-
menhandlung, die die einzelnen Geschichten verbindet,
das heißt, Apuleius hat sein Buch doch eigentlich wie
einen Roman gestaltet. Es werden die Erlebnisse eines
gewissen Lucius erzählt, der durch einen Zauber in einen
Esel verkehrt worden ist. Der satirische Blick von außen
auf den Menschen steht in der Tradition der Tierfabeln,
die kritische Ambition dahinter macht Apuleius zum
Ahnherrn eines Jonathan Swift.

Das zentrale Stück dieser Metamorphosen bildet die
Geschichte von Amor und Psyche.

Ich sag's gleich: Ich möchte den Liebesgott nicht Amor
nennen, sondern Eros. Ich möchte nämlich die Namen
aus der griechischen Mythologie verwenden, nicht ihre
römische Entsprechung. In der griechischen Sagenwelt
sind diese Geschichten gewachsen, dort haben sie die
römischen Dichter gefunden und gepflückt. – Amor ist

Eros, Venus ist Aphrodite, Mars ist Ares. Apoll allerdings bleibt Apoll …

Es war einmal ein König, der hatte vier Töchter, und die jüngste Tochter hieß Psyche. Sie war die Schönheit schlechthin, sie war Schönheit ohne jede Einschränkung, Schönheit ohne Mangel, makellos. Man wagte es nicht, ihr gerade in die Augen zu sehen. Ihre Schönheit verführte nicht, sie schüchterte ein. Sie löste bei den Menschen mehr Frömmigkeit als Begierde aus. Sie war fernes Ideal.

Bald ging das Gerücht um, die kleine Psyche sei die Inkarnation der Aphrodite, der Göttin der Schönheit und der Liebe.

Darunter litt Psyche.

Das ist für jemanden, der nicht so schön ist wie dieses Mädchen, im ersten Gedanken schwer nachzuvollziehen. Aber wenn wir nur ein wenig überlegen, dann verstehen wir, daß ein Ideal nur Leiden bringt, nur Leiden bringen kann – jedenfalls für den, der zum Ideal gemacht wird. Das Ideal können wir vielleicht verehren, und wir verehren es ja auch, aber lieben können wir es nicht.

Die Schwestern der Psyche waren gewiß auch hübsch, aber eben nicht schön ohne Makel und Mangel. Die eine hatte zu buschige Augenbrauen, die andere eine zu spitze Nase, die dritte zu volle Lippen oder ein zu schepperndes Lachen, oder ihre Hüften waren zu breit. Ihre Schönheit war also durch wohltuende Mängel relativiert, da war zuwenig, hier war zuviel. Und gerade das machte, daß die Schönheiten der Schwestern das menschliche Maß, das keinesfalls vom Ideal genommen ist, nicht verließen, und die Männer liebten diese Frauen, und sie begehrten sie, und sie trauten sich auch, es ihnen zu sagen.

So hatten die Schwestern der Psyche Liebhaber und hatten Ehemänner, während Psyche hoch verehrt wurde, aber allein blieb.

Sie konnte bald nicht mehr ohne Vorkehrungen das Haus verlassen. Die Menschen warfen sich ihr zu Füßen. Psyche mußte von Wachen beschützt werden, denn jeder wollte sie berühren – nicht wie ein Mensch einen anderen Menschen berührt, sondern wie Gläubige nach einer wunderwirkenden Statue greifen, um sich Kraft von ihr zu holen.

Altäre wurden für Psyche errichtet. Ihr Ruf drang weit über die Grenzen des Landes hinaus. Es hieß: »Aphrodite ist vom Olymp herabgestiegen und zu uns gekommen.«

Darunter litt Psyche. Sie war ein Mensch, natürlich litt sie darunter.

Und noch jemand litt darunter, nämlich Aphrodite. Aphrodite blickte vom Olymp herab und sagte: »Halt! Ich bin die Gottheit! Ich! Solche Ehrungen gebühren allein mir und nicht diesem Mädchen.«

Auch wenn Psyche schuldlos war an der Hysterie der Menschen um sie herum, auch wenn sie den Kult um ihre Person haßte, weil er sie einengte und ein normales Leben unmöglich machte, ihre bloße Existenz war für die hohe Göttin der Liebe ein Ärgernis.

Nun, Aphrodite hätte das Mädchen vernichten können. Sie hätte Psyche töten können. Der Mensch ist dem Gott ausgeliefert auf Gedeih und Verderb. Aber so gut kannten die Götter die Menschen inzwischen, und sie wußten, daß der frühe Tod eines Idols nur zur endgültigen Vergottung desselben führt.

Einfach auslöschen ließ sich Psyche also nicht. Zu viele Wünsche und Hoffnungen waren auf das Mädchen projiziert worden. Sie mußte gedemütigt, in die Schranken des Menschlichen verwiesen werden. Das Menschliche aber, das hatte die Göttin Aphrodite in Erfahrung gebracht, war zuvorderst das Lächerliche.

Aphrodite rief ihren Sohn Eros. Und sie sagte: »So, mein Sohn, zieh den goldenen Pfeil aus deinem Köcher und schieß ihn in das Herz der Psyche. Sieh zu, daß sich dieses wunderschöne Mädchen in ein lächerlich häßliches Geschöpf verliebt!«

Eros machte sich auf den Weg hinab zur Erde, schritt über das Land, betrat die Stadt, in der Psyche lebte. Pfeil und Bogen hatte er geschultert.

Wer ist dieser Eros, dieser Gott des Begehrens, den die Römer Amor oder Cupido nannten? In der Mythologie gibt es mehrere voneinander abweichende »Biographien« dieses Gottes.

Hesiod, der Theologe unter den antiken Schriftstellern, berichtet in seiner *Theogonie*, daß Eros am Beginn der Zeiten zusammen mit Gaia, der Erde, und Tartaros, der untersten schwarzen Unterwelt, aber auch gemeinsam mit Uranos, dem noch reinen Himmel, aus der Urleere, dem Chaos, geworden sei. Ohne Eros hätte sich nichts bewegt. Nichts wäre entstanden, nichts hätte sich vermischt. Keine Entwicklung, keine Evolution. Eines wäre neben dem anderen verblieben. Eros war es, der Gaia und Uranos in die Umarmung führte. Bei Hesiod ist Eros die Idee der Zeugungskraft, ein Prinzip, nicht eine anthropomorphe Gottheit.

In unserer Geschichte ist Eros ein Sohn der Aphrodite und des Ares. Die Liebe und der Krieg haben sich also zusammengetan, um das Begehren hervorzubringen.

Wir sehen Eros als den ewigen Jüngling, ewig festgehalten in der aufregenden Zeit nach der Pubertät. Er kennt keine Skrupel, Zweifel schon gar nicht, kennt keinen Respekt, vor den Menschen ohnehin nicht, aber auch nicht vor den Göttern. Sein provozierend offener Blick senkt sich nicht einmal vor Zeus.

Eros wird gemieden. Er hat keinen olympischen Umgang. Er ist allein.

Eros trägt einen Köcher auf seinem Rücken, und dieser Köcher enthält zwei verschiedene Arten von Pfeilen. Da sind zunächst die goldenen Pfeile. Wenn er einen goldenen Pfeil abschießt und uns trifft, dann sind wir verliebt, dann glühen wir vor Liebe, dann können wir nicht anders, als diejenige oder denjenigen zu begehren, die oder der uns vor die Augen kommt.

In einer anderen Kammer des Köchers stecken Pfeile mit Spitzen aus Blei. Sie bewirken Abscheu in uns. Und wenn wir von einem bleiernen Pfeil getroffen sind, dann ekeln wir uns vor dem Menschen, der gerade neben uns steht, und wir sehen zu, daß wir wegkommen.

Aphrodite wollte, daß Eros einen goldenen Pfeil in das Herz der Psyche schießt, damit sie sich in ein häßliches Wesen verliebte. Sie wollte Psyche lächerlich machen. Denn der Mensch betet nicht an, worüber er lacht. Aber es kam anders, als es sich die hohe Göttin der Liebe gewünscht hatte.

Eros betrat den Palast von Psyches Vater. Er wollte das Mädchen erst beobachten, ehe er seinen Pfeil abschoß, wollte sie erst in die Nähe einer lächerlichen Kreatur lotsen, auf die nach Abschuß seines goldenen Pfeils ihr erster Blick fiele. Draußen hatte er sich bereits umgesehen, er war sich noch nicht sicher, welcher Häßlichkeit er die Ehre erweisen wollte, dem Melonenhändler mit der hängenden, tropfenden Unterlippe oder dessen altem, räudigem Hund.

Der immer junge Gott versteckte sich, hielt sich hinter den Säulen, duckte sich in die Vorhänge. Er wollte nicht gesehen werden. Er ist einer, der aus dem Anonymen heraus agiert. Aber als er diese kleine, wunderschöne, ohne Makel schöne Psyche sah, die gerade ihr Gemach verließ, um ins Bad zu gehen, da verliebte er sich in sie. Ihm war, als hätte ihn sein eigener goldener Pfeil mitten ins Herz getroffen.

Er, der Gott der Leidenschaft, verliebte sich in ein Menschenkind! Das war noch nie geschehen. Eros wußte nicht, wie er mit diesem neuen Gefühl umgehen sollte. Er traute sich nicht, Psyche anzusprechen. Er hatte plötzlich Skrupel. Ja, er hatte Zweifel an sich selbst. Und er hatte Respekt vor der fremden Schönheit.

Vor allem aber wollte er der Welt nicht zeigen, daß der Gott der Leidenschaft selber in Leidenschaft entbrannt war. Er überlegte sich: Wie kann ich es anstellen, daß ich Psyche gewinne? Wie kann ich es anstellen, daß auch sie mich liebt?

Er verließ den Palast, und als er über den Marktplatz ging, die Kapuze tief in die Stirn gezogen, da kamen ihm die Menschen, die hier ihrem Gewerbe nachgingen, gar nicht mehr so bemitleidenswert vor. Diese hier, dachte er, sie lieben, wen sie erreichen können. Der Melonenverkäufer mit der hängenden, tropfenden Unterlippe erschien ihm gar nicht mehr lächerlich, und der Hund war ein Hund, nicht mehr und nicht weniger.

Oben auf dem Olymp wandte sich Eros an Apoll: »Du

mußt mir helfen«, sagte er. »Siehst du da unten Psyche, die so schön ist, wie nie eine Frau war?«

Apoll hatte Psyche natürlich schon gesehen, ihr Ruf war ja längst bis zum Olymp gedrungen, und die Wahrheit ist, auch Apoll hatte sich in sie verliebt. Aber dem Apoll waren schon so viele Liebeswunden geschlagen worden, daß er sehr vorsichtig geworden war.

Apoll sagte: »Ja, ich sehe Psyche. Was willst du von ihr?«

Und Eros sagte: »Ich habe mich in sie verliebt, ich will sie haben. Du sollst mir helfen, sie zu erobern.«

Apoll hielt sich diesen ewig jugendlichen Gott auf Distanz, er sagte: »Was stellst du dir darunter vor? Wie denkst du, kann ich dir helfen?«

Eros sagte: »Ich kann mir vorstellen, daß du mit deinem Orakel, das du da in Delphi unterhältst, das angeblich die Wahrheit sagt ... «

»Was hast du gegen die Wahrheit?« unterbrach ihn Apoll heftig.

»Ich habe gar nichts gegen die Wahrheit«, sagte Eros. »Solange sie einem in der Liebe dienlich ist, kann sie durchaus interessant sein. Ansonsten finde ich deine Wahrheit langweilig.« Für Eros galt nur das Begehren, die Wahrheit war für ihn höchstens ein Argument bei der Balz. »Daß du mit diesem Orakel etwas anstellen könntest, um mir diese kleine, schöne, unvergleichliche Psyche zuzuführen – das meine ich, das kann ich mir vorstellen. Du nicht?«

»Nein, ich nicht«, sagte Apoll. »Das mache ich ganz bestimmt nicht. Mein Orakel dient der Wahrheit und der Reinheit.«

Da blickte ihn Eros an, gerade, schamlos. Und er

sagte: »Apoll, wollen wir wetten, daß du tun wirst, was ich von dir will?«

Hätte das jemand anderer gesagt, Apoll hätte ihn wohl zerschmettert. Aber vor Eros fürchtete er sich.

Eros sprach weiter: »Erinnerst du dich noch, Apoll?«

Und dann erzählte er ihm die Geschichte von Daphne, an die sich Apoll tatsächlich noch sehr gut erinnern konnte. Es wäre ganz und gar nicht nötig gewesen, daß ihm Eros diese Geschichte erzählte.

Der Gott des Begehrens tat es, um Apoll zu verletzen.

Einst hatte sich nämlich Apoll mit Eros gestritten. Das heißt, schuld war Eros gewesen, er hatte Apoll ausgelacht und hatte zu ihm gesagt: »Schau zu, ich bin der bessere Schütze als du!«

Apoll hatte geantwortet: »Das ist lächerlich, was du hier redest. Du wirst doch nicht zu mir, zu dem Gott, der Pfeil und Bogen erfunden hat, sagen, daß du der bessere Schütze bist?«

Er hat Eros beiseite geschoben, voll Verachtung. Da war Eros gekränkt, und er nahm Rache.

Er zog zwei Pfeile aus seinem Köcher, eben einen goldenen und einen bleiernen. Und als er sah, daß Apoll sich einer Nymphe näherte, schoß er den goldenen Pfeil ab, mitten ins Herz des Apoll, und gleich darauf schoß er den bleiernen Pfeil ab, mitten in das Herz der Nymphe.

Diese Nymphe hieß Daphne.

Apoll entbrannte nun in Liebe zu Daphne, aber Daphne war voll Abscheu gegen Apoll.

Das muß man sich vorstellen! Apoll als Liebhaber zu haben wäre für eine Nymphe etwas Wunderbares gewesen. Auch unter den Unsterblichen herrscht eine Hierarchie, und was eine »gute Partie« ist, das wissen die Unsterblichen ebenso wie die Sterblichen. In dieser Hierarchie rangierte Apoll ganz oben. Aber Daphne hatte den bleiernen Pfeil im Herzen, und sie konnte nichts anderes tun, als vor Apoll davonzulaufen. Denn ihr Herz war voll Abscheu.

Apoll lief ihr hinterher, er ahnte ja, was geschehen war, und er rief: »Ich will dir nichts tun, ich will dir nur erklären, was passiert ist. Ich will dir sagen: Warte doch ab, bis das Gift des Pfeils nachläßt, dann können wir weitersehen. Du bist voll Abscheu, weil Eros seinen bleiernen Pfeil auf dich abgeschossen hat, und ich bin voll Liebe, weil ich seinen goldenen Pfeil im Herzen habe.«

Aber Daphne lief, als wolle Apoll ihr die Unsterblichkeit rauben. Und als sie zu einer Schlucht kam, durch die sich ein Fluß schlängelte, da wußte sie nicht mehr weiter, und sie sprach zu diesem Fluß: »Hilf mir, hilf mir, ich werde verfolgt!«

Dieser Fluß hatte Mitleid mit Daphne und verwandelte sie in einen Lorbeerbaum. Da stand sie nun, und als Apoll hinzukam, hatte er seine Liebe verloren auf ewig.

Er schnitt Lorbeerzweige von diesem Baum und flocht daraus einen Kranz, den er von nun an auf seinem Haupt trug – Daphne zu Ehren. Eine Narbe war in seinem Herzen zurückgeblieben: Daß Daphne voll Abscheu vor ihm davongelaufen war, hatte ihn tief verletzt. Apoll hatte zu spüren bekommen, was für böse Wunden Eros den Liebenden schlagen kann.

Diese Geschichte erzählte Eros dem Apoll, und er sagte: »Wenn du nicht tust, was ich von dir verlange, dann werde ich dir diese Qualen noch einmal bescheren.«

Da gab Apoll kleinlaut nach: »Sage mir, was soll ich tun?«

Er habe sich einen Plan zurecht gelegt, sagte Eros: »Wir machen das so: Du schickst über dein Orakel eine Nachricht zum Vater der Psyche und läßt ausrichten, er solle seine Tochter auf den höchsten Berg bringen. Dort werde ihr, läßt du sagen, vom Gott der Liebe ein Bräutigam zugeführt.«

»Und weiter?« fragte Apoll.

»Das ist alles.«

»Und das soll ein Plan sein?«

»Ich finde schon.«

»Dann steht dieses arme Mädchen auf dem Berg, und was dann?«

»Dann wirst du dich um das Weitere kümmern«, sagte Eros. »Das ist mein Plan. Das ist mein Befehl. Ich finde, das ist ein guter Plan.«

Apoll meinte, es bleibe ihm nichts anderes übrig, als zu gehorchen.

Er ließ durch sein Orakel in Delphi dem Vater der Psyche die Nachricht ausrichten. Diese Nachricht war als sehr dringend etikettiert, von einem Gott abgesandt, der Vater traute sich dem nicht zu widersprechen, und er führte seine Tochter auf den höchsten Berg. Er zog ihr ein Hochzeitskleid an und ließ sie dann allein auf dem Berg zurück.

In der Zwischenzeit war Apoll zu Zephyros gegangen, das ist der Westwind. Er solle ihm helfen, sagte er.

Er sagte: »Zephyros, du mußt mir einen Gefallen tun.«

Und Zephyros sagte: »Warum soll ich dir einen Gefallen tun, Apoll? Laß mich zufrieden! Ich bin nur ein einfacher Wind, ich möchte mit euren komplizierten Göttergeschichten nichts zu tun haben.«

Er ahnte, daß Schwierigkeiten auf ihn zukommen würden.

Aber Apoll ließ sich nicht abschütteln. Er klammerte sich im Sturmhaar des Windes fest und sagte: »Wetten, Zephyros?«

»Was wetten«, sagte Zephyros ärgerlich. »Sind wir Kinder?«

Da blickte ihn Apoll an, gerade und schamlos. »Wetten, Zephyros, du wirst mir helfen? Erinnerst du dich noch?«

Und Apoll erzählte dem Westwind eine Geschichte, nämlich die Geschichte vom armen Hyakinthos.

Einst waren nämlich beide, Apoll und Zephyros, in den Jüngling Hyakinthos mit der schimmernden Haut verliebt. Und für Hyakinthos war das schmerzlich.

Denn Hyakinthos neigte sich ganz dem Apoll zu, er wurde der Geliebte des Apoll. Da war Zephyros erst traurig, dann verzweifelt, schließlich war er von ungeheurem Zorn und von Rachsucht erfüllt.

Als Apoll eines Tages den Diskus warf, um seinem Geliebten zu imponieren, da blies Zephyros, der Westwind, so heftig, daß der Diskus abgelenkt wurde. Der Diskus flog einen weiten Bogen und traf Hyakinthos am Kopf. Hyakinthos war tot.

Dort, wo er starb, wuchs eine Blume, die es bis

dahin auf der Welt nicht gegeben hatte, nämlich die Hyazinthe.

Zephyros hatte von diesem Tag an ein quälend schlechtes Gewissen. Das schlechte Gewissen drückte und machte seinen Sturmatem unruhig und böig.

An diese Geschichte erinnerte Apoll den Zephyros. Und er bekam den Zephyros herum.

Der Westwind fragte: »Was soll ich tun?«

Apoll sagte: »Du fliegst hinauf zu diesem Berg und siehst dort dieses junge Mädchen, ihr Name ist Psyche, und du wirst es in den Palast tragen, der am Ende des großen Olivenhains steht. Dort wird jemand auf sie warten, ich kann dir nicht sagen, wer.«

Zephyros tat, wie ihm geheißen. Er flog auf den Berg, wo Psyche stand.

Man fragt sich, was in dem Mädchen vorging. Ihr Vater läßt sie auf einen Berg bringen, dann steht sie dort allein und soll auf einen Bräutigam warten, der vom Gott der Liebe geschickt wird. Es wird Abend, es wird Nacht, die Nacht unter den Sternen ist kalt. Vielleicht hat sich Psyche mit ihrer Rolle als einer ganz und gar Außergewöhnlichen schon abgefunden, so daß sie alles über sich ergehen ließ. Wir wissen es nicht ....

Zephyros umwehte den Gipfel des Berges, sah Psyche, und er flüsterte ihr zu: »Was machst du hier?«

»Ich soll auf meinen Gemahl warten«, antwortete sie.

»Schließ die Augen«, säuselte der Wind, »breite die Arme aus, laß dich fallen!«

»Aber da ist ein Abgrund«, rief Psyche.

»Vertrau mir«, wisperte Zephyros, »vertrau mir!«

Da breitete Psyche die Arme aus, schloß die Augen und ließ sich fallen.

Der Westwind aber hob Psyche hoch und trug sie in den Palast am Ende des großen Olivenhains. Es war der Palast des Eros.

Da war sie nun die kleine Psyche, die noch gar nichts vom Leben erfahren hatte, denn ihre Schönheit hatte sie vom Leben ferngehalten. Sie stand in einem großen Palast, der sicher, da haben wir keinen Zweifel, sehr elegant ausgestattet war.

Vielleicht hat sie nach jemandem gerufen. Sicher hat sie nach jemandem gerufen. Aber es antwortete niemand.

Sie ging von einem Raum in den nächsten. Wie viele Zimmer hatte dieser Palast? Unzählige, schien es. Und alle Zimmer waren leer. In jedem Zimmer war ein Diwan, auf den konnte sich Psyche legen, wenn sie müde war. In jedem Zimmer stand ein Tisch, der war gedeckt mit Feinstem und leicht Bekömmlichem. Wenn sie hungrig war, konnte sie davon essen.

Und dann wurde es Abend, und schließlich kam die Nacht. Hatte sie Angst? Ich glaube nicht. Sie hatte ja nie Schlimmes erfahren. Ihr Leben war unter langweiligem Schutz verlaufen. Sie legte sich auf einen der Diwane, blies die Öllampe aus und schlief ein.

Und dann kam Eros.

Er schlich sich ans Lager der Schlafenden. Er zündete die Lampe nicht an. Ja, er hätte es gewiß gern getan. Denn er hätte die schöne Psyche gern betrachtet. Aber er fürchtete, sie könnte erwachen und ihn sehen. Er wollte von ihr nicht gesehen werden.

Er streichelte seine Braut. Denn sie war nun seine

Braut. Er umarmte sie, küßte sie. Wer weiß, wie zärtlich der Gott des Begehrens streicheln kann? Niemand weiß es. Psyche wußte es. Sie wachte auf.

Er küßte sie auf den Mund. Noch nie war sie auf den Mund geküßt worden.

»Wer bist du«, fragte sie.

»Ich bin dein Bräutigam«, sagte Eros.

»Willst du dich mir nicht zeigen?«

»Nein.«

Es kam, was kommen mußte: Psyche verliebte sich in diesen Mann.

Eros sagte: »Liebst du mich?«

»Ja«, sagte sie.

»Gut«, sagte er, »dann wollen wir es so halten: Frage mich nie, wer ich bin. Bitte mich nie, mich dir zu zeigen. Willst du das?«

»Ich will«, sagte die Verliebte.

»In der Nacht komme ich zu dir«, sprach der Gott weiter, »in der Nacht liebe ich dich. Am Tag wirst du alles haben, was dein Herz begehrt, aber du wirst mich nie zu Gesicht bekommen. Wirst du damit zufrieden sein?«

»Werde ich«, sagte die Verliebte.

So war es.

Aber am Tag war ihr bald langweilig, und bald war ihr schrecklich langweilig. Wir haben gelernt, alle Stufen und Erscheinungen des Unglücks zu benennen, und wir wissen, die Langeweile ist eine Vorstufe der Depression, wenn sie nicht gar die Depression selbst ist.

Psyche litt an der Langeweile. Und es war wie langsames Sterben.

Eines Nachts sagte sie zu ihrem Gemahl: »Bitte,

komm einmal am Tag, nur einmal. Ich werde die Augen zumachen. Ich schwöre es.«

»Nein«, sagte er, »du schwörst es, und ich weiß, du willst es auch halten. Aber du wirst es nicht halten. Du wirst die Augen öffnen und mich sehen.«

»Aber ich werde krank werden, weil ich so allein bin«, schluchzte sie. »Bitte, erlaube mir wenigstens, daß mich meine Schwestern besuchen kommen. Dann hätte ich am Tag Unterhaltung.«

Eros warnte sie, er sagte: »Deine Schwestern werden fragen, wer dein Geliebter ist.«

»Ja«, sagte Psyche, »das werden sie, natürlich werden sie das. Denn sie lieben mich, und sie wollen wissen, wie es um mich steht. Aber ich werde nichts sagen. Ich werde schweigen.«

Schließlich gab Eros nach.

Er fuhr in den Olymp auf und sagte zu Apoll: »Du, ich brauche dich und Zephyros noch einmal.«

Und Apoll befahl dem Westwind, dem Zephyros, er solle die Schwestern der Psyche holen, solle sie von der Straße wegholen und emporwehen und zum Palast am Ende des Olivenhains tragen.

Und Zephyros tat es.

Die Schwestern staunten über all die Herrlichkeit des Palastes, in dem Psyche wohnte, und sagten sich: Wieder einmal hat es unsere Schöne gut getroffen. Und sie nickten.

Und dieses Nicken konnte alles mögliche bedeuten. Es konnte bedeuten: Ja, wir gönnen es ihr. Aber es konnte auch bedeuten: Was war schon anderes zu erwarten, wir gönnen es ihr nicht.

Sie kosteten von den Speisen, probierten die Diwane aus. Und lobten nur. Zu tadeln gab es ja auch nichts.

Psyche war glücklich. Jeden Tag beschenkte sie ihre Schwestern, und am nächsten Tag waren die Geschenke noch schöner und kostbarer als am Tag zuvor.

Die Schwestern sagten zueinander: »Meine Güte, die hat ja noch mehr, als wir dachten, die hat es ja noch viel besser erwischt, als wir dachten! Gemessen an dem, was die hat, beschenkt sie uns ja wohl zu knapp.«

Und dann sprach es die älteste Schwester aus. Sie tuschelte es den anderen zu: »Was wird das erst für ein Liebhaber sein, den sich da unsere kleine Psyche, dieser Glückspilz, geschnappt hat!«

Und die Zweitälteste tuschelte zurück: »Vielleicht auch nicht, vielleicht gerade das Gegenteil. Warum zeigt er sich uns nicht?«

»Vielleicht ist er häßlich wie ein alter Bocksbeutel«, mutmaßte die dritte.

Sie begannen Psyche auszufragen.

»Was ist mit deinem Mann? Wie sieht er aus? Beschreib ihn uns! Wie ist er zu dir? Erzähl!«

Aber Psyche blieb standhaft und sagte nichts.

Das heißt, sie sagte nicht viel. Ein wenig sagte sie nämlich doch.

»Ich selbst habe ihn auch noch nie gesehen«, sagte sie. »Er kommt nur in der dunklen Nacht zu mir.«

»Aha«, sagte die älteste der Schwestern.

»Hat er das nötig?« fragte die zweite.

Und die dritte wurde offen böse und sagte: »Achtung! Wenn der sich vor dir versteckt, dann wird er allen Grund dazu haben. Wir an deiner Stelle würden uns vor ihm hüten. Vielleicht ist er unglaublich häßlich, vielleicht ist er krank, vielleicht ist er bösartig. Vielleicht ist er gar ein Tier.«

Sie begannen Geschichten zu erfinden. Sie hatten in ihrem Leben nur Mangel erfahren, und der Mangel macht erfinderisch. Und Psyche, die ja nichts vom Leben wußte und die Seele der Menschen nicht kannte, weil sie in ihrer Schönheit vom Leben und von den Menschen immer ferngehalten worden war, sie glaubte diese Geschichten.

Da sagten die Schwestern zu ihr: »Paß auf, Psyche, eines Tages wird sich dein Mann in eine Schlange verwandeln. Du wirst dann schwanger sein, und er wird in dich hineinkriechen, und er wird die Frucht deines Leibes auffressen und wird auch dich töten. Gewiß wird alles so enden.«

Da bekam es Psyche mit der Angst zu tun. »Was soll ich nur machen?« weinte sie.

Und die lieben Schwestern rieten ihr: »Vertrau ganz auf uns. Willst du?«

»Ja«, sagte Psyche.

»Gut«, sagten die Schwestern. »Fangen wir an. Erste Frage: Wie ist es denn in der Nacht?«

Psyche antwortete: »In der Nacht? Schön ist es. Wir lieben uns, dann liegen wir nebeneinander, und dann schlafen wir ein.«

»Aha«, sagte die Älteste.

»Soso«, die zweite.

»Dann mach es doch folgendermaßen«, sagte die dritte. »Wenn er eingeschlafen ist, dein Bräutigam, dann nimm eine Öllampe und leuchte auf ihn. Schau ihn dir genau an! Überprüfe, wer er ist. Wir geben dir noch einen Dolch mit, damit du dich zur Wehr setzen kannst, sollte er gefährlich werden.«

Psyche ließ sich überreden. Sie vertraute nicht mehr

weiter ihrem geliebten Eros, der sie doch so eindringlich gewarnt hatte.

Sie versteckte die Öllampe im Schlafzimmer unter ihrem Bett. Und als Eros eingeschlafen war, zündete sie die Lampe an und betrachtete ihn.

Sie sah: Er war kein häßlicher Mann, er war die männliche Schönheit schlechthin. Und Psyche erkannte in ihm den Gott des Begehrens, und da erschrak sie. Und ihr Erschrecken machte, daß sie zusammenzuckte, und das Zusammenzucken machte, daß ein Tropfen von dem heißen Öl auf die Schulter des Eros fiel.

Eros erwachte und flog davon. Psyche sah ihn nie wieder. Sie hatte ihn verloren.

»Ihr seid schuld«, sagte sie traurig zu ihren Schwestern. »Eros war mein Gemahl, der Gott des Begehrens. Für ihn habe ich den höchsten Berg bestiegen, für ihn habe ich die Arme ausgebreitet. Ich habe die Augen geschlossen und habe mich fallen lassen. Und der Westwind hat mich in seine Arme gehoben. Nun habe ich ihn verloren!«

Und Psyche lief weinend davon.

Die Schwestern aber, die eifersüchtigen, die sagten sich: »Aha, so ging das vor sich! Nicht schlecht! Das können wir auch!«

Und sie stiegen auf den höchsten Berg, breiteten die Arme aus, schlossen die Augen und ließen sich fallen.

Aber Zephyros, der Westwind, der Sohn der Morgenröte Eos und der Sternenhalle Astraios, er fing die Schwestern nicht auf.

Traurige Psyche: Erst wird sie geschlagen mit Schönheit, worüber sich nicht einmal klagen läßt, weil kein Mensch solche Klage verstehen würde. Dann verliert sie auch noch den einzigen Liebhaber, den sie in ihrem Leben hatte, nämlich den Gott des Begehrens.

Psyche streifte von nun an durch die Welt, um ihren geliebten Eros wiederzufinden. Sie streifte durch die Welt und auch durch allerlei Märchenmotive.

Sehen wir, wie es ihr weiter erging: Auf ihrer Suche kam sie zum Palast der Aphrodite. Sie erkannte die Göttin nicht, bat nur darum, sich ausruhen zu dürfen. Aphrodite – die Verursacherin allen Leids unserer Heldin – verstellte sich, tat liebevoll, fragte Psyche aus, sagte ihr, sie wolle ihr helfen, ihren Geliebten wiederzufinden.

»Ich werde dir helfen«, verkündete sie, »aber erst mußt du einige Aufgaben erfüllen.«

In einer Nacht sollte sie einen Saal voll Korn verlesen. Sie schaffte es, denn Apoll schickte ein Heer von Ameisen los, die ihr dabei halfen. Dann sollte sie eine Herde menschenfressender Schafe scheren. Auch dies gelang ihr mit Hilfe Apolls, der ihr durch das Rauschen des Schilfs hindurch Anweisungen gab.

Schließlich wollte Aphrodite, daß Psyche einen Krug voll Wasser aus dem Styx schöpfe, dem Fluß der Unterwelt. Da verwandelte sich Apoll höchstpersönlich in einen Adler und brachte ihr das Wasser.

»Ach«, trällerte Aphrodite, »sagte ich, drei Aufgaben mußt du erfüllen?«

»Ja, drei«, sagte Psyche.

»Da muß ich mich wohl geirrt haben«, sagte Aphrodite. »Ich will obendrein, daß du einen Korb voll Schönheit der Persephone holst.«

Oh, das schien eine unlösbare Aufgabe zu sein! Persephone ist die Göttin der Unterwelt. Wer mit ihr spricht, wer etwas von ihr nimmt, der darf den Hades nicht mehr verlassen.

Aber Psyche, voll Sehnsucht nach ihrem geliebten Eros, tat, was Aphrodite von ihr verlangte. Sie machte sich auf den Weg in die Unterwelt, und sie traf Persephone.

Und Persephone war, wider alles Erwarten, sehr höflich und sehr freundlich zu Pyche, zeigte Verständnis, Sympathie. Sie gab ihr ohne Zögern einen Korb voll von ihrer Schönheit.

Sie sagte nur zu Psyche: »Laß diesen Korb geschlossen, blicke nicht hinein! Dann wird alles gut, dann wird dir nichts geschehen.«

Psyche stieg wieder hinauf in die Welt. Und sie ging und ging, und sie begegnete niemandem, mit dem sie hätte reden können, und die Zeit wurde ihr lang.

Da überfiel sie die Neugierde, und sie öffnete den Korb, und da sank sie nieder und verfiel in einen immerwährenden Schlaf.

Das ist Psyches Geschichte.

Bei Apuleius geht sie aber gut aus. Bei ihm bekommt Psyche ihren Eros, Zeus hat von ganz oben ein Einsehen und mischt sich wohltuend ein.

Der Römer Apuleius hat die alte archaische Geschichte wohl etwas familienfreundlich gestalten wollen. Ursprünglich aber bleibt Psyche auf ewig im Schlaf gefangen. Sie bekommt ihren Eros nicht. Sie wird nicht erlöst.

INACHOS

Von einem, der nur Ruhe und Frieden wollte – Von einem,
der Schiedsrichter werden mußte – Von einem kleinen,
häßlichen Wesen – Von der Kraft des Hasses – Vom
Fluchen – Von einer Kuh – Vom Tränenwasser

Erinnern Sie sich an Io, die Priesterin der Göttin Hera, die bejammernswerte Io, die von Zeus in eine Kuh verwandelt wurde, weil er sie vor seiner eifersüchtigen Gattin verstecken wollte? Ich möchte die Geschichte noch einmal erzählen, diesmal aus einer anderen Perspektive, nämlich aus der Perspektive des Inachos, des Vaters der Io.

Inachos war ein Gott. Er war ein Flußgott – beziehungsweise eine Art Flußgott. Vielleicht war er kein richtiger Gott, bestimmt war er kein Gott vom Kaliber eines Apoll oder eines Hermes, eines Ares oder eines Hephaistos. Nein, Inachos gehörte nicht zur Elite der Unsterblichen, hatte keinen Zutritt zum Olymp, keine Altäre wurden ihm auf Erden errichtet.

Sein Vater war der Titan Okeanos, seine Mutter die Titanin Tethis (nicht zu verwechseln mit der Nymphe Thetis, der Mutter des Achill). Inachos stammte also aus einem uralten Geschlecht, das lange vor den Göttern schon da war. Aus einem besiegten Geschlecht stammte er, einem Geschlecht, das die nun herrschenden Götter in einer gewaltigen Schlacht geschlagen hatten.

Deshalb habe ich gezögert, Inachos einen Gott zu nen-

nen. Er gehört zu den vielen Vor-, Zwischen- und Halb-
wesen, die nach dem Fall der Titanen, von Göttern und
Mythographen mehr oder weniger unbeaufsichtigt, die
Mythologie bevölkern.

Als Prometheus uns Menschen aus Lehm und Asche
knetete, wird er sich – das ist meine persönliche Spekulation – ebendiese Vor-, Zwischen- und Halbwesen als
Vorbild genommen haben. Er selbst war ja ein Titan, und
warum sollte er seine Kreatur nicht nach seinem Ebenbild
geschaffen haben? Der Charakter des Inachos, wir werden es sehen, war jedenfalls ein durch und durch menschlicher.

Dieser Inachos war eine friedliebende Person. Nichts
galt ihm mehr als der häusliche Friede. Er hatte seine
Halbschwester Melia geheiratet, und mit ihr lebte er in
Bescheidenheit und Ruhe. Melia gebar ihm zwei Söhne
und eine Tochter, eben Io.

Io war das jüngste Kind, und dem Vater war sie das
liebste.

Gern hob er sie hoch und sagte: »Schau, das ist unser
Fluß, er hat noch keinen Namen, aber eines Tages wird
er einen bekommen. Und das ist die Argolis, das ist unser
Land.«

Und als seine Tochter älter war, nahm Inachos sie an
der Hand und ging mit ihr den ganzen Tag spazieren.

Am Abend sagte er zu ihr: »Noch einmal so groß ist
die Argolis, unser Land, und noch zehnmal weiter fließt
unser Fluß, der vorläufig noch keinen Namen hat, der
aber eines Tages einen Namen bekommen wird.«

Des Inachos' ganzes Streben hatte nur ein Ziel: das
Leben in Langsamkeit, Bedächtigkeit, Zufriedenheit, Be-
dürfnislosigkeit und Ruhe im Kreis seiner Familie zu ver-

bringen, ohne bangen zu müssen, ohne hassen zu müssen, ohne vorsorgen zu müssen.

Ein Mann des Paradieses war dieser Inachos.

Und eines Tages wurde ausgerechnet Inachos in einen Streit hineingezogen. Er wurde in einem Konflikt zwischen Hera und Poseidon zum Schiedsrichter bestellt. Es ging schlicht darum, wer von den beiden das Land um Argos, eben die Argolis, in Zukunft besitzen dürfe.

»Was«, fragte Inachos, »welches Land?«

»Die Argolis«, hieß es, »kennst du etwa die Argolis nicht?«

»Freilich«, sagte Inachos, »es ist doch mein eigenes Land. Mein eigener Fluß fließt durch dieses Land. Er hat zwar vorläufig noch keinen Namen, aber er wird eines Tages einen bekommen.«

»Siehst du«, sagte Hera, »deshalb finden wir ja gerade, daß du, Inachos, der ideale Schiedsrichter in unserem Konflikt bist.«

»Aber«, stammelte Inachos, »wie kann ich, der ich der Besitzer der Argolis bin, entscheiden, wem von euch beiden die Argolis gehören soll?«

»Genau«, sagte Poseidon. »Wer könnte das besser entscheiden als du.«

»Das verstehe ich nicht«, sagte Inachos.

»Wir schon«, sagten Hera und Poseidon.

Die beiden olympischen Gottheiten kamen gar nicht auf den Gedanken, die Einwände des Inachos ernst zu nehmen. Sie gehörten zur Familie der großen, der ersten Gottheiten, also hatte sich der Rest der Welt gefälligst nach ihnen zu richten.

»Das heißt also, ihr wollt mir meinen Fluß und mein Land wegnehmen?« fragte Inachos.

»Ja«, sagte Hera, »das heißt es im Grunde.«

»Dafür aber«, sagte Poseidon, »werden wir dir unseren Respekt zollen und uns deinem Urteilsspruch bedingungslos beugen.«

»Tu's nicht«, sagte Melia, des Inachos' Frau.

»Aber was wird dann?« fragte Inachos.

»Sie werden wieder abziehen«, sagte Melia.

»Werden sie nicht«, sagte Inachos.

»Du wirst schon sehen: Erst nehmen sie uns das Land, und dann nehmen sie immer mehr«, sagte Melia.

»Ich gebe ihnen freiwillig das Land«, sagte Inachos, »dann werden sie uns nicht mehr nehmen und zufrieden sein.«

»Sie werden nicht zufrieden sein«, sagte Melia. »Die Götter sind nie zufrieden.«

Melia wird recht behalten. Inachos wird das erst nach langer Zeit einsehen.

Inachos entschied den Streit zugunsten von Hera. Ja, er verzichtete auf seinen Fluß und auf sein Land. Er sagte sich, was soll's, solange ich mit meiner Familie hierbleiben darf, kann es mir doch egal sein, wenn mir das Land und der Fluß offiziell nicht mehr gehören.

Für Hera entschied er sich, weil sie ihm, als er ein Kind war, einmal über den Scheitel gestreichelt hatte. Hera hatte das freilich längst vergessen. Aber Inachos hatte es nicht vergessen.

Poseidon hatte ihm nie über den Scheitel gestrichen. Also ging der zornige Gott des Meeres in diesem Konflikt leer aus.

Natürlich entschuldigte sich Inachos, so gut er konnte, bei Poseidon: »Darf ich dir als Ausgleich vielleicht einen Tempel errichten?«

»Nein«, sagte Poseidon, »deine Tempel interessieren mich nicht.«

»Oder einen regelmäßigen Ritus einrichten?«

»Deine Riten interessieren mich noch weniger!«

Poseidon war gekränkt, und er zog alles Wasser aus der Argolis zurück.

Für Inachos und seine Familie wurde von nun an das Leben schwer. Er mußte das Wasser von weit her schleppen, es mußten künstliche Kanäle angelegt werden. Das war harte Arbeit.

Aber dennoch schwor Inachos nach wie vor auf Sicherheit und auf Frieden. Er arbeitete härter und länger. Aber am Abend empfing er Gäste, und er gab den Wanderern und gab den Bettlern. Er verlegte sich nicht auf Straßenraub, wie es andere in seiner Lage taten.

»Friede«, sagte er. »Ich will Friede. Haß macht das Brot weder größer noch weicher.«

So vergingen die Jahre.

Dann kam Hera eines Tages wieder einmal in die Gegend. Vielleicht wollte sie ihren Besitz ansehen, vielleicht aber hatte sie auch längst schon vergessen, daß die Argolis ihr gehörte.

Sie fragte Inachos: »Bist du zufrieden?«

»Ja«, sagte er, und es war nicht gelogen.

»Du denkst, die ganze übrige Welt sollte ebenfalls zufrieden sein, stimmt's?«

»Stimmt«, sagte Inachos.

»Ich zum Beispiel«, sagte Hera, »ich bin nicht immer zufrieden.«

»Aha«, sagte Inachos. Er dachte, es gehöre sich für ihn nicht zu fragen, warum die Göttermutter Hera nicht immer zufrieden sei.

»Zur Zeit zum Beispiel«, sprach Hera weiter, »zur Zeit zum Beispiel bin ich sogar ganz unzufrieden. Ich will, daß man einen Tempel für mich errichtet. Könntest du das nicht übernehmen?«

»Tu's nicht«, sagte Melia, des Inachos' Frau. »Laß dir eine Ausrede einfallen.«

»Aber dann zürnt uns die Göttin«, sagte Inachos.

»Und wenn«, sagte Melia, »viel härter kann unser Leben nicht werden.«

»Ich trau mich nicht«, sagte Inachos.

»Ach«, sagte Melia.

Und Inachos beugte sich abermals und baute einen Tempel für die Göttin Hera.

Als der Tempel fertig war, kam die Göttin und sagte: »Einen schönen Tempel hast du für mich gebaut, Inachos. Ich will dich belohnen. Was wünschst du dir?«

»Ach, das ist nicht nötig«, sagte Inachos, und auch das war nicht gelogen.

»Aber ich möchte dir doch etwas schenken«, sagte Hera.

»Nimm nichts«, sagte Melia, des Inachos' Frau.

»Ein Geschenk von den Göttern muß man annehmen«, erwiderte Inachos, und zu Hera sagt er: »Also gut, dann schenk mir halt etwas.«

»Ich werde dir zum Dank für den schönen Tempel eine Ehre erweisen«, sagte Hera. »Ich will, daß deine Tochter Io meine Priesterin wird.«

»Was Priesterin!« empörte sich Melia, des Inachos' Frau. »Unsere Tochter soll heiraten und Kinder kriegen! Nichts anderes will sie!«

Inachos hatte mit Io ähnliche Pläne gehabt. Aber wieder traute er sich nicht, der Göttin zu widersprechen, wieder gab er nach.

Io wurde Priesterin der Göttin Hera.

Lange Zeit ging alles gut.

Dann träumte Io eines Nachts von Zeus. Der oberste Gott trat vor die Schlafende hin und sagte, er begehre sie, er wolle sich zu ihr legen. Er sei der oberste Gott, ihm müsse alle Kreatur gehorchen.

Io erwachte vor Schreck, und ihr Herz klopfte so sehr, daß sie nicht mehr einschlafen konnte. Sie, die Priesterin der Hera, wurde versucht, ihre Göttin zu betrügen, und das ausgerechnet mit deren Gatten!

Io erzählte ihren Eltern am nächsten Morgen von diesem Traum. »Was soll ich tun?«

»Da siehst du's!« sagte Melia.

Inachos aber: »Noch nie hat einer aus unserer Familie von Zeus geträumt. Ich habe keine Erfahrungen mit solchen Träumen. Ich will ein Orakel befragen.«

Das Orakel sagte: »Vorsicht, höchste Vorsicht! Wenn du dich und deinen Frieden retten willst, Inachos, dann bringe Io, deine liebste Tochter, aus dem Land. Sie muß euch verlassen! Du sollst sie nie mehr wiedersehen. Sonst ist dein Friede dahin.«

Inachos war erschüttert über diesen Orakelspruch, denn er liebte seine Tochter sehr, er wollte sie nicht fortschicken, er wollte die Familie zusammenhalten.

»Pfeif auf den Orakelspruch«, sagte Melia, des Inachos' Frau. »Ich will meine Tochter nicht hergeben!«

»Aber das Orakel hat gesagt«

»Aus dem Orakel sprechen die Götter«, fuhr ihn Melia an.

Das sei nicht erweisen, erwiderte Inachos und wiederholte, ihm sei nichts heiliger als der Friede, und darum gehorchte er dem Orakel.

»Komm«, sagte er zu Io und führte sie an die Grenzen der Argolis.

Es kam, wie es kommen mußte: Io entging der Begierde des Zeus nicht. Am Ende verwandelte sie der oberste Gott in eine Kuh, und Hera schickte eine Bremse, und diese Bremse jagte Io über die ganze Welt.

Bis zum Kaukasus kam sie, dort jammerte sie dem Prometheus ihr Schicksal vor, wie uns Aischylos berichtet.

Das Unglück war über den friedfertigen Inachos gekommen.

»Der Friede, die Ruhe, sie waren mir doch immer das wichtigste!« rief er immer wieder und wieder und raufte sich das Haar.

»Vielleicht ist gerade das dein Verhängnis«, sagte seine Frau, und zum ersten Mal gab es Streit in der Familie, heftigen Streit.

Von nun an saß Inachos nur noch vor seinem ausgetrockneten Flußbett, das ihm nicht einmal mehr gehörte, und weinte. Er bestellte die Felder nicht mehr, er kümmerte sich nicht mehr um den Haushalt, er saß nur noch da und weinte.

Als er so dasaß, bemerkte er auf einmal ein kleines Wesen auf sich zuhumpeln. Er konnte nicht erkennen, was es war. Es sah aus wie ein menschliches Wesen und doch wieder nicht, wie eine zusammengeschrumpelte, ausgetrocknete, winzige weibliche Person sah es aus und doch wieder nicht.

Dieses Wesen näherte sich ihm hinkend und fragte mit dünner Stimme: »Was tust du hier?«

Inachos sagte: »Ich sitze hier und leide.«

Da sagte das Wesen: »Schau mich an: Ich leide auch.«

Und Inachos sagte: »Ja, wir leiden beide.«

Und das Wesen, das kleine, verschrumpelte, sagte: »Schau mich genau an!«

Und Inachos besah sich das Wesen von allen Seiten.

»Ist es nicht so, daß ich vielleicht ein bißchen weniger leide als du«, fragte das Wesen, »daß du mich vielleicht beneidest, ein bißchen wenigstens – ein kleines bißchen wenigstens?«

Inachos sagte: »Nein, ich beneide dich nicht.«

»Gibt es niemanden, den du beneidest?«

»Ich beneide niemanden.«

»Auf der ganzen Welt niemanden?«

»Ich beneide niemanden auf der ganzen Welt.«

»Aber das kann doch nicht sein«, krächzte das kleine Wesen, und bitterste Verzweiflung klang aus dem Stimmchen, »wenn es jemandem schlecht geht, dann muß er doch Neid empfinden.«

»Nein, Neid empfinde ich nicht.«

Das Wesen schien noch kleiner und seine Stimme noch dünner zu werden.

Es sagte weiter: »Aber du mußt doch so etwas wie Haß empfinden, denn an deinem Unglück ist doch jemand schuld!«

»Ja«, sagte Inachos, »Zeus ist an meinem Unglück schuld, und Hera ist an meinem Unglück schuld, und ich bin traurig.«

Das Wesen ließ nicht locker. »Haßt du diesen Zeus nicht?«

»Ich kann doch nicht Zeus hassen«, sagte Inachos. »Niemand kann den obersten Gott hassen. Ich bin traurig. Das ist alles.«

Und das Wesen wurde noch kleiner und noch jämmerlicher, und es bohrte weiter und quiekte: »Überlege genau, Inachos! Suche dein Innerstes ab! Es tut dir vielleicht gut, wenn du in deiner Seele so etwas wie Groll auf diesen Zeus findest, der dir dein Liebstes genommen hat.«

»Meinst du?« fragte Inachos.

»Ich weiß es«, säuselte das Wesen.

Inachos dachte nach, plötzlich sagte er: »Ja, das ist wahr. Wenn ich recht überlege, dann merke ich, daß es in mir doch böse Gefühle gegenüber Zeus gibt.«

»Na, siehst du!«

Zu seinem Erstaunen sah Inachos, daß das Wesen zu wachsen begann, es erblühte. Und das stachelte ihn an.

»Ja, und wenn ich ganz genau überlege, habe ich auch einen Zorn auf Hera, die nicht auf ihre Priesterin aufgepaßt hat.«

Das hatte er schon in einem ziemlich heftigen Ton gesagt, und das Wesen wurde immer größer, es wurde eine Frau mit glatter Haut und mit roten Wangen.

»Weiter«, drängte das Wesen, »sprich weiter! Weiter, weiter!«

Da ließ Inachos alle seine Skrupel fahren und erntete das Gift in seinem Herzen ab. Erst hatte er ja noch ruhig gesprochen, dann wurde er immer lauter, immer heftiger, schließlich schrie und schimpfte er und bedachte Zeus und Hera mit bösen Namen. Und auch an Poseidon ließ er kein gutes Haar, der hatte ihm schließlich seinen Fluß genommen.

»Alles haben sie mir genommen, die Götter«, rief Inachos.

Wer war dieses Wesen? Wer war diese Frau?

Homer sagt über sie: »Was sie einmal begonnen hat, davon kann sie nicht mehr lassen. Von ihrer kleinen Gestalt wächst sie zu gigantischer Größe und Schönheit empor.«

Es war Eris, die Göttin der Zwietracht, die sich vom Neid und vom Haß der anderen nährt, und wenn Neid und Haß wieder verschwinden, dann trocknet sie aus.

Eris legte eine der Ursachen für den Trojanischen Krieg, als sie bei der Hochzeit von Peleus und Thetis den berühmten goldenen Apfel warf. Und als der Krieg tobte, wollte sie nichts anderes hören als das Stöhnen der sterbenden Krieger – berichtet uns Homer.

Eris war es, die den Neid und den Haß und die Mißgunst in Inachos wachgerufen hatte. Nun war er nicht mehr traurig, und er weinte nicht mehr um seine Tochter Io. Er wütete weiter gegen Zeus und gegen Hera und schimpfte auf Poseidon.

Und siehe da, der Haß hat seiner Seele gutgetan. Kraft kam in ihm hoch. Er zog durch das Land und predigte den Menschen.

Er sagte: »Vertraue du nicht dem anderen, vertraue schon gar nicht den Göttern!«

Neben ihm, unsichtbar für die Menschen, schritt Eris einher, inzwischen gigantisch gewachsen zu einer herrlichen Gottheit.

»Und was ist mit mir?« fragte ihn Eris eines Tages.

»Was soll mit dir sein«, fragte Inachos zurück.

»Vertraust du mir?«

Da überlegte Inachos. Und schließlich sagte er: »Nein, dir auch nicht.«

»Das ist gut«, sagte Eris. »Was willst du von mir als Pfand, damit du mir vertraust?«

»Ich will kein Pfand von dir«, sagte Inachos. »Denn an deinem Vertrauen liegt mir nicht das geringste. Ich will einen Lohn von dir. Das will ich. Mir, mir allein verdankst du deine Größe und deine Schönheit. Wenn ich es will, dann wirst du wieder klein und häßlich.«

»So ist es«, sagte Eris. »Also, was willst du?«

»Wann bekomme ich meine Tochter zurück?« fragte Inachos.

Eris, die Zwietracht, lügt grundsätzlich, vielleicht ist sie die einzige Gottheit, die lügt, das gehört zu ihrem Geschäft. Außer ihr hat es kein Gott nötig zu lügen.

Eris sagte: »Gut, ich werde dir deine Tochter zurückgeben. Aber erst fluche noch ein wenig weiter auf die Götter.«

Und Inachos fluchte los, er verfluchte Zeus, er verfluchte Hera, er verfluchte Poseidon, er verfluchte den ganzen Olymp. Er tat es, und Eris wuchs immer weiter und wurde noch schöner, noch herrlicher.

Schließlich sagte Inachos: »Jetzt muß es genügen, jetzt mußt du zufrieden sein.«

Und Eris sagte: »Das genügt mir alles noch nicht. Du mußt wissen, ich bin nie zufrieden.«

»Mehr fluchen als ich kann niemand«, sagte Inachos. »Ich habe schon alles verflucht, was da lebt.«

»Das genügt mir nicht«, sagte Eris. »Ich brauche mehr.«

»Es gibt aber nichts, was ich nicht schon verflucht hätte«, sagte Inachos.

»Dann verfluche deine Nachkommenschaft!« forderte Eris.

»Nein, das werde ich nicht tun«, sagte Inachos. »Ich werde doch nicht meine Tochter verfluchen, für deren Heil ich mich dir verschrieben habe.«

»Dann verfluche deine Nachnachkommenschaft, verfluche deine Enkel!«

»Nein, das werde ich ebenfalls nicht tun«, rief Inachos. »Dann mache ich ja meine Tochter unglücklich. Sie wird ihre Kinder lieben, wie ich die meinen geliebt habe.«

»Dann verfluche die Kinder deiner Enkel«, schrie die große Zwietracht.

Es begann ein Feilschen um das Fluchen. Schließlich einigten sie sich auf die fünfte Generation. Inachos sagte sich: Von denen werde ich sowieso niemanden kennen, und ich werde auch niemanden kennen, der jemand von denen kennt, da ist es mir egal, was mit ihnen geschieht.

Und so verfluchte Inachos, der immer ein Friedlicher sein wollte, sein eigenes Blut.

Und wie sah es bald aus in der Welt? Die Welt war ruiniert! Überall herrschten Streit und Hader, die Steine fielen übereinander her, die Pflanzen richteten ihre Dornen gegeneinander, die Tiere stritten und bissen sich, die Menschen sowieso. Das war das Werk der Eris.

Und was sagten die Götter dazu?

Zeus blickte herab vom Olymp und sagte: »Schluß! Da muß ein Ende gemacht werden!«

Er schickte die Erinnye Tisiphone aus, das ist die Mordrächende. Sie solle das Tohuwabohu wieder beseitigen.

Wir wissen nicht, warum Zeus ausgerechnet diese Furie losgeschickt hat, warum nicht Alekto, die Nie-Endende, deren Qualen zwar nicht allzu schmerzhaft sind, aber dafür nie aufhören, oder warum er nicht

Megaira ausgesandt hat, die Neidische, die aufs Bohren in der Herzgegend Spezialisierte.

Was tat Tisiphone? Sie schaute sich die Situation zunächst einmal an, sah, daß alles auf der Erde in Hader zerfallen war, daß die Pflanzen sich voneinander ab-wandten, daß die Tiere sich gegenseitig haßten, daß die Menschen sich nur im Haß begegneten.

Und sie sah, daß Inachos der Schuldige war. Sie fragte nicht danach, was die Gründe für Inachos' Haß waren. Es kümmerte sie nicht, daß Zeus selbst es gewesen war, der den Keim dafür gesät hatte, als er Io, die Tochter des Inachos, entführt und in eine Kuh verwandelt hatte, daß Hera und Poseidon wesentlich am Unglück dieses Man-nes schuld waren, weil sie ihm sein Land und seinen Fluß geraubt hatten.

Die Furie Tisiphone war eine exzellente Technikerin der Qual. Sie ging über die Erde, pflückte ein Blatt von dieser Pflanze ab, riß ein paar Haare von jenem Tier aus, ein paar Federn von diesem Vogel, zupfte an der Haut jenes Menschen. Von allen Dingen und allen Wesen nahm sie ein klein wenig. Daraus flocht sie einen grausamen Strick. Und diesen Strick wand sie um das Herz des Inachos. Und aller Haß, alle Zwietracht, aller Neid, jeder böse Gedanke, alle bösen Wünsche, kurz: alle Übel der ganzen Welt schnitten ins Herz des Inachos.

Das ist für einen einzelnen zuviel. Das hält niemand aus. Inachos stürzte sich in seinen Fluß. Aber da war kein Wasser. Poseidon hatte ihm ja vor langer Zeit den Fluß ausgetrocknet. Und Inachos stürzte auf die harten, trok-kenen Steine.

Da hatte Zeus dann wohl doch so etwas wie Erbarmen mit diesem gequälten Mann.

»Wir müssen etwas für ihn tun«, sagte er zu Hera, seiner Frau.

»Dann tu doch etwas«, sagte sie.

»Worunter leidet er eigentlich?« fragte Zeus.

»An sich selbst leidet er«, sagte Hera.

Zeus verwandelte Inachos. Das liegt nahe. Wenn einer an sich selbst leidet, dann scheint es richtig, wenn er ein anderer wird.

»Dann soll er eben ein Fluß werden«, sagte Zeus. »Soll er doch zum Fluß seiner Heimat werden! Soll er doch zum Gott dieses Flusses werden.«

Oh, der Fluß seiner Heimat – der war ausgetrocknet, dem hatte doch Poseidon vor Jahren das Wasser genommen! Aber das interessierte Zeus nicht weiter. Er verwandelte Inachos in einen ausgetrockneten Fluß, sozusagen in die Idee eines Flusses – was für eine irrationale, was für eine aberwitzige Existenz!

Und eines Tages kam Io, die immer noch eine Kuh war und immer noch von Heras Bremse um die Welt verfolgt wurde, eines Tages kam sie an das Ufer dieses ausgetrockneten Flusses. Und ihr Vater, der in seiner aberwitzigen Existenz dalag, erkannte sie.

Und Io erkannte ihren Vater, aber sie konnte sich nicht mit ihm verständigen. Mit dem Huf schrieb sie ihre Geschichte in den Sand.

Da weinte Inachos, und die Tränen füllten das Flußbett. Und damit war auch endlich Friede eingekehrt in das Herz des Inachos.

Io aber irrte weiter über die Erde, sie kam ins Land der Graien, das sind alte, häßliche Frauen, die lachten Io aus.

Sie riefen: »Du großes Tier rennst vor so einer winzigen Bremse davon!«

Da stach die Bremse Io in den Rücken, und Io trampelte drauflos und rannte die Graien über den Haufen und schlug ihnen die Zähne aus und schlug ihnen die Augen aus.

Seither haben die Graien nur ein Auge und einen Zahn. Und als Perseus sie später besuchte, nahm er ihnen auch noch diesen einen Zahn und dieses eine Auge weg. Aber das ist eine andere Geschichte ...

Schließlich gelangte Io nach Ägypten, dort war sie am Ende und wollte nicht mehr weiter.

Sie sagte: »So, jetzt ist es entschieden. Hier werde ich sterben, geschehe, was wolle.«

Da erbarmten sich Zeus und Hera ihrer, und sie sahen sich an, und sie sahen, das Ganze war das Werk der bitteren Eris.

»Trotzdem hättest du nicht meiner Priesterin Io im Traum erscheinen sollen«, sagte Hera.

Und Zeus sagte: »Natürlich schlafe ich gerne mit Frauen, Nymphen, Göttinnen, aber du mußt einsehen, das ist darüber hinaus auch mein Schöpfungsauftrag.«

Hera räumte ein: »Das verstehe ich. Aber kann man das nicht irgendwie diskreter machen – auf eine Art und Weise, die mich nicht eifersüchtig macht? Du bist doch der oberste Gott, laß dir etwas einfallen, ein Wunder oder so ... «

Zeus ließ sich etwas einfallen. Er berührte das Fell der Io. Da verwandelte sich Io zurück in eine Frau, die obendrein schwanger war. Zweifellos ein Wunder.

Sie war schwanger mit Epaphos, das heißt: »der durch Berührung Gezeugte«. Damit war Hera zufrieden.

Io ließ sich in Ägypten nieder, sie wurde dort als Göttin verehrt, ihr neuer Name war Isis. Ihr Sohn wurde als Apis verehrt.

Was aber ist aus Inachos geworden? – Wir sagten, vorläufig sei Friede in sein Herz eingekehrt. Er war ein Fluß, in dem Tränenwasser floß.

Eines Tages setzte sich ein verschrumpeltes, kleines, staubiges, dünnlippiges Wesen an das Ufer dieses Flusses und sagte: »Ich habe Durst.«

Inachos, der Fluß, sagte: »Mein Wasser kannst du nicht trinken.«

»O doch, das kann ich schon«, sagte das Wesen und schlürfte das salzige Tränenwasser. »Das schmeckt köstlich!«

Inachos sagte: »Was? Salzwasser schmeckt köstlich? Wem kann denn Salzwasser schmecken?«

Da sagte dieses Wesen: »Einer Bitteren schmeckt Salzwasser. Mir schmeckt es. Ich bin eine Bittere. Erkennst du mich denn nicht wieder? Ich bin Eris. Ich hoffe, du erinnerst dich noch an unsere Abmachung. Du hast die fünfte Generation deiner Nachkommenschaft verflucht. Das gilt. Das gilt immer noch.«

Inachos sagte: »Nein. Das gilt nicht mehr. Denn du hast mich belogen. Ich habe meine Tochter nicht zurückbekommen.«

Da sagte Eris: »Siehst du, eine Göttin kann vielleicht lügen, ein Wesen wie du, wenn das flucht, dann gilt dieser Fluch. Die fünfte Generation nach dir, sie wird verloren sein, glaub mir, sie wird verloren sein ... «

DIE DANAIDEN

Zeus berührte Io, sie verwandelte sich, und sie war keine
Kuh mehr, sondern wieder eine Frau. – Und sie war
schwanger.

Io gebar also einen Sohn. Sie nannte ihn Epaphos. Eine
Zeitlang lebten Mutter und Sohn unbekannt, unbelästigt,
in Ruhe gelassen in Ägypten. Dann kam das Gerücht auf,
die beiden seien Götter oder zumindest Göttersprößlinge.
Verehrung setzte ein. Die Augen wurden vor ihnen gesenkt, Geschenke vor ihre Tür gelegt.

Io wird sich wohl gedacht haben: Oh, besten Dank,
das steht mir wirklich zu. Nach all dieser Qual, die ich
erlitten habe, lasse ich mich gern als Göttin feiern.

Die Menschen beteten zu ihr als Isis, ihren Sohn nannten sie Apis. – So berichtet uns jedenfalls Herodot.

Apis war ein ägyptischer Gott, ein Stiergott, und er wurde
König des Landes. Er heiratete eine gewisse Memphis, die
eine Tochter des Nils war. Apis gründete eine Stadt und
gab ihr den Namen seiner Frau.

Aus der Ehe zwischen Apis und Memphis entsproß
Libye. Nach ihr wurde ein großer Teil des nördlichen
Afrika benannt, nämlich Libyen. Sie ließ sich mit dem

Meeresgott Poseidon ein, und sie gebar ihm zwei Söhne, Belos und Agenor.

Wir sind nun bei der vierten Generation nach Inachos angelangt. Noch wirkte der Fluch des Ahnen nicht. Betrachten wir Belos und Agenor, so muß man sogar sagen, die beiden waren besonders gesegnet. Sie waren die Stammväter eines großen Teils der mythischen Welt Griechenlands.

Agenor war der Vater der Europa. Europa, von Zeus nach Kreta entführt, war die Mutter des Minos. Mit Minos nimmt der kretische Sagenkreis seinen Anfang. Kadmos, ein Sohn des Agenor, wird Theben gründen. Ödipus wird sein Nachkomme sein.

Belos hatte zwei Söhne, nämlich Danaos und Aigyptos. Durch sie wurde auch er zum Ahnherrn großer Heroengeschlechter.

Von Danaos und Aigyptos will ich berichten.

Aigyptos und Danaos waren die Erfinder des reinen, des unverstellten Hasses. An Danaos und Aigyptos zeigte der Fluch des Inachos seine vollen Blüten. Wir sind bei der fünften Generation angelangt.

Schon im Mutterschoß, so hieß es, haßten sich die beiden. Sie kehrten sich in der Fruchtblase die Rücken zu, weil sie sich nicht in die Gesichter sehen wollten. Ihre Bewegungen machten ihrer Mutter große Schmerzen. Als die Zeit der Geburt gekommen war, drängten sie sich darum, wer der erste sein sollte. Jeder von beiden wollte natürlich der Erstgeborene sein.

Schließlich haben sowohl Danaos als auch Aigyptos eingesehen, daß sie gleich stark waren, daß keiner von ihnen der erste sein konnte. Da hätten sie, so heißt es, noch im Mutterschoß die Strategie geändert.

Nicht mehr sei es nun jedem von beiden darauf angekommen, selbst der erste zu sein, also sich selbst zu nützen, sondern dem anderen zu schaden, das sei von nun an das Ziel gewesen. Das nennt man reinen, unverstellten Haß. Diesem Haß geht es nicht darum, sich selbst größer, sondern den anderen kleiner zu machen.

Ihre Mutter schrie unter Schmerzen. Schließlich mußten Danaos und Aigyptos aus ihrem Leib geschnitten werden. Gleichzeitig traten sie in die Welt, keiner gönnte dem anderen auch nur einen Millimeter Vortritt.

Ihre Mutter aber starb.

Die beiden Brüder wuchsen während ihrer Kindheit getrennt voneinander auf. Es mußte sein. Erst hielt man die Buben in verschiedenen Zimmern. Sie schlugen die Türen ein und fielen übereinander her. Dann brachte man sie in verschiedenen Vierteln der Stadt unter. Aber in der Nacht schlichen sie sich aus dem Haus, trafen sich und schlugen sich auf dem Marktplatz die Nasen blutig.

Schließlich wurden sie an die Enden des Reiches verbannt, der eine weit nach Westen, der andere weit nach Osten.

Ihr Vater Belos sah, die beiden würden sich nie vertragen. Eine gemeinsame Regentschaft nach seinem Tod war eine Illusion. Er wollte sein riesiges Reich eigentlich nicht teilen, aber er wußte auch, es würde ihm nichts anderes übrigbleiben.

Um einen Erbstreit zu verhindern, übergab er schon zu seinen Lebzeiten den arabischen Teil seines Reiches an Aigyptos und den libyschen Teil an Danaos.

Dann starb Belos.

Der reine, unverstellte Haß, der kein Motiv kennt, der keine Argumente benötigt, der sich selbst Grund genug ist, dieser Haß ist nicht befriedbar. Kein Testament kann ihn beruhigen, keine Verträge können ihn binden, keine Verhandlungen ihn besänftigen.

Danaos wollte Aigyptos unter sich sehen, und Aigyptos wollte Danaos unter sich sehen. Nein, es ging den beiden nicht um das Land, es ging ihnen nicht um Besitz, nicht um Reichtum, nicht um Ruhm und Ehre, nicht einmal um die Macht in der Welt war es ihnen zu tun. Danaos war auf die Vernichtung seines Bruders Aigyptos aus, und Aigyptos wollte das Leben des Danaos zerstören.

Solcher Bruderhaß begegnet uns immer wieder in der griechischen Mythologie. Ich erinnere an Atreus und Thyestes. Von Eteokles und Polyneikes, den Söhnen des Ödipus, werde ich noch berichten.

Aigyptos hatte fünfzig Söhne, Danaos hatte fünfzig Töchter. Es ist bezeichnend, daß wir weder Nachricht über die Mütter der Söhne noch Nachricht über die Mütter der Töchter haben.

Viele Jahre war Ruhe. Schon hieß es, die beiden Brüder hätten aufeinander vergessen, ihr Haß sei in ihrer Alltäglichkeit untergegangen. Weit gefehlt!

Eines Tages kam Aigyptos an den Hof des Danaos. Danaos war erstaunt, und er war verängstigt. Er dachte sich: Wenn mein Bruder freiwillig zu mir kommt, dann kann das nur etwas Schlimmes bedeuten.

Aber Aigyptos beugte sein Haupt vor seinem Bruder und bat um Einlaß.

Danaos sagte: »Mißverstehe mich nicht, aber wir

435

haben eine lange gemeinsame Geschichte des Hasses hinter uns. Laß uns bereden, was wir zu bereden haben, hier draußen unter freiem Himmel wollen wir sprechen, damit Zeus Zeuge unseres Gesprächs sein kann.«

Aigyptos sagte: »Ich habe nichts vor Zeus zu verbergen. Also bin ich einverstanden. Ich schlage dir Frieden vor. Ich schlage vor, meine fünfzig Söhne sollen deine fünfzig Töchter heiraten. Überlege es dir, ich will dich nicht zu einer sofortigen Antwort drängen.«

Danaos sagte: »Verzeih mir, wenn ich dich nicht einlade in mein Haus, wenn ich dich bitte, draußen im Zelt zu übernachten. Ich werde mir deinen Vorschlag gründlich überlegen.«

Und sie wünschten sich eine gute Nacht, verabschiedeten sich unter Verbeugungen. – Kennen wir das nicht, daß durch Haß Verfremdete besonders höflichen Umgang miteinander haben?

In der Nacht erschien Pallas Athene dem Danaos.

Sie sagte zu ihm: »Wenn dein Bruder im offenen Haß gekommen wäre, dann hätte ich dir gesagt: Gut, stell dich! Tritt ihm entgegen! Aber wenn dein Bruder friedliche Absicht vorschützt, dann kann ich dir nur eines raten: Ergreife sofort die Flucht! Laß keine Zeit verstreichen! Laß alles hinter dir! Verlasse dein Land!«

Danaos war ein frommer Mann, ein athenefrommer Mann.

»Wohin soll ich fliehen?« fragte er die Göttin.

Pallas Athene antwortet ihm: »Dorthin, wo euer Haß seinen Ursprung hat.«

Das war Griechenland, die Argolis. Aus Argos war ihre Ahnin Io gekommen. Noch in derselben Nacht rief er seine fünfzig Töchter zu sich.

Es ist für uns rätselhaft und oft nicht zu verstehen, wem alles die Göttin Pallas Athene ihre Sympathie schenkte. Wir werden uns noch öfter wundern. Meistens sind wir ja durchaus mit ihrer Wahl einverstanden, denken wir nur an Odysseus, da können wir ihre parteiische Vorliebe verstehen, auch bei Jason, der die Argonauten geführt hat, ein charmanter Mann.

Manchmal verstehen wir die Launen der Göttin allerdings nicht. Wenn Pallas Athene dem Danaos ihre Zuneigung gab, so ist es uns vielleicht lieber, als wenn sie sich dem Aigyptos zugeneigt hätte, aber überhaupt Stellung zu beziehen in diesem Bruderhaß erscheint uns doch sonderbar und degoutant.

Eine Laune eben, aber eine göttliche Laune. Und göttliche Launen, das hat uns Prometheus gelehrt, können gefährlich sein.

Pallas Athene hat also Stellung bezogen in diesem Konflikt. Sie hat den Danaos über das Meer nach Griechenland geführt. Sie war die Beraterin und Beschützerin des Danaos und seiner fünfzig Töchter.

Nun, Danaos und seine fünfzig Töchter kamen also in Griechenland an, ankerten in der Nähe von Argos, und sie hatten Durst. Sie wollten aus dem Fluß Inachos trinken, aber dieser Fluß führte Salzwasser. Es waren die Tränen des Inachos um seine Tochter Io.

Danaos schickte eine seiner Töchter aus, um Wasser zu suchen, und zwar seine jüngste Tochter Amymone.

Amymone war eine sehr geschickte, kenntnisreiche Jägerin, und sie hatte eine besondere Gabe: Sie konnte Wasser riechen, trinkbares Wasser konnte sie riechen. So ging sie durch den Wald und schnüffelte und suchte Wasser.

Und da roch sie Wasser, und ihre Nase sagte ihr: Hinter diesem Busch dort gibt es Wasser. Sie nahm ihren Speer und holte aus, denn sie wollte den Boden aufstechen, um die Quelle zu erschließen.

Aber es war keine Quelle. Hinter dem Gebüsch lag ein Satyr. Der schlief dort.

Amymones Speer traf den Bauch dieses Satyrs. Aber weil der Bauch so dicht mit verfilztem Fell bedeckt war, durchdrang die Speerspitze nicht die Haut.

Dieser Satyr – niemand weiß seinen Namen – war ein Tunichtgut und obendrein kein besonders schlauer Tunichtgut. Er hatte sich zu Mittag bei Bauern eingeladen und den Bauch mit gesalzenen Fischen vollgeschlagen. Davon hatte er einen irrsinnigen Durst bekommen. Dagegen hatte er Honig getrunken, weil er eben ein bißchen dumm war. Durch den Honig war der Durst noch größer geworden, noch unerträglicher. Nirgends war Wasser. Der einzige Fluß in der Gegend, der Fluß Inachos, der führte Salzwasser. Und in seinem unerträglichen Durst hatte der Satyr eine Gewitterwolke, die gerade über das Land flog, vom Himmel heruntergesaugt und hatte die ganze Gewitterwolke ausgetrunken.

Nun lag er zufrieden hinter einem Busch mit einem Bauch voll Wasser, und dieses Wasser hat Amymone gerochen.

Der Speerstich machte, daß der Satyr erwachte, und er sah Amymone vor sich und wollte sich auf sie stürzen und sie vergewaltigen. Das wäre, dachte er, ein guter Abschluß seines Mittagsschläfchens.

Amymone konnte zwar Wasser riechen, und sie konnte prächtig den Speer werfen, aber gegen wilde, verfilzte Satyrarme verstand sie sich nicht zu wehren. Sie rief um Hilfe.

Poseidon war in der Nähe. Er war auf der Suche nach seiner Gewitterwolke, die ihm abhanden gekommen war. Er ist der Gott der Gewässer, der am Himmel schwebenden Gewässer ebenso wie der am Boden plätschernden und brausenden.

Poseidon hörte die Schreie der Amymone, eilte herbei, kickte den Satyr aus der Geschichte und rettete das Mädchen.

»Danke«, sagte sie.

»Genügt nicht«, sagte er.

»Was noch«, sagte sie.

Er sagte es ihr.

»Wer bist du?« fragte sie.

Er sagte es ihr.

Der Gott Poseidon wird ihr lieber gewesen sein als ein verfilzter Satyr mit einem Wasserbauch. Sie legte sich mit Poseidon hin.

Wenn er will, heißt es, kann Poseidon ein guter Liebhaber sein, und Amymone war ihm eine gute Liebhaberin.

Als Gegenleistung schlug Poseidon seinen Dreizack in den nächstbesten Felsen, und frisches, süßes Wasser sprudelte heraus.

Das frische Wasser rann in den bitteren Fluß Inachos, und so wurde sein bitteres Salzwasser versüßt.

Danaos und seine Töchter hatten endlich zu trinken. Und das Land ergrünte. Und Inachos, der Fluß, durfte hoffen, daß nun sein Fluch getilgt sei.

»Dieses Land«, sagte Danaos zu seinen Töchtern, »soll unsere neue Heimat werden.«

»Und was ist mit unserem Reich zu Hause in Libyen?« fragten sie.

»Vergeßt die alte Heimat«, sagte Danaos.

»Aber«, sagten die Töchter, »dort haben wir viel gegolten. Dort waren wir angesehen. Dort war unser Geschlecht groß. Wer sind wir hier?«

»Auch hier werden wir groß werden«, sagte Danaos. »Und unser Geschlecht wird besungen werden.«

Hatte Danaos recht? Ja, er hatte recht. Wenn wir die Ilias lesen, dann werden wir feststellen, daß Danaos' Zuversicht begründet war. Homer nennt die Griechen vor Troja die Danaer. Das ganze Volk wurde nach Danaos und seinen Töchtern benannt. Was aber nicht heißt, daß ihre eigene Geschichte eine glückliche war ...

Danaos und seine Töchter meinten, in Griechenland einigermaßen sicher vor Aigyptos und seinen fünfzig Söhnen zu sein. Aber sie waren dennoch auf der Hut. Danaos wußte, sein Bruder Aigyptos würde keine Ruhe geben, ehe er nicht bekommen hatte, wonach sein Haß begehrte.

Danaos instruierte seine Töchter. Er sagte: »Vergeßt nicht: Wir wollen hier nicht nur vorübergehend bleiben. Wir wollen nicht wieder fliehen müssen. Das ist unser Land. Gebt acht!«

Sie stellten Wachen auf. Kein normales Leben gab es. Am Tag arbeiteten die Töchter des Danaos auf den Feldern und im Haushalt. In der Nacht wurden sie zu Wachdiensten eingeteilt.

Aber die Töchter waren inzwischen auch schon alle erwachsen, sie hatten sich Männer genommen, manche von ihnen jedenfalls. Sie hatten eigene Familien. Die Ereignisse in Nordafrika lagen weit zurück, die Erinnerung daran begann zu verblassen.

Und nicht wenige der Töchter sagten: »Unser Vater ist alt. Wir verstehen ihn ja. Er kann den Haß nicht vergessen. Aber es ist in erster Linie sein Haß. Was haben wir mit diesem Haß zu schaffen? Er kann nicht verlangen, daß wir unser ganzes Leben nur nach seinem Haß ausrichten. Wir haben ein eigenes Leben, und wir haben ein Recht auf ein eigenes Leben.«

Sie wurden nachlässig. Bei den Nachtwachen schliefen sie ein, sie nahmen Decken und Kissen mit auf die Wache und etwas zu lesen. Bald blieben sie ganz zu Hause.

»Genügt es denn nicht, wenn wir uns Hunde halten?« fragten sie. Und sie gaben sich gleich selbst die Antwort: »Ja, es genügt, wenn wir uns Hunde halten.«

Nur eine Tochter stand nach wie vor ganz auf der Seite des Vaters. Diese Tochter hieß Hypermnestra. Sie war die älteste Tochter des Danaos.

Hypermnestra predigte ihren Schwestern: »Die Gefahr ist noch nicht überstanden. Solange unser Onkel lebt, sind wir in Gefahr. Wir müssen zu unserem Vater stehen. Unser Vater bildet sich nicht nur irgend etwas ein.«

»Ja, ja, schon, aber ... «, sagten ihre Schwestern.

Und dann hielten sie einige Nächte hindurch ordentlich Wache. Bald aber nahmen sie wieder ihre Zudecken und Kopfkissen mit und auch etwas zu lesen.

Und schließlich sagten sie: »Ach, die Hunde genügen doch ... «

Hypermnestra aber blieb standhaft. Je nachlässiger ihre Schwestern wurden, desto härter wurde sie. Fanatisch vertrat sie den Haß ihres Vaters.

Die Schwestern machten sich nicht lustig über sie, nein, das nicht, sie sagten nur: »Ach, es ist ein Jammer mit Hypermnestra. Ihre Treue zu unserem Vater, meine Güte, das ist doch nur scheinbar Treue. Sie hat niemanden, das ist es. Sie hat keinen Mann, sie hat keinen Geliebten, sie hat keine Kinder. Alles, was sie hat, ist der Haß unseres Vaters auf unseren Onkel. Das ist der Sinn ihres Lebens, und diesen Sinn hat sie sich ausgeliehen. Einen eigenen Sinn gibt es in ihrem Leben nicht. Wir aber haben Familie, unseren Lebenssinn haben wir uns selbst geschaffen.«

So redeten sie.

Hypermnestra wollte Jungfrau bleiben. Ja, sie sah ihre Aufgabe auf dieser Welt darin, als Offizier neben ihrem Vater zu stehen. Das schwor sie sich jede Nacht, wenn sie Wache stand. Sie schwor es, und die Sterne waren ihre Zeugen.

»Das ist meine Mission«, sagte sie zu sich. »Erst wenn die Feinde meines Vaters vernichtet sind, darf ich an mich selbst denken.«

Und eines Nachts, als Hypermnestra wieder Wache stand und auf die Felder hinausblickte, kam ein junger Mann des Weges. Das war nichts Außergewöhnliches. Aber dieser junge Mann fing ein Gespräch mit Hypermnestra an. Und das war etwas Außergewöhnliches. Denn jeder in der Umgebung kannte die strenge Tochter des Danaos, und niemand hatte es bisher gewagt, sie anzusprechen.

»Ich sehe«, sagte der junge Mann, »du beobachtest die Sterne.«

»Ja, das tue ich«, sagte Hypermnestra.

Und sie unterhielten sich über die Sterne.

Der junge Mann wußte viel über die Sterne. Er kannte Namen für die Sterne, die Hypermnestra nicht kannte. Und Hypermnestra merkte sich diese Namen. Es waren arabische Namen.

Und in der darauffolgenden Nacht kam der junge Mann wieder vorbei. Und auch in den nächsten Nächten trafen sie sich, ohne daß sie sich verabredet hätten.

»Was ist los mit dir?« fragten die Schwestern am Tag. Denn noch nie bisher war es geschehen, daß Hypermnestra gelächelt hatte. Nun lächelte sie.

»Was soll schon los sein«, sagte sie.

»Soll dich eine von uns bei der Nachtwache ablösen?« fragten die Schwestern.

»Nein«, sagte Hypermnestra.

Vor stürmischer Leidenschaft hätte Hypermnestra Angst gehabt. Der junge Mann aber war voll Respekt zu ihr. Das gefiel ihr. Am Tag war sie ungeduldig, sehnte die Nacht herbei.

So trafen sich die beiden über Wochen hinweg jede Nacht, und sie wurden einander vertraut. Schließlich gestand sich Hypermnestra ein, was sie ja längst schon in ihrem Herzen wußte, nämlich, daß sie diesen jungen Mann liebte.

»Wie heißt du?« fragte sie ihn.

»Lynkeus heiße ich«, sagte er.

»Ich habe dich vorher noch nie hier gesehen«, sagte Hypermnestra. Aber sie fügte gleich hinzu: »Das hat nichts zu bedeuten, weißt du. Ich habe bisher die Welt um mich herum gar nicht wahrgenommen.«

»Du kannst mich hier vorher nicht gesehen haben«, sagte Lynkeus, »denn ich stamme nicht von hier.«

Er sei von einem fernen Land hierher geschickt worden, sagte er, um hier eine Mission zu erfüllen. Er könne Hypermnestra aber nicht sagen, was für eine Mission das sei. Es sei eine schwere Mission, sie laste auf seinem Herzen.

Hypermnestra sagte: »Auch ich habe eine schwere Mission zu erfüllen, und auch ich kann dir nicht sagen, was für eine Mission es ist.«

Ihre Schwestern hatten bald herausbekommen, daß sich Hypermnestra in der Nacht mit einem Mann traf. Sie waren froh darüber. »Dann kommt sie auf andere Gedanken«, sagten sie.

Und zu Hypermnestra sagten sie: »Wir wissen, daß du dich in der Nacht mit einem Mann triffst. Wir freuen uns darüber. Siehst du, auch wir lieben unseren Vater, und wir würden alles für ihn tun. Und wenn er uns ausdrücklich etwas befiehlt, dann werden wir selbstverständlich gehorchen. Aber inzwischen besteht er selbst schon nicht mehr auf den Nachtwachen. Sein Haß auf den Onkel läßt nach. War ja auch höchste Zeit! Lebe nun auch du endlich dein eigenes Leben!«

Hypermnestra beschloß zu heiraten. Sie wollte Lynkeus einen Antrag machen. Eine Nacht noch will ich wachen, sagte sie sich, in dieser Nacht will ich ihm mein Wort geben und will sein Wort nehmen.

Aber ausgerechnet in dieser Nacht kam Lynkeus nicht.

Hypermnestra blickte hinaus auf die mondbeschienenen Felder und wartete. Und da überfielen sie Zweifel an ihrem bisherigen Leben. Was habe ich aus meinem Leben gemacht, dachte sie. Meine Schwestern hatten recht. Was mache ich, wenn Lynkeus nie wiederkommt?

Da hörte sie ein Dröhnen. Da sah sie im Mondlicht Staub am Horizont aufwirbeln. Da sah sie, daß sich ein

Heer näherte. Es war das Heer ihres Onkels Aigyptos, der mit seinen fünfzig Söhnen und Tausenden Soldaten heranrückte.

Hypermnestra schlug Alarm.

Danaos und seine Töchter konnten der Übermacht nichts entgegensetzen. Aigyptos und seine Söhne umzingelten ihre Stadt.

Sie schickten einen Unterhändler, er sagte: »Aigyptos will mit seinem Bruder sprechen.«

Und Aigyptos kam ins Lager, und er sagte zu Danaos: »Ich mache dir noch einmal denselben Vorschlag. Es wird dir und deinen Töchtern nichts geschehen. Tun wir uns zusammen, meine fünfzig Söhne, deine fünfzig Töchter. Sie sollen ihre Männer und ihre Kinder fortschicken. Auch meine Söhne werden ihre Weiber und ihre Kinder fortschicken. Nur unsere Familie zählt! Beginnen wir von vorne! Lassen wir unsere Kinder sich verheiraten!«

Das kaiserliche Österreich hat für diese Art der Außenpolitik sehr viel später eine Formel gefunden: Tu felix austria, nube! – Du glückliches Österreich, heirate!

Und nicht anders hat es auch Aigyptos gesehen: »Legen wir unsere beiden Reiche zusammen, und besiegeln wir unsere neue gemeinsame Macht durch Heirat!«

Danaos wollte das nicht. Er erbat sich Bedenkzeit, hielt Zwiesprache mit seiner Göttin Pallas Athene.

»Nein, mach das nicht«, sagte Athene. »Aber sei schlau!«

Und Danaos war schlau. Zum Schein stimmte er dem Vorschlag seines Bruders zu. Es wurde der Tag der Massenhochzeit bestimmt.

»Was sollen wir tun?« empörten sich die Töchter des

Danaos. »Unsere Männer und unsere Kinder sollen wir wegschicken? Das tun wir nicht.«

Danaos sagte: »Nur zum Schein habe ich zugestimmt. Im offenen Kampf sind wir meinem Bruder unterlegen. Seine Kraft sind seine Söhne, wie meine Kraft ihr, meine Töchter, seid. Er hat mir mein Land genommen. Ich bin vor ihm geflohen. Ihr, meine Töchter, ihr müßt mich rächen! Heiratet die fünfzig Söhne des Aigyptos, aber in der Hochzeitsnacht sollt ihr euren Bräutigamen mit den Haarnadeln, die ich euch hier schenke, das Herz durchbohren.«

So weit wollten die Töchter auch wieder nicht gehen.

»Gibt es denn keinen anderen Ausweg?« fragten sie. »Muß es so hinterlistiger Mord sein? Kann man nicht reden mit denen?«

»Nein, kann man nicht!«

Es war Hypermnestra, die das Wort ergriffen hatte. Sie hatte wieder ganz auf die Seite ihres Vater umgeschwenkt. Sie wußte: Das ist die Mission, die ich zu erfüllen habe. Und sie hoffte: Wenn ich diese Mission endlich erfüllt habe, dann wird Lynkeus mein Mann, und mein Leben wird durch nichts mehr gestört werden.

Zum Schein stimmte Danaos dem Vorschlag seines Bruders zu. Die Töchter und die Söhne wurden zusammengebracht, der jüngste Sohn zur jüngsten Tochter, der zweitjüngste zur zweitjüngsten und so weiter.

Zuletzt trat der älteste Sohn des Aigyptos in das Zelt der ältesten Tochter des Danaos.

Dieser älteste Sohn war Lynkeus, und die älteste Tochter war Hypermnestra. Und Hypermnestra sah, daß Lynkeus der Sohn ihres Erzfeindes war, und Lynkeus sah, daß Hypermnestra die Tochter seines Erzfeindes war.

Aber die Liebe zwischen ihnen war gereift, und Hypermnestra konnte den Befehl ihres Vaters nicht ausführen. Sie zerbrach ihre Haarnadel.

Hypermnestra sagte zu Lynkeus: »Fliehen wir!«

Und sie flohen.

Aber die neunundvierzig Töchter des Danaos erstachen in dieser Nacht die neunundvierzig Söhne des Aigyptos.

Ein Blutbad war das, und das Blut floß zusammen, und es floß in den Fluß Inachos, der nun beinahe schon seinen Frieden gefunden hatte. Er färbte sich rot, und wieder war sein Wasser ungenießbar.

Was geschah mit Hypermnestra und Lynkeus? Die einen sagen, sie seien später von Hypermnestras Schwestern getötet worden. Andere behaupten, Lynkeus sei zurückgekehrt und habe die neunundvierzig Schwestern seiner Frau getötet.

Ich glaube, Lynkeus und Hypermnestra kamen nie wieder zurück. Ich glaube, sie haben sich irgendwo, weit weg, am anderen Ende der Welt niedergelassen, haben nie mehr ein Wort über die Sache fallen lassen.

Was aber wurde aus den neunundvierzig Töchtern, die ihre Gatten in jener Nacht getötet haben?

Als Mörderinnen kamen sie nach ihrem Tod in den Tartaros. Dort müssen sie seither eine der klassischen Strafen verbüßen. Ja, neben Tantalos, der im Wasser steht und Durst hat, und Sisyphos, der den Stein auf seinen Felsen wälzt, gehören die Danaiden zu den klassisch Bestraften: Sie müssen Wasser in Weidenkörben transportieren. Wenn sie an ihrem Ziel ankommen, ist kein Wasser mehr in den Körben, und sie werden zurückgeschickt und müssen wieder Wasser in die Körbe füllen und so weiter auf ewig. Zur Sinnlosigkeit sind sie verurteilt worden.

Das ist die Geschichte der Danaiden – der fünften Generation nach Inachos.

ANTIOPE

Von der Herrschaft der Schönheit – Von der Faszination des
Häßlichen – Vom Tod des Nykteus – Von der Grausamkeit
des Lykos – Von der Geburt der Zwillinge – Von der
grausamsten Frau – Von Amphion und Zethos – Von ihrer
Begegnung mit einer armen Frau – Von einer vergebenen
Chance

Es war einmal ein König, der hieß Nykteus. Er herrschte
über die Stadt Kadmeia.

Kadmeia war von Kadmos gegründet worden,
dem Bruder der Europa, der auf der Suche nach seiner
Schwester von Afrika nach Griechenland gekommen
war.

Dieser Nykteus war ein Ästhet. Er wollte nur das
Schöne sehen, nur das Reine, das Saubere, das Ausgewo-
gene, das Harmonische. Er fühlte sich als Herr und Richter über den guten Geschmack. Das Schräge, Klimprige,
Angepatzte, Mißtönende verabscheute er, es machte ihn
krank.

Nykteus – wir hören es gern – haßte auch den Krieg.
Ebenso lehnte er schweißtreibende Sportveranstaltungen
ab. Wettbewerbe jeder Art waren ihm zuwider. Streit
ebenso wie allzu gute Laune waren unter seiner Herrschaft verpönt. Lärm war überhaupt verboten. Nykteus
war kultiviert.

Er hatte eine Tochter, und die vergötterte er, diese
Tochter hieß Antiope. Alles, was dieses Töchterchen
wünschte an Schönem, das besorgte ihr Nykteus. Die
Dinge, die sie umgaben, waren alle aufeinander abge-

stimmt. Kein Querschläger in Farbe, Form, Ton, Geruch oder Geschmack störte die Sinne.

Antiope lebte in Schönheit. Antiope war kultiviert.

Dann verliebte sie sich. In einen schönen jungen Mann verliebte sie sich. Wen wundert's?

Nein, sie verliebte sich eigentlich nicht. Wenn man das weitere Schicksal der Antiope kennt, dann muß man sagen: Sie verliebte sich nicht in diesen jungen, schönen Mann, sie glaubte lediglich, sie verliebe sich in ihn.

Dieser schöne junge Mann hieß Epopeus. Auch er war kultiviert.

Epopeus und sein Schwiegervater Nykteus verstanden sich vorzüglich. Nichts taten sie lieber, als Feste zu planen, Festivals zu organisieren. Da gab es keine Gabel, die nicht zum Messer, keine Nachspeise, die nicht zur Vorspeise, kein Haarband, das nicht zum Schuhband paßte. Und der Höhepunkt der Feste war stets: der Auftritt Antiopes.

Und eines Tages verdrehte Antiope die Augen! Sie erschrak und sagte sich: Ich habe die Augen verdreht! Stimmt irgend etwas nicht?

Die Geschichte der Antiope ist auch eine Geschichte über den Fluch der Langeweile und über die Faszination des Häßlichen. Ja, Antiope, die schöne Tochter des schönen Vaters, die schöne Braut des schönen Bräutigams, begann sich zu langweilen. Das Schöne verlor seinen Reiz für sie, das Ausgeglichene regte sie auf, Harmonie machte sie wahnsinnig.

Sie zog hinaus in die Natur, in die ungeordnete Natur, in der nichts zu nichts paßte und alles war, wie es war. Der Garten zu Hause war kunstvoll gepflegt, mit Schere und Hacke recht anspielungsreich gebändigt. Die Natur dagegen war wild und unsinnig. Da lagen Bäume und faulten, Igel wurden von Parasiten gequält, Enten konnten nicht richtig gehen, Hühner nicht fliegen. Da galt das Schöne nichts, da galt nur das Starke.

Das zog Antiope an.

Wer kennt das Herz des Menschen? Hermes kennt es. Er ist Psychopompos, der Seelenführer, er trägt die Seelen der Verstorbenen hinunter zum Hades. Er kennt ihre Klagen. Und worüber klagen die Seelen der Verstorbenen? Sie beklagen die Wünsche, die sie in ihrem Leben unterdrückt haben. Und nichts offenbart den Charakter des Menschen mehr als seine unterdrückten Wünsche. Hermes ist der Menschenkenner oben im Olymp. Er sieht den Menschen die Wünsche im Gesicht an.

Es ergab sich, daß Zeus hinunterschaute und Antiope sah. Und da begehrte er sie. Er wandte sich an Hermes.

»Was, Sohn, muß ich tun, um diese Antiope zu gewinnen?« fragte er.

»Mach dich häßlich«, sagte Hermes. »Verwandle dich in ein häßliches, stinkendes, lärmendes Wesen!«

Zeus vertraute Hermes. Er schlüpfte in das körperliche Gewand eines Satyrs, der die geforderten Voraussetzungen erfüllte. Zottelig war sein Fell, schmutzig war er von oben bis unten, keine Manieren hatte er.

Auf dieses Wesen nun traf Antiope bei einem ihrer Waldspaziergänge. Der Satyr stand wenige Meter vor ihr und bewegte sich nicht. Er starrte Antiope gerade und frech in die Augen. Ließ sie nicht los. Auch Antiope bewegte sich nicht. Sie betrachtete dieses Wesen, und sie fürchtete sich vor ihm. Aber sie rührte sich nicht von der Stelle. Sie hätte schreien wollen. Aber sie blieb still.

Da hob der Satyr den Arm und streckte seine krallige Hand nach ihr aus.

Nichts mehr würde so sein wie vorher.

Antiope ahnte, daß die Gefahr, die von diesem Satyr ausging, zugleich auch die sicherste Waffe gegen die Langeweile war, die so viel Verheerung in ihrem Herzen anzurichten drohte.

Antiope ließ sich mit diesem Satyr ein. Sie traf dieses Wesen von nun an jeden Tag. Sie hatte keine Ahnung, daß es Zeus war. Sie treibt es mit einem Satyr in der ungeordneten, häßlichen Natur.

Sie kommt nicht los von ihm, sie läßt sich von dem Unhold beschimpfen, sie wartet auf ihn. Sie liebt sein häßliches, struppiges Gesicht, liebt seine rohen Umarmungen. Liebt den scharfen Geruch seines Rachens.

Zu Hause fragt man: »Was machst du im Wald?«

»Nichts«, sagt sie.

»Dann nimm mich doch einmal mit hinaus«, sagte Epopeus, ihr Bräutigam.

»Nein«, gab sie zur Antwort. »Ich will nicht.«

Sie fürchtete, er könnte ihr heimlich folgen und sie mit ihrem häßlichen Liebhaber beobachten.

»Was ist mit dir los?« fragte nun auch ihr Vater.

»Nichts«, antwortete sie wieder.

Antiope ist voll Unruhe. Ihre Unehrlichkeit bedrückt sie, ihr Begehren bedrückt sie. Sie liebt ihren Vater, sie liebt ihren Bräutigam. Aber sie entfremdet sich ihnen. Das bedrückt sie.

Heute würde sie vielleicht Trost von einem Psychiater erbitten, damals befragte man in solchen Fällen das Orakel.

»Was soll ich tun?«

»Du mußt sehr vorsichtig sein, Antiope«, antwortet das Orakel. »Vom Häßlichen geht Leid aus.«

Aber Antiope weiß nicht, was Leid ist, nie in ihrem Leben hat sie Leid erfahren, nie hat sie Leid gesehen. Abgeschirmt von allem Schweren war sie aufgewachsen.

So fragt sie: »Was ist das, Leid?«

Das Orakel antwortet darauf: »Leid läßt sich nicht beschreiben.«

»Wie kann ich dann wissen, was Leid ist?«

»Indem du Leid erfährst.«

Und Antiope fragt: »Ist Leid langweilig?«

Und das Orakel antwortet: »Nein, langweilig ist das Leid ganz gewiß nicht. Leid ist gräßlich.«

Und Antiope sagt: »Was gibt es Gräßlicheres als die Langeweile?«

Sie ließ sich vom Orakel nicht warnen. Weiter traf sie den häßlichen, launischen, respektlosen, eben unkultivierten Satyr im Wald.

Seine Häßlichkeit zog sie an, aber sie stieß sie auch ab. Mit einem Kribbeln im Nacken hörte sie sich seine obszönen Reden an, zugleich aber entsetzte sie sich auch darüber. Sie liebte dieses Wesen, und sie ekelte sich vor ihm.

Wenn sie sich aus seiner Umarmung löste, wünschte sie sich nichts mehr, als zu Hause zu sein, umgeben zu sein von Harmonie, Sauberkeit, Schönheit. Wenn sie dann aber zu Hause war, meinte sie zu sterben vor Langeweile.

Antiope lebte in einem innerer Konflikt, ihr Leben spannte sich zwischen verbotener Neigung und angenehmer Gewohnheit, und diese Spannung machte, daß sie besonders anziehend wirkte. Ja, das dauernde Widersprechen, unter dem sich ihre Seele wand, machte sie nach außen besonders attraktiv.

Und das wiederum wirkte zurück auf ihren Bräutigam Epopeus. Dieser Mann wurde angesteckt vom Leben.

»Ist dir nie aufgefallen, daß unser Dasein hier langweilig ist?« fragte er eines Tages.

»O ja«, sagte Antiope, »o ja, das ist mir auch schon aufgefallen.«

»Tatsächlich?«

»Ja, tatsächlich.«

»Aber dagegen müssen wir etwas tun«, ereiferte sich Epopeus.

»Aber was denn?« fragte sie, stellte sich unschuldig.

»Das fragst du mich«, rief Epopeus, »ausgerechnet du!«

»Wie meinst du das?« fragte Antiope.

Aber Epopeus wußte ihr darauf keine Antwort. Daß Mut und Kühnheit von ihr ausgehen, sagte er, daß er es jedenfalls so empfinde, daß er doch spüre, wie vergeudet ihre Zeit hier am Hof ihres Vaters sei, daß er, Epopeus, es jedenfalls so empfinde, wenn sie, Antiope, in seiner Nähe sei.

Einen Augenblick überlegte Antiope vielleicht sogar, ob sie Epopeus ihr Geheimnis verraten sollte. Aber sie schwieg.

»Darf ich dich wenigstens einmal in den Wald begleiten?« fragte er wieder.

»Nein«, sagte sie wieder. »Das will ich nicht.«

Dann eines Tages merkte Antiope, daß sie schwanger war. Und sie wußte, sie war schwanger von diesem häßlichen, unflätigen, unkultivierten Satyr.

Da bekam sie es mit der Angst zu tun. Vor ihrem Vater fürchtete sie sich. Der haßte das Häßliche mehr als alles andere auf der Welt, und das Kind, das sie gebären würde, daran zweifelte sie nicht, es würde so häßlich sein wie sein Vater, dieser häßliche, unflätige, unkultivierte Satyr.

Aber zugleich freute sie sich auf dieses Kind. Es war ihr, als verheiße ihr dieses Kind ein neues Leben, ein Leben, in dem es nie langweilig sein würde.

Sie beschloß zu fliehen.

Sie sagte zu Epopeus: »Wenn du mit mir gehst, gut. Wenn nicht, dann wirst du mich nie wiedersehen.«

Und Epopeus war begeistert. »Ich komme mit«, sagte er. »Nichts hält mich hier.«

»Aber«, sagte sie, »du darfst mich nie ausfragen.«

»Worüber ausfragen?«

»Schon das ist eine Frage, die du nie wieder stellen darfst.«

Er versprach es.

Alles hätte er ihr versprochen. Auch für Epopeus war die Langeweile die Hölle. Alles hätte er getan, um ihr zu entfliehen.

Ein letztes Mal ging Antiope in den Wald, um den Satyr zu treffen.

»Ich bekomme ein Kind von dir«, sagte sie.

»Nein«, sagte der, »zwei wirst du bekommen. Zwillinge sind in dir.«

»Wie kannst du das wissen«, sagte sie.

»Ich weiß es eben.«

»Wer bist du?« fragte sie.

»Das ist eine gefährliche Frage«, sagte er.

»Wer bist du«, wiederholte sie. »Wer steckt in Wahrheit unter diesem zotteligen, schmutzigen Fell?«

»Willst du mich wirklich sehen als den, der ich bin? Willst du mich in meiner ganzen Herrlichkeit sehen?« fragte Zeus.

Da erschrak Antiope. Und sie lief aus dem Wald.

Kannte sie etwa die Geschichte von Semele, die ebendies gewollt hatte, nämlich Zeus in seiner ganzen Herrlichkeit zu sehen, und die diesen Anblick dann nicht ausgehalten hatte und in Flammen aufgegangen war – kannte Antiope diese Geschichte? Vielleicht ...

Antiope lief aus dem Wald, lief nach Hause, packte eilig ihre Habseligkeiten zusammen und verließ mit Epopeus den kultivierten Hof ihres kultivierten Vaters.

Für König Nykteus war das ein Strich durch seine Lebensrechnung. Erziehung zu Harmonie und Schönheit – dieses Programm sollte fortgesetzt werden in seinen Enkeln. Nykteus sah seine Tochter als sein Eigentum, in das er investiert hatte. Da hatte er ein Leben lang vorgegeben, den Krieg zu hassen, hatte stets nach allen Seiten hin behauptet, die wortgeschliffene Verhandlung der schweißtreibenden Auseinandersetzung vorzuziehen, und nun, da ihm sein »Eigentum« genommen wurde, da sich dieses »Eigentum« ihm entzog, da sagte er sich: Gepfiffen ist auf die vornehme Lebensart!

Aber weil er keine Ahnung vom Kriegshandwerk hatte, wandte er sich an seinen Bruder Lykos, der in allem sein Gegenteil war, gewalttätig, roh, unschön, eben unkultiviert.

Er sagte: »Du mußt mir helfen, Lykos! Ich will meine Tochter, die mein Eigentum ist, zurückbekommen!«

Lykos nickte, stellte einen Trupp von Rabauken zusammen, und los ging's, den beiden hinterher.

Es kommt zum Kampf. Der schöne, an der Langeweile verzweifelte Epopeus, der durch die Wende in seinem Leben neue Spannung und Kraft bekommen hat, tötet

Nykteus. Er wollte das nicht. Ein kurzes Schwertschwingen, eine ungeschickte Bewegung, die sich als geschickte Bewegung herausstellte, und schon liegt der König im Staub. – Ein malerisches Bild übrigens.

Zum ersten Mal in ihrem Leben kommt Schmerz über Antiope, denn sie hat ihren Vater geliebt. Und daß es ausgerechnet Epopeus war, der ihren Vater getötet hat, macht den Schmerz noch brennender.

»Ist das Leid?« fragt sie.

Und sie antwortet sich selbst: Wenn es Leid ist, dann ist es auf jeden Fall nicht langweilig.

Der sterbende Nykteus bat seinen Bruder Lykos zu sich und sagte: »Mein Leben war umsonst. Jetzt im Tod weiß ich es. Schönheit und Harmonie sind Illusionen. Du hast dich in deinem Leben um Schönheit und Harmonie nichts geschert.«

»Nein, habe ich nicht«, sagte Lykos.

»Räche mich«, sagte Nykteus.

»Und wie willst du es haben?«

»Das überlasse ich dir.«

Dann starb Nykteus.

Antiope, hochschwanger inzwischen, und Epopeus sind vor Lykos geflohen und haben sich in den Wäldern versteckt, wo sich Antiope gut zurechtfand. Aber noch kannten sie die Welt nicht, noch kannten sie die Menschen nicht, vor allem kannten sie Lykos nicht.

Der war nicht nur ein rauher Geselle, er war hinterlistig, und Gewalt machte ihm Freude. Er ließ überall verkünden, Antiope und Epopeus hätten nichts von ihm zu befürchten. Er wolle mit ihnen verhandeln.

»Verhandeln wir«, sagte Epopeus zu Antiope. »Er ist dein Onkel. Du bist schwanger – ich darf ja nicht fragen von wem –, aber er wird deinen Zustand respektieren und ehren.«

Sie stellten sich.

Keine Gefangennahme, keine schlechte Behandlung, die beiden wurden ins Zelt des Lykos geführt. Sie warteten, wurden bedient. Ob sie Wünsche hätten, wurde gefragt. Alles schien gut zu sein, alles gut, keine Rache, alles vergessen ...

Dann kam Lykos, setzte sich zu ihnen. Alles gut, alles gut ...

Und dann, mitten im Gespräch, das ruhig und friedlich verlaufen war, in gepflegter Atmosphäre sozusagen, zieht Lykos sein Schwert, spielt mit dem Daumen an der Klinge, während er noch spricht, und plötzlich schlägt er Epopeus vor den Augen der Antiope den Kopf ab.

Antiope aber läßt er abführen, läßt sie in Ketten legen.

Das ist Leid, und es ist nicht langweilig. Nein, langweilig ist es nicht. Aber all dies Leid, es ist nur ein Vorgeschmack auf das, was noch folgt.

Antiope wird von ihrem Onkel verschleppt, wird von ihm wie eine Sklavin behandelt. Lykos weiß ja, welchen Stellenwert die Ästhetik, die Sauberkeit, die Schönheit, das Abgerundete im Leben der Antiope hatte. Er verspottet sie, gibt ihr die häßlichsten Kleider, die schmutzigsten, dreckigsten Fetzen, zwingt sie, nur einen Schuh zu tragen. So muß sie hinter der Karawane herhumpeln. Asche wird ihr ins Gesicht geworfen.

So führt Lykos die Hochschwangere langsam, auf einem elend langen Umweg durch das ganze Land, vorbei an jedem Gehöft, damit sie alle Menschen sehen, damit sie alle verspotten können.

Unterwegs kommt sie nieder, und sie bringt Zwillinge

zur Welt. Es sind Buben. Sie sieht, diese Buben sind nicht häßlich, wie sie befürchtet hatte, im Gegenteil, sie sind besonders schön und herzallerliebst.

Und noch etwas, und das ist eine wunderbare Ausnahme, wenn wir die griechische Mythologie betrachten: Diese beiden Buben lieben sich vom ersten Augenblick an. Schon als sie zur Welt kommen, umarmen sie sich, diese beiden Säuglinge, und es ist gar nicht so leicht, sie voneinander zu lösen. Es sieht aus, als ob der eine den anderen beschützen wollte.

»Ja«, stöhnt die arme Antiope, »ich kann nicht auf euch aufpassen. Mir ist mehr Leid zugestoßen, als ich für möglich hielt. Ihr müßt auf euch selber aufpassen, einer auf den anderen.«

Und sie legt sich ihre Buben an die Brust.

»Amphion und Zethos will ich euch nennen«, sagt sie.

Lykos zwingt die Mutter, ihre Kinder auszusetzen. Er reißt sie ihr von der Brust und legt sie am Wegrand nieder. Weiter geht die Reise.

Und noch ist nicht genug Leid auf Antiope gehäuft. Die Karawane erreicht den Hof des Lykos.

Und Lykos zu Antiope: »Hör gut zu, du. Ich habe etwas mit dir vor. Du sollst hier bei uns bleiben dürfen.«

Sie sagt: »Ganz egal, was du mir antust. Du hast mir schon so viel angetan, es kann nicht mehr schlimmer werden. Du hast mir meine Söhne genommen. Was kann mir noch geschehen. Nichts kann mir mehr weh tun.«

Und Lykos sagt: »Vielleicht irrst du dich. Glaubst du, ich sei der grausamste Mensch?«

Sie sagt: »Ich weiß, du bist der grausamste Mensch, der auf dieser Welt lebt.«

Da lacht Lykos und sagt: »Nein, nein, jetzt erst wirst

du einen wirklich grausamen Menschen kennenlernen, nämlich meine Frau. Du wirst denken, die Zeit bei Lykos war eine schöne Zeit. Ich gebe dich meiner Frau zur Sklavin.«

Lykos' Frau hieß Dirke, und sie war wahrhaftig eine grausame Frau. Sie ließ Antiope in ein Verlies sperren. Immer wieder kam sie, und jeden Tag stieg sie hinunter zu ihr.

»Antiope, hörst du mich?«

Und Antiope mußte sagen: »Ja, ich höre dich.«

»Antiope, ich habe Nachricht von deinen Söhnen.«

»Ach, das glaube ich dir nicht. Das hast du gestern auch gesagt, und es war gelogen.«

»Ah! Dann soll ich also wieder gehen und die Nachricht für mich behalten?«

»Nein! Nein! Vielleicht hast du ja tatsächlich Nachricht von Amphion und Zethos.«

Und dann erzählte Dirke der armen Mutter, welch schreckliches Leid ihren beiden Buben zugestoßen sei. Antiope wußte, daß Dirke log. Ihr Verstand sagte: Laß dich nicht narren. Aber ihr Herz sagte: Vielleicht sagt sie heute ausnahmsweise die Wahrheit.

Und Leid wächst im Herzen. So quälte Dirke die arme Antiope.

Und da endlich besann sich Antiope, und sie sagte zu sich: »Wieviel schöner war doch der Schmerz der Langeweile!«

Was ist mit den Söhnen der Antiope geschehen, mit Amphion und Zethos?

Die beiden wuchsen bei einem Hirten auf, der sie am Wegrand gefunden hatte. Er nahm sie mit auf seinen

Bauernhof, und dort wuchsen sie auf. Ihr Ziehvater kümmerte sich nicht viel um sie. Als sie zupacken konnten, mußten sie zupacken. Als sie alt genug waren, die Schafe zu hüten, mußten sie die Schafe hüten.

Es ist nirgends berichtet, ob sie von ihrer Stiefmutter und von ihrem Stiefvater geliebt worden sind. Aber es wird auch nicht berichtet, daß sie nicht geliebt worden sind.

Wie auch immer: Amphion und Zethos hatten einander, und sie ergänzten einander, und eigentlich brauchten sie niemanden.

Amphion war der Musische von beiden, in allem sah er das Schöne, in allem sah er das Liebliche, das war das Erbe seines Großvaters. Zethos war der Kräftige, der Starke, der Anpackende, der auch das Leben des Amphion beschützen konnte und es auch tat.

Es war schwer, mit ihnen ins Gespräch zu kommen. Sie waren an niemandem interessiert. Sie trieben das Vieh auf die Weide, und dort plauderten sie miteinander.

Wenn sie ein Problem hatten, über das sie nachdenken mußten, dann gab es dafür einen Baum auf der Weide, an den lehnten sie sich und rieben sich den Rücken und hatten das Gefühl, dieses wohlige Reiben belebe ihren Geist, und so lösten sie ihre Probleme. Probleme, die sich auf diese Weise nicht lösen ließen, hatten sie nicht.

Es war für sie das Paradies.

Aber dann meldete sich der Stachel der Langeweile auch in diesen beiden Buben, die inzwischen junge Männer geworden waren, und sie fingen an zu jammern.

»Kennst du etwas, was schlimmer ist als die Langeweile?« fragte Zethos seinen Bruder.

»Nein«, sagte Amphion.

Und Zethos sagte: »Komm, spiel mir etwas auf deiner Flöte vor!«

Dann spielte Amphion eine Weile auf der Flöte. Dann sagte er: »So, jetzt habe ich alles gespielt, was ich kann. Sonst kann ich nichts. Und von vorne anfangen will ich nicht.«

Und Zethos sagte: »Kennst du etwas, was schlimmer ist als die Langeweile?«

Und Amphion sagte: »Nein. Komm, zeig mir ein paar von deinen Kunststücken!«

Dann stemmte Zethos Felsbrocken und stapelte sie aufeinander.

Und er sagte: »Jetzt habe ich alle Felsbrocken aufeinandergestapelt, die hier herumliegen. Jetzt mag ich nicht mehr.«

Sie jammerten nur noch, daß die Tage so lang seien und einer wie der andere.

Wenn sie früher, als sie noch Buben waren, mit niemandem gesprochen haben, dann sehnten sie sich nun danach, daß irgend jemand, wer auch immer, ihren kleinen Bauernhof besuche.

Sie sagten sich: »Neues Leben, neue Geschichten, neue Welt, das alles kommt nur mit neuen Menschen.«

Aber wenn sie dann am Abend mit dem Vieh nach Hause trabten, da saßen nur wieder die Nachbarn beieinander wie an jedem Abend und tranken und freuten sich oder tranken nicht und freuten sich nicht, und kein neues Gesicht war darunter.

Aber eines Tages, Amphion und Zethos waren wieder auf der Weide, da sahen sie jemanden den Weg heraufkommen.

»He, schau!! Ist das ein Mann oder eine Frau?«

462

Und sie konnten nichts erkennen. Sie liefen über die Wiese hinunter, und da sahen sie, daß es eine Frau war, eine alte Frau, eine müde, alte, gebeugte Frau.

»Ach«, sagten sie sich, »die wird auch nicht viel Abwechslung in unser Leben bringen.«

Aber dann stachelte sie die Neugierde, und sie schlichen sich näher an die Fremde heran. Und da sahen sie: Die war schrecklich beieinander, schrecklicher, als es von weitem ausgesehen hatte. Sie war verdreckt, ihr Gesicht war grau, ihre Bewegungen waren fahrig, sie fuchtelte mit den Armen in der Luft herum, sie sprach laut mit sich selbst. Manchmal schrie sie verzweifelt, und ihre Augen hatten einen irren Glanz.

Amphion und Zethos traten der Frau entgegen und fragten: »Wer bist du?«

Die Frau sagte: »Bevor ich euch sage, wer ich bin, will ich euch etwas fragen: Was war das Schrecklichste, das euch in eurem Leben begegnet ist?«

Amphion und Zethos sahen sich an und sagten: »Da brauchen wir nicht lange nachzudenken. Da gibt es nur eine Antwort darauf: die Langeweile. Die Langeweile ist das Schrecklichste.«

Da fing die Wahnsinnige zu heulen an und schrie: »Sagt das nicht! Sagt nicht so etwas! An eurer Stelle würde ich niederknien und ein Loblied mit hundert Strophen auf die Langeweile singen.«

Amphion und Zethos lachten: »Ja du! Wie kannst du das beurteilen! Vielleicht war es dir noch nie richtig langweilig in deinem Leben.«

Die Frau heulte weiter: »Was! Ihr blöden Grünschnäbel! Mir war es sehr wohl langweilig. Ach, wär' es mir nur wieder so langweilig!«

Diese Frau erkannte die beiden jungen Männer nicht, wie sollte sie auch, und die beiden jungen Männer erkannten die Frau nicht, wie sollten sie auch. Wir aber wissen: Die Frau war Antiope, die Mutter der beiden, die Mutter von Amphion und Zethos.

Es war ihr nach vielen Jahren des Leids gelungen, aus dem Verlies zu entkommen, in das sie Dirke, die Frau des Lykos, gesperrt hatte. Sie war in die Welt hinaus geflohen.

Und sie rief immer nur: »Helft mir, helft mir, helft mir! Meine Feinde sind hinter mir her!«

Ihr Geist war verwirrt. Allen, die es hören wollten, predigte sie über die Vorzüge der Langeweile, und allen, die es nicht hören wollte, predigte sie dasselbe. Niemand wollte es hören.

Auch Amphion und Zethos wollten ihre Predigt nicht hören.

Sie sagten: »Also, Pause jetzt! Möchtest du Geld von uns haben? Möchtest du etwas zu trinken haben? Möchtest du etwas zu essen haben? Bist du eine Bettlerin?«

Antiope sagte: »Was fällt euch ein! Ich bin keine Bettlerin. Ich will, daß ihr mir helft. Ich möchte gegen meine Feinde die Herrschaft der Langeweile wieder errichten.«

Amphion und Zethos blickten sich wieder an, grinsten, schüttelten die Köpfe. Jeder dachte bei sich: Diese Frau ist verrückt. Was sollen wir tun mit einer Verrückten?

Sie sagten: »Also, komm, Weib, entweder trink etwas, oder iß etwas, oder nimm Geld, oder geh deines Weges. Wir können dir nicht helfen.«

Und Antiope ging.

So vergaben Amphion und Zethos die Chance, in das Schicksal einzugreifen. Ich weiß nicht, ob so eine Chance in der Mythologie überhaupt besteht, manchmal hat man den Eindruck, es besteht eine solche Chance. Aber wenn in unserem Fall eine bestand, dann haben sie Amphion und Zethos vertan.

Antiope ging weiter ihres Weges, und Amphion und Zethos trabten nach Hause und beklagten weiterhin ihre Langeweile.

AMPHION UND ZETHOS

Von der bösen Dirke – Von einem klugen Baum – Von
einem Fest für Dionysos – Vom großen Aufräumen – Vom
großen Gehen – Vom Tod der Antiope – Von der Macht der
Musik – Von der Stadt Theben und ihren sieben Toren – Von
Niobe und ihrem Stolz – Von der gekränkten Leto – Vom
Tod der vielen Kinder – Vom Ende der Brüder Amphion und
Zethos

Antiope war also aus dem Kerker der Dirke geflohen.
Diese Dirke hatte sie zwanzig Jahre lang gequält.

Täglich war sie zu ihr ins Verlies hinabgestiegen und
hatte in die Dunkelheit hineingerufen: »Antiope, hörst
du mich?«

Und Antiope mußte antworten: »Ja, ich höre dich,
grausame Dirke.«

Und Dirke wisperte: »Antiope, ich habe Nachricht
von deinen Söhnen.«

»Ach, das glaube ich dir nicht. Das hast du gestern
auch gesagt, und da war es gelogen.«

»Ah! Dann soll ich also wieder gehen und die Nachricht für mich behalten?«

Und Antiope rief: »Nein! Nein! Vielleicht hast du ja
tatsächlich Nachricht von Amphion und Zethos. Bleib
da, und erzähle mir.«

So war es der armen Antiope zwanzig Jahre lang
ergangen. Und dann war sie geflohen. Übers Land war sie
gelaufen, hatte den Menschen gepredigt und hatte ihre
Söhne getroffen. Aber sie hatte sie nicht erkannt, und sie
war nicht von ihnen erkannt worden.

Nachdem Amphion und Zethos das alte, verwirrte Weib weggeschickt hatten, kehrten sie zu ihrer Weide zurück. Sie lachten über die merkwürdige Gestalt, aber dann wurden sie nachdenklich, und sie lehnten sich an ihren Baum und rieben sich den Rücken.

Und als sie so an dem Baum lehnten und sich den Rücken rieben, hörten sie plötzlich eine Stimme.

»Wollt ihr, daß euch die Erinnyen hetzen?«

Amphion und Zethos blickten sich um, aber der eine sah nur das Gesicht des anderen.

»Wer spricht hier?«

»Ich bin es!« sagte die Stimme. »Ich, der Baum, der euch in all den Jahren beim Denken behilflich gewesen ist. Aber offensichtlich hat es nicht viel genützt. Ihr habt nicht richtig nachgedacht. Ihr habt diese Frau nicht ein zweites Mal gefragt, wer sie ist.«

»Wer war sie denn?« fragten Amphion und Zethos.

Der Baum antwortet: »Es war eure Mutter! Eure Mutter, der ihr nach eurer Geburt weggenommen worden seid.«

Da erschraken Amphion und Zethos und fragten den Baum: »Was ist mit unserer Mutter geschehen, daß sie so verwirrt ist?«

»Sehr viel Leid ist ihr angetan worden«, sagte der Baum. »Wenn ihr eurer Mutter nicht helft, dann wird sie vernichtet werden. Macht euch auf den Weg, sucht sie, helft ihr!«

Da ließen Amphion und Zethos die Tiere im Stich und liefen der Bettlerin nach, dieser Wahnsinnigen. Aber sie konnten sie nicht finden.

Auf ihrer Suche kamen sie in die Stadt Kadmeia. Hier waren sie noch nie gewesen. Die Stadt war in Aufruhr.

Sie fragten: »Was ist los?«

Und es hieß: »Heute abend soll ein großes Fest statt-finden zu Ehren des Gottes Dionysos. Oben auf dem Hügel soll das Fest stattfinden, nur Frauen sind zugelas-sen.«

»Und was soll so besonders sein an diesem Fest?« fragten Amphion und Zethos.

Sie bekamen zur Antwort: »Heute soll ein ganz beson-deres Opfer dem Dionysos dargebracht werden. Das ist das Besondere.«

Zethos sagte zu Amphion: »Ach, laß uns hier nicht verweilen. Wir haben keine Zeit, uns um Feste zu küm-mern. Gehen wir weiter, suchen wir unsere Mutter.«

Amphion, der Musische, aber sagte: »Zethos, Bruder, ich habe so ein Gefühl in mir. Ich habe so ein bestimmtes Gefühl in mir, das sagt mir, hier wird deine Stärke ge-braucht.«

Zethos war immer gut damit gefahren, diesen be-stimmten Gefühlen seines Bruders zu vertrauen.

»Gut«, sagte er, »wenn du meinst, bleiben wir hier, schauen wir uns das an.«

Sie verkleideten sich, zogen sich Frauenkleider über, und pilgerten am Abend hinauf auf diesen Hügel, um sich das Fest für den Gott Dionysos anzusehen.

Amphions Vorahnung bestätigte sich. Hier wurde die Kraft seines Bruders Zethos tatsächlich gebraucht.

Was sie sahen, war schrecklich. Ein Stier wurde auf den Platz geführt. Auf seine Hörner war eine Frau gebun-den, und Amphion und Zethos erkannten die Frau. Es war ihre Mutter Antiope.

Das hatte sich die grausame Dirke ausgedacht. Sie hatte Antiope aufgegriffen und in Ketten gelegt. Als

Höhepunkt des Festes zu Ehren des Gottes Dionysos sollte Antiope von diesem Stier getötet werden.

Da fuhren dann aber Amphion und Zethos dazwischen! Stießen alles um, warfen alles über den Haufen, brüllten, daß dem Stier angst wurde.

Zethos, der Starke, nahm den Stier in den Schwitzkasten. Amphion band Antiope los. Und dann, wie sie es gewohnt waren, stellten sich Amphion und Zethos Rükken an Rücken und verteidigten ihre Mutter gegen die Angreifer.

Zuletzt packten sie Dirke, die ihre Mutter so böse, so lange gequält hatte, und sie banden die Grausame auf die Hörner des Stieres.

Und sie riefen: »Lauf los, Stier! Wie fühlt sich das an, Dirke? Du sollst den Tod erleiden, den du für unsere Mutter vorgesehen hast!«

Die Dionysos-Anhängerinnen waren damit zufrieden, die wollten nur, daß ihrem Gott ein Opfer dargebracht würde, was für eines, war ihnen egal. Vielleicht dachten sie sogar, dieser ganze Aufruhr, daß diese beiden Männer in Frauenkleidern auftauchen und so weiter, gehöre zum Spektakel. Aus dem Dionysoskult hat sich ja bekanntlich das Theater entwickelt.

So wurde also Dirke, die Böse, hingerichtet.

Als sie gerettet war, sagten Amphion und Zethos zu ihrer Mutter: »Bleib du hier stehen! Warte hier auf uns! Rühre dich nicht von der Stelle! Wir gehen nur schnell und erobern die Stadt. Wir werden hier ordentlich aufräumen.«

In Eile hatte ihre Mutter ihnen nämlich alles erzählt, und sie wollten nun auch Lykos, der das ganze Elend ihrer Mutter verursacht hatte, zur Rede stellen.

»Wir werden auch mit ihm abrechnen!« riefen sie Antiope zu. »Mach deine Ohren zu, und laß dir nichts einreden, mach deine Augen zu, und laß dich nicht von der Stelle winken!«

Sie stürmten in die Stadt, brachen in den Palast ein, rissen Lykos aus dem Schlaf und schlugen ihm den Kopf ab.

Dann sagten sie: »So, jetzt ist es genug. Nun glauben auch wir, daß die Langeweile ihre Vorzüge hat. Auf diese Art von interessantem Leben, wie wir es in den letzten paar Stunden erfahren haben, können wir gerne verzichten. Holen wir unsere Mutter, gründen wir irgendwo einen kleinen Bauernhof, und wir leben zufrieden in wohliger Langeweile.«

Sie eilten also zum Hügel des Dionysos zurück und wollten ihre Mutter abholen. Aber Antiope war nicht mehr da.

Was war geschehen?

Der Gott Dionysos war Antiope erschienen. Ja, und er hat sie erneut mit Wahnsinn geschlagen, und er hat sie erneut in die Welt hinaus gejagt.

Wenn es eine Gottheit gibt, die ganz bestimmt nicht langweilig ist, die das Gegenteil der Langeweile verkörpert, dann ist es Dionysos.

Er kam und flüsterte Antiope den Wahnsinn ins Ohr. Er sagte: »Hörst du mich, Antiope?«

»Wer bist du?« fragte sie.

»Was stellst du schon wieder Fragen, die du nicht stellen sollst!«

»Was willst du von mir?«

»Auch das ist eine Frage, die du besser nicht stellen solltest!«

»Was für eine Frage soll ich denn stellen?«

»So ist es gut, Antiope. So kommen wir der Sache schon näher. Wäre es für den Menschen im allgemeinen nicht am wichtigsten, nach seiner Bestimmung zu fragen?«

»Was ist meine Bestimmung?« fragte Antiope.

Nach diesem Leben voll Qual wollte sie es wissen.

»Deine Bestimmung«, sagte Dionysos, »deine Bestimmung ist es, zu gehen, zu gehen, ohne Unterbrechung zu gehen, bis du nicht mehr kannst.«

»Das ist meine Bestimmung?« fragte sie.

»Das ist deine Bestimmung«, sagte Dionysos.

Was hat dieser Dionysos, daß man ihm nicht widersprechen kann?

So ist sie also wieder losgegangen.

Antiope ist gegangen Tag und Nacht, sie hat im Gehen geschlafen, sie hat im Gehen gegessen, sie hat im Gehen getrunken. Sie ist gegangen, bis sie die Wüste erreichte, dann ist sie in die Wüste hineingegangen.

Und weil ihr rechtes Bein kürzer war als ihr linkes, denn Lykos hatte sich, viele Jahre war es her, einen Spaß daraus gemacht, ihr einen Schuh wegzunehmen, darum hinkte sie, und das machte, daß sie im Kreis durch die Wüste ging.

So ging sie im Kreis und ging im Kreis, um sie herum die langweiligste Landschaft, die man sich vorstellen kann, nichts war rechts, nichts war links, das war Landschaft gewordene Langeweile, durch die ging sie, und immer im Kreis, und der Kreis ist die langweiligste Form, die es gibt, und sie ging, bis sie umfiel und tot war.

Arme Antiope …

Die einen sagen: »So rächte sich Dionysos, weil seine Feier gestört worden war.«

Die anderen sagen: »Nein, aber nein, Dionysos war besonders gnädig, er gab Antiope das, was sie sich eigentlich immer gewünscht hatte.«

Nun hatten Amphion und Zethos, die Zwillingsbrüder, die sich so innig liebten, ihre Mutter verloren. Das brachte Leid über sie, aber sie waren noch jung. Bald kamen sie über das Leid hinweg.

Sie beschlossen, die Macht in der Stadt Kadmeia zu ergreifen. Und die Bürger der Stadt waren damit einverstanden. Sie sahen, diese beiden sind unterschiedlich in ihren Begabungen und ihrem Charakter, aber sie sind gut. Zethos kümmerte sich um die praktischen Dinge, Amphion um die Musik.

Und ein klein wenig mehr mochten die Bürger von Kadmeia den Amphion ...

Amphion spielte die Flöte. Aber dieses Instrument war für seine Ambitionen nicht genug. Er experimentierte herum, spielte mit zwei Flöten gleichzeitig, spielte und schnaubte durch die Nase eine Melodie dazu. Alles mögliche probierte er, aber er blieb unzufrieden.

Da setzte sich eines Tages der Gott Hermes neben ihn ins Gras.

»Du probierst gern musikalische Sachen aus, stimmt's«, sagte Hermes.

»Stimmt genau«, sagte Amphion.

»Und Flöte ist irgendwie beschränkt, stimmt's?«

»Irgendwie schon«, sagte Amphion.

»Versuch's damit«, sagte Hermes.

Er gab ihm seine Lyra.

»Weißt du was? Ich werde dir meine Lyra borgen, sagen wir für ein Jahr. Schau dir das Instrument genau an.

Wenn es dir gelingt, darauf irgend etwas Neues zu entwickeln, eine Art Musik, die es vorher nicht gegeben hat,
dann sollst du meine Lyra behalten.«

Dann flog er davon, der Gott. Dieser Gott, Hermes,
wollte, daß sich die Menschen um die Musik kümmern.

Amphion setzte sich wieder ins Gras, drehte das
Instrument zwischen seinen Händen, betrachtete es genau. Die Lyra hatte vier Saiten. Interessant. Er probierte,
darauf zu spielen. Klang nicht schlecht.

Einige Tage benötigte er, um das Instrument überhaupt einmal kennenzulernen. Einige Wochen investierte
er in Üben, Üben, Üben.

Dann kam er auf die Idee, daß so eine Lyra eigentlich
viel opulenter klingen müßte, wenn noch eine oder zwei
Baßsaiten mehr aufgespannt würden. Und dann vielleicht
auch eine oder zwei hohe Saiten dazu, das müßte gut klingen.

Zuletzt fügte er der viersaitigen Lyra weitere drei Saiten hinzu. Das schien ihm am günstigsten. Und bald beherrschte er das Spiel auf diesem neuen Instrument. Kein
Abend, an dem er nicht ein kleines Konzert auf dem
Marktplatz gab.

Punkt nach einem Jahr kam Hermes, und Amphion
sagte: »Hör zu, Gott, ich spiele dir etwas vor!«

Hermes hörte zu, und dann sagte er: »Ja, das ist sehr
gut. Du hast aus meiner viersaitigen, etwas langweilig
klingenden Lyra etwas Besseres gemacht. Das Instrument
soll dir gehören.«

Und Zethos? Er war besonders stolz auf seinen Bruder. Nein, er war nicht neidisch. Keine Spur!

Dann sagten sie sich: »So, wir wollen aus dieser Stadt Kadmeia eine ordentliche Stadt machen. In was für schrecklichem Zustand ist sie! Eine Häuseransammlung, eine Straße, fertig. Das ist nichts!«

Sie hielten eine Bürgerversammlung ab und fragten: »Wann ist eine Stadt eine richtige Stadt?«

Da wußte keiner eine Antwort.

Sie wußten es: »Eine Stadt ist erst dann eine richtige Stadt, wenn sie Mauern hat. Dann können uns unsere Feinde nichts antun.«

Die Bürger waren begeistert von dieser Idee. Na gut, es soll zwar den einen oder anderen gegeben haben, der fragte: »Welche Feinde denn?« Aber dieser eine oder andere hatte entweder eine schwache, oder die Mehrheit hatte eine stärkere Stimme.

Zethos und Amphion machten sich ans Werk.

Und während der Arbeit wäre es beinahe zu einem Streit gekommen, zu ihrem ersten.

Es war ganz klar: Zethos schaffte das Fünffache, das Zehnfache von dem, was sein zarter Bruder Amphion fertigbrachte. Zethos zog seinen Bruder auf, er lachte ihn nicht direkt aus, er spöttelte vielleicht ein wenig.

»Du mit deinen zarten Lyrahändchen kannst halt nicht so gut arbeiten.«

Nichts Schlimmeres.

Und da sagte Amphion, und auch er ganz und gar nicht in böser Absicht: »Du, paß auf, sag das nicht, meine Lyra ist in der Lage, vielleicht mehr zu bewegen als deine prankigen Hände.«

»Das will ich sehen!« sagte Zethos.

Amphion setzte sich auf einen Stein, betete zum Gott Hermes, sagte: »Hermes, mach, daß die Musik aus meiner Lyra einen starken Eindruck hinterläßt, mach, daß sie die Steine vom Boden hochhebt und zu einer Mauer zusammenfügt.«

Hermes dachte sich: »Das ist schön. Das wird die Leute überzeugen, wenn es Musik mit starker Ausdruckskraft gibt.«

Amphion begann zu spielen, glaubte nicht im Traum daran, daß sich irgend etwas bewegen könnte. Aber: Die Steine hoben sich! Und wahrscheinlich, weil Amphion auf einer siebensaitigen Lyra spielte, flogen die Steine zu sieben Toren zusammen. Kein Zweifel: ein Wunder!

Das hat dem Zethos einen Stich gegeben.

»Da kann ich ja meine Sachen gleich packen«, sagte er. »Ich habe immer gedacht, du brauchst mich. Nun sehe ich, du brauchst mich nicht.«

»Ach, was«, sagte Amphion, »das war eine einmalige Demonstration. Das hat Hermes gemacht, nicht ich. Wenn ich jetzt noch einmal spiele, tut sich gar nichts.«

»Dann spiel noch einmal!« rief Zethos.

Und nun flehte Amphion in sich hinein zu Hermes: Laß nichts geschehen, großer Hermes, laß einfach nichts geschehen! Mach, daß diese Lyra in alle Zukunft nichts weiter zustande bringt als Musik. Das genügt doch.

Und Hermes hatte ein Einsehen. Er ließ einfach nichts geschehen.

Und seither bringt eine Lyra nichts weiter zustande als Musik. Zethos war einigermaßen beruhigt. Zufrieden war er nicht.

Als Amphion sah, daß sein Bruder zwar einigermaßen beruhigt, aber noch lange nicht zufrieden war, da schlug er vor, man solle der neuen Stadt auch einen neuen Namen geben.

»Es soll die neue Stadt in Zukunft nach deiner lieben Frau heißen«, sagte er.

Die Frau des Zethos hieß Thebe. Darum nannten sie die Stadt Theben. Das siebentorige Theben wurde eine stolze, eine berühmte Stadt.

Auch Amphion heiratete nun, und er heiratete in ein finsteres Geschlecht hinein. Seine Frau war Niobe.

Wer war Niobe? Eine Schwester des Pelops, und Pelops war ein Sohn des Tantalos. Niobe war also die Tochter jenes sagenumwobenen Tantalos, der unten im Tartaros bis zu den Knien im Wasser steht und höllischen Durst leidet, über dessen Haupt sich die Äste unter dem Gewicht ihrer Früchte biegen und der dennoch höllischen Hunger leidet. .

Das Geschlecht der Tantaliden war verflucht. Pelops, der Sohn, war verflucht, die Sohnessöhne Atreus und Thyestes waren verflucht, der Urenkel Agamemnon war es, und auch dessen Sohn Orest bekam diesen Fluch zu spüren.

Auch Niobe war verflucht. Die Tantaliden zeichneten sich durch ihren bitteren Stolz aus, sie fürchteten niemanden und zollten niemandem Respekt, und das Eigene ging ihnen über alles.

Niobe also heiratete den schwachen, der Kunst zugeneigten Amphion. Sie dachte sich: Ich möchte seinen Bruder Zethos ablösen, nun kann ich für Amphion sorgen, den Bruder brauchen wir nicht mehr.

Sie sagte: »Ich bin stärker als dein Bruder Zethos, denn ich bin auch klug. Du sollst nur noch deine Musik machen. Um alles andere werde ich mich kümmern.«

Niobe gebar sieben Söhne und sieben Töchter.

Sie sagte: »Wir werden nicht in der Stadt wohnen bleiben, wir werden außerhalb der Stadt ein prächtiges, mächtiges Haus errichten. Denn wir wollen mit den Leuten hier nichts zu tun haben. Wir wollen mit niemandem irgend etwas zu tun haben, wir sind ganz für uns. Unser Glück soll beschützt werden von mir. Meine sieben Söhne, meine sieben Töchter, mein Mann – das ist mein Leben. Sonst zählt nichts.«

Das war der Hochmut der Tantalidin.

Eines Tages wurde in Theben das große Fest zu Ehren der Göttin Leto gefeiert. Leto ist die Mutter des Apoll und der Artemis, und sie ist eine sehr stolze Mutter, und ihr ganzer Stolz besteht in ihren beiden göttlichen Kindern. Jedes Jahr wird ein Fest für sie und ihre Kinder gefeiert. Die Bürger ziehen durch die Straßen und loben die große Leto dafür, daß sie so wunderbare Gottheiten hervorgebracht hat.

Die Menschen rufen: »Du, Leto, du bist die stolzeste Mutter der Welt, du bist die stolzeste Mutter der Welt! Keine kann sich mit dir vergleichen!«

Just an diesem Tag kam Niobe wieder einmal in die Stadt. Sie stand am Straßenrand und sah sich die Prozession an und hörte sich diese Jubelrufe an. Und sie schüttelte den Kopf.

Und dann hielt sie es nicht mehr aus und stellte sich dem Zug in den Weg und rief: »Nein! Hört her, ihr Bürgerinnen und Bürger von Theben. Die stolzeste Mutter der Welt ist nicht diese Leto. Wie sollte sie auch! Niemand weiß, wie sie aussieht. Nie zeigt sie sich. Sie wird wohl Gründe haben. Schaut ihre Kinder an! Zwei hat sie, nur zwei. Apoll, der ist weibisch, Artemis, die ist männisch. Er hat lange Haare und kaum einen Bart, sie hat kurze Haare und einen Flaum auf der Lippe.«

Die Bürger riefen, sie solle still sein, sie werde den Zorn der Götter auf sich ziehen und nicht nur auf sich, auch auf die ganze Stadt.

»Fürchten diese Götter etwa die Wahrheit?« agitierte Niobe weiter. »Die glücklichste Mutter dieser Welt bin ich. Ich habe vierzehn Kinder, nicht zwei. Ich habe sieben Söhne und sieben Töchter, und alle sind sie besser geraten als Apoll und Artemis.«

Die Leute waren entsetzt, und sie sagten: »Sie ist verrückt geworden. Sie muß verrückt geworden sein.«

Und jeder dachte bei sich: Sie flucht auf Leto, ja, gut, Leto ist vielleicht wirklich nicht die großartige Göttin, als die wir sie hier feiern, aber Apoll, aber Artemis!

Leto war auch irgendwo anwesend, unsichtbar freilich, und sie weinte. Sie weinte und rief ihre beiden Kinder, Apoll und Artemis, zu sich.

Sie sagte: »Habt ihr das gehört? Wir sind beleidigt worden. Ich, eure Mutter, bin beleidigt worden. Du, Apoll, bist beleidigt worden. Du, Artemis, bist beleidigt worden. Diese Niobe hat uns verspottet. Was jetzt?«

Apoll und Artemis sahen sich an, und sie wußten, was sie zu tun hatten. Sie holten Pfeil und Bogen, und ohne Mitleid und ohne jede Verzögerung töteten sie die Söhne und die Töchter der Niobe.

Niobe raste über den Platz in Theben und sah vor sich ihre toten Kinder. Sie rief nach Amphion, der kam gelaufen mit der Lyra im Arm.

Sie flehte: »Spiel! Spiel auf deiner Lyra! Mach sie uns wieder lebendig, unsere Kinder!«

Amphion spielte, aber diese Lyra hatte vielleicht einmal Steine aufeinandersetzen können, Tote zum Leben erwecken, nein, das konnte sie nicht. Sie konnte Musik machen und nichts weiter.

Die Kinder von Amphion und Niobe lagen in ihrem Blut, und das verkraftete Amphion nicht, und er nahm sich das Leben.

Nun war Niobe allein.

Niemand kam, um sie zu trösten. Niemand wagte es. Sie weinte sieben Tage um ihre Lieben. Es fand sich in ganz Theben niemand, der bereit war, ihren Mann und ihre Kinder zu begraben, denn die Bürger der Stadt Theben hatten Angst vor Apoll und Artemis.

Es waren am Ende ausgerechnet die Mörder, Apoll und Artemis, die sich ein Herz nahmen und die Kinder der Niobe und auch Amphion begruben.

Als die letzte Schaufel Erde auf ihre Körper gelegt war, ging Niobe aus der Stadt, ging zu ihrem mächtigen, stolzen Haus, das sie sich erbaut hatte für ihre Familie, die ihr ganzes Glück war. Bevor sie das Haus betrat, nahm sie eine Feige von einem Baum, biß hinein, dann fiel sie nieder und war tot.

Sie verwandelte sich in einen Stein. An der Spitze des Steines traten ihre Tränen aus.

Und was ist aus Zethos geworden?

Manche sagen, er sei von seiner Frau Thebe aus Versehen bei der Gartenarbeit getötet worden. Andere wissen es besser, sie sagen, er sei aus Kummer zugrunde gegangen, aus Kummer über den Tod seines Bruders Amphion.

Nach dem Tod von Amphion und Zethos bestieg Laios

den Thron von Theben. Er wird der Vater des Ödipus werden ...

Noch viele Dramen wird diese stolze Stadt erleben, ehe sie untergeht.

KYBELE

Man weiß recht wenig über die Göttin Kybele. Sie wurde
von den Griechen etwas gewaltsam in ihre eigene Mythologie eingebürgert.

Kybele stellt eine sehr alte Erdgottheit dar. Manchmal
wird sie mit Rhea identifiziert, der Mutter des Zeus, dann
wieder mit Gaia, der Erde. Kybele war den Griechen
unheimlich, denn sie strahlte eine unbändige, vom Mann
nicht beherrschbare, eine gewalttätige weibliche Sexua-
lität aus.

Es wird folgende Geschichte erzählt:

Zeus habe eines Tages zur Mittagszeit auf einem Berg
gelegen und geschlafen. Da habe er einen farbigen und
selbst für einen Gott merkwürdigen Traum gehabt. Er
habe von einem gewaltigen Wesen geträumt, gewaltig
nicht an Größe oder Kraft, sondern an Ausstrahlung.
Alles war diesem Traumwesen zuzutrauen, alle Möglichkeit schien es in sich zu tragen. Alle sexuellen Wünsche
und alle ihre Erfüllungen waren in diesem Wesen verkörpert.

Zeus wälzte sich im Schlaf, und er schrie nach diesem
Wesen, das unbeweglich im Traum vor ihm stand.

»Wer bist du?« schrie er.

»Agdistis«, sagte das Wesen. »So ist mein Name.«

»Bist du Mann, oder bist du Frau?« fragte Zeus im Traum.

»Ich bin alles zugleich«, sagte die Erscheinung.

Zeus schrie und streckte seine Arme aus, aber er konnte das Wesen nicht erreichen. Da floß der göttliche Samen aus seinem Glied und tropfte in eine Erdspalte.

Zeus erwachte, und er hob sein Haupt zum Himmel: »Wer hat mir diesen Traum geschickt?« rief er. »Der soll ihn mir wiedergeben!«

Er zitierte Morpheus zu sich, den Gott des Traumes.

»Meine Schwelle hat dieser Traum nicht passiert«, sagte Morpheus.

Niemand wußte, wo dieser Traum seinen Ursprung gehabt hatte.

Und wieder legte sich Zeus zur Mittagszeit nieder. Aber er träumte nicht mehr von Agdistis, diesem gewaltigen Wesen.

Aus dem göttlichen Samen, der in die Erde geflossen war, aber erwuchs ebendieses Traumwesen. Es erhob sich aus der Erde. Und dann stand es da, wie es vor Zeus gestanden hatte in seinem Traum.

Zeus und die anderen Götter betrachteten dieses Wesen vom Olymp aus. Noch nie hatten sie etwas Vergleichbares gesehen.

»Ja, es ist schön«, sagte Zeus. »Aber jetzt, da ich wach bin, macht es mir angst. Es macht mir mehr angst, als ich es begehre.«

Und das hieß einiges bei ihm!

Dieses Wesen trug alle Lebenskraft in sich, Spuren von allem Lebendigen, des Pflanzlichen, des Tierischen, des

Menschlichen. Mann und Frau und Tier und Pflanze –
alles in einem war Agdistis.

Die Götter ahnten, daß so ein Wesen nicht handhab-
bar sein würde, daß es sich nicht unter ihre Macht beugen würde.

»Vernichten«, sagte Ares.

»Vernichten«, sagte auch Hera.

Pallas Athene aber sagte: »Studieren wir es erst. Vernichten können wir es immer noch.«

Sie glaubte wohl, es ließe sich daraus eine Art neuer
Schöpfung entwickeln, ein neues Wesen, ein Überwesen,
das sich die Erde in ungeahnter Weise untertan machen
würde.

»Ach was, studieren!« sagte Aphrodite. »Vernichten!«

»Jawohl, vernichten«, sagte Hephaistos.

Aber auch Hermes war fasziniert von diesem Lebewesen. Hermes ist ein praktischer Gott, und er sagte:
»Bedenkt doch, so ein Exemplar läßt sich vielseitig verwenden. Vielleicht gelingt es uns, es abzurichten.«

Zeus teilte diese Meinung nicht.

»Dieses Wesen wird die Macht wollen«, sagte er. »Es
wird sich uns nicht unterwerfen.«

Zeus erinnerte sich an seine eigene Jugend. Er hatte die
Herrschaft seines Vaters Kronos angegriffen und vernichtet. Und Kronos seinerseits hatte lange Zeit davor die
Macht des Uranos gebrochen. Es war Familientradition,
den Vater zu stürzen. Und dieses Wesen da unten, so
befürchtete Zeus, brachte alle Voraussetzungen mit, ihn
vom Thron zu verdrängen.

Zeus holte die goldene Sichel hervor, mit der sein Vater
Kronos den Urgroßvater Uranos kastriert hatte. Und

ohne sich mit den anderen Göttern zu beraten, hackte er Agdistis die männlichen Geschlechtsorgane ab.

»Damit es solche Einheit nicht gibt«, sagte er.

Nun war dieses Wesen geteilt. Ganz Frau wurde Agdistis nun, und sie nannte sich Kybele.

Aus den männlichen Geschlechtsteilen des Agdistis aber wuchs der Mandelbaum.

Kybele wird von diesem Tag an auf der Suche nach ihrer Ergänzung sein.

Hermes und Pallas Athene tat es leid. Sie hätten gern gesehen, was aus solcher Ganzheit alles hätte werden können. Für Zeus war die Sache abgeschlossen.

»Träume«, sagte er verächtlich.

Eines Tages kam ein Mädchen an dem Mandelbaum vorbei, der aus dem Geschlecht des Agdistis gewachsen war. Es war Nana, die Tochter des Flußgottes Sangarios. Sie war ein wildes Mädchen, das noch nie in ihrem Leben mit jemandem gesprochen hatte.

Sie legte sich nieder, wenn sie müde war, und schlief, und wenn sie Hunger hatte, aß sie, sie kümmerte sich weder um Tag und Nacht, noch kümmerte sie sich um ihre Eltern, noch um irgend etwas anderes, ein wildes Naturwesen war sie.

So legte sie sich am hellen Mittag in den Schatten des Mandelbaums.

Es war zur selben Zeit, als auch Zeus an dieser Stelle gelegen hatte. Und als die Nana schlief, da fiel die erste Frucht vom Baum, und die fiel der Nana in den Schoß, und die Frucht grub sich zwischen ihre Beine. Und die Nana empfing, während sie schlief, von dieser Frucht einen Sohn. So wird erzählt.

Sie brachte diesen Sohn zur Welt und nannte ihn Attis. Und sie konnte nicht richtig sprechen, aber denken konnte sie ein wenig, und da gab es Schilfrohre in der Nähe, die waren dem Gott Apoll geweiht, und die konnten Gedanken lesen, und diese Schilfrohre lasen im Kopf der Nana, daß sie sich wünschte, daß das ganze Land, so weit sie blicken konnte, nach ihrem Sohn benannt würde. Und das geschah auch. Bis heute heißt dieses Land Attika.

Ja, der kleine Attis gefiel der Nana, sie trug den Knaben auf dem Rücken mit sich herum, und sie spielte mit ihm. Aber irgendwann wurde er ihr zu schwer, oder sie hatte genug mit ihm gespielt, jedenfalls warf sie ihn ab.

Nana warf den Attis ab, und der rollte über den Abhang hinunter. Und dieser Abhang war übersät mit Löwenzahn, und der Löwenzahn war schon über die Blüte hinaus, und pelziger, weißer Samen umgab seine Stengel.

Dieser Attis, der da über den Abhang rollte, sicher wäre er verletzt oder gar getötet worden, aber die Löwenzahnsamen wickelten ihn ein, und als er unten angekommen war, sah er aus wie ein weißes, pelziges Tier.

Und da unten am Fuß des Hügels war ein Ziegenstall, und die Ziegen, die nun wohl doch nicht den genauesten Blick haben, die meinten, es sei eine Ziege, eine weiße, pelzige Ziege, die ihnen vor die Füße gerollt war, und sie zogen den Attis groß.

Attis wurde mit Ziegenmilch gesäugt, und bald stellte sich heraus, daß er eine ganz entsetzlich häßliche Ziege war. Die anderen Ziegen begannen sich über ihn lustig zu machen.

»Diese Häßlichkeit ist ja kaum zu fassen«, meckerte sie.

Und als Attis, dieser Ziegerich, heranwuchs, wurde er sogar noch häßlicher. Da fraßen ihm die anderen Ziegen die Haare ab, denn er hatte lange Haare, noch nie waren ihm die Haare geschnitten worden. Dann sah er noch häßlicher aus.

Ja, Attis war die häßlichste Ziege, die je auf der Erde war.

Attis war betrübt darüber, er war betrübt über seine Häßlichkeit, er schämte sich, und es tat ihm weh, daß er von den anderen Ziegen so verspottet wurde. Natürlich wäre er gern eine schöne Ziege gewesen.

Eines Tages brach er aus und lief davon.

Da kam er an eine Waldlichtung, dort tanzten Nymphen. Als sie ihn sahen, diesen häßlichen Ziegerich, da waren sie entzückt.

»Diese Schönheit ist kaum zu fassen«, sangen sie.

Und sie tanzten um ihn herum und sangen ihm immer wieder zu, er sei das schönste Wesen, daß sie je gesehen hätten.

Attis glaubte, auch sie machten sich lustig über ihn.

Er sagte: »Was redet ihr denn? Ich weiß, daß ich häßlich bin. Ich bin ja darum in die Welt hinaus geflohen, weil ich so häßlich bin.«

»Nein, nein«, sangen die Nymphen, »du bist der schönste Mann, der uns je begegnet ist.«

Und er sagte: »Was Mann! Ich bin kein Mann! Ich bin eine Ziege!«

Da lachten die Nymphen und zwitscherten: »Wer hat dir denn das eingeredet?«

»Meine Ziegeneltern haben mir das eingeredet, meine Ziegenbrüder, meine Ziegenschwestern.«

»Dann bleib bei uns«, riefen die Nymphen. »Für uns bist du der Schönste!«

Das hat dem Attis Zutrauen gegeben. Aber bei den Nymphen wollte er doch nicht bleiben. Nur tanzen und singen, nein, das war nichts für ihn.

Er wagte es, in die Nähe von menschlichen Siedlungen zu gehen.

Dort lernte er ein Hirtenmädchen kennen, das war ganz unkompliziert, es war der Meinung, es ist nicht so entscheidend, ob ein Mann schön oder häßlich ist, auch wenn ein Mann schön ist, muß er seine Männlichkeit in erster Linie dadurch beweisen, daß er gut auf dem Feld arbeiten kann.

Und der Vater des Mädchens sagte: »Wenn du nicht einer bist, der nichts als Tanzen und Singen im Kopf hat, dann kannst du dein Brot bei mir verdienen.«

Attis heiratete dieses Mädchen, und er lebte mit diesem Mädchen leidenschaftslos, aber zufrieden.

Aber eines Tages war diese leidenschaftslose, zufriedene Liebe zu Ende. Denn als er hinaus aufs Feld ging, sah er dort eine Frau, die hatte einen dunklen Haarbusch und brennende Augen.

Diese Frau war Kybele.

Als sie Attis sah, wußte sie: Er ist es, er ist, der gewachsen ist aus meinem männlichen Teil.

Es wäre falsch, wenn wir sagten, Kybele verliebte sich in Attis. Das war keine Liebe, es war eine existentielle Forderung, ein Beharren auf existentiellem Besitz. Lieben wir unseren Arm? Nein. Er gehört uns.

»Du gehörst mir«, sagte sie.

»Ich bin aber mit einer Frau verheiratet, der ich meine Männlichkeit leidenschaftslos durch Feldarbeit beweise«, erklärte Attis. »Und ihr Vater ist mein Herr und Brotgeber.«

Kybele packte ihn an der Schulter. »Komm mit«, sagte sie.

Sie zog ihn vor seine Frau und seinen Schwiegervater und sagte: »Ich könnte ihn einfach mit mir nehmen. Aber ich komme, um es euch mitzuteilen. Damit kein Krieg daraus wird. Es gibt keine andere Möglichkeit, er gehört mir, so wie euer Arm euch gehört.«

»Wir brauchen ihn bei der Feldarbeit«, sagte der Schwiegervater von Attis.

»Ich werde euch ein Dutzend bessere Männer schik-ken«, sagte Kybele.

»Ich bin stur«, sagte der Schwiegervater. »Was ist denn Besonderes an ihm, daß er ein Dutzend bessere Männer aufwiegt?«

»Für mich bedeutet er alles«, sagte Kybele.

»Nein«, sagte der Schwiegervater.

»Nein«, sagte die Frau von Attis.

»Wir geben ihn nicht her«, sagten sie.

Da legte Kybele dem Schwiegervater die Hand über die Augen. Und der Bauer, ein gestandener Mann, fing zu tanzen an, zu tanzen und zu singen. Und er tanzte und sang, wie er es für unanständig und unnütz empfunden hatte sein Leben lang.

Seine Tochter wollte ihn aufhalten, fuhr ihm in die Hosenträger, er aber schlug um sich und traf die Tochter, und sie war tot mit einem Schlag.

»Was hast du angerichtet!« rief Attis, und er wollte auf Kybele losgehen. »Ich habe ein zufriedenes Leben geführt. Erst war ich eine Ziege, dann war ich ein Mensch. Was bin ich jetzt?«

»Ein Teil von mir«, sagte Kybele.

»Das will ich aber nicht sein«, rief Attis.

Da drückte Kybele auch ihm ihre Hand auf die Augen, und auch Attis begann zu tanzen. Und er tanzte und sang, wie er noch nie im Leben getanzt und gesungen hatte.

Ach, das kann man nicht als Tanz bezeichnen, was die beiden da aufführten, Attis und sein Schwiegervater! Unter den Blicken der Kybele schlugen sie sich die Nägel ins Fleisch, rissen sich die Haare vom Kopf und zerkratzten sich das Gesicht. Am Ende griffen sie zu Messern und verletzten sich damit.

»Nun soll geschehen, was mit mir geschehen ist«, rief Kybele.

Und da kastrierten sich Attis und sein Schwiegervater. Und das Blut rann aus ihren Körpern, und sie starben.

Und Kybele ging davon.

Aber sie hatte ein großes Leid in der Brust.

Sie ging zu Zeus und sagte: »Du hast mich gemacht aus einem Traum, und du hast mir alles genommen. Laß uns nun Frieden schließen. Gib ihn mir zurück. Laß ihn wieder leben. Mehr will ich nicht. Ich werde mich nicht mit ihm vereinen. Nur daß Leben in ihm sei, das wünsche ich mir, ein wenig Leben.«

Hermes und Athene waren dafür, alle anderen waren dagegen, Zeus schwankte.

Schließlich schlug er einen Kompromiß vor, er sagte: »Attis soll leben. Aber er soll nicht mehr erwachen, er soll in einen tiefen, ewigen Schlaf verfallen. Seine Haare sollen wachsen, und er soll bald wieder aussehen wie eine Ziege. Nur sein kleiner Finger soll sich ein wenig bewegen, das soll das einzige Lebenszeichen sein.«

Und er sagte: »Kybele, du mußt damit zufrieden sein.«

Und Kybele sagte: »Ich bin damit nicht zufrieden. Ich werde eine ewige Bedrohung für euch sein. Ich werde den Olymp nie betreten. Ich werde mich nie gemein machen mit euch.«

Sie zog über die Erde. Überall, wo sie auftauchte, folgten ihr die Frauen, und die Männer verfielen in diesen Tanz, der damit endete, daß sie sich schlugen und kratzten und verletzten und am Ende sich selbst kastrierten.

»Männer«, sagte Kybele zu den Geschundenen, »ihr dürft meine Priester sein!«

Und die Geschundenen wurden Priester der Göttin Kybele.

PAN

Vom Teufel – Von einem Strauß Schilfrohr – Von einem
Wettbewerb – König Midas mit den langen Ohren – König
Midas mit dem langen Bart – Von der Stunde des Pan – Von
einem menschlichen Privileg

Wer kennt nicht Pan? Spitze Ohren, kleine, scharfe Hörner, einen V-förmig grinsenden Mund, Ziegenaugen – das ist Pan. Er hat Beine eines Ziegenbocks, und oft wird er mit einem großen, erigierten Glied dargestellt.

Wir kennen dieses Bild von mittelalterlichen Teufelsdarstellungen. Tatsächlich hat sich das Mittelalter für seine Teufelsdarstellungen bei Gott Pan bedient. Was die Verantwortlichen sich dabei dachten, was sie Teuflisches bei Pan fanden, das weiß ich nicht.

Pan war ein Außenseiter unter den Göttern, er war der Huckleberry Finn unter den Göttern. Die Menschen hatten wenig Respekt vor ihm. Wenn die Fischernte schlecht ausfiel, dann kam es vor, daß sie sein Standbild mit Meerzwiebeln peitschten. Das hätte man bei keinem anderen Gott gewagt.

Die Götter machten sich lustig über ihn. Es war nicht klar, wer sein Vater war. Manche sagen, Hermes sei sein Vater. In der Tat war Hermes der einzige, der gewisse Qualitäten des Ziegengottes zu schätzen wußte – zum Beispiel seine durchdringende Stimme.

Wer Pans Mutter war, wußte man auch nicht so recht.

Eines Tages sah Pan die Nymphe Syrinx, wie sie gerade in den Fluß steigen und baden wollte. Da wurde er verrückt nach ihr und wollte sie haben. Die Nymphe lief davon, Pan hinter ihr her.

Pan ist ein geschickter Jäger. Er trieb Syrinx in eine Falle. Da warf sie die Arme in die Luft und bat, jemand möge ihr helfen, egal wer, sie werde ihm dafür ewig dienen.

Ein Bach floß in der Nähe, und der half ihr.

»Wirst du mein Wasser einigen?« fragte er.

»Ich werde«, sagte Syrinx.

Er verwandelte Syrinx in Schilf.

Pan wollte gerade nach ihr greifen, da hatte er nur noch eine Handvoll Rohre in der Hand.

Er machte sich nicht viel daraus, daß er die Jagd nach der Nymphe verloren hatte, schnitt sich die Rohre zurecht und band sie zusammen. Das Produkt nannte er die Panflöte.

Pan war ein recht flotter Flötenspieler, und er war ein Angeber. Er kam auf die gleiche Idee wie der unselige Satyr Marsyas: Er forderte Apoll zu einem Wettkampf heraus. Und Apoll hat sich auf den Wettkampf eingelassen.

Eine Jury wurde bestimmt, der gehörten zum Beispiel der Berggott Tmolos an und auch König Midas. Tmolos war ein fetter Bursche, der sich einbildete, er sei ein großer Kunstkenner. Midas war dafür bekannt, daß er korrekt und unbestechlich und auch etwas kritikastrisch war.

Zuerst spielte Apoll, dann Pan.

Tmolos, der sich gern geistreich und aufmüpfig gab, in Wirklichkeit aber ein abgeschleckter Liebediener war, der wußte es von vornherein.

»Wunderbar, mein lieber Apoll«, rief er aus, »einfach großartig! Eindeutig Sieger, selbstverständlich ist Apoll der Bessere. Ihm gebührt der Preis!«

König Midas hingegen – genau, unbestechlich, kritikasterisch – sagte: »Tja, nun. Wie soll ich es ausdrücken. Wenn ich ganz ehrlich sein soll. Soll ich ganz ehrlich sein?«

»Du mußt«, sagte Apoll.

»Na gut. Also dann bin ich der Meinung, daß der kleine, häßliche Pan auf seiner Flöte doch ein klein wenig besser gespielt hat als Apoll.«

Midas bekam sofort seine Strafe ab. Apoll ließ ihm baumhohe Eselsohren wachsen.

»Und zweitens ist mir völlig gleichgültig, was du von meinem Spiel hältst«, sagte er und donnerte davon.

Mit diesen Ohren war nun Midas geschlagen, und er schämte sich, und er setzte sich immer eine Mütze auf. Aber er mußte eines Tages zum Friseur gehen, um sich die Haare schneiden zu lassen, da sah der Friseur, daß Midas Eselsohren hatte.

Midas sagte zum Friseur: »Bitte, bitte, verrate mich nicht, erzähl es niemandem weiter. Versprichst du mir das?«

Der Friseur, der kaum das Lachen unterdrücken konnte, versprach es.

Aber dann hielt er es nicht aus, und er grub ein Loch in den Boden und flüsterte in die Erde hinein: »Hört zu, ihr Würzelchen! König Midas hat Eselsohren!«

Das Schilf, das neben dem Loch stand, nahm über die Wurzeln diesen Satz auf, und sein Wispern verriet das Geheimnis in die Welt hinaus.

»König Midas hat Eselsohren!«

Midas wandte sich an Pan, sagte: »Schau, ich habe diese Eselsohren, weil ich damals für dich gestimmt habe. Also auf! Räche mich!«

Pan ließ dem undichten Friseur ungeheuer den Bart wachsen. Der arme Mann kam nicht mehr nach, sich das Gesichtshaar zu scheren, hatte keine Zeit mehr, Kundschaft zu bedienen, sein Geschäft ging den Bach hinunter, und eines Tages erstickte er an seinem eigenen Bart.

Von Pan leitet sich der Begriff »Panik« ab. Es kann ihm nämlich einfallen, am hellichten Mittag, ohne jeden Grund, plötzlich in einen entsetzlichen Schrei auszubrechen.

Bauern kennen das: Wenn die Kühe auf dem Feld mit einem Mal, man weiß nicht warum, anfangen, wie blöd zu muhen, und herumlaufen und alles niedertreten. Dann sagen die Bauern: »Das ist die Stunde des Pan.«

Niemand weiß, warum dieser Pan plötzlich in ein so entsetzliches Schreien ausbricht. Sieht oder hört er etwas, was allen anderen verborgen ist?

Herodot erzählt uns, daß sich Pan während der Schlacht bei Marathon 490 vor Christus auf die Seite der Athener gestellt und durch sein Kreischen die Perser in Panik versetzt habe, so daß sie das Weite suchten.

Seither, so heißt es bei Herodot, verehren die Athener den großen Pan.

Pan war nicht unsterblich. Er ist der einzige Gott, der mit dem menschlichen Privileg der Sterblichkeit ausgestattet war.

Eines Tages wurde einem Matrosen auf hoher See vom Himmel her kundgetan, er solle überall melden, der große Gott Pan sei gestorben.

Da waren die Menschen traurig, denn sie liebten diesen etwas verrückten, aber drolligen Gott. Auch wenn sie ihn manchmal geschlagen hatten ...

DER JUNGE THESEUS

Von einem rätselhaften Orakelspruch – Von Medea, der
Zauberin – Von Pittheus, dem Deuter – Von einem großen
Stein, einem Schwert und einer Sandale – Von einer
wunderbaren Feindesvertreibung – Von der ersten
Umarmung zwischen Vater und Sohn – Von einer traurigen
Fahrt nach Kreta – Von Ariadne und ihrem Wollknäuel –
Von den vergessenen Segeln – Vom Tod des Aigeus

Theseus zeichnet sich im Unterschied zu anderen Helden
wie Herakles, Bellerophon oder Perseus dadurch aus,
daß seine Taten zwar zum größten Teil, aber eben nur
zum Teil, als im Mythos vollbracht gelten wollen; daß er
bisweilen aber aus dem Mythos heraustritt und einen
Platz in der Geschichte für sich beansprucht.

Sein Vater war Aigeus. Er war als junger Mann ein
Glückloser, ein Pechvogel.

Er war der Bruder des Pallas – wenn man es genau
nimmt, und Pallas nahm es genau, war Aigeus nur sein
Halbbruder, er galt als Bastard am Hof von Athen.

Als sie Kinder waren, wurde ihm Pallas als das große
Vorbild hingehalten. »So spricht Pallas!« – »So ringt Pallas!« – »So trifft Pallas!« – »So gewinnt Pallas!«

Als sie erwachsen waren, hatte Pallas fünfzig Frauen,
und von jeder Frau hatte er einen Sohn und eine Tochter.
Diese Frauen hielt er sich alle zur gleichen Zeit, für jede
baute er ein Haus, alle Häuser standen im Halbkreis um
das seine herum.

Aigeus hatte zwei Frauen gehabt, und er hatte sie nicht
gleichzeitig gehabt, und sie hatten ihn beide verlassen. Er
hatte weder eine Tochter noch einen Sohn.

Er wurde am Hof von Athen für niedrige Arbeiten herangezogen. Gedemütigt wurde er. »Wo ist denn unser Aigeus?« – »Ach, Aigeus, schau doch nach, ob du im Stall bei deiner Arbeit bist!«

Er verließ Athen und machte sich auf den Weg nach Delphi. Seine ganze Hoffnung konzentrierte sich auf einen Sohn. Für sich erhoffte er nichts mehr. Da war er noch ein junger Mensch. Aus mir wird sowieso nichts, dachte er. Aber vielleicht bekomme ich einen Sohn, der's der Welt zeigt.

Er fragte das Orakel in Delphi: »Werde ich einen Sohn bekommen, der alles wettmacht, der mein Leben rechtfertigt?«

Das Orakel antwortete ihm, und es antwortete ihm verschlüsselt. Die Pythia, die Priesterin in Delphi, machte sich manchmal einen Spaß daraus, Antworten zu geben, zu deren Entschlüsselung man ein eigenes Orakel benötigte.

Die Pythia sagte: »Aigeus, hast du Wein bei dir?«

»Ja«, sagte Aigeus, »einen Schlauch voll Wein habe ich bei mir.«

»Gut«, sagte die Pythia, »dann höre mir jetzt genau zu: Öffne deinen Weinschlauch erst, wenn du wieder zu Hause bist.«

»Aber warum?« fragte Aigeus.

Die Pythia blieb stumm. Gesagt war gesagt.

»War das bereits dein Spruch?« fragte Aigeus.

Die Pythia blieb stumm. Gesagt war gesagt.

Nun stand Aigeus da, dieser Ungeschickte, der so viel Pech gehabt hatte in seinem bisherigen Leben, stand da mit diesem Spruch und sagte sich: Da hätte ich mir den weiten, beschwerlichen Weg nach Delphi hinauf eigentlich sparen können. Diesen Spruch da, den verstehe ich nicht zu deuten.

Aigeus hatte einen Freund, Pittheus hieß der, der galt als ein Mann, der auch besonders raffiniert verschlüsselte Orakelsprüche zu knacken verstand. Aigeus dachte sich: Na gut, dann mache ich halt einen Umweg, bevor ich wieder nach Hause gehe in mein Athen, und frage den Pittheus, wie er den Spruch der Pythia deuten würde.

Aigeus stieg also von Delphi herab und marschierte in Richtung der Argolis, wo Pittheus wohnte. Es war ein heißer, staubiger Weg, und am Abend kam er zu einer Herberge. Da trafen sich alle möglichen dunklen und hellen Gesellen, da saßen die Verfolgten und die Verfolger am selben Tisch, da tranken die Diebe und die Bestohlenen.

Aigeus setzte sich dazu, und es ergab sich, daß er mit einer Frau ins Gespräch kam, und diese Frau flüsterte ihm zu, sie sei auf der Flucht. Er solle sie nicht verraten.

»Warum erzählst du mir das?« fragte Aigeus.

»Ich kann in Gesichtern lesen«, sagte die Frau. »Und du hast ein gutes, ein ehrliches Gesicht.«

Es schmeichelte dem Aigeus, es schmeichelte ihm, daß ihn jemand ins Vertrauen zog. Er meinte, er müsse sich dieses Vertrauens irgendwie würdig zeigen. Aber wie? Es gab ja nichts, was er bisher erlebt hatte, was ihn als würdig, als stark, als bedeutend erscheinen ließ.

Er prahlte, schnitt auf. Hier, dachte er, hier ist eh niemand, der mich überführen könnte. Was kann es schaden, wenn ich ein wenig angebe.

»Frau«, sagte er, »weißt du eigentlich, wen du vor dir hast?«

»Sag es mir!«

»Nun, dir möchte ich es sagen. Du hast den künftigen

Herrscher von Athen vor dir. Denselben und keinen anderen.«

»Und wann wird es soweit sein?«

»Schon bald, schon sehr bald, ja, ja, vielleicht schon ziemlich sehr bald.«

Da sagte die Frau: »Wenn du der Herrscher von Athen geworden bist, dann nimm mich auf. Dann gewähre mir Exil an deinem Hof. Dann erinnere dich an eine arme, verfolgte Seele.«

»Das will ich gern tun«, sagte Aigeus. »Und wie ist dein Name, daß ich mich an dich erinnere?«

»Medea«, sagte die Frau, »Medea ist mein Name.«

Medea – ja, Medea war es, die da neben dem Aigeus in der Schenke saß, Medea, diese schillernde, diese grauenerregende Figur, diese Dämonin, die sich über die Jahrtausende hinweg bis heute mächtig dagegen gewehrt hat, von ihren Feinden ebenso wie von ihren Freunden verkleinert zu werden.

Medea war auf der Flucht. Sie hatte ihre Kinder ermordet, sie hatte König Pelias von Iolkos ermordet, ihren eigenen Bruder hatte sie ermordet, all das hatte sie getan aus Liebe zu Jason, der sie zuletzt verlassen hatte. Nun war sie auf der Flucht.

»Ich bin eine Zauberin«, sagte sie zu Aigeus.

Und Aigeus, nun auch schon ein wenig betrunken, dachte: Gut, warum nicht, sie wird eben auch angeben, prahlen und aufschneiden, warum nicht, soll sie.

Und Medea sprach weiter: »Wenn du König von Athen geworden bist, Aigeus, und mich aufnimmst und mich vor meinen Feinden beschützt, dann werde ich dafür sorgen, daß dein Sohn größer und berühmter wird als alle Söhne der Stadt.«

Da hatte Medea seinen geheimen Wunsch berührt, und auch wenn Aigeus betrunken war und auch wenn er das Gespräch für Angeberei hielt, als er sich dann zum Schlaf niederlegte, war sein Herz erhoben, und er dachte, es wird alles gut werden.

Am nächsten Tag machte sich Aigeus weiter auf den Weg, und am Abend traf er bei Pittheus ein.

Wer war dieser Pittheus? Er war ein Sohn des Pelops und der Hippodameia. Seine Brüder waren Atreus und Thyestes. Seine Tante war Niobe. Über Pittheus wird der Sagenkreis um Theseus mit dem Sagenkreis um Tantalos, Pelops, den Atridenbrüdern Agamemnon und Menelaos und zuletzt auch dem Mythos um die Stadt Theben verknüpft.

Allerdings hatte Pittheus mit seiner Verwandtschaft wenig zu schaffen, am wenigsten mit seinen finsteren Brüdern Atreus und Thyestes. Die beiden waren so krampfhaft in ihren gegenseitigen Haß verkrallt, daß sie sich für nichts, was um sie vorging, interessierten. Und Pittheus hütete sich, in ihrem Konflikt Stellung zu beziehen.

Nun, Pittheus hörte sich den Orakelspruch an, und er sagte zu Aigeus: »Ja, für mich ist dieser Spruch eigentlich sehr eindeutig, ich verstehe gar nicht, daß du ihn nicht verstehst. Du wirst einen Sohn bekommen, und es wird ein sehr berühmter Sohn werden. Das lese ich aus diesem Spruch.«

Da war Aigeus aber baff.

»Das liest du aus diesem Spruch?« rief er. »Das mußt du mir erklären! Ich soll meinen Weinschlauch nicht öffnen, bis ich in Athen bin – wie kann einer daraus lesen, daß ich einen berühmten Sohn bekomme?«

»Willst du denn keinen berühmten Sohn?«

»Natürlich will ich das.«

»Dann würde ich an deiner Stelle aber nicht so herummäkeln an diesem Spruch«, sagte Pittheus.

Und da war Aigeus still. Offenbar hatte Pittheus wirklich besondere Fähigkeiten auf dem Gebiet der Auslegekunst.

»Komm, Aigeus«, sagte er, »auf diesen Spruch hin müssen wir uns betrinken.«

Und Pittheus machte den glücklosen Aigeus betrunken, und als er dann betrunken war, schleppte ihn Pittheus in das Schlafzimmer seiner Tochter Aithra. Er dachte sich nämlich: Wenn es wahr ist, was dieses Orakel sagt – und er hatte keinen Grund, daran zu zweifeln –, dann soll Aigeus diesen Sohn mit meiner Tochter zeugen, damit auch ich von dem künftigen Ruhm dieses Helden ein Stück profitiere.

Am nächsten Tag wachte Aigeus mit Kopfschmerzen auf, und er sah Aithra neben sich liegen, und er sagte zu ihr: »Wenn du die Mutter meines Sohnes wirst, mir soll es recht sein.«

Und er war gutgelaunt, der Aigeus, und er nahm Aithra an der Hand und ging mit ihr hinaus aufs Feld.

»Komm mit«, sagte er. »Solltest du wirklich einen Sohn von mir bekommen, dann schau her!«

Er hob einen Felsbrocken hoch, stark war er ja, mit aller Mühe hob er den Brocken hoch, mit Hebeln mußte er arbeiten, und mit Stöcken mußte er den Brocken abstützen. Und dann legte er unter den Fels sein Schwert und eine seiner Sandalen.

So, nun ließ er den Fels wieder herunterplumpsen, und er sagte zu Aithra: »Solltest du also einen Sohn von mir bekommen, so führe ihn, wenn er achtzehn Jahre alt geworden ist, hierher, und wenn er diesen Brocken heben kann und das Schwert und die Sandale herausnehmen kann, dann schicke ihn zu mir nach Athen, und ich kröne ihn zum König.«

Süß ist es anzugeben, und von drei Stunden Angeberei bleibt eine hängen, als wär's die Wahrheit.

Daraufhin ging Aigeus nach Athen und begab sich wieder in seine demütigende Fron, denn noch waren in Athen Pallas und seine fünfzig Söhne an der Macht. Aber im Herzen hatte er Mut gefaßt. Und wenn er verspottet wurde, schielte er ein wenig und dachte bei sich: Ja, ja, blah, blah, ja, ja, blah, blah …

Und dann eines Tages, Jahre waren vergangen, wurde die Tür zu seiner Kammer aufgestoßen. Eine Frau stand da. Aigeus erkannte sie nicht.

»Wer bist du?« fragte er.

Sie sagte: »Bin ich nicht die Zauberin? Ich werde es dir beweisen. Willst du, daß ich es dir beweise?«

»Ach«, sagte Aigeus, »du bist es, Medea. Wir haben viel geredet in dieser Nacht in der Herberge. Ich bin dir nicht böse, wenn du ein wenig übertrieben hast. Ich habe auch übertrieben. Und nicht nur ein wenig. Leider bin ich kein König, und leider werde ich so bald auch keiner sein. Und du wirst wohl leider auch keine Zauberin sein.«

»Ich bin eine Zauberin«, sagte Medea, »und du, du wirst ein König sein. Mein lieber verzagter Freund. Zieh deine Schuhe an und komm!«

Sie besiegte Pallas und seine fünfzig Söhne. Wie sie das gemacht hat? Sie hat es gemacht!

»Wie hast du das gemacht?« fragte Aigeus. Er kam

aus seiner Kammer gelaufen und sah, wie seine Feinde panisch vom Hof flohen.

»Ich habe es gemacht«, sagte Medea.

Von da an hatte Aigeus Respekt vor ihr, gewaltigen Respekt.

Und ehe Aigeus überhaupt wußte, was mit ihm geschah, war er König von Athen. Noch nicht einmal die Füße hatte er sich waschen können.

Medea – wir erinnern uns an die Geschichte des Jason – hatte etwas übrig für charakterschwache Männer.

Sie sagte zu Aigeus: »Du hast mir versprochen, wenn du in Athen herrschst, dann wirst du mich beschützen. Nun bist du der König.«

»Ich dich beschützen?« sagte er. »Was kann das heißen? Du brauchst Schutz? Du machst dich lustig über mich!«

»Deine Umarmung brauche ich«, sagte Medea.

Aigeus nahm sie zu sich ins Bett, legte seine Arme um sie. Das war seine Art, sie zu beschützen, das wollte sie, das brauchte sie.

Und Medea brachte ihm einen Sohn zur Welt, und den Sohn nannte sie Medos.

Da dachte sich Aigeus: Das wird er sein. Ja, das wird der Sohn sein, von dem das Orakel gesprochen hat. Und er dachte weiter: Sie ist eine Zauberin, und sie hat mir einen Sohn versprochen. Alles paßt zusammen. Und er blickte in die Wiege vor sich, und sein Herz wollte ihm aus der Brust springen vor Glück: Der da, der Kleine, der ist es!

Und er zog diesen Medos auf, voll Liebe und voll Sorgfalt.

Inzwischen wuchs auch ein anderer Sohn des Aigeus heran, nämlich der, den Aithra, des Pittheus Tochter, zur Welt gebracht hatte. Sie nannte ihren Sohn Theseus.

Theseus war schon als Kind auffallend stark, unangenehm stark, problematisch stark. Seine Stärke war durchaus ein Ärgernis. Dabei sah man dem Kind die Kraft nicht an. Im Unterschied zu Herakles etwa trug er keine überdimensionierten Muskelmassen mit sich herum. Theseus war schlank, sehnig, geschmeidig, flink, nicht besonders groß.

Er war noch nicht vierzehn Jahre alt, da warf er aus Spaß einen ausgewachsenen Stier über den Zaun. Wie gesagt: unangenehm stark war er.

Einmal sei er dem damals bereits berühmten Herakles begegnet, und Herakles habe großen Gefallen an dem Kleinen gehabt, er habe ihm den Finger auf die Nase gedrückt und gesagt: »Aus dem wird was!«

Das hatte zur Folge, daß dieser Herakles im Löwenfell zeitlebens ein Vorbild für Theseus war. Es gab dann noch eine zweite Begegnung zwischen Herakles und Theseus, die fand unter weniger beschaulichen Umständen statt. Ich werde davon noch berichten.

Als Theseus achtzehn Jahre alt war, tat seine Mutter Aithra, was ihr Aigeus aufgetragen hatte. Sie führte ihren Sohn zu dem Felsbrocken und sagte: »So, versuche diesen Felsen hochzuheben.«

Sie wußte, er würde es können, er würde es sogar besser können, als es sein Vater gekonnt hatte. Es war ein Kinderspiel für Theseus. Er hob den Felsen hoch, benötigte dazu weder Hebel noch Seil.

Da lagen die Sandale des Aigeus und sein Schwert.

»Nimm diese beiden Dinge«, sagte Aithra. »Sie gehören deinem Vater. Ziehe nach Athen. Suche dort deinen Vater, zeige ihm diese Dinge, und er wird dich zum König machen. Ich habe keinen Grund, an seinem Wort zu zweifeln.«

Theseus verabschiedete sich von seiner Mutter und seinem Großvater Pittheus und machte sich auf den Weg.

Es gab zwei Möglichkeiten, nach Athen zu gelangen. Der kürzere Weg war mit dem Schiff über das Meer, das war ungefährlich, ruhig. Die andere Möglichkeit war, auf einem ungemütlichen, gefährlichen, strapazenreichen, langen Weg über das Land zu ziehen. Theseus entschied sich für die zweite Möglichkeit. Er wollte die zwölf Arbeiten des Herakles nachmachen.

Es ging die Kunde, daß auf diesem Weg etliche böse Gesellen lauerten, die die Passanten bedrohten. Wer die besiege, hieß es, der könne mit Ruhm rechnen. Na also.

Da war zum Beispiel ein gewisser Periphetes, angeblich ein Sohn des Gottes Hephaistos, ein Schurke, der auch Korynetes, der Knüppler, genannt wurde, weil er mit einer eisernen Keule die Passanten zu erschlagen pflegte, ehe er sie ausraubte.

Theseus stellte sich ihm im Kampf, wich der Keule aus und nutzte ihren Schwung, lenkte die Keule geschickt um, und so erschlug sich Periphetes selbst mit seiner eigenen Kraft und seiner eigenen Keule. Die Keule nahm Theseus als seine Waffe mit.

Einen Tagesmarsch weiter hatte der legendäre ungewaschene Sinis sein Lager, der auch Pityokamptes genannt wurde, der Tannenbieger. Er hatte sich nämlich Folgendes ausgedacht, dieser Unhold: Er lauerte den Wanderern und Geschäftsleuten auf, sprang sie aus dem

Hinterhalt an, hielt sie mit einer seiner harzigen Hände fest, zog mit der anderen die Wipfel zweier Tannen nieder und band die armen Menschen je nach Laune an den Armen oder den Beinen an die Wipfel. Dann ließ er die Tannen los, und die armen Menschen schnellten in die Höhe und wurden zerrissen.

Auch ihn, den Tannenbieger, besiegte Theseus, und er tötete ihn auf dieselbe Weise, wie er seine Opfer getötet hatte.

Eine gewaltige, rasende, graue Sau besiegte er, die hieß Phaia und war die Tochter der sagenhaften Echidna und des Typhon, vor dem sogar die Götter geflohen waren. Theseus machte sie nieder.

Auch Skeiron, den Fußwäscher, der die Händler im Salto ins Meer warf, besiegte Theseus.

Kerkyon, den Ringer mit der Ölhaut, einen unbesiegten Kämpfer, bewarf Theseus so lange mit Staub, bis er ihn greifen konnte und nicht mehr an seiner glatten Haut abrutschte. Dann brach er ihm das Genick.

Am Ende zwang er Prokrustes nieder, den Strecker. Dieser Prokrustes war ein Sohn des Poseidon. Immer war er schweißgebadet, immer war er voll Hinterlist. Er wartete in seiner Schenke auf müde Wanderer, lud sie zu sich ein. Er hatte nur ein Bett, ein Bett von normaler Größe. Wenn ein Wanderer zu groß war, dann hackte ihn Prokrustes zurecht, bis er in das Bett paßte. Wenn der Wanderer zu klein war für dieses Bett, dann fesselte ihn Prokrustes und streckte ihn zurecht, bis er genauso groß war wie das Bett. Wenn er sich beim Strecken verschätzte und der Mann zu lang wurde, hackte er ihn eben wieder kleiner. So quälte und tötete dieser Prokrustes die Menschen, die in seine Falle gingen.

Theseus ergriff ihn und warf ihn auf das Folterbett, und weil Prokrustes ein sehr großer Mann war, hackte er ihn zurecht, aber er hackte ihm nicht die Füße ab, sondern den Kopf.

So hatte dieser junge Theseus auf dem umständlichen, gefährlichen Weg nach Athen sechs große Taten vollbracht, und sein Ruhm eilte ihm voraus, und er wurde mit großem Jubel in Athen empfangen.

»Ein zweiter Herakles kommt«, riefen die Leute.

Kein schöneres Kompliment hätte man dem Theseus machen können. Wer weiß, vielleicht hat er sich ja selbst diesen Slogan ausgedacht. Zuzutrauen wär es ihm. Theseus hatte von Anfang an ein sicheres Gespür für PR und Politik.

Sein Vater Aigeus erkannte ihn nicht, denn das Schwert und die Sandale hatte Theseus in seinen Rucksack gesteckt. Aber Medea, die Zauberin, sie erkannte ihn sofort. Sie wußte, das ist der Sohn, von dem das Orakel in Delphi gesprochen hatte, und sie wußte, wenn auch Aigeus, ihr Mann, ihn erkennt, dann wird er Theseus ihrem gemeinsamen Sohn Medos vorziehen.

Medea hetzte gegen den Helden Theseus, sie sagte zu Aigeus: »Wer ist der? Wer soll das sein?«

»Ein Held, der Gefahren beseitigt hat«, sagte Aigeus.

Auch er war begeistert von Theseus wie alle in Athen.

»Blind seid ihr«, sagte Medea. »Dumm und blind! Ihr laßt euch alles aufschwatzen. Wie sollte ein Mann allein mit all diesen Gefahren fertig werden! Er lügt!«

»Und wer ist er?« fragte Aigeus.

»Dieser Mann, das ist ein Spion deines Halbbruders Pallas, der sich inzwischen wieder gesammelt hat. Er will mit seinen fünfzig Söhnen kommen und dir die Macht wegnehmen. Wollen wir diesen Theseus vergiften! Ich werde das für dich tun.«

Aigeus war einverstanden.

Am Abend wurde ein Fest gegeben, und Medea vergiftete den Wein des Theseus. Vorher aber zerteilte Theseus das Fleisch, das war so üblich, daß dem Gast das Recht gegeben wurde, das Fleisch zu zerteilen. Theseus zog also das Schwert seines Vaters Aigeus aus dem Rucksack und schnitt damit den Braten auf.

Da erkannte Aigeus sein Schwert, und er sagte: »Du, laß mich doch noch einen Blick in deinen Rucksack werfen.«

Er fand die Sandale.

»Woher hast du diese Sachen?« fragte Aigeus.

»Habe ich unter einem Stein hervorgezogen«, sagte Theseus.

Gerade setzte Theseus an, um aus dem Becher mit dem vergifteten Wein zu trinken, aber Aigeus schlug ihm den Becher weg, umarmte ihn und rief: »Du bist mein Sohn, auf den ich gewartet habe das ganze Leben.«

Er griff sich das Schwert und sagte zu Medea: »Du hast es gewußt.«

»Ja«, sagte sie.

Aigeus holte aus und schlug zu. Aber Medea erhob sich in die Luft, und sie nahm ihren Sohn Medos mit, umschlang ihn und flog davon, flog zurück in ihre Heimat Kolchis, in dieses ferne Land, wo die Sonne nie hinter den Wolken hervorkommt.

Und Aigeus und Theseus, Vater und Sohn, waren zusammen. Und sie waren glücklich.

»Solange ich bei dir bin, Vater, brauchst du dich vor nichts zu fürchten«, sagte Theseus.

Athen befand sich zu dieser Zeit im Kriegszustand mit Kreta.

König Minos von Kreta erpreßte die Athener, er sagte: »Wenn ihr mir nicht zu Willen seid, wird euch mein Vater Zeus die Pest schicken!«

Die Athener wußten, daß Minos ein Liebling des Zeus war, und ließen es nicht darauf ankommen.

Minos verlangte jedes Jahr sieben Jungfrauen und sieben Jungmänner als Lebendfutter für den Minotauros, der auf Kreta in einem Labyrinth hauste. Der Minotauros war das grausige Produkt eines Seitensprungs der Gattin des Minos, Pasiphaë, mit einem Stier.

Jedes Jahr wurden sieben Jungfrauen und sieben Jungmänner in Athen ausgewählt und nach Kreta verschleppt. Das war ein großes Leid, das auf diese Stadt drückte.

Wieder wurde das Los geworfen, und Theseus, der nicht getroffen wurde, sagte: »Nein, ich bin der Königssohn, ich muß mitziehen. Es soll keine Jungfrau und kein Jungmann geschickt werden und sterben, ohne daß der Königssohn bei ihm ist. Ich werde mit nach Kreta fahren, und ich werde mit Hilfe von Aphrodite und Apoll den Minotauros besiegen.«

Das hat Eindruck gemacht.

Es war der Brauch, auf das Schiff, das diese Unglücklichen trug, schwarze Segel zu setzen, weil sie ja in ihren Tod fuhren.

Theseus sagte zu seinem Vater Aigeus: »Wenn das Schiff zurückkommt, und die schwarzen Segel sind noch gehißt, dann bin auch ich von dem Ungeheuer verschlungen worden. Aber wenn du weiße Segel siehst, dann frohlocke, denn dann habe ich den Minotauros besiegt. Dann wirst du wissen, die Stadt Athen ist befreit, und dein Sohn ist zurückgekehrt.«

So fuhren Theseus und die jungen Männern, und die jungen Frauen nach Kreta.

Aphrodite half ihm. Sie machte, daß sich Ariadne, die Tochter des Minos, in den jungen Helden verliebte.

»Wenn du mich mit dir nimmst, werde ich dich und deine Freunde retten«, sagte sie.

Ariadne gab ihm ein Wollknäuel und sagte: »Binde das eine Ende am Eingang zum Labyrinth fest und rolle dann den Faden ab, so wirst du, solltest du den Minotauros besiegen, wieder aus dem Labyrinth herausfinden.«

Und alles wurde gut. Theseus besiegte den Minotauros und befreite somit die Jungfrauen und Jungmänner und nahm den Fluch von seiner Stadt.

Er floh mit Ariadne, ließ im Hafen von Kreta Löcher in die Schiffe des Minos schlagen, so daß er nicht verfolgt werden konnte. Es war ein einziges großes Fest auf diesem Schiff.

Aber dann kam es zu einem Zwischenfall, den kein Mythologe bis heute wirklich zu deuten weiß: Auf der Insel Naxos machte dieses fröhliche Schiff halt, und dort ließ Theseus Ariadne zurück. Und niemand weiß, warum er das tat. Manche sagen, er sei verzaubert worden. Andere sagen, Theseus war halt so ein Hallodri, er hat sie schon übergehabt, die Ariadne, und setzte sie einfach aus. Mir scheint, das paßt nicht zu seinem Charakter.

Dritte wissen es besser. Sie meinen, es war Dionysos, der Theseus mit Verwirrung geschlagen hat. Dafür spricht, daß Dionysos bald darauf kam und sich Ariadne holte, er hatte sich nämlich in sie verliebt. Deshalb hat es

Dionysos eingerichtet, daß Ariadne auf Naxos einschlief und daß der verwirrte Theseus sie vergaß.

Jedenfalls ging die Reise von Naxos weiter ohne Ariadne. Des Theseus Verwirrung aber schien noch längere Zeit anzuhalten. Immer noch trug das Schiff die schwarzen Segel. Und der Held vergaß, sie zu wechseln.

Im Hafen von Athen wartete Aigeus auf seinen Sohn, er stand auf den Zinnen und blickte hinaus auf das Meer. Dann sah er das Schiff über den Horizont kommen, und er sah, daß es noch immer die schwarzen Segel aufgezogen hatte.

Da sagte er sich: »Nun ist alles vorbei. Mein Sohn, mein geliebter Sohn, der einzige Wunsch meines Lebens, ist vom Minotauros verschlungen worden.« Und er sagte sich: »Damit hat mein Leben keinen Sinn mehr.« Und er sprang ins Meer.

Nach Aigeus wird bis heute dieses Meer genannt: die Ägäis.

Theseus aber wurde König von Athen.

THESEUS – ZWISCHEN POLITIK UND MYTHOS

Von der Kunst der Gesetzgebung und anderen
Künsten – Von einem neuen Freund – Von den Amazonen –
Von Liebe und Verrat – Von Liebe und Tod – Von der
Aussöhnung mit Kreta – Von Phaedra und ihrer
Leidenschaft – Von Liebesbriefen und Rachebriefen –
Von einem Stier, der aus dem Meer kam

Als nun Theseus König von Athen war, da hob er sich aus dem Mythos heraus, das heißt, er war nun nicht mehr eine rein mythische Gestalt. Das, wie bereits gesagt, unterscheidet Theseus von anderen Helden, von Perseus, Herakles, Bellerophon: Er wird ein Held der Geschichte.

Theseus wird zu einer historischen Figur. Er gründete das Attische Seebündnis. Das ist nun nichts Mythisches mehr, diese militärische, politische, wirtschaftliche Vereinigung verschiedener kleiner Stadtkönigreiche hat es tatsächlich gegeben.

Theseus schaffte die Monarchie ab. Ja, er rief sich zum König aus und setzte sich als König gleich wieder ab. Allerdings ließ er sich vorher bescheinigen, daß er der oberste Kriegsherr und der oberste Richter bleibt, und zwar bis an sein Lebensende.

»Eine Stadt muß stark sein«, sagte er. »Es genügt nicht, wenn sie reich ist. Reichtum lockt die Feinde an.«

Also machte er sich systematisch daran, die Feinde Athens zu vernichten. Es waren nicht seine persönlichen Feinde, es waren keine Rachefeldzüge, sondern außenpolitische Maßnahmen.

Politik – der Mythos kennt keine Politik, er kennt das Gemeinwohl nicht, mit dem die Politik seit jeher ihre Taten, die segensreichen, mehr aber noch die Greuel rechtfertigte. Im Mythos sind die Taten persönlich motiviert, ausschließlich. Herakles kannte nur persönliche Motive für das, was er tat. Er vernichtete seine Feinde, weil sie seine Feinde waren. Sorge um das Allgemeingut kannte ein Herakles nicht. Er half Menschen, weil sie ihm sympathisch waren, nicht weil sie recht hatten.

Theseus tötete die Feinde Athens. Und wir kommen nicht aus dem Staunen heraus: Er ließ sich dafür vor Gericht stellen. Das Gesetz stammte von ihm. Der Richter Theseus machte dem Staatsmann Theseus den Prozeß. Zum ersten Mal wird Recht nach Gesetzen gesprochen, nicht nach Ermessen eines Priesters, nicht nach Willkür eines Herrschers, sondern nach verbürgten, schriftlich fixierten Gesetzen.

Der erste Angeklagte war also Theseus selbst. Und der Richter Theseus verurteilte den Angeklagten Theseus. Und: Er sprach ihn gleichzeitig auch frei. Er sprach sich selbst der Tötung für schuldig. Aber er sprach sich selbst gleichzeitig frei. Er argumentierte, seine Taten seien gerechtfertigte Tötungen gewesen.

Wir lachen heute darüber, sagen, das ist doch eine ganz schäbige juristische Manipulation. Aber bedenken wir: Wenn zu jener Zeit ein Mensch getötet wurde, dann war es ausschließlich eine Frage von Macht, ob die Tat bestraft wurde oder nicht. Im Mythos gibt es kein verbindliches Recht.

Theseus aber schuf Gesetze, unterschied darin zwischen: Phonos (Mord), Akousia (Totschlag), Phonos hekousios (gerechtfertigter Mord), Phonos akousios (entschuldbarer Mord).

Das Urteil lautete: »Phonos hekousios, gerechtfertigter Mord.«

Wer sagt, daß ein manipuliertes Recht nicht mehr wert sei als kein Recht?

Zum ersten Mal war differenzierte Rechtsprechung möglich, wenigstens möglich. So etwas wie Bürgerlichkeit konnte entstehen. Zur Stadt gehört der Bürger, er macht die Stadt groß.

Das Orakel in Delphi urteilte über die Stadt: »Athen wird auf dem stürmischen Meer so sicher reiten wie eine aufgeblasene Schweinsblase.«

Das war durchaus zweideutig zu verstehen. Die Athener galten nämlich als äußerst arrogant.

Theseus, der Politiker, holte Fremde in die Stadt, damit der Handel angekurbelt würde. Er ließ die Bürger in drei Gruppen einteilen – das ist alles nicht mehr Mythos, das ist Geschichte. Da waren die Eupatriden, das sind jene, denen der Staat Dank schuldet, die Priester, die Dichter, die Sänger, die Soldaten. Die zweite Gruppe in der öffentlichen Hierarchie stellten die Georgoi dar, die Bauern. Den dritten Rang nahmen die Demiurgoi ein, die Handwerker.

Theseus ließ Münzen prägen. Aus primitiver Tauscherei wurde der Handel.

Ja, Theseus war der Erfinder der Stadt, wie ihn spätere Politiker und Historiker sahen. Man hat eine Figur geschaffen, hat einen Helden des Mythos in die Geschichte gehoben, um der eigenen Politik Rechtfertigung zu verschaffen, indem man sie in seine Tradition stellte.

Aber Theseus ist in erster Linie ein Held des Mythos, und er wird wieder in den Mythos zurückgeholt.

Wir kennen das aus anderen Geschichten, daß große Helden neben sich auch immer Freunde haben. Heldengeschichten sind auch Geschichten von Männerfreundschaften. Herakles zog mit Iolaos durch die Welt, Odysseus vor Troja hatte Diomedes zur Seite, Achill den Patroklos. Im ältesten literarischen Zeugnis der Welt, dem *Gilgamesch-Epos*, treffen wir den titelgebenden König, und neben ihm steht sein Freund Enkidu.

Auch Theseus hatte einen Freund. Der hieß Peirithoos. Im Unterschied zu den genannten Heldenbegleitern hat Peirithoos nicht nur die Funktion, ein Freund zu sein, mit dem man die Abenteuer teilen kann. Peirithoos führt den Theseus immer wieder in den Mythos zurück, in die Legende, ins Märchenhafte. Seine Aufgabe ist es, den Helden von der Politik abzuziehen, von der langweiligen, grauen Politik hinüberzuholen in den Mythos, in den abenteuerlichen, den blumenreichen Mythos.

Eines Tages wurde dem Theseus gemeldet: »Deine Herden sind gestohlen worden, deine Rinder sind nicht mehr auf der Weide.«

Theseus machte sich auf, den Dieb zu fassen. Und da sah er von weitem seine Rinder, und er sah, daß dort ein Mann wartete, offensichtlich der Dieb. Und der machte keine Anstalten zu fliehen. Er stand einfach da und wartete.

Theseus wollte sein Schwert ziehen und auf ihn losgehen.

Da sagte der Fremde: »Ich bin Peirithoos. Ich bin gar nicht an deinen Herden interessiert. Ich habe mir nur etwas ausgedacht, um dich kennenzulernen. Ich möchte dein Freund sein.«

In dieser Offenheit trat Peirithoos dem Theseus gegenüber. Oh, das war riskant! Theseus galt zwar als ein besonnener Mann. Rinderdiebstahl aber war ein schweres Verbrechen. Und bevor Theseus das Gesetz gegründet hatte, wurden Viehdiebe einfach an Ort und Stelle aufgehängt.

»Na«, sagte Peirithoos, »jetzt hättest du mir am liebsten den Schädel eingeschlagen.«

»Ja«, sagte Theseus, »es hätte nicht viel gefehlt.«

»Und dann«, fragte Peirithoos, »was wäre dann geschehen?«

»Nichts wäre geschehen«, sagte Theseus. »Du wärst tot gewesen.«

»Und du hättest dich dann schon wieder selbst vor Gericht gestellt? Wie hättest du deine Tat genannt? Phonos, Akousia, Phonos hekousios oder Phonos akousios?«

Die Redeweise des Peirithoos verwirrte Theseus. Aber die Kühnheit dieses Mannes gefiel ihm.

»Was willst du?«

»Dein Freund will ich sein«, sagte Peirithoos. »Ich will der Freund des Theseus sein.«

Da reichte ihm Theseus die Hand. Sie umarmten sich und versprachen sich ewige Freundschaft. So ist das mit Männerfreundschaften: alles auf der Stelle oder nichts für immer.

Peirithoos sagte zu Theseus: »Hör zu, Freund! Ich habe dich beobachtet, ich habe dein Leben genau verfolgt. Ich kenne alle deine Geschichten – wie du Pityokamptes getötet hast, wie du die graue Sau Phaia fertiggemacht hast, den Skeiron, den Kerkyon und den grauenhaften Prokrustes. Großartig! Und ich finde so billig, was du jetzt machst.«

»Was meinst du damit?« fragte Theseus.

»Politik«, sagte Peirithoos.

Theseus sagte: »Was ist daran billig? Ich bringe Wohlstand in diese Stadt. Kennst du den Spruch aus Delphi? Man hält etwas von Athen.«

»Ja, Politik«, sagte Peirithoos, »was ist das für ein langweiliges Geschäft. Denk an dein großes Vorbild, an Herakles! Was, glaubst du, hält der von Politik?«

Theseus gab ihm recht. Herakles hielt gewiß nichts von Politik.

»Komm, vergiß doch diese Stadt!« sagte Peirithoos. »Vergiß doch die Politik! Machen wir es so wie Herakles und Iolaos. Stellen wir ein kleines, handliches Heer zusammen und ziehen gegen die Amazonen.«

Die Amazonen waren der Inbegriff des Gefährlichen, des Unberechenbaren. Frauen, die kämpften, die mordeten, die sich Männer als Sklaven hielten, die mit Pfeil und Bogen umgehen konnten wie kein Mann – davor mußten sich Helden fürchten. Und sie fürchteten sich davor.

Peirithoos sagte: »Man erzählt, sie seien unbesiegbar.«

»Sogar Herakles konnte sie nicht besiegen«, ergänzte Theseus.

Peirithoos sagte: »Wir werden sie besiegen.«

Süß ist der Übermut der Jugend, noch süßer die Erinnerung daran. Dem Theseus fielen seine Heldentaten ein, und voll Selbstbegeisterung und Selbstverliebtheit dachte er: Was ist nur aus mir geworden? Und er gab sich selbst die Antwort: ein Politiker. Er ließ sich von Peirithoos überreden.

Man stellte eine kleine Gruppe zusammen, ein kleines Heer, eine Schlägerbande im Grunde, rüstete ein paar Schiffe aus und fuhr in dieses ferne Land im Osten, wo die Amazonen herrschten.

Die Amazonen, hieß es, lassen sich eine Brust abschneiden, damit sie den Bogen besser spannen können. Wenn sie Knaben zur Welt bringen, brechen sie ihnen die Arme und die Beine, damit sie verkrüppelt sind und untauglich für das Kriegshandwerk. Das war die Legende.

»Großartige Frauen«, sagte Peirithoos, »großartige Gegner!«

Theseus und Peirithoos fanden das Land der Amazonen, und zu ihrer größten Überraschung wurden sie freundlich, höflich, überaus gastfreundlich empfangen. Man bot ihnen die besten Speisen an, bat sie Platz zu nehmen auf weichen Diwanen, fächelte ihnen Luft zu.

Sie aber lauerten. Die Helden dachten, das ist ein Trick.

»Was wollen die von uns«, sagten sie sich.

Dachten, irgend etwas wird gleich geschehen. Hielten die Hände nahe am Gürtel.

Nichts geschah, was ihr Mißtrauen gerechtfertigt hätte. Hippolyte, die Königin der Amazonen, bewirtete sie.

»Schöne Männer seid ihr«, sagte sie zu Theseus und Peirithoos.

Das machte die beiden verlegen, das waren sie nicht gewohnt, das war nicht üblich dort, wo sie herkamen, daß Frauen den Männern solche Komplimente machten. Hippolyte und ihre Geliebte, Antiope, kümmerten sich um die Helden. Sie sollen doch eine Weile hierbleiben, sagten sie. Man werde dafür Sorge tragen, daß es ihnen an nichts mangle.

»Sollen wir?« fragte Peirithoos.

»Warum nicht«, sagte Theseus.

»Ja, warum nicht«, sagte Peirithoos.

Und auch ihre Gefährten hatten nichts dagegen. Die Helden ließen sich verwöhnen, und ihre Vorurteile lösten sich allmählich auf. Angenehm war das.

Da kam es zu einem Zwischenfall. Einer der Männer, ein gewisser Solon, verliebte sich unsterblich in Antiope, die Geliebte der Königin. Und dieser Solon war ein schüchterner Mann, und er getraute sich nicht, der Antiope seine Liebe zu gestehen. Er schickte seinen Bruder vor.

Der Bruder sagte zu Antiope: »Folgendes Problem: Solon, mein Bruder, ist unsterblich in dich verliebt. Ob du auch in ihn unsterblich verliebt bist?«

»Nein«, sagte Antiope, »bin ich nicht.«

»Und warum nicht?«

»Bin ich eben nicht.«

»Und in einen anderen?«

»In einen anderen, ja. Nicht unsterblich, aber doch.«

Der Bruder ging zu Solon und teilte es ihm mit: »In einen anderen ja, aber nicht unsterblich.« Da könne man nichts machen, sagte er.

Solon war verzweifelt und nahm sich das Leben.

Nun kamen Gerüchte auf. Es hieß, Solon sei von Antiope in den Tod getrieben worden.

Dann sprach es einer aus: »Die Amazonen wollen uns

umbringen. Sie machen es auf eine Art, gegen die wir nichts ausrichten können. Sie haben uns in eine Falle gelockt.«

Man hielt die Hände wieder nahe am Gürtel. Die Stimmung war schlecht. Die Amazonen zeigten sich nicht mehr so freundlich wie vorher, sie bewaffneten sich.

Theseus und Peirithoos sagten zu ihren Leuten: »Vorsicht! Wir sind eine kleine Gruppe, wir haben nicht die geringste Chance gegen die Amazonen. Sie sind in der Überzahl, und sie sind gute Kriegerinnen.«

Und die Sache war kompliziert: Denn da gab es Beziehungen zwischen Theseus und Hippolyte und zwischen Peirithoos und Antiope. Den Peirithoos liebte die Antiope, nicht unsterblich, aber immerhin, jedenfalls ließ sie ihn zu sich ins Bett. Da nahmen Theseus und Peirithoos die Antiope und die Hippolyte gefangen, das heißt, sie nahmen sie in Schutzhaft vor den eigenen Männern, und sie flohen und versteckten sich.

Sie verkrochen sich in einer Höhle. Das war romantisch. Dort liebten sie sich und fühlten sich als Verräter, was aufregend sein kann.

»Ist das nicht besser als Politik«, sagte Peirithoos, als die beiden wach nebeneinander lagen, die Frauen schliefen bereits.

»Ist schon besser«, sagte Theseus.

»Und wie findest du die beiden?«

»Eine so gut wie die andere.«

Weder Peirithoos noch Theseus bemerkten, daß Antiope wach lag, daß sie ihr Gespräch belauschte.

»Was hältst du davon«, sagte Peirithoos, »wenn wir tauschen? Du bekommst die Antiope, ich nehme dafür die Hippolyte.«

»Warum nicht«, sagte Theseus. »Es muß ja nicht für immer sein.«

Das hat der Antiope weh getan. Sie hatte ja ihr Volk verraten, war diesen Männern nachgefolgt, hatte sich mit ihnen in diese romantische Höhle verkrochen. Und nun hörte sie, daß sie einfach getauscht werden sollte.

Sie lief zurück zu ihren Amazonen und organisierte den Angriff. Theseus, Peirithoos und Hippolyte, die Theseus wirklich liebte, sie mußten fliehen. Und als dann das Unausdenkliche geschah, nämlich ein Großangriff der Amazonen auf die Stadt Athen, da stand Hippolyte, die Königin der Amazonen, auf der Seite des Theseus, auf der Seite Athens, und kämpfte gegen ihre eigenen Frauen, gegen ihr eigenes Volk.

Hippolyte hatte inzwischen einen Sohn geboren, einen Sohn von Theseus. Hippolytos nannten sie ihn. Sie wollte ihr Volk verlassen, sie wollte in Athen bleiben, wollte nur noch Frau und Mutter sein.

»Ich werde mit Antiope sprechen«, sagte sie zu Theseus. »Ich werde ihr sagen, sie soll die Kämpferinnen zurückziehen.«

Hippolyte trat vor das Tor der Stadt. Sie sprach mit Antiope. Antiope weinte, flehte Hippolyte an, sie möge zu ihr zurückkommen. Aber Hippolyte schüttelte den Kopf.

»Gut«, sagte Antiope, »wir werden uns zurückziehen. Aber du sollst nicht hierbleiben.«

Sie nahm den Bogen von der Schulter, Hippolyte meinte, sie übergebe ihr die Waffe. Antiope aber legte einen Pfeil an die Sehne und schoß ihn Hippolyte ins Herz.

Die Schlacht war gewonnen, die Amazonen waren

zurückgeschlagen, aber Theseus hatte seine Frau verloren.

Es blieb ihm sein Sohn Hippolytos. Peirithoos, der ihn zu diesem Abenteuer angestiftet hatte, zog sich zurück.

Theseus tritt wieder aus dem Mythos heraus, tritt wieder ein in die Geschichte. Er wird wieder Politiker.

Er besann sich und sagte: »Nun will ich wieder ein Staatsmann sein. Ich will dafür sorgen, daß mein Sohn ein gutes Leben hat. Ich will dafür sorgen, daß Athen noch größer, noch glücklicher wird.«

Er hatte genug von der mythischen Abenteurerei, es gab genug Konflikte in der Realität der Geschichte, die gelöst werden mußten. Zum Beispiel dieser alte Streit mit Kreta.

Theseus sagte: »Nein, ich will keinen Krieg führen, ich habe vom Krieg genug, der Krieg hat mir Leid gebracht.«

Er blickte voll Liebe auf seinen Sohn Hippolytos.

Er sagte: »Hippolytos soll im Frieden groß werden, er soll ein Wissenschaftler werden, ein Politiker werden, er soll der Stadt Gutes bringen. Ich will ihm dafür das Feld ebnen. Ich will den Konflikt mit Kreta friedlich lösen.«

Er machte sich auf nach Kreta und kündigte König Minos an, er wolle mit ihm verhandeln.

Er sagte: »Es gibt nichts, was man nicht im Gespräch lösen könnte.«

Minos, inzwischen schon alt, nicht mehr ein solcher Haudegen wie früher, war damit einverstanden. Sie räumten in langen Verhandlungen alle Streitpunkte aus.

Am Schluß sagte Minos: »Gut, laß uns doch diesen

neuen Friedensvertrag zwischen Kreta und Athen durch eine Heirat besiegeln.«

Und Theseus war einverstanden.

Minos sagte: »Ich habe dir zwar nicht vergessen, daß du mir die eine Tochter, Ariadne, entführt hast, aber wir haben es im Friedensvertrag so geregelt, daß dafür keine Rache geübt wird. Nun biete ich dir meine andere Tochter, Phaedra, an. Sie ist vielleicht nicht ganz so schön, wie Ariadne gewesen war, aber sie ist eine gute Frau.«

Theseus schlug ein, er nahm Phaedra zur Frau. Phaedra wurde gar nicht gefragt bei diesem Handel. Die Verbindung mit der emanzipierten Amazone Hippolyte hatte bei Theseus in dieser Beziehung wohl nichts gefruchtet.

Theseus nahm Phaedra mit nach Athen, und Phaedra fügte sich. Sie war einsam in dieser fremden Stadt, sie kannte dort niemanden, und sie hatte Heimweh nach ihrem Kreta. Dann traf sie jemanden, mit dem sie sich gut verstand, nämlich Hippolytos, den Sohn des Theseus und der Hippolyte.

Dieser Hippolytos redete seit dem Tod seiner Mutter mit niemandem mehr, vermied die Zusammenkünfte, war ein Einzelgänger. Er verehrte die Göttin Artemis und hielt sich auch am liebsten in den Auen und Wäldern der Umgebung auf. Hippolytos und Phaedra verstanden sich gut, sie unterhielten sich, machten lange Spaziergänge. Sie wurden Vertraute.

Aber ihre Beziehung beruhte auf einem Mißverständnis. Phaedra war entflammt von Leidenschaft für diesen Hippolytos. Hippolytos dagegen sah in ihr ausschließlich die Seelenfreundin.

Eines Tages beobachtete ihn Phaedra heimlich im Bad, sie hatte sich hinter einem Myrtenbaum versteckt. Da brannte ihre Leidenschaft so heftig, daß sie eine Haarnadel nahm und in ihrer hilflosen Verzweiflung Löcher in die Blätter des Myrtenbaumes stieß. Bis heute kann man diese Löcher in den Myrtenblättern sehen.

Schließlich konnte sie nicht mehr. Sie mußte Hippolytos ihre Liebe gestehen. Aber sie traute sich nicht, ihm die Worte ins Gesicht zu sagen. Sie schrieb einen Brief.

Sie schrieb: »Ich will glauben, auch du bist voll Leidenschaft für mich. Laß uns fliehen, laß uns ein gemeinsames Leben führen.«

Aber Hippolytos war nicht von Leidenschaft für Phaedra erfüllt, und der Brief stieß ihn ab.

Er stellte Phaedra zur Rede, sagte: »Was fällt dir ein? Du bist die Frau meines Vaters, und ich respektiere dich als Frau meines Vaters. Aber laß mich in Frieden, nie wieder will ich dich sehen!«

Er schlug die Tür hinter sich zu.

Phaedra war gedemütigt. Sie wollte nicht mehr leben. Sie setzte einen neuen Brief auf, und dieser Brief war eine Verleumdung, er war an Theseus gerichtet.

Sie schrieb: »Ich will nicht mehr leben, denn dein Sohn Hippolytos hat mich vergewaltigt. Er stellt mir nach und läßt mich nicht mehr los. Ich will nicht im Betrug leben. Deshalb nehme ich mir das Leben.«

Sie erhängte sich.

Als Theseus den Brief las, jagte er Hippolytos aus Athen fort, seinen Sohn, in den er so viel Hoffnung gesetzt hatte. Er verbannte ihn. Das war eine Strafe, die der Todesstrafe gleichkam.

Hippolytos verließ Athen, zog mit seinem Wagen am Ufer des Meeres entlang. Theseus schickte ihm einen Fluch nach, ein Gebet an Poseidon: »Töte ihn!«

Poseidon trat als ein weißer Stier aus dem Wasser, rannte den Hippolytos nieder und tötete ihn.

Nur die Göttin Artemis trauerte. Hippolytos war ihr Lieblingsjünger gewesen.

In ihrer Trauer ging sie zu dem großen Arzt Asklepios und sagte zu ihm: »Tu das, was du schon die ganze Zeit tun willst! Mach einen Toten lebendig! Diesen Hippolytos. Laß ihn leben, gib ihn mir zurück, laß ihn in meine Wälder, ich werde auf ihn aufpassen!«

Asklepios tat, worum ihn die Göttin gebeten hatte, er machte den Hippolytos wieder lebendig. Das aber führte zu einem kritischen Konflikt im Olymp. Denn wo kommen die Götter hin, wenn die Menschen unsterblich werden! Aber das ist eine andere Geschichte.

THESEUS' ENDE

Von Ixion, einem klassischen Bösewicht – Von den
Kentauren – Von Kaineus und Kainis – Von einer
mißglückten Hochzeit – Von Helena, Tochter des Zeus –
Von den Schemeln des Vergessens – Von Herakles, dem
Befreier – Vom Tod des Theseus

Theseus war in seiner Existenz gespalten. Kaum etablierte er sich als Politiker, verschaffte sich Würde und
Respekt, schon tauchte sein zweites Ich auf, meldete sich
der Mythos in ihm.

Sein Freund Peirithoos war die Ursache. Der stand
eines Tages in der Tür.

»Ist das gut, was du hier machst?« fragte er.

»Es ist gut für die Stadt und ihre Bürger«, sagte
Theseus und wollte schon zu einer kleinen Rede ausholen.

»Jämmerlich finde ich es«, unterbrach ihn Peirithoos.
»Was interessieren mich die Stadt und ihre Bürger! Wir
werden nicht ewig leben, vergiß das nicht, Theseus!«

»Ich hoffe, die Götter werden mir noch viel Schaffenskraft geben, damit ich für das Wohl der Stadt ... «

»Was redest du für ein glattes Zeug daher!« rief Peirithoos. »Was faselst du vom Wohl der Stadt? Feierst du
keine Feste mehr? Interessieren dich die Frauen nicht
mehr?«

So redete Peirithoos mit Theseus. Und was sonst niemandem gelang: Er verunsicherte ihn.

Wer ist dieser Peirithoos?

Sein Vater war ein weltbekannter Bösewicht, nämlich Ixion. Ixion hatte ein Verhältnis mit der Tochter seines Bruders, mit seiner eigenen Nichte also. Dia hieß sie, und mit ihr zeugte Ixion den Peirithoos.

Ixion versteckte das Kind, sein Verhältnis zu Dia sollte verborgen bleiben. Peirithoos war in den frühen Kinderjahren allein, streifte herum, ein wilder Balg.

Eines Tages aber kam Ixions Bruder hinter die ganze Sache, und er stellte Ixion zur Rede.

»Du hast ein Verhältnis mit meiner Tochter, du bist ein Lump. Ich sollte dich erschlagen. Nimm sie! Behalte sie! Ich will sie nicht mehr! Aber du nimmst sie dir nicht zur Frau, ohne dafür mir, ihrem Vater, Brautgeschenke gegeben zu haben. Verstehst du? Also, beschenke mich!«

Ixion sagte: »Ja, ja, das werde ich schon nachholen. Keine Sorge.«

Ixion war verschlagen und war geizig dazu.

Er sagte zu seinem Bruder: »Hör zu, wir machen das ganz offiziell. Komm du auf meinen Hof, und dann werden wir das alles regeln. Du sollst beschenkt werden.«

Und nun ließ Ixion um seinen Hof herum einen tiefen Graben ausheben, und den deckte er zu und führte den Weg darüber, eine Fallgrube also. Und in die Fallgrube warf er an dem Tag, an dem sein Bruder kam, glühende Kohlen. Und da stürzte der Bruder in die Grube und verbrannte elend. Weil er seinem Bruder die Brautgeschenke nicht bezahlen wollte, darum hatte Ixion das getan, aus Geiz.

Ixion ist der Kain der griechischen Mythologie, er ist der erste, der einen Brudermord begangen hat. Niemand wollte Ixion von dieser Schuld reinigen. Die Reinigung von einer Schuld, das war so eine Art Beichte, und niemand wollte ihm diese abnehmen.

Da blickte Ixion zum Olymp hinauf und rief: »Und von euch, gibt es keinen von euch, der mich von meiner Tat reinigen möchte?«

Also, ich bin mir sicher, daß dies kein Gebet war, sondern daß Ixion ein Zyniker war, daß er sich über die Götter lustig machte. Ich glaube nicht, daß dem etwas an Seelenreinigung gelegen war.

Keiner von den Göttern wollte ihn reinigen. Die Götter waren empört, besonders Hera.

Hera zeigte auf den Übeltäter und sagte: »Hätte ich das gewußt, daß Menschen zu so etwas fähig sind, hätte ich damals, als die Sache mit der Sintflut zur Debatte stand, dafür plädiert, daß diese Krätze vom Erdball verschwindet.«

Da wurde Zeus trotzig. Er war es ja gewesen, der damals überstimmt worden war, der die Sintflut geschickt hatte, um die Menschheit auszurotten. Und dann waren Deukalion und Pyrrha übriggeblieben, und die anderen Götter hatten ihn angefleht, er solle dieses Paar wenigstens überleben lassen.

»Wenn es nach mir gegangen wäre, gäb's dieses Problem nicht mehr«, sagte er. »Ihr habt gesagt, der Mensch ist voll Fehler, man muß das tolerieren. Dann toleriert es gefälligst!«

Den Brudermord des Ixion wollte aber keiner der Götter tolerieren. Und da stellte sich Zeus auf die Seite des Unholds.

Er sagte: »Nein, da habe ich überhaupt nichts dagegen. Ich habe mich mit dieser Krätze abgefunden.«

Er lud den Ixion sogar zu einem Mahl in den Olymp, eine ungeheure Provokation gegenüber allen anderen Göttern. Stumm saßen sie in der Runde, als Ixion zu Gast war.

Da kam es zu einem Vorfall, der uns die Sprache verschlägt. Dieser Ixion war wahrhaftig ein wilder Hund, der sich vor nichts genierte und sich aber auch vor gar nichts fürchtete.

Ixion saß zufällig neben Hera. Und als man da so beim Essen war, fing er an, heimlich mit Hera zu schäkern. Er meinte wohl, Zeus würde das nicht merken. Alle Götter haben es bemerkt. Er machte sich an Hera heran. Kniedrücken, zwinkern, stumme Worte hauchen unter hängenden Augenlidern. Eine solche Unverschämtheit ist nun wirklich einmalig in der gesamten griechischen Mythologie.

Hera wandte sich hinterher an Zeus und sagte: »Hast du das gesehen?«

Er sagte: »Natürlich habe ich es gesehen. Wir werden ein zweites Essen machen und ihn wieder einladen.«

»Was?« entsetzte sich Hera. »Du willst ihn dafür auch noch belohnen?«

»Wenn du nicht willst«, sagte Zeus, »brauchst du nicht dabei zu sein.«

O nein, sie wollte nicht dabei sein, grollend zog sich Hera zurück.

Zeus rief Hephaistos, der ja weit mehr ist als nur ein Schmiedegott. Nichts Handwerkliches bringt diesen Hephaistos in Verlegenheit.

»Du sollst mir eine Kopie von meiner Hera machen«, sagte Zeus.

»Und aus welchem Material?« fragte Hephaistos.

»Wolke«, sagte Zeus.

Aus Wolken formte nun Hephaistos Nephele, die sah genauso aus wie Hera, und die setzte Zeus bei dem zweiten Essen oben im Olymp neben Ixion.

Ixion, nun noch dreister, machte sich an Nephele heran, meinte er doch, es sei Hera. Auf einen Wink von Zeus hin zogen sich die Götter von der Tafel zurück, und da waren Ixion und Nephele allein.

Ixion legte seine Arme um Nephele und sagte: »Schöne Hera, ich werde dir zeigen, wie ein Menschenmann liebt, dann wirst du deinen Zeus vergessen.«

Er schlief mit ihr, und Nephele, die aus Wolken geformt war, wurde schwanger. Sie brachte die Kentauren zur Welt, aber soweit sind wir noch nicht.

Nun traten die Götter hervor und sagten: »Ixion, bist du eigentlich völlig verrückt geworden? Dafür wirst du büßen, und zwar wirst du eine Strafe im Tartaros erleiden, die als eine der klassischen Strafen in die Mythologie eingehen wird.«

Sie nagelten Ixion auf ein Rad, zündeten das Rad an, und dieses Rad dreht sich unten im Tartaros bis zum heutigen Tag und wird sich bis zum letzten Tag weiterdrehen.

Dieser Ixion also war der Vater des Peirithoos, des Freundes des Theseus.

Peirithoos war ein Desperado, er hatte das Wilde, das Furchtlose seines Vaters im Blut.

Er hatte sich lange Zeit nicht mehr sehen lassen in Athen am Hof des Theseus. Theseus freute sich, sie umarmten sich.

Peirithoos sagte: »Also, was ist mit den Frauen?«

»Ich habe kein Glück mit Frauen«, sagte Theseus. »Die erste ist im Krieg gefallen, die zweite hat sich erhängt. Und du, Peirithoos?«

Peirithoos lächelte: »Vielleicht will ich nun auch seßhaft werden«, sagte er. »Ich muß ja nicht gleich Staatsmann werden wie du. Ich bin gekommen, um dich zu meiner Hochzeit einzuladen.«

Ein Fest wurde veranstaltet. Die alten Haudegen aus der Zeit des Amazonenfeldzugs kamen. Dann hatte Peirithoos noch einige Verwandte angekündigt. Theseus brachte reichlich Geschenke mit, denn er liebte seinen Freund.

»Was für Verwandte denn?« fragte er.

»Du wirst sehen«, sagte Peirithoos, »keine hübschen Verwandten.«

Es waren die Kentauren, seine Halbbrüder, wahrhaftig keine hübschen Verwandten, halb Pferd und halb Mann waren sie. Eine aggressive Bagage. Die führten sich auf. Säufer. Sie betranken sich. Kentauren vertragen, wie man weiß, den Alkohol nicht, und sie kennen keinen Bahnhof beim Saufen, und sie wurden immer wilder und wilder.

Da fiel es einem dieser Kentauren ein, die Braut des Peirithoos anzutatschen.

»Bin ja der Bruder, bleibt ja in der Familie!«

Merkwürdigerweise war es nicht Peirithoos, der Einspruch erhob, es war auch nicht Theseus, es war einer ihre Freunde, ein gewisser Kaineus.

Kaineus stand auf und sagte sehr deutlich: »Niemand, niemand, ganz egal, wer es auch sei, rührt in meiner Gegenwart eine Frau an, die das nicht will!«

Wer war dieser Kaineus, der die Braut des Peirithoos so mutig gegen die Kentauren verteidigte? Es sei kurz seine Geschichte erzählt.

Kaineus hieß ursprünglich Kainis, und er war ein Mädchen. Dieses Mädchen war sehr zart und verletzbar und verträumt. Im Leben und in der Welt kannte es sich nicht gut aus.

Eines Tages spazierte Kainis am Meer entlang, da tauchte Poseidon aus dem Wasser auf und vergewaltigte sie. Sie schrie nicht, sie weinte nur. Da bekam Poseidon ein wenig ein schlechtes Gewissen oder irgend etwas Ähnliches, für das wir kein Wort haben.

Er sagte zu Kainis: »Gut, ich habe es getan. Ich kann es nicht mehr rückgängig machen. Jetzt darfst du dir etwas wünschen von mir. Was wünschst du dir?«

Sie sagte: »Ich wünsche mir, daß ich ein Mann werde, ein wilder, ein starker Mann, dem nie so etwas passieren kann. Ich möchte unverwundbar sein.«

Poseidon sagte: »Gut, das mache ich dir.«

So wurde aus Kainis Kaineus, und er wurde ein Rabauke, ein starker Mann, ein wilder Mann.

Als nun Kaineus sah, wie einer dieser besoffenen Kentauren auf die Braut losging, da fiel ihm das alles wieder ein, und er stand auf und stellte sich schützend vor die Braut.

Und da hauten die Kentauren auf Kaineus ein, und sie schlugen ihn und schlugen auf ihn ein, der ja unverwundbar war und die ganze Zeit nur grinste, weil ihm die Schläge der blöden Kentauren nicht weh taten, und so schlugen sie ihn in den Boden hinein und schlugen weiter auf ihn ein, bis er durch den Erdboden hindurch in den Hades fiel.

Und dort, dort unten verwandelte sich Kaineus wieder in Kainis, in das zarte, verwundbare Mädchen. Und Persephone, die Göttin der Unterwelt, die gütige, nahm sie in ihren Arm und trocknete ihre Tränen.

Aber oben auf der Erde, auf dem Hochzeitsplatz, gab es eine Massenschlägerei. Die endete nicht sehr gut: Theseus und Peirithoos kämpften gegen die Kentauren, und sie siegten, wen wundert's, aber die Braut starb. Und Peirithoos war Witwer, noch bevor seine Hochzeit überhaupt beendet war.

Theseus nahm seinen Freund mit nach Athen an den Hof, er wollte ihn trösten und sagte: »Siehst du, das ist eine gute Gelegenheit, sich wieder der Allgemeinheit zuzuwenden ... «

»Was?« meinte Peirithoos.

»Ich könnte dich zu meinem Minister machen«, sagte Theseus.

»Danke, nein«, sagte Peirithoos. »Was geschehen ist, ist geschehen, und es tut mir leid, ich habe sie ganz gerne gehabt. Aber im Grunde genommen – wir beide, du und ich, auf uns warten noch andere Frauen. Ich meine, wenn wir uns anschauen, was für ein Leben wir haben, was für Hoffnungen wir haben, was wir für Männer sind, dann müssen wir doch einsehen, für uns kommen doch eigentlich nur Töchter des Zeus in Frage.«

So redete Peirithoos und stiftete Theseus wieder an und zog ihn wieder ab aus der Welt des Realen, aus der Geschichte, aus der Politik, hinüber in den Mythos.

Sie schworen sich gegenseitig erneut die Treue, sagten: »Für uns kommen also nur Töchter des Zeus in Frage. Ich werde dir helfen, Theseus, eine Tochter des Zeus zu bekommen.«

»Und ich, Peirithoos, werde dir helfen, eine Tochter des Zeus zu bekommen.«

»Gut«, sagte Peirithoos, »fangen wir doch bei dir an, du bist ein König, ich bin ja nur ein Vagabund.«

Sie sahen sich um, und es hieß, in Lakedaimon lebe die schönste Frau der Welt, ihr Name sei Helena.

Helena war damals zwölf Jahre alt. Ihr Ruf hatte sich bereits auf der ganzen Welt verbreitet. Sie war ja eine Tochter des Zeus, in einem Ei war sie nach Lakedaimon gebracht und dort von Königin Leda unter der Daunendecke ausgebrütet worden.

»Helena«, sagte Peirithoos, »die wird bald vergeben sein. Die müssen wir jetzt holen. Später wird es schwieriger.«

Also machten sich Peirithoos und Theseus auf den Weg nach Lakedaimon, und sie raubten die zwölfjährige Helena und entführten sie nach Athen.

Theseus wußte, es war nicht richtig, was er tat. Er rührte sie nicht an, die Helena. Er verfügte, daß sie die beste Unterkunft bekomme.

Er fürchtete, Zeus könnte es ihm verübeln, wenn er sich seiner Tochter gegenüber ungebührlich benehme.

Auch die Bürger von Athen fanden es gar nicht gut, was ihr oberster Richter und Kriegsherr da angestellt hatte.

Die Bürger mochten den Peirithoos nicht, sie sagten: »Nun hat unser Theseus wieder seinen Rappel. Sein Freund ist wiedergekommen. Hoffentlich geht's gut aus für die Stadt.«

Als dann Helenas Brüder, die Dioskuren Kastor und

Polydeukes, kamen, um ihre Schwester zu holen, da gab ihnen Theseus das Mädchen freiwillig heraus, entschuldigte sich sogar für seine Tat.

Aber immerhin, der Akt war gesetzt, ein Teil des gegenseitigen Versprechens war eingehalten worden, man hatte eine Tochter des Zeus entführt.

Peirithoos sagte: »Nun bin ich dran. Du hast geschworen, du wirst mir helfen, ebenfalls eine Tochter des Zeus zu bekommen. Welche soll ich nehmen?«

»Wollen wir es nicht lassen?« weinte Theseus.

»Nein«, sagte Peirithoos. »Welche soll ich nehmen?«

Theseus sagte: »Ich weiß es nicht. Es gibt viele Töchter des Zeus.«

Ihm wurde sein Freund Peirithoos wohl allmählich unheimlich.

Peirithoos sagte: »Nein, nein, wir wollen die Lösung dieses Problems nicht unseren dummen Köpfen überlassen. Wir suchen ein Orakel des Zeus auf. Er soll mir doch durch seinen Priester höchstpersönlich sagen, welche seiner Töchter für mich angemessen ist.«

Sie besuchten den heiligen Ort, und der Priester des Zeus hörte sich die Geschichte des Peirithoos an, und er konnte das nicht ernst nehmen, was er da hörte.

Und weil er es nicht ernst nahm und weil er außerdem ein ironischer Mensch war, dieser Priester, sagte er: »Ja also, dann holt euch doch gleich die Lieblingstochter des Zeus. So einer wie du, Peirithoos, der hat doch nur das Beste verdient. Hol dir doch Persephone, die Königin der Unterwelt!«

Theseus dachte sich: Na gut, damit ist dieses Thema erledigt, denn das geht nun wirklich nicht, man kann sich doch nicht die Königin der Unterwelt holen.

Aber Peirithoos, der Wilde, der Furchtlose, der Sohn des Ixion, der sagte: »Nein, nein, die will ich mir holen, die Persephone, und du, Theseus, du hast mir geschworen, du wirst mir dabei helfen.«

Dieser Schwur war nun einmal gegeben, und Theseus wollte nicht zurückstehen.

Sie stiegen also in die Unterwelt hinab, um Persephone zu rauben. Da gab es Schleichwege, die kannte Peirithoos. Und dann waren sie angekommen und sprachen bei Hades vor.

Peirithoos führte das Wort, wer sonst: »Du«, sagte er, »ich möchte deine Frau Persephone. Die möchte ich zur Gattin haben.«

Theseus rechnete damit, daß sie Hades bestenfalls aus der Unterwelt jagen, schlimmstenfalls in den Tartaros prügeln würde, wo sie dem Ixion Gesellschaft leisten konnten.

Aber Hades, finstere Miene, blieb ruhig, sagte: »Ich wiederhole es noch einmal, nur damit kein Mißverständnis aufkommt: Du, Peirithoos, du willst also meine Frau, die Göttin der Unterwelt, Persephone willst du mir wegnehmen und zu deiner Frau machen. Habe ich das richtig verstanden?«

»Ja«, sagte Peirithoos, »genau das will ich.«

»Na gut«, sagte Hades, »dann wollen wir doch auch hören, was Persephone dazu zu sagen hat. Nehmt inzwischen Platz!«

Da standen zwei Schemel.

»Setzt euch nieder und wartet«, sagte Hades und ging.

Peirithoos sagte zu Theseus: »Na, was hast du denn Angst gehabt? Läuft ja alles wunderbar, läuft alles ganz wunderbar. Das hat nur noch nie jemand versucht.«

Sie setzten sich auf die Schemel. Aber es waren besondere Schemel. Die Schemel des Vergessens, so hießen die. Wer sich auf die draufsetzt, der kommt nicht mehr los, der wächst an, und allmählich geht sein Fleisch in den Schemel über. Schlangen kriechen aus allen Löchern des Bodens, und der Boden der Unterwelt ist der löchrigste Boden, der sich denken läßt. Kerberos, der Höllenhund, kommt und bedroht, und kein Hund auf der Welt kann so gut bedrohen wie der.

So hockten Theseus und Peirithoos in der Unterwelt fest.

Viele Jahre später stieg Herakles in die Unterwelt, um den Kerberos zu holen – das war die letzte Arbeit, die ihm auferlegt worden war –, da sah er die beiden auf den Schemeln sitzen, mit sturem Blick hockten sie da.

»Wer bist du?« fragte Herakles den Theseus.

»Ich weiß es nicht«, gab er zur Antwort. Er saß ja auf einem Schemel des Vergessens.

»Bist du nicht der Theseus«, sagte Herakles, »dem ich, als er ein Bub war, den Finger auf die Nase gedrückt habe?«

»Ich weiß es nicht«, gab Theseus zur Antwort.

Da bat Herakles den Hades, ob er Theseus und Peirithoos mit nach oben nehmen dürfe.

»Frag meine Frau«, sagte Hades.

Persephone sagte: »Den Theseus kannst du mitnehmen. Aber den Peirithoos, den läßt du hier, der kommt nicht mehr weg. Nie mehr. Den Theseus nimm mit. Wenn du ihn von dem Schemel losreißen kannst, gehört er dir.«

Herakles nahm seine ganze Kraft zusammen, faßte den Theseus unter den Armen, stellte sich auf den Schemel und riß den Theseus los.

Die Bürger jener Städte, die so neidisch auf Athen sind, die sagen: »Daher kommt es, daß die Männer aus Athen so kleine Hintern haben, weil ein Teil des Hinterns ihres Ahnherrn ja an dem Schemel des Vergessens hängen geblieben ist.«

Herakles führte Theseus wieder in die Realität, wieder nach oben und führte ihn aus dem Mythos heraus, zurück in seine Stadt, nach Athen.

Von nun an blieb Theseus Staatsmann, sein Verführer, sein zweites Ich, Peirithoos, sitzt unten und denkt nichts.

Wie starb Theseus? Bei solch gewaltigen Helden, da will man ja, daß sie entweder vergöttlicht werden wie Herakles oder daß sie wenigstens einen bombastischen, einen dramatischen Tod sterben.

Des Theseus Tod war für mythische Verhältnisse recht undramatisch. Er wurde von einem Verräter, einem König namens Lykomedes, von einer Klippe ins Meer gestürzt. Da war Theseus schon ein alter Mann. Niemand weiß bis heute genau, was die Motive des Mörders waren. Vielleicht genügte es ihm als Motiv, daß man ihn bis in alle Zeit als Mörder des Theseus in Erinnerung behalten würde.

Übrigens: Dieser Meuchler, dieser Lykomedes, er wird später noch eine andere Gelegenheit haben, seinen Namen unsterblich zu machen. Er hätte den Theseus also ruhig leben lassen können. Er wird nämlich der Schwiegervater des Achill werden, der Großvater des Neoptolemos ... – Aber auch das ist eine andere Geschichte.

GLAUKOS

Von Akakallis – Von Katreus und seinen Verbindungen –
Von einem merkwürdigen Orakelspruch – Von einem Kalb,
das die Farbe wechselte – Von Polyeidos, dem Seher – Von
einem Honigtopf – Von zwei Schlangen – Vom Dank und
Fluch des Sehers

Wir erinnern uns an Minos: Minos, Sohn der Europa und
des Zeus, er war König auf Kreta, heiratete Pasiphaë und
hatte mehrere Kinder mit ihr. Von den Töchtern Ariadne
und Phaedra habe ich bereits erzählt. Akakallis hieß eine
andere Tochter des Minos und der Pasiphaë, sie wurde
die Geliebte des Apoll, es hieß, keine habe der Gott mehr
geliebt als sie.

Katreus war ein Sohn von Minos und Pasiphaë, er
stellt ein Verbindungsglied zwischen dem minoischen
und dem mykenischen Sagenkreis dar. Dem Katreus
wurde geweissagt, eines seiner Kinder werde ihn töten. Er
wollte daraufhin seinen Sohn Althaimenes beseitigen, der
aber floh nach Rhodos. Seine Töchter Aërope und Klymene verkaufte Katreus an Nauplios, er solle mit ihnen
machen, was er wolle. Nauplios heiratete Klymene, die
Aërope gab er dem Atreus zur Frau, sie wurde die Mutter von Agamemnon und Menelaos. Als Katreus ein alter
Mann war, wollte er sein Erbe regeln, den Orakelspruch
nahm er wohl nicht mehr so ernst. Er suchte seinen Sohn
Althaimenes in Rhodos. Der erkannte seinen Vater nicht,
hielt ihn für einen Seeräuber und warf den Speer nach
ihm. So erfüllte sich der Orakelspruch.

Übrigens: Just in den Tagen, als Menelaos nach Kreta fuhr, um an den Begräbnisfeierlichkeiten für seinen Großvater Katreus teilzunehmen, kam Paris, der Prinz von Troja, nach Lakedaimon. Er sah Helena, die Gattin des Menelaos, sie war allein, er verliebte sich in sie, raubte sie, schuf damit den Anlaß für den Trojanischen Krieg – wir sehen: Alles hängt mit allem zusammen ...

Ich möchte die Geschichte von Glaukos erzählen. Er war der jüngste Sohn des Minos und der Pasiphaë.

Er wurde von Minos verwöhnt wie ein Enkel. Dem Glaukos stand als Spielplatz der ganze Palast von Knossos zur Verfügung. Jeder, der dem kleinen Prinzen begegnete, mußte strammstehen, mußte ihn grüßen wie einen König. So hatte es Minos angeordnet. Der König stand am Fenster und kicherte, wenn er sah, wie seine Minister dem Kind die Ehre gaben.

Den lieben langen Tag spielte Glaukos in diesem wunderbaren Palast, der so groß war, daß Minos vor Jahren schon den Erfinder Daidalos beauftragt hatte, ein Wegweisersystem zu entwickeln. Eines Abends aber warteten die Eltern vergeblich auf den kleinen Glaukos. Diener wurden ausgeschickt, ihn zu suchen.

Die sagten sich: »Na, vielleicht hat er sich irgendwo in einen Winkel gelegt und ist eingeschlafen.«

Und sie suchten alle Winkel des Palastes ab. Aber man fand Glaukos nicht. Der Morgen kam, und Minos und Pasiphaë waren voll Sorge.

Der König schickte nun eine kleine Truppe von Spezialisten aus. Die Männer durchkämmten systematisch den ganzen Palast. Wieder nichts. Drei Tage vergingen, drei Tage und drei Nächte der Angst und der Sorge.

Die Spezialisten sagten: »Wenn er hier im Palast wäre, dann hätten wir ihn gefunden. Wir haben in jede Ritze geschaut, wir haben unter jeden Stuhl geblickt, unter jedes Bett geguckt, in jedem Kasten haben wir herumgeschnüffelt. Nichts.«

Minos ließ alle Bewohner des Palastes und der Stadt antreten, und sie mußten schwören, daß sie den Glaukos nicht gesehen hatten. Alle schworen.

Da war Minos verzweifelt. Der Mann ist ja kein zimperlicher Charakter, es gibt viele Geschichten, die ihn als besonders rücksichtslos und unbarmherzig schildern. Aber diesen kleinen Sohn, den Glaukos, den liebte er.

Er ließ ein Orakel befragen: »Wie kann ich meinen Liebling finden?«

Das Orakel gab, wie sollte es anders sein, eine recht merkwürdige Antwort: »Wer das passende Gleichnis für eine jüngst in Kreta stattgefundene Geburt geben kann, der wird das Gesuchte finden.«

»Was ist das für ein Unsinn«, schrie Minos die Priesterin an, und er überlegte sogar, ob er das Orakel nicht in Grund und Boden brennen sollte. »Das ist ein so dummer Spruch«, fluchte er, »so ein verworrener Spruch, mit dem können wir nichts anfangen. Die Götter haben sich gegen mich verschworen.«

Er rief seinen Vater Zeus an und flehte: »Sag du mir: Wie kann ich meinen kleinen Glaukos finden?«

Zeus gab ihm zur Antwort: »Vertraue dem Orakel, das Orakel hat die Wahrheit gesagt.«

Also hat man sich in Kreta überlegt: »Was für eine Geburt hat hier jüngst stattgefunden?«

Man kam drauf, es ist nur ein Kalb geboren worden in

der Zeit, seitdem Glaukos verschwunden war. Na gut, sah man sich dieses Kalb eben an.

Es war ein ungewöhnliches Kalb. Es wechselte dreimal täglich seine Farbe, frühmorgens war es weiß, mittags und nachmittags war es rot, und abends war es schwarz. Dann wurde es am nächsten Morgen wieder weiß und so weiter.

Minos versammelte die Klügsten seines Reiches um sich, führte ihnen das Kalb vor und fragte: »Was haltet ihr von diesem Kalb? Was fällt euch dazu ein?«

Den meisten viel dazu nur ein: »Nun ja, das ist ein Kalb, das die Farbe wechselt.«

»Das ist doch kein Gleichnis«, schimpfte Minos. »Das ist die Beschreibung einer Tatsache!«

Da gab es einen Gast auf Kreta, es war der Seher Polyeidos.

Dieser Polyeidos, er war ein Sohn des Melampus, der die Holzwürmer im Gebälk bohren hören konnte, Polyeidos war berühmt, er hatte Bellerophon geholfen, den Pegasos zu zähmen.

Polyeidos stellte sich vor das Kalb hin und sagte: »Also, wenn ihr mich fragt, mir kommt dieses Kalb vor wie eine reife Maulbeere.«

Das war nun ein Vergleich, ob er passend war oder nicht, es war ein Vergleich.

Minos sagte: »Jetzt haben wir lange genug gewartet. So, mein lieber Polyeidos, du wirst meinen Sohn Glaukos finden.«

»Ich will es versuchen«, sagte Polyeidos.

»Du wirst ihn finden«, sagte Minos. »Wenn nicht, werde ich dich töten.«

Polyeidos machte sich auf den Weg durch den Palast

von Knossos. An einem der Türstöcke sah er einen Bienenschwarm, und er sah, daß dieser Bienenschwarm von einer
Eule bedroht wurde, das war ihm ein Zeichen. Ich kann
dieses Zeichen nicht deuten, aber Polyeidos konnte es. Er
hob den Bienenschwarm ab und verscheuchte die Bienen.
Die Bienen flogen davon, und der Seher folgte ihnen.

Sie führten Polyeidos in den Keller. Dort stand ein
großes Faß, und dieses Faß war bis oben hin mit Honig
gefüllt.

Polyeidos sagte: »In diesem Faß werdet ihr Glaukos
finden.«

Der Honig wurde ausgeschüttet. Und tatsächlich, der
kleine Glaukos war, als er naschen wollte, ausgerutscht
und in das Honigfaß gefallen, war in dem Honigfaß
ertrunken.

Polyeidos ging zu Minos und sagte: »Es tut mir leid,
daß ich dir nur deinen toten Sohn bringen kann. Ich habe
ihn gefunden, mehr kann ich nicht tun.«

Minos sagte: »Nein, nein, du mußt mehr tun!« Minos
war außer sich. »Du wirst meinen Glaukos wieder zum
Leben erwecken!«

Polyeidos sagte: »Aber das kann ich nicht! Ich kann
vielleicht die Zukunft voraussehen, aber Tote zum Leben
erwecken, das kann ich nicht!«

Minos drohte ihm: »Du wirst es tun müssen! Entweder du kannst es, oder du wirst selber sterben. Du wirst
dich nämlich mit Glaukos in denselben Sarg legen müssen!«

Er hat den Seher Polyeidos neben seinen Sohn Glaukos ins Grab gelegt und hat ein Rohr in den Sarg geschoben, so daß Polyeidos Nachricht geben könnte, falls
etwas Positives geschähe.

Polyeidos lag nun in der dunklen Enge, ein wenig Licht fiel durch das Rohr, da sah er, daß eine Schlange ange- krochen kam. Er sah, wie die Schlange auf den toten Glaukos zukroch, und Polyeidos dachte: Wenn dieser Glaukos vielleicht doch noch ein Fünkchen Leben in sich haben sollte, dann will ich doch nicht, daß er jetzt von dieser Schlange getötet wird.

Er holte mit der Hand aus und schlug die Schlange tot. Da sah er, daß eine zweite Schlange angekrochen kam, und diese zweite Schlange hatte ein Kraut im Maul. Sie schlängelte sich zu ihrer toten Schwester und legte ihr das Kraut auf den Kopf.

Polyeidos sah, wie sich die tote Schlange zu bewegen begann, und da schaltete er sehr schnell. Er nahm das Kraut weg, schlug schnell beide Schlangen tot und legte das Kraut dem Glaukos auf die Lippen.

Und siehe da, es kam Bewegung in den kleinen Körper, und nun rief Polyeidos in das Rohr hinein, rief um Hilfe, sagte, man solle ihn rauslassen, Glaukos sei wieder am Leben.

Minos öffnete den Sarg, und beide, Polyeidos und der kleine Glaukos, stiegen glücklich heraus.

Polyeidos rechnete im geheimen damit, daß er von die- sem reichen, unendlich reichen Minos belohnt werden würde. Aber Minos belohnte den Polyeidos nicht, ganz im Gegenteil. Er ließ ihn nicht von Kreta abfahren, er nahm ihn gefangen.

Polyeidos sagte: »Ist das der Dank?«

Minos sagte: »Mit Dank brauchst du mir nicht zu kommen. So, du wirst jetzt die Kraft der Hellseherei auf Glaukos, meinen Sohn, weitergeben. Ansonsten werde ich dich töten.«

Polyeidos unterwies den Glaukos also in der Hellseherei. Hellseherei ist nämlich erlernbar.

Am Ende sagte Polyeidos: »Nun will ich aber weg von dieser Insel, die mir nur Unglück gebracht hat.«

Minos sagte: »Jetzt kannst du abfahren.«

Kurz bevor Polyeidos das Schiff betrat, bat er, sich von Glaukos verabschieden zu dürfen. Er habe mit dem Knaben eine schreckliche Stunde zusammen in einem Sarg verbracht, sagte er, das verbindet.

Er umarmte den kleinen Glaukos, und als Glaukos den Mund aufmachte, um ihm Lebewohl zu sagen, da spuckte ihm Polyeidos in den Mund. Das hatte er von Apoll gelernt. Damit löschte er alle Erinnerungen an das, was er dem Glaukos beigebracht hatte.

Glaukos hat die Kunst des Weissagens verloren. Als dann Minos dahinterkam, schickte er dem Polyeidos eine Truppe nach, aber Polyeidos wurde nicht mehr gefunden.

PROKNE UND PHILOMELE

Von einem Geschäft mit dem Schwiegervater – Von der
Sehnsucht – Von der Lust auf die Schwester – Von einer
Vergewaltigung – Von einer Lüge – Von einem Schleier –
Von der Rache – Von einer Verwandlung

Es war einmal ein König, der hieß Tereus, und, ich sage
es gleich, er war ein furchtbarer König, und er war der
Sohn eines furchtbaren Gottes, nämlich des Kriegsgottes
Ares. Ares ist nicht mein Freund. Ich habe immer einen
großen Bogen um ihm herum gemacht, und man sollte
auch um seine Brut einen großen Bogen machen.

Dieser Tereus war König von Thrakien. Er half dem
König Pandeon von Athen in einem Erbkrieg, und dafür
bekam er dessen Tochter Prokne. Das war ein Geschäft.

Tereus behandelte Prokne schlecht, und als sie einen
Sohn von ihm bekam, liebte sie diesen Sohn nicht. Sie
nannte ihn Itys.

Prokne hatte Sehnsucht nach ihrer Schwester Philomele. Von ihr wurde sie geliebt, und sie liebte sie. Prokne
begann zu zerfallen, sie war eine sehr schöne Frau gewesen, und nun wurde sie verhärmt, und sie wurde häßlich.

Tereus sagte zu ihr: »Wenn du noch häßlicher wirst,
dann werde ich dich töten. Ich kann mit einer häßlichen
Frau nichts anfangen.«

Prokne sagte: »Wenn du es mir erlaubst, daß ich meine
Schwester Philomele besuche, dann werde ich wieder

schön werden, dann kannst du mich wieder brauchen, dann mußt du mich nicht töten.«

Tereus war ein grober und grausiger Mann, ein wirklich böser Mann und auch kein besonders kluger Mann, aber so dumm war er nicht, daß er nicht genau wußte, wenn er seine Frau erst gehen ließ, dann würde sie nie wieder zu ihm zurückkommen.

Weil er ohnehin in dieser Gegend zu tun hatte, sagte er: »Paß auf, Prokne, ich werde dir deine Schwester Philomele mitbringen. Sie soll bei uns ein paar Wochen bleiben, und dann hoffe ich, daß es dir wieder besser geht.«

Prokne freute sich auf ihre Schwester.

Dieser grobe Klotz Tereus besuchte also König Pandeon in Athen, machte mit ihm seine schmutzigen Geschäfte, und bei dieser Gelegenheit sah er Philomele, und er wurde ganz verrückt nach diesem Mädchen.

Er sagte zu Pandeon: »Ich möchte deine Tochter Philomele mitnehmen zu ihrer Schwester, weil die mir sonst zerfällt und sie mir dann nicht mehr gefällt und ich sie töten muß.«

Dem Pandeon war das egal, er sagte: »Nimm sie mit. Wenn du für sie sorgst, soll es mir recht sein.«

Tereus schleppte nun Philomele mit sich, aber unterwegs in einem Wald nahm er einen anderen Weg. Er zerrte Philomele zu einem einsamen Turm, und dort vergewaltigte er sie. Damit sie nicht schreien konnte, schnitt er ihr die Zunge aus dem Mund.

Er sperrte sie in diesen Turm ein, stellte einen dummen Diener als Wache auf, der sollte ihr zu essen und zu trinken geben.

Dann fuhr er nach Hause, und Prokne wartete schon,

voll Sehnsucht nach ihrer Schwester wartete sie, und Tereus kam allein.

»Tut mir leid, Prokne. Ich habe getan, was ich dir versprochen habe, aber dann im Wald wollte deine Schwester unbedingt Blumen pflücken. Ich war ja dagegen, ich habe zu ihr gesagt, das ist ein wilder Wald, ein gefährlicher Wald. Aber sie wollte ja unbedingt. Da habe ich gesagt: Also gut, dann tu, was du nicht lassen kannst. Sie wollte Blumen pflücken, und sie hat Blumen gepflückt. Da kam ein wildes Tier und hat sie umgebracht. Hier«, sagte er und zeigte das Halstuch der Philomele, es war voll Blut, Blut von ihrer Zunge, »das ist noch übriggeblieben von ihr. Mach mir keine Vorwürfe, ich kann nichts dafür.«

Prokne war erschüttert, und sie weinte, weil sie sich dachte, nun hat sie das einzige verloren, was sie wirklich liebte.

Ihre Schwester Philomele war eingesperrt in diesen finsteren Turm im Wald, sie konnte nicht schreien, sie konnte nicht rufen, denn sie hatte keine Zunge mehr, sie konnte nicht mehr sprechen. Was tat sie? Sie trennte ihr Gewand auf und webte es neu zusammen, webte einen langen Schleier daraus. In diesen Schleier webte sie ihre ganze Geschichte hinein, aber so verschlüsselt, daß nur ihre Schwester sie lesen konnte. Fragen Sie mich nicht, wie sie das gemacht hat, es bestand wohl eine sehr innige Beziehung zwischen Philomele und Prokne.

Da war dieser dumme Diener, der Philomele mit Essen versorgte, dem übergab sie den Schleier. Mit Gesten beauftragte sie ihn, den Schleier der Frau des Tereus zu bringen. Das tat der Diener.

Als Prokne den Schleier sah, erkannte sie alles und

konnte alles lesen, diese traurige Geschichte, diese entsetzliche Geschichte ihrer Schwester.

Es war die Zeit, als die Bacchantinnen ihre Feier zu Ehren des Gottes Dionysos abhielten. Prokne verkleidete sich als eine Bacchantin und schlich sich in der Nacht in den Wald zu dem Turm und befreite ihre Schwester.

Prokne und Philomele umarmten sich, und sie schworen Rache. Sie kehrten zurück zu dem Fest. Prokne holte ihren kleinen Sohn Itys aus dem Bettchen. Sie liebte diesen Sohn nicht, weil er der Sohn des Tereus war.

Gemeinsam schnitten Prokne und Philomele dem Kind die Kehle durch und zerhackten seinen Körper. Sie brieten das Fleisch und machten eine Speise daraus. Diese Speise setzten sie dem Tereus vor. Als er gegessen hatte, warf Philomele, die Stumme, dem Tereus das Haupt seines Sohnes zu.

Tereus, im rasenden Zorn, im rasenden Schmerz, verfolgte die beiden Frauen, und gerade als er sie beinahe erwischte, verwandelten sie sich. Prokne verwandelte sich in eine Nachtigall, und Philomele, die ja keine Zunge hatte, die nicht singen konnte, verwandelte sich in eine Schwalbe.

Als Schwalbe und als Nachtigall flogen die beiden Schwestern davon.

GYGES

Von einem roten Ring – Von einem neugierigen
König – Von einem Kampf – Von einem Gespräch mit
einem Finger

Die Neugierde ist die Meisterin des Erzählens. All jene,
die das Erzählen nicht lieben, die lieben auch die Neugierde nicht. Ich liebe die Neugierde.

Hier nun die Geschichte von dem Hirten Gyges, der
ein besonders neugieriger Hirte war, der überall seine
Nase hineinsteckte und sie dann von einem Fuchs abge-
bissen bekam. Ohne Nase steckte er seine Stirn überall
hinein, so eines Tages in einen Erdspalt. Dort fand er ein
riesiges Pferd, ein Pferd aus Bronze. Er blickte in das
Maul dieses Pferdes und sah einen Leichnam, der im
Inneren des Pferdes war.

Dieser Leichnam hatte einen Ring am Finger, und der
Ring war besetzt mit einem rubinroten Stein. Gyges zog
den Ring von dem toten Finger, und das war dann seine
Beute.

Am Abend saß Gyges mit den anderen Hirten am
Lagerfeuer. Während seine Arbeitskollegen interessante
Geschichten erzählten und er, der Neugierige, den Ge-
schichten zuhörte, drehte er versonnen an diesem Ring.
Da stellte er fest, wenn er den Ring einmal umdrehte, das
machte, daß er unsichtbar wurde.

»Wo ist denn der Gyges«, hörte er die anderen sagen.

»Der ist sein Wasser abschlagen gegangen«, sagten sie.

Und nun begannen sie, über ihn zu reden, während er doch unsichtbar mitten unter ihnen saß.

Das ist eine perfekte Maschine der Neugierde: sich unter die Menschen zu mischen, einen Ring am Finger zu haben, ihn umzudrehen und dann zuzuhören, was die Leute so alles über einen reden.

Eines Tages kam Gyges zu einem König. Er erzählte dem König von seinem Ring.

Der König sagte: »Gut, gehe in das Gemach meiner Frau, drehe den Ring um und belausche und beobachte sie, was sie tut. Das erzählst du mir dann.«

Das tat Gyges. Aber als er die Königin sah, kam er sich ganz schäbig vor. Sie gefiel ihm, er verliebte sich in sie, und er sagte sich: Das ist nicht in Ordnung, was ich hier tue.

Er drehte den Ring noch einmal um und stand nun leibhaftig vor dieser Frau und gestand ihr alles.

Sie war wütend auf ihren Mann und sagte zu Gyges: »So! Entweder wirst du meinen Mann zum Kampf herausfordern, oder aber ich werde schreien, werde sagen, du wolltest mir etwas antun.«

So kam es zu einem Kampf zwischen dem neugierigen Gyges und dem König. Diesen Kampf gewann der neugierige Gyges, und das deswegen, weil er während des Kampfes immer an seinem Ring drehte.

Als der Kampf zu Ende und der König tot war, ging Gyges zu der Königin und sagte: »Der König ist tot. Nun will ich dich zur Frau haben und selbst König werden.«

Aber die Königin rief: »Ich will doch niemals einen Hirten zum Mann haben. Ich wollte doch nicht, daß du meinen Mann tötest, ich wollte, daß du ihn bestrafst.

Warum müßt ihr immer gleich töten! Verschwinde! Du hast nur Unglück gebracht mit deinem Ring!«

Nun begann Gyges seinen Ring zu hassen. Er wollte den Ring vom Finger ziehen, aber es gelang ihm nicht.

Da sagte er zu dem Finger: »So, dann werde ich dich eben abschneiden müssen.«

Er schnitt den Finger ab. Und der Finger rächte sich. Er drehte sich und drehte den Ring noch einmal, und Gyges, der Neugierige, wurde unsichtbar. Er war nun ohne Finger und ohne Nase, und er war unsichtbar. Was war dieser Gyges eigentlich noch?

KRIEG UM THEBEN

Das Erbe

Der thebanische Sagenkreis beschäftigt uns immer wieder, ähnlich wie der trojanische Sagenkreis.

Kurz zur Erinnerung: König Ödipus heiratet seine Mutter Iokaste, er weiß nicht, daß sie seine Mutter ist, er hat mit ihr vier Kinder, die Töchter Antigone und Ismene, die Söhne Eteokles und Polyneikes. Als Ödipus Schritt für Schritt die Wahrheit über sein eigenes Schicksal erfährt – daß er es war, der seinen Vater Laios getötet hat, daß seine Frau Iokaste in Wahrheit seine Mutter ist –, da sticht er sich die Augen aus, er will sich bestrafen, und er verbannt sich selbst aus seiner Stadt.

Nun, wer wird sein Nachfolger? Wer wird König von Theben? Die beiden Söhne Eteokles und Polyneikes, die sich schon bisher nicht sehr freundlich gegenüberstanden, begegnen sich nun in offener Feindseligkeit.

Kreon, der Bruder der Iokaste, also der Onkel von Eteokles und Polyneikes, übernimmt vorübergehend die Regentschaft. Kreon ist eine widersprüchliche Gestalt. Den einen gilt er als besonnen, ihm sei nur am Wohl der Stadt gelegen, sagen sie. Die anderen halten ihn für einen

Intriganten, einen Feigling obendrein, der sich scheut, offen seine Interessen zu verfolgen.

Die Bürgerschaft von Theben ist gespalten, die einen wollen den weichherzigen Eteokles als ihren König, die anderen den stählernen Polyneikes. Theben droht im Chaos zu versinken.

Da macht Kreon einen Vorschlag, er sagt: »Wollen wir doch die Herrschaft teilen. Im einen Jahr bist du der König, Eteokles, im nächsten Jahr soll es dein Bruder Polyneikes sein.« Und weiter schlägt er vor: »Beginnen soll Polyneikes.«

Aber einer traut dem anderen nicht.

»Warum Polyneikes?« fragt Eteokles.

»Weil er der ältere ist«, gibt Kreon zur Antwort.

Einer traut dem anderen nicht, und Polyneikes traut Kreon nicht. Warum gibt er mir den Vortritt, denkt er. Der zweite wird im Vorteil sein, denkt er, der zweite kann mit den Fehlern des ersten Propaganda für sich machen.

»Nein«, sagt Polyneikes, »ich verzichte. Eteokles soll beginnen.«

»Mir soll's recht sein«, sagt Kreon.

Gerüchte sind im Umlauf: Wer den Segen des verbannten Ödipus hat, der wird die Macht in Theben behalten. Heimlich machen sich Eteokles und Polyneikes auf nach Kolonos, wo Ödipus in selbstauferlegter Armut lebt.

Aber auch Kreon will den Segen des Ödipus. Die Gutmeinenden sagen: Er wollte es im Interesse der Stadt, im Interesse der Allgemeinheit, er sah ja, was aus Theben werden wird, wenn Eteokles und Polyneikes herrschen, einer wie der andere. Kreon weiß, Ödipus wird nicht freiwillig die Hand über sein Haupt halten, die beiden konnten sich nie leiden. Er zieht mit einer Gruppe Soldaten nach Kolonos. Die Gutmeinenden sagen: Manchmal muß man Gewalt anwenden, um der Allgemeinheit zu dienen.

Ödipus weigerte sich, seinen Segen zu geben.

»Ich will nichts mit euch zu tun haben«, sagte er zu seinen Söhnen. »Laßt mich in Frieden, alles, was ich tue, und wenn es mit den besten Absichten geschieht, verkehrt sich ins Gegenteil, wird zum Fluch.«

Da zogen die Söhne ab. Aber in der Nacht kamen sie wieder. Und diesmal kamen sie nicht gemeinsam, sie schlichen sich einzeln zu ihrem Vater.

Als erster kommt Eteokles.

»Nicht dem Polyneikes gib deinen Segen, Vater«, sagt er. »Polyneikes ist hart und ohne Maß.«

Ödipus spürte den Haß in seiner Seele, er sagt: »Hättest du darum gebeten, daß ich dich segne, vielleicht hätte ich es getan. Aber so bist du gekommen, um mich zu bitten, deinem Bruder den Segen zu verwehren. Ich verfluche dich!«

Eteokles verläßt seinen Vater – und schon kommt Polyneikes angeschlichen.

Er sagt: »Nicht dem Eteokles gib deinen Segen, Vater. Eteokles ist weich und ohne Charakter.«

Und Ödipus gibt dem Polyneikes die gleiche Antwort, die er dem Eteokles gegeben hat. Und verflucht auch ihn.

Er verflucht seine beiden Söhne: »Ihr beide, ihr müßt euch einigen, oder ihr werdet beide umkommen, jeder durch die Hand des anderen!«

Kreon will zuletzt den Ödipus mit Waffengewalt zwingen, ihm seine Hand aufs Haupt zu legen. Aber da kommt Theseus dem alten, blinden König zu Hilfe. Er vertreibt

Kreon und seine Soldaten und nimmt Ödipus mit nach Athen, gewährt ihm Exil.

Diese Großzügigkeit hat einen durchaus praktischen Grund. Theseus hat sich ein Orakel erstellen lassen, das besagte: »Jene Stadt, in deren Mauern König Ödipus stirbt, die wird groß werden und groß bleiben.«

Der Staatsmann Theseus fand diesen Orakelspruch bemerkenswert.

Ödipus starb in Athen, und die Stadt wurde groß, und sie blieb groß.

So kehrten Eteokles und Polyneikes von Kolonos zurück und stimmten dem Vorschlag des Kreon zu. Sie gaben sich die Hand und versprachen einander, die Herrschaft in Theben zu teilen.

»Der Fluch des Vaters wird uns nichts anhaben«, sagten sie.

Eteokles sollte beginnen.

Eteokles war sicher der Dümmere von beiden, er war weich, verweichlicht, formbar, leicht zu beeinflussen, ohne Disziplin. Und das kam dem Kreon entgegen. Sagten die, die ihm mißtrauten. Einfluß will er ausüben auf Eteokles, sagten sie. Die anderen sagten: Politik ist ein realistisches Geschäft, das Allgemeinwohl benötigt Strategie und Taktik.

Polyneikes, ein strenger, selten lachender, zum Fanatismus neigender junger Mann, beobachtete sehr genau, was in diesem ersten Jahr geschah. Er machte sich Notizen, er notierte sich jeden Fehler, den Eteokles beging. Er setzte auf Propaganda, spielte geschickt die Opposition, berief Bürgerversammlungen ein und verkündete: »Unter meiner Herrschaft wird alles anders werden, besser werden, schöner werden.«

Als das erste Jahr um war, ließ Kreon den Polyneikes festnehmen.

Er sagte: »Es tut mir leid, wir haben zwar etwas anderes vereinbart, aber du, Polyneikes, du wirst nicht der nächste König sein. Du liebst Theben nicht. Ich muß die Stadt vor dir schützen.«

Polyneikes gelingt die Flucht. Er ist betrogen worden. Nun läßt er seinem Haß freien Lauf.

Er flieht aus Theben und findet Unterschlupf in Argos. Polyneikes, dieser schlanke, gerade gewachsene, dieser zum Fanatismus neigende Mann, tritt vor Adrastos hin, den König von Argos, er kennt den Mann gar nicht, aber ohne Umschweife mit dem Selbstbewußtsein dessen, der immer recht hat, bittet er ihn, er möge ihm helfen, sein Recht zurückzuerobern, er möge mit ihm gemeinsam um die Macht in Theben kämpfen.

Er erzählt Adrastos, was vorgefallen ist.

Er sagt: »Die Vereinbarung gilt nun für mich auch nicht mehr. Ich werde, wenn ich die Macht errungen habe, meinen Bruder und meinen Onkel aus der Stadt jagen.«

König Adrastos ist beeindruckt und verspricht, Polyneikes zu helfen. Sie beraten sich und beschließen, ein Heer aufzustellen.

»Theben ist stark«, sagt Polyneikes. »Die Stadt ist von starken Mauern umgeben. Wir werden die besten Männer benötigen, um die Stadt einzunehmen.«

»Es kann ein langer Krieg werden«, sagt Adrastos.

»Dann soll es eben ein langer Krieg werden«, sagt Polyneikes.

»Der Krieg kann deine Stadt zerstören«, sagt Adrastos.

»Dann soll er sie zerstören«, sagt Polyneikes.

Nein, Polyneikes liebte Theben nicht.

Nun begann die Suche nach Anführern, nach Offizieren. Sieben werden es am Schluß sein. Ihr Feldzug wird in die Mythologie eingehen als die Geschichte der »Sieben gegen Theben«.

Ihre Geschichte war Vorbild für viele Filme, für Wildwestfilme ebenso wie für den wunderbaren Film von Kurosawa *Die sieben Samurai*.

Polyneikes

Führen wir uns diesen Polyneikes vor Augen: Sein Name heißt soviel wie: der viel streitet. Das meint: der, der immer Recht haben will. Das ist Polyneikes.

Die Tragödie seines Vaters Ödipus, der ja auch sein Halbbruder war, die Tragödie seiner Mutter Iokaste, die ja auch seine Großmutter war – haben diese Schicksale den jungen Polyneikes überhaupt berührt? Nichts deutet darauf hin. Er war besessen von einem Gedanken: Ich will König in Theben sein. Ob er sich seinerseits an die Abmachung mit Eteokles gehalten hätte? Ob er nach einem Jahr die Macht an seinen Bruder abgegeben hätte? Spekulation.

Ich denke, nein, auch Polyneikes hätte sich nicht an die Abmachung gehalten. Eteokles hat sein Wort gebrochen, weil ihn Kreon dazu angestiftet hat. Polyneikes – Spekulation – hätte sein Wort gebrochen, weil er davon überzeugt war, daß er der Bessere von beiden ist, daß ihm, und zwar ihm allein, der Thron von Theben gebührt.

Was auch immer seine geheimen Pläne gewesen waren, er war von seinem Bruder und seinem Onkel überrumpelt und in den Kerker geworfen worden, er war entkleidet worden, war nackt. So entfloh er der Wachmannschaft, lief durch die Halle des Palastes und riß ein Löwenfell von der Wand, das legte er sich über.

Mit diesem Löwenfell bekleidet war er an den Hof von Argos gekommen und vor König Adrastos hingetreten.

Adrastos und Amphiaraos

Dieser König Adrastos, er ist der zweite der sieben, schauen wir uns ihn näher an: Ihn als weichherzig zu bezeichnen wäre sicher nicht richtig. Er war unsicher in seinem Urteil, das schon, einem geschickten Händler konnte es nicht allzu schwerfallen, ihn zu manipulieren. Er war jemand, der sich gerne an ein Vorbild anlehnte. Er war einer der Argonauten gewesen, hatte bei ihren Abenteuern allerdings eine eher untergeordnete Rolle gespielt. Ja, er blickte gerne nach oben, blickte gern zu jemandem auf.

Von Jugend an unterhielt Adrastos eine vom psychologischen Standpunkt aus bemerkenswerte Konkurrenzfreundschaft, eine Haßliebe zu einem gewissen Amphiaraos. Mit Amphiaraos wuchs er gemeinsam auf, er war ein Nachbarskind, ein Freund, gesellschaftlich unter ihm stehend, geistig über ihm.

Amphiaraos hatte hellseherische Fähigkeiten, das machte ihn außerdem überlegen. Den ganzen Tag waren die beiden zusammen, und Amphiaraos hatte seine

Freude daran, seinen Freund Adrastos zu demütigen, ihm bei jeder Gelegenheit seine Überlegenheit vor Augen zu führen. Und Adrastos ließ sich das nicht nur gefallen, wie es scheint, genoß er es sogar, von Amphiaraos herabgesetzt zu werden.

Eines Tages sagte Amphiaraos zu Adrastos – da waren die beiden vielleicht sechzehn Jahre alt –: »Adrastos, ich sehe in deinen Augen meine Zukunft. Ich sehe auch deine Zukunft in deinen Augen, aber die ist nicht so interessant wie meine Zukunft.«

»Und wie sieht deine Zukunft aus?« fragte Adrastos.

»Ich werde eines Tages alles besitzen, was dir gehört«, sagte Amphiaraos.

Adrastos war der reiche Königssohn, Amphiaraos war das Kind mittelständischer Bürger.

Adrastos sagte: »Wie soll das vor sich gehen? Was redest du da! Deine Eltern besitzen nichts. Wenn sie sterben, wirst auch du nichts besitzen. Ich habe reiche Eltern. Wenn sie sterben, werde auch ich reich sein.«

»Ich werde dir dein Erbe wegnehmen«, sagte Amphiaraos. »Das sehe ich in deinen Augen.«

Ob er es wirklich sah, weiß ich nicht, vielleicht wollte er auch nur Adrastos demütigen. Aber Adrastos vergaß nicht, was Amphiaraos gesagt hatte. Nun war der Freund zu weit gegangen, entschied er. Er war auf der Hut. Daraus entstand Abneigung, daraus Feindschaft. Sie sprachen bald nicht mehr miteinander.

Und dann tötete Amphiaraos eines Tages ohne jeden Grund den Vater des Adrastos und riß die Herrschaft in Argos an sich.

»Ich habe recht gehabt«, sagte er zu Adrastos, »ich habe dir alles weggenommen!«

Nun war nur noch Haß zwischen Amphiaraos und Adrastos.

»Was hast du nun vor?« fragte Amphiaraos.

»Wenn du schon ein Hellseher bist, wie du behauptest, dann wirst du ja wissen, was ich vorhabe«, sagte Adrastos.

»Du willst mich töten?«

»Ja.«

»Ja«, sagte Amphiaraos, »ich sehe in deinen Augen, du wirst meinen Untergang herbeiführen.«

Und dann: Ebenso plötzlich und ohne jede Ankündigung, wie er die Macht an sich gerissen hatte, gab Amphiaraos die Macht an Adrastos zurück.

Wie ist das zu erklären? Wir können es nicht erklären. Amphiaraos ist einer der unberechenbarsten Charaktere in unserer Mythologie.

Er ging mit ausgebreiteten Armen auf Adrastos zu und sagte: »Das war Krieg zwischen uns. Lassen wir den Krieg bleiben, begraben wir den Haß. Du bekommst dein Reich zurück.«

Adrastos war verwirrt, er kannte sich nicht mehr aus. Was war dieser Amphiaraos doch für ein verquerer Mensch! War er verrückt? Was hatte er vor? War der Verzicht auf die Macht lediglich ein strategischer Rückzug? Ein Täuschungsmanöver? Holte er zum endgültigen Schlag aus? Adrastos war verwirrt.

»Was hat das zu bedeuten?« fragte er.

Aber Amphiaraos umarmte ihn nur.

»Nimm meine Hand an«, sagte er.

Dieser Amphiaraos faszinierte ihn, faszinierte Adrastos noch mehr als früher. Schließlich kapitulierte er vor seiner eigenen Faszination. Er nahm die Hand des Amphiaraos an. Und er verzieh ihm gleich auch, daß er seinen Vater getötet hatte.

Er sagte: »Wie wollen wir unsern Frieden besiegeln?«

»Gib mir deine Schwester Eriphyle zur Frau«, sagte Amphiaraos.

Eriphyle wurde nicht gefragt.

»Stellst du sonst keine Bedingungen für den Frieden?« fragte Adrastos.

»Nein«, sagte Amphiaraos, »ich will bedingungslosen Frieden.«

Adrastos kannte sich nicht mehr aus, nein, wirklich nicht. Das Verhalten des Amphiaraos widersprach eklatant allem Gewohnten.

»Aber ich«, sagte er schließlich, »ich stelle eine Bedingung. In alle Zukunft soll meine Schwester Eriphyle, die deine Frau werden wird, jeden Streit zwischen uns beiden schlichten. Ihr Wort gilt. Ich will, daß wir beide uns gegenseitig versprechen, daß wir uns ihrer Entscheidung beugen.«

Das versprachen sie sich. Das schworen sie sich.

Eine eigenartige Geschichte. War Amphiaraos' Verhalten vielleicht wirklich nur eine besonders raffinierte List? Dafür läßt sich kein Indiz finden. Dieser Schwur brachte nur Nachteile für ihn. Ich glaube, Amphiaraos war nicht weniger Opfer seiner eigenen Unberechenbarkeit als Adrastos.

Soweit also zur Geschichte von Adrastos und Amphiaraos.

Als nun Adrastos und Polyneikes sich anschickten, starke Männer für den Krieg gegen Theben um sich zu versammeln, wandte sich Adrastos zuerst an Amphiaraos.

»Willst du mitziehen gegen Theben? Willst du einer von denen sein, die dem Polyneikes zu seinem Recht verhelfen?«

Erst sagte Amphiaraos ja, dann sagte er nein, dann sagte er wieder ja, dann sagte er vielleicht, dann sagte er, wahrscheinlich will ich doch nicht, dann sagte er, wahrscheinlich will ich doch ...

Da packte ihn Polyneikes am Hals: »Ja oder nein!«

Da sagte Amphiaraos: »Ja.«

Nun waren sie also schon zu dritt: Adrastos, Polyneikes, Amphiaraos.

Tydeus

Zur dieser Zeit kam auch ein anderer Flüchtling an den Hof von Adrastos, auch er fragte, ob ihm Exil gewährt werde.

Er stellte sich vor: »Tydeus ist mein Name.«

Ein sehr finsterer Geselle war das. Ein schmutziges Eberfell hing über seinen Schultern. Das nahm er nicht herunter. Daran wischte er sich die Finger ab. Das roch unangenehm. Alle rückten von ihm ab. Immer hatte dieser Tydeus die Stirn gerunzelt. Nie ein Lächeln. Nie ein Dankeschön, wenn er vom Tisch aufstand. Nie ein Bitte, wenn er noch Wein wollte.

Aber als ihn Adrastos fragte, ob er mit in den Krieg ziehen wolle, da sagte er: »Ja.«

Und da hatte er Polyneikes noch gar nicht zu Gesicht bekommen.

Erzählen wir die Geschichte dieses Finsterlings:

Tydeus ist der Sohn des Königs Oineus von Kalydon. Er ist ein Sohn aus zweiter Ehe, und er ist ein ungeliebter Sohn. König Oineus war in erster Ehe mit Althaia verheiratet, das war eine wunderbare Frau gewesen, eine derbe Frau, eine männerfrohe Frau, die sehr viel lachte, die nichts lieber mochte als die Liebe, und mit dieser Frau hatte der König Oineus einige Söhne und sehr viel Spaß, er war ebenfalls ein derber Mann.

Eines Tages kam der Gott Dionysos nach Kalydon, und er kam mit Gaben.

»Nein, Oineus«, sagte der Gott, »nicht du sollst mich bewirten, ich will dir zu essen und zu trinken geben. Ich will dein Diener sein.«

Er gab dem Oineus zu essen und zu trinken.

»Was gibst du mir da zu trinken«, fragte Oineus. »So etwas habe ich noch nie getrunken. Es ist rot und schmeckt gut.«

»Das Getränk ist neu«, sagte Dionysos. »Ich habe es erfunden. Es hat noch keinen Namen.«

Und Oineus ließ sich noch einmal einschenken, und er fühlte sich wunderbar. Alle Sorgen entschwebten seiner Seele, jeder Muskel seines Körpers entspannte sich.

»Das ist aber eine wunderbare Erfindung«, sagte er.

»Dann trink weiter!« sagte Dionysos. »Trink, soviel du willst!«

»Und was soll ich dir dafür geben?« fragte Oineus den Gott.

»Oh«, sagte Dionysos, »das überlasse ich dir. Wenn du mir nichts geben willst, dann gibst du mir eben nichts. Aber wenn du mir etwas geben willst, dann gibst du mir eben etwas.«

Oineus war von der Großzügigkeit des Gottes beeindruckt, und er sagte: »Dionysos, wenn du willst, dann überlasse ich dir meine Frau Althaia für eine Nacht.«

Nichts anderes hatte Dionysos gewollt.

Dionysos hatte eine überaus befriedigende Liebesnacht mit Althaia.

Am nächsten Morgen sagte er zu Oineus: »Oineus, weil deine Frau so liebevoll zu mir war, will ich mein Getränk nach dir benennen.«

Oinos ist der Wein. Dionysos hat ihn nach Oineus benannt.

Althaia war schwanger von Dionysos. Sie brachte ein Mädchen zur Welt und nannte es Deianeira. Diese Deianeira wurde später die Gattin des Herakles ...

Eines Tages gab es Streit zwischen Althaia und Oineus, und er tötete sie aus Versehen. So lautet die eine Version. Andere behaupten, sie habe sich aus Zorn das Leben genommen. Wie auch immer, Oineus war außer sich vor Trauer, aber irgendwann hatte er genug getrauert, und er nahm sich eine zweite Frau, Periboia.

Oineus mochte diese Periboia nicht, von Anfang an schlug er sie, er wollte sie nicht sehen. Sie gebar ihm den Tydeus.

Tydeus, den liebte er auch nicht, den ließ er die mindesten Arbeiten tun, und als er noch klein war, als er ein Bub war, schlug er ihn. Er schlug ihn so lange, bis Tydeus zurückschlug.

Dann mußte Tydeus den Hof des Oineus verlassen. Niemand wußte genau warum. Es gab Gerüchte. Er habe, hieß es, seine Halbbrüder getötet, die Söhne der Althaia.

Jedenfalls suchte er Zuflucht bei König Adrastos auf Argos.

»Wenn du mir gegen meinen Vater Oineus hilfst, dann werde ich euch gegen Theben helfen«, sagte Tydeus zu Adrastos.

Und Adrastos, der zu niemandem nein sagen konnte, der es allen recht machen wollte, sagte: »Jawohl, das werde ich tun.«

Löwe und Eber

Nun waren sie also bereits zu viert: Polyneikes, Adrastos, Amphiaraos, Tydeus.

Polyneikes und Tydeus aber konnten sich nicht leiden. Sie hatten einander versprochen, sich gegenseitig zu helfen, aber leiden konnten sie sich nicht. Das ist keine gute Voraussetzung für eine Allianz.

Da erinnerte sich Adrastos, daß er, als seine beiden Töchter noch kleine Kinder waren, nach Delphi gegangen war und daß die Pythia gesagt hatte: »Gib du deine beiden Töchter einem Löwen und einem Eber.«

An diesen Spruch erinnerte er sich, als er Polyneikes und Tydeus unten im Hof stehen sah, beide in aggressiver Haltung, beide bereit, aufeinander loszugehen – Polyneikes mit dem Löwenfell über den Schultern, Tydeus mit dem Eberfell.

Da dachte Adrastos, der Beschwichtiger: Ich kann es vielleicht einrichten, daß sie sich aus dem Weg gehen und womöglich sogar einander respektieren. Wenn ich ihnen meine Töchter gebe.

Das tat er, und sie gingen einander nun aus dem Weg,

dieser Tydeus und dieser Polyneikes, und sie rempelten sich nicht mehr an.

Manchmal, ich muß es sagen, manchmal widern sie mich an, diese Helden, wenn sie mit ihren Frauen und Töchtern handeln, als wären Frauen und Töchter Kleingeld!

Schiedsspruch der Eriphyle

Männer machen Krieg, der Krieg ist ihnen heilig, der Krieg gegen den Bruder, der Krieg gegen den Vater – da pfuschte ihnen Amphiaraos ins Werk, dieser Verrückte, der Undurchsichtige, Unberechenbare, der Hellseher.

Amphiaraos hatte nämlich in sich selbst hineingeschaut, in seine eigene Zukunft hat er geblickt, und er hat gesehen, daß er einen Krieg gegen Theben nicht überleben wird.

Er sagte zu Polyneikes: »Ich habe es mir doch anders überlegt, ich werde nicht mit euch ziehen!«

Und er verkündete laut im Umkreis: »Ein Feldzug gegen Theben wird ein Desaster werden! Diesen Krieg werden wir verlieren!«

Das war kein guter Werbeslogan für den Krieg.

Polyneikes geriet in Wut, aber er war klug genug und wußte, es würde seiner Sache nicht dienen, wenn er diesen widerborstigen Amphiaraos einfach erschlüge. Er griff zu einer List.

Er wandte sich an Eriphyle. Eriphyle, die Schwester des Adrastos, die Frau des Amphiaraos, sie war ja das Pfand für den Frieden zwischen den beiden, ihrem

Schiedsspruch, so haben sich Adrastos und Amphiaraos geschworen, wollten sie sich beugen.

Eriphyle mochte ihren Mann nicht, sie haßte ihn. Welche Frau mag einen Mann, dem sie einfach zugeteilt wird.

Polyneikes ging also zu Eriphyle und sagte: »Stimme du für meinen Krieg, stimme du gegen deinen Mann Amphiaraos, dann wird er tun, was du sagst.«

Sie fragte: »Was bekomme ich dafür?«

Polyneikes sagte: »Siehst du, das dachte ich mir doch. Hör zu! Ich stamme von einem großen Geschlecht ab. Mein Ahne war Kadmos, der die Stadt Theben gegründet hat, seine Frau war Harmonia, die Tochter des Ares und der Aphrodite. Und weißt du, was ich hier in der Hand halte? Ich halte das Halsband der Harmonia in der Hand. Erstens ist es wunderschön, es ist sehr kostbar. Vor allem aber verleiht es derjenigen, die es trägt, nicht ewige, nein, aber lange, lange Jugendfrische und Schönheit. Das Halsband der Harmonia gebe ich dir, wenn du deinem Mann Amphiaraos befiehlst, daß er in meinen Krieg zieht.«

Eriphyle war einverstanden. Sie sprach das Urteil und sagte: »Es muß in diesen Krieg gezogen werden!«

Amphiaraos beugte sich dem Spruch der Eriphyle.

Parthenopaios

Da gab es einen Helden, der hieß Parthenopaios, der kam eines Tages des Weges. Er war ein Stiller, der nicht mit sich reden ließ, der einem nicht in die Augen sah, der außerhalb des Hofes lagerte und der einen kräftigen, kämpferischen Eindruck machte.

Adrastos schlug vor: »Fragen wir ihn doch, ob er etwas Besseres zu tun hat.«

Man fragte ihn: »Ziehst du mit uns in den Krieg?«

Wer war dieser Parthenopaios? Eine sonderbare Geschichte wird über ihn erzählt. Seine Mutter war die berühmte Atalante.

Ja, Atalante war eine berühmte, eine fabelhafte Jägerin. Als junges Mädchen weihte sie ihr Leben der Artemis. Sie wollte durch die Wälder streifen, jagen, und sie wollte Jungfrau bleiben. Dabei war sie sehr begehrt, denn sie war schön, hatte blitzende Augen. Sie war stark, und sie verachtete die Männer, sie machte sich einen Spaß mit den Männern.

Sie sagte, aber sie meinte es nicht ernst: »Na ja, das heißt ja nicht, daß ich nicht doch heiraten werde, wenn ich den richtigen Mann finde.«

Sie war sich sicher, diesen richtigen Mann, den gibt es nicht.

Sie stellte die Bedingungen, sie sagte: »Wer mich haben will, der muß in einem Wettlauf gegen mich antreten. Aber ich bin großzügig«, fügte sie lachend hinzu, »ich werde in meiner Rüstung laufen, während mein Konkurrent nackt laufen darf.«

Es war eine Demütigung für einen Mann, gegen eine in Eisen gerüstete, mit Bronze und Silber geschmückte Frau nackt antreten zu müssen. Als Demütigung aber war dieser Wettkampf ja gedacht. Atalante war so sehr von ihrer Laufkunst überzeugt, daß sie ihren Konkurrenten obendrein einen Vorsprung gab.

Sie besiegte sie alle und tötete sie alle. Für die Jüngerinnen der Artemis war das ein Spaß.

»Was ist«, spottete Atalante, »was ist los mit euch Männern? Nun bin ich schon so lange Jungfrau. Ist denn keiner da, der mich endlich von meiner Jungfräulichkeit erlöst?«

Aphrodite blickte vom Olymp herab.

Sie sagte: »Ich mag das nicht. Sie spottet über die Liebe. Das kann ich nicht dulden.«

Da gab es einen jungen Mann, der hieß Meilanion, der betete zu Aphrodite, sie möge ihm helfen in einem Wettstreit gegen Atalante. Dieser Meilanion kam Aphrodite gerade recht. Sie gab ihm drei goldene Äpfel und riet ihm, während des Laufes die Äpfel fallenzulassen, einen nach dem anderen, so daß Atalante darüber stolperte.

Aber Atalante stolperte nicht darüber. Sie bückte sich und hob die Äpfel auf. Sie verliebte sich in Meilanion, dafür sorgte Aphrodite, und Meilanion gewann den Wettlauf.

Ach, wie unberechenbar sind doch die Götter! Erst hilft Aphrodite diesem jungen Mann, und dann sieht sie es nicht gern, wenn sich Meilanion und Atalante ausgerechnet ihren Tempel aussuchen, um sich dort zu lieben.

Aphrodite sah es nicht gern, sie deutete es als eine Respektlosigkeit, eine Verletzung ihrer Göttlichkeit, wenn sich Menschen in ihrem Tempel umarmten. Sie verwandelte die beiden in Löwen. Das ist nun wirklich eine kuriose Sache, Aphrodite war nämlich der Meinung, Löwe und Löwin könnten sich nicht paaren, sie glaubte, Löwen könnten es nur mit Leoparden tun. Ha, dachte sie, ich laß' sie in meinem Tempel zusammen sein, aber ich vermiese ihnen ihre Absichten. Da machte die Natur der Göttin einen Strich durch die Rechnung. Löwen können nämlich mit Löwinnen ...

Die Frucht dieser tierischen Paarung war Parthenopaios. Sein Name bedeutet: der nach einer langen Jungfräulichkeit Geborene.

Und Adrastos fragte ihn: »Ziehst du mit uns in den Krieg
gegen Theben?«

Parthenopaios nickte nur. Reden war das Seine
nicht.

Nun waren es also schon fünf: Polyneikes, Adrastos,
Amphiaraos, Tydeus und Parthenopaios.

Kapaneus und Hippomedon

Der sechste im Bunde hieß Kapaneus. Der hatte ein
großes Mundwerk.

Er kam eines Tages an den Hof des Adrastos und
sagte: »Ich habe gehört, da soll eine Stadt eingenommen
werden. Ich bin dabei.«

Sein Leitspruch war: »Ich werde jede Stadt erstürmen,
selbst wenn Zeus ihr Verteidiger ist.«

Dieser Kapaneus hatte sich einen Schild anfertigen
lassen, den trug er bei sich, und der war sehr kunstvoll
gestaltet, da war nämlich, seinem Wahlspruch entsprechend, eine Stadtmauer darauf abgebildet, und ein Mann
war gerade im Begriff, diese Stadtmauer zu erstürmen,
und dieser Mann rief aus: »Ich werde die Stadt verbrennen, und nicht einmal Zeus wird mich daran hindern!«

Wie soll eine Figur auf einem Schild Worte sagen können? Hatte diese Figur eine Sprechblase vor dem Mund?
Wenn ja, dann wollen wir diesen Kapaneus hochleben

lassen als den Erfinder des Comic strips! Als einer der »Sieben gegen Theben« wird nicht allzuviel Rühmliches über ihn berichtet.

Der siebte war ein gewisser Hippomedon. Der ist über Beziehungen dazugekommen, er war der Neffe des Adrastos.

Mit großem Trara wurde dieser Feldzug begonnen, mit gewaltigem Selbstbewußtsein, gewaltiger Angeberei. Aber der Hellseher Amphiaraos wird recht behalten: Enden wird der Feldzug in einem Fiasko.

In Theben

Wechseln wir den Schauplatz, wechseln wir von den Vorbereitungen zum Krieg auf der Seite der Sieben nach Theben.

Hier herrscht also Eteokles, das heißt, er ist die Marionette, er ist nur vorgeschoben, die Fäden hält sein Onkel Kreon in der Hand.

Es finden sich Verteidiger für diesen Kreon, die sagen, er sei der einzige gewesen, dem die Stadt Theben ein Anliegen gewesen sei, der nicht nur auf seinen eigenen Vorteil aus war. Daß er sich nicht in den Vordergrund gespielt habe, habe nichts mit Hinterhältigkeit zu tun. Seine Gegner behaupteten das Gegenteil.

Kreon, der Bruder der Iokaste, er hatte Theben regiert, als König Laios ermordet wurde, bevor Ödipus die Stadt betrat. Schon damals war seine Regentschaft nur eine vorläufige gewesen. Er war immer nur fast König gewesen – fast, bevor Ödipus kam und die Sphinx besiegte, und auch jetzt, da er die Fäden in der Hand hielt, da er dem Eteokles sagte, was er zu tun hatte, auch jetzt war er nur fast, eben nur fast König von Theben.

Wollte Kreon überhaupt König sein?

Antigone und Ismene, die Schwestern von Eteokles und Polyneikes, die Töchter des Ödipus und der Iokaste, sie hatten Theben verlassen, sie waren mit ihrem Vater ins Exil gegangen. Kreon bemühte sich immer wieder, Ödipus zurück nach Theben zu holen. Aber Ödipus weigerte sich. Nie mehr in seinem Leben wolle er diese Stadt betreten, ließ er wissen.

In Theben herrschte eine bedrückte Stimmung. Die Bürger gaben sich dem Pessimismus hin.

»Es ist wie in den Zeiten der Sphinx und in den Zeiten der Pest«, sagten sie.

»Weder belagert die Sphinx unsere Stadt«, hielt Kreon dagegen, »noch schlägt uns die Pest!«

Das Schicksal des Ödipus hatte die Bürger von Theben tief und nachhaltig berührt. Sie hatten ihren König Ödipus geliebt.

Kreon wußte, es mußte etwas geschehen, damit die Leute wieder fröhlicher würden, optimistischer, selbstbewußter.

Er gründete die thebanischen Festspiele. Brot und Spiele, das war seine Devise, und er war nicht der letzte, der diese Parole ausgab. Nun wurden Sportwettkämpfe veranstaltet, Theaterstücke wurden aufgeführt, die ganze Stadt feierte ihr Fest.

Und eben zu dieser Zeit näherte sich das Heer der Sieben der Stadt. Die Thebaner bemerkten es nicht, sie waren mit ihren Festspielen beschäftigt. Zum ersten Mal nach Jahren war die Stimmung in der Stadt wieder ausgelassen und fröhlich, die Leute lachten bei den Theatervorführungen, waren voll Spannung bei den Sportveranstaltungen, und sie merkten nicht, welche Gefahr von außen drohte.

Vor den Toren der Stadt nahm das Heer der Sieben Aufstellung. Sieben Tore hatte die Stadt Theben, an jedem Tor postierte sich unter dem Befehl einer der Anführer ein Trupp. Um die Lage auszukundschaften, schickte man den Tydeus vor, er solle als harmloser Fremder verkleidet die Stadt betreten und sich umsehen.

Tydeus betrat die Stadt also während der Festspiele, und er schaute sich um, und er schaute bei den Sportveranstaltungen zu, die interessierten ihn am meisten.

Da saß er auf der Tribüne und gab seine abschätzigen Kommentare ab. Die Thebaner, die neben ihm saßen, hörten das nicht gern, und sie sagten: »Hast du keinen Anstand? Du bist ein Fremder, du kommst in unsere Stadt und machst solche Bemerkungen.«

Tydeus sagte darauf: »Wenn ihr bessere Sportler hättet, dann würde ich andere Bemerkungen machen.«

So provozierte Tydeus die Bürger, und es gab einen Aufruhr.

Da rief einer: »Ja, wenn du so schön kritisieren kannst, Fremder, dann mach es doch besser!«

Tydeus sagte: »Na gut, wenn ihr unbedingt wollt.«

Und er beteiligte sich an den Sportveranstaltungen. Und er siegte. Er siegte in allen Disziplinen. Tydeus demütigte Theben, er lief schneller als jeder Thebaner, warf den Speer weiter, warf den Diskus weiter, in allen Disziplinen war er der Beste.

Da schmolz das Selbstbewußtsein der Bürger endgültig dahin. Tydeus aber verabschiedete sich grinsend.

Ohne Zweifel, stark war Tydeus, aber klug war er

nicht. Wenn es der Plan ist, eine Stadt einzunehmen, dann sollte sich der Späher zurückhalten.

Kreon gab Befehl: »Wir müssen diesen Mann zurückholen, und wir müssen ihn in die Schranken weisen.«

Er schickte fünfzig Männer aus: »Auch wenn dieser Mann alle unsere Wettkämpfe gewonnen hat, gegen fünfzig Männer wird er sich nicht wehren können. Nehmt ihn gefangen, bringt ihn in die Stadt! Wir werden ein öffentliches Gericht über ihn halten. An seinem Tod soll sich unser Selbstbewußtsein wieder aufrichten.«

Die fünfzig Männer verfolgten den Tydeus und stellten ihn, noch ehe er das Lager der Sieben erreichen konnte. Aber Tydeus demütigte die Stadt noch einmal. Er tötete neunundvierzig Männer, einen, ausgerechnet den Schwächsten, ließ er leben.

Zu ihm sagte Tydeus: »Schau dich um, all deine Freunde, wie sie hier in ihrem Blut liegen, und ich habe kaum eine Schramme, und sie sind alle tot. Kannst du dir vorstellen, warum ich ausgerechnet dich, den Schwächsten, am Leben lasse?«

Der Mann traute sich überhaupt nicht zu reden, er schüttelte nur den Kopf.

Tydeus sagte: »Damit einer da ist, der zurück in die Stadt geht und dort mein Loblied singt. Sag den Bürgern von Theben, ich bin Tydeus, und ich bin mit weiteren sechs Männern gekommen, um eure Stadt zu zerstören. Das melde!«

Er ließ den Mann laufen, und der Mann lief in die Stadt und meldete es Kreon: »Unsere Stadt ist verloren«, zeterte der Mann. »Dieser Tydeus hat neunundvierzig Männer getötet, und mich, den Schwächsten, hat er nur deshalb übriggelassen, damit ich euch seine Stärke melde.

Und dann hat er noch gesagt, er sei einer von sieben! Alles ist verloren, alles ist verloren!«

Eteokles geriet in Panik und verkroch sich.

Kreon behielt die Nerven, er sagte: »Gut, wir können die Stadt gleich übergeben, kampflos, dann wird am wenigsten Schaden angerichtet. Aber vorher will ich mit Teiresias sprechen.«

Teiresias ist der bedeutendste Seher des griechischen Altertums, und er lebte in Theben.

»Was sollen wir tun?« fragte Kreon.

Teiresias, der Blinde, ließ sich den Flug der Vögel beschreiben.

Dann sagte er: »Halt! Der Vogelflug steht gut. Die Götter wollen ein Opfer. Zeus ist auf unserer Seite. Pallas Athene ist zwar nicht auf unserer Seite, sie ist auf der Seite des Tydeus, aber auch Ares ist auf unserer Seite. Sie wollen ein Opfer, die Götter. Ein junger Mann der Stadt soll sich freiwillig melden.«

Es fand sich ein junger Mann, er sprang vom höchsten Turm der Stadt in den Tod.

Teiresias sagte: »Nun wird Theben gerettet. Der Name des jungen Mannes soll ewig genannt werden!«

Das wollen wir hiermit tun: Menoikeus hieß dieser junge Mann.

Und Teiresias sprach weiter: »Nun werden die Sieben uns und unserer Stadt nichts anhaben können.«

Im Lager der Sieben

Als Tydeus, dieser eitle, finstere Bursche, in das Lager der Sieben zurückkam und erzählte, was passiert war, daß die Thebaner nun wußten, was ihnen bevorstand, da meinte Amphiaraos zuerst, er habe nicht richtig gehört.

»Du hast, um deine dumme Eitelkeit zu befriedigen, unser ganzes Unternehmen in Frage gestellt!« schrie er ihn an.

Aber Tydeus ließ sich nicht kritisieren. Er werde ihm den Schädel einschlagen, wenn er weiter so mit ihm rede, sagte er.

Amphiaraos war der Klügste der Sieben, und seine hellseherischen Fähigkeiten waren nicht nötig, um zu erkennen, daß es Tydeus ernst meinte.

»Wir hätten die Thebaner mitten in ihren Festspielen überraschen können«, sagte er ruhig. »Der Krieg wäre eine kurze, schnelle Sache geworden, eine Sache von ein paar Tagen, ein paar Wochen höchstens.«

»Und wer will das?« fragte Tydeus.

»Schau dir diese Mauern an«, sagte Amphiaraos. »Amphion und Zethos haben sie gebaut, auf dem weiten Erdkreis gibt es keine Mauern, die sich mit diesen hier vergleichen lassen. Nun sind die Thebaner gewarnt. Sie brauchen nicht mehr zu tun, als die Tore zu schließen.«

Wie hat sich Polyneikes verhalten? Für seine Sache sollte hier ja gefochten werden. Polyneikes stellte sich auf die Seite des Tydeus. War er dumm? Nein, er war nicht dumm, dieser Polyneikes.

Wir treffen hier auf zwei verschiedene Auffassungen. Amphiaraos war der Meinung, der Krieg diene einem Ziel, das Ziel heiße, dem Polyneikes die Macht in Theben zu verschaffen.

Tydeus dagegen sah den Zweck des Krieges im Krieg selbst. Ihm ging es um die Zerstörung der Stadt. Was daraus folgte, war ihm einerlei. Ob Polyneikes nach dem

Krieg die Macht besitzt oder ein anderer, was kümmerte es ihn. Was kann die Macht in einem Trümmerhaufen schon wert sein.

Und dennoch stellte sich Polyneikes auf die Seite des Tydeus? Ja. Denn in Wahrheit war es ihm längst nicht mehr um die Macht in Theben zu tun. Er wollte seinen Bruder Eteokles vernichten, er wollte seinen Onkel Kreon vernichten. Wenn dabei die Stadt unterging, war es ihm recht.

Und wer stellte sich auf die Seite des Amphiaraos? Niemand. Die einen taten es aus Feigheit nicht, die anderen, weil sie ganz einfach seine Meinung nicht teilten. Weil sie Krieger waren, Soldaten. Was für einen Grund kann es geben, daß sich ein Krieger einen schnellen Krieg wünscht?

Ein schlechter Beginn

Kapaneus, der die großen Sprüche auf Lager hatte, er schüttelte seinen Schild und rief: »Ich werde jede Stadtmauer einnehmen, auch wenn mich Zeus daran hindern will!«

Das stand ja auch auf seinem Schild geschrieben. Und er rannte auf die Stadtmauer zu.

Zeus, der sich auf die Seite der Thebaner gestellt hatte – ja, die Götter waren in diesem Konflikt parteiisch –, Zeus blickte vom Olymp herab und sagte: »Aha, der Kapaneus«, und er schickte einen Blitz, einen kleinen, einen winzigen Blitz, ein Blitzchen, und Kapaneus war weg.

Da waren es nur noch sechs.

Das war ein schlechter Beginn. Als erster fand Tydeus das Wort.

Er sagte: »Dann werde ich eben für zwei kämpfen.«

Dann geschah folgendes: Parthenopaios, der Sohn der großen Jägerin Atalante, der sich an diesem Feldzug nur beteiligt hatte, weil ihm langweilig war, weil er gar nicht wußte, was er sonst hätte tun sollen, der sein ganzes Leben lang von einem Krieg zum anderen gezogen war, er ging ohne jede kriegerische Absicht, noch hatte der Krieg gar nicht begonnen, schlenderte außen an der Stadtmauer entlang, und da war oben in der Mauer eine Lücke, so eine Art Schießscharte, und die Strategen der Stadt Theben meinten, diese Schießscharte sei etwas zu groß geraten, also wollte man einen Stein in diese Schießscharte schieben, und dann war der Stein ein wenig zu klein, und als man ihn in die Scharte schieben wollte, fiel er durch und fiel dem Parthenopaios auf den Kopf, aber für den Kopf des Parthenopaios war dieser Stein dann durchaus groß genug.

Da waren es nur noch fünf.

Und Tydeus mußte sagen: »Dann kämpfe ich eben für drei.«

Aber in den Ohren der anderen klang das nicht mehr so großartig.

Der Krieg

Als die Schlacht begann, da gab es auf der Seite der Thebaner eine große Sorge: »An welchem Tor steht Tydeus?«

Er war der gefährlichste Gegner. Ihm mußten sie ihren stärksten Mann entgegenstellen, nämlich Melanippos.

»Ich will mich nicht gegen ihn verteidigen«, sagte Melanippos. »Ich will ihn angreifen!«

Und er öffnete das Tor. Es kam zum Zweikampf zwischen Melanippos und Tydeus, und dieser Kampf dauerte einen ganzen Tag.

Melanippos war der Sohn des Akastos, der König in Iolkos war und dort gegen Jason und Medea gekämpft und die beiden aus der Stadt gejagt hatte. Melanippos war ein Krieger von derselben Art wie Tydeus.

Übrigens: Während des Zweikampfs der beiden ruhten alle anderen Gefechte. Keiner wollte den Kampf versäumen.

Immer wieder wundere ich mich über die Göttin Pallas Athene! Ist sie doch die Klügste, und liebt sie die Klügsten. Meistens liebt sie die Klügsten. Der kluge Odysseus wird ihr Liebling sein. Jason liebte sie. Der war zwar nicht besonders klug, aber er war charmant. Perseus zog sie allen vor, er war sympathisch, fröhlich.

In all diesen Fällen kann ich ihre Zuneigung verstehen, und ich teile sie. Was aber fand sie an Tydeus? Der war nicht klug. Charmant war er nun wirklich auch nicht. Und daß es ein Gegenstück zur Fröhlichkeit gibt, dafür war er der lebendige Beweis.

Aber es ist ein Faktum: Athene liebte Tydeus. Zwar nicht für immer und ewig, das nicht …

Am Ende dieses Kampftages waren beide, Melanippos und Tydeus, so schwer verwundet, daß sie niedersanken, und es war nur noch eine Frage von Minuten, daß sie sterben würden.

Da eilte Pallas Athene in den Olymp und bat Zeus, er

möge ihr Ambrosia geben. Sie wollte ihrem Liebling Göttertrank einträufeln, denn dadurch würde Tydeus unsterblich werden, und sie wollte, daß er unsterblich wird. Zeus gab ihr das Ambrosia. Ich nehme an, er tat es aus sportlichem Interesse.

Und während die Göttin das Ambrosia besorgte, lagen die beiden, Tydeus und Melanippos, in ihrem Blut. Und da trat Amphiaraos, der Hellseher, zu Tydeus.

Er sagte: »Na, was hat es gebracht?«

»Den besten Kampf meines Lebens hat es gebracht«, sagte Tydeus.

»Aber du wirst sterben«, sagte Amphiaraos.

»Ja, ich werde sterben«, sagte Tydeus. »Aber Melanippos wird vor mir sterben. Denn ich werde ihn töten.«

»Und dafür lohnt sich der eigene Tod?« fragte Amphiaraos.

»Ja«, sagte Tydeus, »dafür lohnt sich der eigene Tod.«

Und er stützte sich auf, nahm sein Schwert, kroch zu Melanippos und wollte ihm mit letzter Anstrengung den Todesstoß versetzen.

»Es hat sich nicht gelohnt für dich«, sagte Amphiaraos und schlug dem Melanippos den Kopf ab. »Schau, Tydeus, ich bin dir zuvorgekommen. Nun hat nicht einmal dein Tod einen Sinn.« Dann nahm er den Kopf und warf ihn dem Tydeus zu.

Und Tydeus in seiner Mordgier spaltete den Schädel des Melanippos, und in diesem Augenblick kam Pallas Athene mit Ambrosia, und sie sah, wie Tydeus mit letzter Lebenskraft das Hirn des Melanippos aus dem Schädel schlürfte.

Da war Athene so entsetzt, daß sie die Schale mit dem Ambrosia fallen ließ.

»An diesem Krieg beteilige ich mich nicht mehr«, sagte sie und hob sich davon.

Das Ambrosia floß auf den Boden, und da kam eine Schildkröte daher, und die leckte davon, und seither leben die Schildkröten sehr lang.

Tydeus, das Vieh, aber wurde in den Hades geschleudert, anstatt die Unsterblichkeit im lieben Sonnenlicht bekam er einen Platz in einem der finstersten, kältesten Winkel des Tartaros.

Da waren es nur noch vier.

Die Niederlage

Der Krieg gegen Theben wurde zum Desaster, genau wie es Amphiaraos vorausgesehen hatte.

Da nun Tydeus gefallen war, brachen die Thebaner aus, verfolgten die Reste der Angreifer. Amphiaraos, der ein Liebling des Zeus war, wurde vom Obersten gerettet. Zeus riß den Boden auf, und Amphiaraos verschwand darin, ehe er getroffen wurde, verschwand mit Rossen und Streitwagen. Er verschwand und wurde nicht mehr gesehen.

Am Ende kam es zum Zweikampf zwischen Polyneikes und Eteokles, den beiden Brüdern. Wie sie ihr Vater Ödipus verflucht hatte: Polyneikes tötete Eteokles, Eteokles tötete Polyneikes. Im selben Augenblick stießen sie sich gegenseitig das Schwert ins Herz.

Adrastos war der einzige, der den Feldzug überlebte. Im Krieg ist Feigheit eine Tugend.

Kreon und Antigone

Nun war Kreon tatsächlich König von Theben. Er verfügte, daß die Leiche von Polyneikes unbestattet auf dem Schlachtfeld liegenbleiben müsse.

»Die Raben sollen ihn fressen«, sagte er.

Er wollte, daß die Seele seines Feindes auch nach dem Tod nicht zur Ruhe komme.

Antigone, die Schwester von Polyneikes und Eteokles, erfuhr davon, und sie kam nach Theben. Sie kam, um ihrem Bruder die letzte Ehre zu erweisen. Wenigstens eine Handvoll Erde wollte sie auf seinen Leichnam legen. Sie mißachtete das Verbot des Kreon. Und sie bezahlte dafür mit ihrem Leben.

Sophokles hat aus diesem Konflikt seine Tragödie *Antigone* gestaltet. Wie gern würde ich nun in Begeisterung über dieses Stück ausbrechen, aber meinen Jubel braucht Sophokles nicht.

Die Epigonen

Der einzige der Sieben, der den Feldzug überlebt hatte, war also Adrastos. Er kam nach Hause und traf dort seine Schwester Eriphyle.

Und er mußte ihr sagen: »Ich habe zwar überlebt, aber dein Mann Amphiaraos, er gilt als vermißt.«

Eriphyle nahm diese Nachricht kalt entgegen. Wir wissen, sie hatte ihren Mann nicht geliebt.

Sie hat ihren Mann nicht geliebt, aber sie hatte einen Sohn von ihm, Alkmeon, und diesen Alkmeon liebte sie.

Adrastos sagte: »Dieser Krieg war furchtbar, wollen

wir ihn vergessen, wollen wir jetzt in Frieden leben, und wollen wir den Alkmeon aufziehen, als wäre er unser beider Kind, auch wenn wir Bruder und Schwester sind.«

So taten sie, und so vergingen die Jahre.

Alkmeon war zwanzig Jahre alt, da kam ein Mann an den Hof, der war ungefähr so alt wie er.

Der Mann stellte sich vor: »Mein Name ist Thersandros.«

Aber er sagte nicht, wer sein Vater war.

Erst als er mit Eriphyle allein war, da sagte er: »Schau mich an! Erinnere ich dich nicht an jemanden?«

Sie sagte: »Ja, du erinnerst mich an Polyneikes.«

Thersandros sagte: »Ich bin sein Sohn, und ich bin gekommen, weil ich einen zweiten Krieg will. Ich will König von Theben werden, und du, Eriphyle, du sollst mir dabei helfen.«

»Was gehen mich eure Kriege an«, sagte Eriphyle.

»Mein Vater hat dir das Halsband der Harmonia gegeben, damit du deinen Mann Amphiaraos zum Krieg überredest. Überrede du nun deinen Sohn Alkmeon, daß er mich begleitet.«

»O nein«, sagte Eriphyle. »Mein Sohn soll nicht in den Krieg ziehen. Amphiaraos habe ich gehaßt. Und daß er als vermißt gilt, das läßt mich kalt. Aber Alkmeon, meinen Sohn, den liebe ich.«

»Ich habe dir etwas mitgebracht«, sagte Thersandros. »Hier, schau es dir an, es ist das Hochzeitskleid der Harmonia. Nichts Schöneres gibt es. An Aphrodite ist das Maß genommen worden.«

»Nein«, sagte Eriphyle.

»Ach«, sagte Thersandros, »ich laß es bei dir. Schau es dir an. Probier es an. Mach ein paar Schritte darin. Wenn mich Alkmeon nach Theben begleitet, gehört das Hochzeitskleid der Harmonia dir. Überleg's dir. Morgen komme ich wieder.«

Am nächsten Tag sagte Eriphyle: »Nein.«

Am übernächsten Tag sagte Eriphyle: »Nein.«

Am dritten Tag sagte Eriphyle: »Nein.«

Und am vierten Tag sagte sie: »Ja.« Und fügte hinzu: »Das werde ich dir nie verzeihen.«

Eriphyle hielt Wort. Sie hetzte ihren Sohn Alkmeon auf, erzählte ihm von Ehre und Ruhm, woran sie selbst nicht glaubte, was sie lächerlich fand.

Und am Ende zog Alkmeon, der Sohn des Amphiaraos, in einen Krieg gegen Theben.

Thersandros hatte auch die Söhne der anderen aufgesucht, die als die Sieben gegen Theben vor Jahren losgezogen und bis auf Adrastos alle gefallen waren. Alle hatte er gewonnen, alle. Die Söhne nannten sich die Epigonen, die Nachfahren.

Und die Söhne waren erfolgreicher als ihre Väter. Da war zum Beispiel der Sohn des Tydeus, Diomedes. Wir werden diesem Diomedes beim Trojanischen Krieg wiederbegegnen. Er wird sich mit Odysseus befreunden, und er wird auch diesen Krieg überleben. Und dann wird sein Leben keinen Sinn mehr haben.

Ja, die Söhne der Sieben waren erfolgreich, aber als Thersandros als Sieger in Theben stand, da mußte er sich sagen: »Was bin ich? Ich bin der König eines Schutthaufens geworden.«

Die Bürger der Stadt waren entweder geflohen, oder sie waren tot. Die Häuser, die Tempelanlagen, die Mauern, alles war zerstört.

»Du bist der König«, sagte Diomedes.

»Ja, ich bin der König«, sagte Thersandros.

Diomedes, wie gesagt, zog weiter in den Trojanischen Krieg, und auch Thersandros schloß sich dem Feldzug gegen Troja an. Er hatte wohl keinen Spaß daran, der König eines Trümmerhaufens zu sein. Er fiel nicht im Kampf. Er fiel einem Irrtum zum Opfer, sein Tod vor Troja war ein Versehen.

Alkmeon

Als der Krieg um Theben zu Ende war, sah Alkmeon, der Sohn der Eriphyle und des Amphiaraos, daß alles sinnlos gewesen war. Er machte sich auf den Weg nach Delphi.

Er fragte die Pythia: »Was für einen Sinn hat Krieg?«

»Geh nach Hause, und töte deine Mutter«, sagte die Priesterin.

Alkmeon fragte: »Was hat das mit meiner Frage zu tun? Was bedeutet Krieg?«

Wieder bekam er dieselbe Antwort: »Geh nach Hause, und töte deine Mutter!«

Wie kam es zu diesem Orakelspruch? Es war vielleicht der einzige gefälschte Orakelspruch in der Geschichte des Orakels von Delphi. – Oh, es ist eine verzwickte Sache ...

Amphiaraos, dieser Hellseher, der auch in die Gedanken der Menschen hineinkriechen konnte, der die Menschen umdrehen konnte, der sie verwirrte, wenn er sie verwirren wollte, er war von Zeus in den Erdboden aufgenommen worden. Amphiaraos kurvte mit seinem Streitwagen unter dem Erdboden herum, ewig unerlöst.

Und da kam er eines Tages unter der Erde auch nach

Delphi. In Delphi ist ein Erdspalt, und durch diesen Spalt herauf dringt die Weisheit der Erde, dringt in die Pythia, die Priesterin, ein. Durch diesen Spalt hat Amphiaraos den Orakelspruch der Pythia manipuliert.

Amphiaraos gab die Schuld am ersten und die Schuld am zweiten Thebanischen Krieg seiner Frau Eriphyle. Ihr, dachte er, verdankte er es, daß er auf ewig unerlöst mit seinem Streitwagen unter der Erde herumfahren muß. Eriphyle hatte sich überreden lassen, hatte sich bestechen lassen zuerst mit dem Halsband, dann mit dem Hochzeitskleid der Harmonia. Welche Ironie! War es nicht die Hochzeit von Kadmos und Harmonia gewesen, die das eigentliche Gründungsfest der Stadt Theben war? Und nun waren Hochzeitskleid und Halsband Auslöser für ihre Zerstörung.

Aus dem Mund der Pythia sprach Amphiaraos zu seinem Sohn Alkmeon: »Geh nach Hause, und töte deine Mutter!«

Ich gebe zu, es ist nicht sehr elegant, das männliche Kriegshandwerk, das so grausam ist, auf die Eitelkeit einer Frau zurückführen zu wollen. Die Männer ziehen in den Krieg, die Verantwortung für das Entsetzen schieben sie einer Frau zu.

Alkmeon ging nach Hause und tötete seine Mutter. Die Erinnyen hetzten ihn über die Welt. Denn man darf nicht ungestraft seine Mutter töten.

Da traf er Manto, die Tochter des thebanischen Sehers Teiresias.

Alkmeon, der Sohn eines Hellsehers, Manto, Tochter eines Hellsehers – Manto sagte: »Das beste für uns ist, wenn wir schlafen. Suchen wir uns einen Platz, einen Fleck Erde, den es zu der Zeit, als du deine Mutter getötet

587

hast, noch nicht gab. Dorthin wollen wir uns legen und schlafen.«

Sie fanden das Schwemmland eines Flusses, das hat es noch nicht gegeben, als Alkmeon seine Mutter getötet hatte. Dorthin legten sie sich, und sie legten sich nicht auf die nackte Erde, sondern auf das Hochzeitsgewand der Harmonia, denn dieses Gewand hatte Alkmeon mitgenommen, als er seine Mutter getötet hatte.

Auf diesem Hochzeitsgewand, das ja das Brautgeschenk des Ares, des Gottes des Krieges, an seine Tochter Harmonia gewesen war, schliefen die beiden ein, Manto und Alkmeon.

Man weiß nicht, was weiter mit ihnen geschehen ist. Die Sage erzählt, daß Räuber gekommen seien, die beiden töteten und ihnen das Hochzeitskleid stahlen. Ich glaube das nicht. Niemand will dieses Kleidungsstück haben, niemand.

POSEIDON

Von einem Segen, der für andere ein Fluch ist – Von
Amphitrite – Von Delphinos und seinem Herzenswunsch –
Von einem dialektischen Disput – Von einem neuen
Sternbild

Seevölker lieben das Meer nicht. Sie fürchten es, und sie
verachten es. Bergvölker lieben die Berge nicht, sie fürchten sie, und sie verachten sie. Erst ist die Furcht, dann
wird die Furcht überwunden, dann wird die Quelle der
Furcht verachtet, weil sie an Schrecklichem doch nicht
halten konnte, was sie versprochen hat.

Das Meer ist rücksichtslos, brutal und dumm.

Und der Gott des Meeres? Er ist rücksichtslos, brutal
und dumm. So begegnet uns Poseidon in der Mythologie:
als zwar allgegenwärtiger Gott, der jedoch keine eigene
Sagenwelt zu gründen in der Lage ist.

Kaum eine Sage wird erzählt, in der Poseidon keine
Rolle spielt, sei es als gieriger Liebhaber, sei es als der
Geprellte, der Verlierer, wenn er mit einer anderen Gottheit in Wettstreit tritt. Poseidon ist zweifellos die prominenteste Randfigur der griechischen Götterwelt. Eigenen
Charakter, einen Geschichten stiftenden Charakter gewinnt er selten.

Poseidon hat es nicht geschafft, das Elementhafte
abzulegen, immer ist er noch Allegorie. Hephaistos zum
Beispiel ist viel mehr als ein personifizierter Vulkan, Ares
mehr als der personifizierte Krieg, Pallas Athene steht für

sich, und niemand würde sie reduzieren wollen auf eine Göttin der Klugheit, ebensowenig wie Hermes als der Götterbote ausreichend beschrieben ist.

Poseidon ist der Gott des Meeres. Und so wunderbar und riesig und allumspannend diese Funktion auch sein mag, wie wenig kann der immer zürnende, im Grunde entwicklungslose Gott aus der Funktion in einen Charakter hinüberretten.

Er liebt die Klugen nicht. Weil er selbst dumm ist. Keinen Helden haßte er je mehr als Odysseus, niemandem hat er größeren Kummer zugefügt. Poseidon war schuld daran, daß Odysseus zehn Jahre herumirren mußte, ehe er sein geliebtes Ithaka erreichte.

Die Klugen verwirren den Gott des Meeres, dann schlägt er um sich. Einmal aber war Poseidon auf einen Klugen angewiesen. Diese Geschichte will ich erzählen.

Poseidon war wie sein Bruder Zeus verliebt in die Nymphe Thetis. Thetis wollte von dem triefenden, blauhaarigen Gott nichts wissen. Für sie war kein Frage: Wenn sie sich entscheiden sollte zwischen Zeus und Poseidon, dann für Zeus.

Aber es kam anders. Themis, die alte Titanin, die Mutter des Prometheus, warnte die beiden Götterbrüder: »Über Thetis«, sagte sie, »hat Gaia, die alte Erde, einen Segen gesprochen. Thetis wird einen Sohn bekommen, der wird stärker und größer als sein Vater werden.«

»Für den Vater ist das kein Segen«, sagte Zeus, »für den Vater ist das ein Fluch.«

In der Familie des Zeus und des Poseidon hatte das Stürzen von Vätern Tradition. Sie selbst hatten ihren

Vater Kronos entmachtet, der wiederum hatte seinen Vater Uranos gestürzt.

»Aber laßt euch ruhig mit Thetis ein«, sagte Themis, »eure Chancen stehen fünfzig zu fünfzig. Sie kann ja auch eine Tochter zur Welt bringen.«

Das Risiko war zu groß. Zeus und Poseidon suchten einen anderen Mann für Thetis. Sie fanden Peleus. Sein Sohn wird Achill sein ...

»Ich will aber eine Frau«, trotzte Poseidon.

»Du bist der Gott des Meeres«, sagte Zeus. »Du kannst viele Frauen haben.«

»Du bist mit Hera verheiratet«, sagte Poseidon. »Ich will es haben wie du.«

Eines Tages war Poseidon zu einem Fest auf Naxos eingeladen. Da sah er Amphitrite und verliebte sich in sie.

Amphitrite war die Tochter des Nereus und der Doris. Diese alten Meeresgottheiten lebten seit der Herrschaft des Poseidon sozusagen im Ausgedinge. Sie sind folkloristische Zutat zur Meeresmythologie, spielen in den großen Geschichten allerdings keine Rolle.

Aber sie sind keine Untertanen des Poseidon. Nereus und Doris gegenüber konnte Poseidon nicht auf sein Machtwort pochen.

»Ich will eure Tochter haben«, sagte er.

»Das ist schön«, sagten Nereus und Doris.

»Also, gebt sie mir«, sagte Poseidon.

»Das können wir nicht«, sagten die Eltern. »Wir haben fünfzig Töchter, und alle tun sie, was ihnen beliebt. Auch Amphitrite tut nur, was sie will.«

»Was soll ich tun?« fragte Poseidon.

Und Nereus und Doris sagten: »Was du tun sollst? Du

mußt Amphitrite fragen, ob sie deine Frau werden will. Ganz einfach.«

Ganz einfach, ja. Bisher hatte Poseidon noch nie gefragt, wenn er etwas haben wollte.

»Nein, fragen werde ich sie nicht«, sagte er.

Er stampfte auf Amphitrite zu, wollte sie packen. Aber Amphitrite war sehr beweglich, geschmeidig war sie, das gefiel dem Poseidon ja gerade so gut an ihr. Sie schlüpfte aus seinen Armen.

Poseidon trampelte ihr nach. Aber er erwischte sie nicht.

Und Amphitrite floh. Sie floh zum Titanen Atlas, der das Himmelsgebäude auf seinen Schultern trug. Noch war er nicht versteinert, noch hatte ihm Perseus nicht das Haupt der Medusa gezeigt.

»Beschütze mich«, bat Amphitrite. »Laß nicht zu, daß mich Poseidon mit seinen triefenden Armen an sich reißt.«

Atlas, der Titan, dem das Himmelsgebäude von den Göttern auf die Schultern gezwungen worden war, war nicht gut zu sprechen auf die Götter, und immer wieder drohte er, er werde die Welt untergehen lassen, er werde den Himmel auf die Erde fallen lassen. – Warum tat er es nicht? Es hätte auch seinen Untergang bedeutet.

Amphitrite versteckte sich zwischen den mächtigen Füßen des Atlas, und als Poseidon kam, rief sie aus ihrem Versteck hervor: »Mit einem ungehobelten Klotz wie dir möchte ich nichts zu tun haben!«

Das traf den Poseidon. Das machte ihn traurig. Er litt ohnehin unter Minderwertigkeitsgefühlen den anderen Göttern gegenüber. Zeus war mächtiger und angesehener. Athene war viel klüger als er, Hermes weltkundiger, Apoll beliebter, Aphrodite faszinierender.

Also planschte Poseidon, der blauhaarige, zu seinem Palast zurück, den er sich unten auf dem Meeresboden erbaut hatte. Über Monate war die See ruhig, spiegelglatt war die Wasseroberfläche, keine Welle kräuselte sich. Poseidon war deprimiert.

Zu dieser Zeit lebte ein Wesen im Wasser, das an Klugheit und Witz jeden anderen Meeresbewohner übertraf. Sein Name war Delphinos.

Delphinos war ein Zwischenwesen, ein Halbwesen, wie es so viele in der Mythologie gibt. Ab der Hüfte war er ein Mensch, unterhalb der Hüfte aber ein Delphin.

Dieser Delphinos hatte nur einen Wunsch: Er wollte das Wasser verlassen und an Land gehen, wollte das Delphinhafte abstreifen, wollte Mensch sein.

Delphinos erkundigte sich, warum das Meer auf einmal so ruhig sei. Er fragte bei der Palastwache des Poseidon nach, und ihm wurde gesagt: »Der Herr ist deprimiert.«

»Und warum?«

»Er will eine gewisse Amphitrite zur Frau«, hieß es, »aber die will ihn nicht.«

»Und warum will sie ihn nicht?«

»Weil der Herr angeblich zu ungehobelt sei.«

»Was heißt das?«

»Unter uns gesagt«, tuschelte der Wächter. »Unter uns gesagt: Poseidon ist dumm. Und diese Amphitrite wird wohl einen Mann haben wollen, der gut denken kann, der gut reden kann.«

Da dachte sich Delphinos: Vielleicht kann ich ein Geschäft mit Poseidon machen.

»Führe mich zu deinem Herrn«, sagte er zu dem Wächter.

Und zu Poseidon sagte er: »Was gibst du mir, wenn ich deinen Brautwerber mache und dir die Amphitrite bringe?«

»Was du dir wünschst«, antwortete Poseidon.

»Ich möchte das Meer verlassen«, sagte Delphinos.

»Warum willst du das Meer verlassen?« fragte Poseidon.

»Ich will eben«, antwortete Delphinos.

Er wollte Poseidon nicht kränken. Die Wahrheit lautete: Delphinos fand das Reich des Poseidon langweilig. Aber das konnte er dem Gott des Meeres ja nicht sagen.

Delphinos machte sich also auf und schwamm zur Küste des heutigen Marokko, wo Atlas stand.

»Amphitrite«, rief er. »Ich möchte mit dir reden.«

Amphitrite schaute zwischen den Füßen ihres Beschützers hervor, zeigte sich aber nicht.

»Was willst du?«

»Ich möchte mit dir sprechen«, sagte Delphinos.

»Worüber?« fragte Amphitrite.

»Ach«, sagte Delphinos, »das ist gar nicht so wichtig. Ich möchte dich nur reden hören, und ich würde dich auch gerne sehen.«

»Und warum?«

»Ach«, sagte Delphinos, »ich habe gehört, Poseidon ist verliebt in dich.«

»Das weiß ich«, sagte Amphitrite.

»Er ist so sehr verliebt in dich, daß er sich nicht mehr rühren kann.«

»Das rührt mich nicht«, sagte Amphitrite.

»Ich habe gehört, daß Poseidon sehr dumm und sehr

häßlich sein soll«, sagte Delphinos. »Und nachdem es ja ein Gesetz der Natur ist, daß Gleiches zu Gleichem findet, wollte ich dich gern sehen.«

»Was willst du damit sagen?« fuhr ihn Amphitrite an. »Daß auch ich dumm und häßlich bin?«

»Was soll ich sagen«, spielte Delphinos den Verlegenen, »wenn die Liebe da ist, dann darf man wohl Rückschlüsse ziehen … «

»Ich bin aber nicht verliebt in Poseidon«, unterbrach ihn Amphitrite.

»Das hoffe ich«, sagte Delphinos. »Aber andererseits, versteh mich nicht falsch, wie könnte sich Poseidon so unsterblich in dich verlieben, wenn du nicht doch wenigstens ein bißchen ihm ähnlich wärst?«

Da dachte Amphitrite kurz nach. Dann sagte sie: »Dann ist er eben nicht nur dumm und häßlich.«

»Ach«, sagte Delphinos, »das glaube ich nicht. Alle sagen, er sei nur dumm und häßlich.«

»Und du glaubst immer, was alle sagen?«

»Ja, weil sonst würden es ja nicht alle sagen.«

»Ah«, rief Amphitrite aus, »dann bist du in Wahrheit der Dumme!«

»Aber häßlich bin ich dafür nicht«, sagte Delphinos. »Wahrscheinlich bist du häßlich.«

Da trat Amphitrite zwischen den Füßen des Atlas hervor und zeigte sich. Und Amphitrite war ganz gewiß nicht häßlich, sie war sehr schön.

»So sehe ich aus«, sagte sie. »Nun zeig du dich.«

Da watschelte Delphinos mit seinem Fischunterleib aus dem Wasser, und Amphitrite lachte ihn aus.

»Du bist häßlich«, sagte sie. »Du bist häßlich und dumm!«

»Ja, vielleicht«, sagte Delphinos, »aber ich bin nicht so häßlich und dumm wie Poseidon.«

Wahrscheinlich war es Amphitrite ohnehin schon leid, sich zwischen den Fußzehen des Atlas zu verstecken, wahrscheinlich hatte sie sich inzwischen ihre Gedanken gemacht und sich gesagt, eine so schlechte Partie ist es gar nicht, die Frau des Meeresgottes zu sein. Jedenfalls willigte Amphitrite nach einem weiteren Disput ein und folgte dem Delphinos, und der brachte sie zum Palast des Poseidon, und die beiden, Poseidon und Amphitrite, vermählten sich.

Und in der Hochzeitsnacht fragte Poseidon seine Braut: »Wie hat das der Delphinos hingekriegt?«

Da erzählte Amphitrite ihrem Gemahl, daß der Schlaue ihn, Poseidon, so lange heruntergemacht habe, bis sie sich gemüßigt sah, ihn zu verteidigen, und daraus habe sich dann irgendwie ihre Zustimmung ergeben.

»Aha«, sagte Poseidon, »heruntergemacht hat er mich also.«

Und als am nächsten Tag Delphinos kam und seinen Lohn einforderte, sagte Poseidon: »Was hatten wir genau vereinbart?«

»Daß ich dein Reich verlassen darf«, sagte Delphinos.

»Das darfst du«, sagte Poseidon.

Er hob den Delphinos hoch und warf ihn aus dem Meer. So kräftig war sein Wurf, daß Delphinos bis in den Himmel geschleudert wurde.

Und dort blieb er hängen. Blieb hängen als das Sternbild des Delphin.

STATT EINES NACHWORTS: DIONYSOS

Vom Wunsch, es gäbe einen Odysseus – Von der Erfindung
der Metaphysik – Von Jesus Christus – Von Zagreus und
seinem Herzen – Von Semele und ihrem herrlichen
Liebhaber – Von Ino und dem Wahnsinn – Von der
Erfindung des Weins – Von Pentheus und der wilden
Raserei – Von einem König namens Midas – Von Ariadne
auf Naxos – Von der Einheit der Gegensätze

Eine Frau steht still im Schilf des Ufers und blickt hinaus
aufs Meer. Sie schaut ihrem Geliebten nach, der sie verlassen hat. Es ist Ariadne, ihr Geliebter ist Theseus. Er hat
sie verführt, hat sie auf sein Schiff eingeladen, hat ihr versprochen, sie mit nach Athen zu nehmen, hat ihr versprochen, sie zu lieben.

Theseus wurde begleitet von neun Jungfrauen und
neun Jungmännern, alle waren sie zum Tode verurteilt. In
Kreta sollten sie dem Minotauros zum Fraß vorgeworfen
werden. Theseus hatte sie errettet, nachdem Ariadne, die
Tochter des Königs Minos, Verrat an ihrem Vater begangen und den Fremden geholfen hatte. Sie hatte es getan,
weil sie sich in Theseus verliebt hatte, weil sie glaubte,
auch er habe sich in sie verliebt. Dann floh sie mit ihm
und seinen Freunden.

Auf der Insel Naxos gingen sie an Land. Während
Theseus und seine Freunde Wasser suchten und auf die
Jagd gingen, legte sich Ariadne nahe am Strand ins Schilf
und schlief ein. Als sie erwachte, war sie allein. Sie sah das
Schiff mit dem Geliebten davonfahren. Theseus hatte sie
verlassen.

Diese Szene beschreibt Catull in einem seiner Erzählgedichte. Ariadne steht in stummer Versunkenheit, einem Steinbild ähnlich. »Dem Bild einer Mänade gleich«, schreibt Catull. Er meint damit die Anhängerinnen des Gottes Dionysos. Er meint damit eine Wahnsinnige. Sie wird die engste Vertraute des Gottes werden ...

Aischylos beschreibt die Wahnsinnigen des Dionysos anders. Halb Sang, halb Schrei, schreibt er in einem Stück, das uns nur als Fragment vorliegt, seien die Äußerungen der Dionysos-Anhängerinnen gewesen. Und sie hätten Furcht eingeflößt. Die Zuschauer seien entweder angesteckt worden von dem Taumel und hätten sich ähnlich aufgeführt, oder sie seien vor Entsetzen geflohen, seien krank geworden vor Angst.

Was mich beunruhigt: Es ist nicht bekannt, daß es jemals einem gelungen wäre, das Auftreten und Wirken des Dionysos mit kühler Distanz zu beobachten. Ich wünsche mir einen Odysseus herbei, der, wie er es bei den Sirenen getan hat, sich von seinen tauben Gefährten an einen Mast binden läßt, damit er zwar Zeuge einer dionysischen Orgie werde, zugleich aber nicht in Gefahr gerate, sich ihr zu unterwerfen. In den Geschichten um Dionysos gibt es keinen aufgeklärten Odysseus ...

Das Starre und das Wilde, das Außersichsein, das fordert dieser Gott Dionysos. Er gibt den Liebenden nichts, er heilt die Leidenden nicht, er dankt nicht, er tröstet nicht, er wärmt nicht. Er verspricht nur eines: Das Leben mit ihm wird außerordentlich werden.

Im Rhythmus von Taumel und Tanz nähern wir uns dieser Gottheit. Es ist der Rhythmus von Anziehung und Abstoßung, von Verlockung und Enttäuschung. Es ist das Gefühl ewiger Unbefriedigtheit. Dionysos vermochte es als einzige antike Gottheit, uns in seinem Bann zu halten, seit der Mythos zur Mythologie und aus der Gegenwart der Götter die Rede über die Vergangenheit des Göttlichen wurde. – Ich gebe zu, diese Gottheit macht mir Sorgen. Sie macht mir Sorgen, und sie ängstigt mich ...

Es gibt Autoren, die sind der Meinung, die Sintflut habe den Menschen zum Philosophen gemacht, nun erst habe die Metaphysik als Vorstellung Raum in seiner Welt eingenommen. Der Mensch habe den Kopf zum Himmel erhoben und gerufen: »Was habe ich angestellt, daß ich so bestraft werde? Was ist meine Schuld?«

Die Schuld muß groß gewesen sein. Die Vergeltung jedenfalls war ungeheuer, sie vernichtete die Lebensgrundlage des Menschen.

Wo von Schuld die Rede ist, ist von Selbsterkenntnis die Rede. Ohne Zweifel hat das schlechte Gewissen zum Ichbewußtsein beigetragen. Der Mensch hat begonnen, auf sich selbst zu blicken. Woher wußte er, daß er nackt war? Das ist die Frage Gottes an Adam.

Die Selbsterkenntnis hat in ihm das Gefühl erstehen lassen, er sei erlösungsbedürftig, er bedürfe der Erlösung aus seiner Schuld, weil er sich aus eigener Kraft daraus nicht befreien kann. Aus dem Erlösungsgedanken formte sich der Erlösungswunsch und daraus eine Erlöserfigur.

Die verschiedenen Mythen kennen solche Erlöserfiguren. Auch der griechische Mythos bietet solche Erlöserfiguren an. Ich spreche absichtlich in der Mehrzahl, denn ich sehe zumindest drei Erlösung verheißende mythische Gestalten.

Zunächst ist hier einmal Prometheus zu nennen. Er ist ein Sonderfall, denn er ist ja der Schöpfer des Menschengeschlechtes. Vom Erschaffer des Menschen zugleich die

Erlösung aus dem Menschsein zu erwarten ist ein Widerspruch, eine für den antiken Mythos unfruchtbare Widersinnigkeit.

Der christlichen Religion gelang es, sich in diesem Widerspruch einzurichten. Der Schöpfer Gott ist nicht der Erlöser Gott, der Schöpfer Gott hat den Erlöser Gott an seiner Seite, Gottvater hat seinen Sohn Jesus Christus als Erlöser an seiner Seite – aber auch als seinen Konkurrenten. Die Spannung zwischen Vater und Sohn wird durch den Heiligen Geist im Gleichgewicht gehalten. Die Dreifaltigkeit ist eine herbeigeredete, herbeigebetete, eine verwegen konstruierte Befriedung von antagonistischen Widersprüchen, in die alle möglichen mythischen Vorbilder eingearbeitet sind, angefangen vom Kronos-Zeus-Konflikt über den Zeus-Prometheus-Konflikt bis hin zum Zeus-Apoll-Konflikt. Die Söhne zeigen die Richtung der Zeit an, der Sohn erinnert den Vater daran, daß seine Herrschaft begrenzt ist, weil die Zeit geradlinig verläuft, weil es keine Wiederkehr gibt. In der Dreiheit von Vater, Sohn und Heiliger Geist wird die Zeit gleichsam in einer Kreisform in sich zurückgebogen, so daß die Herrschaft des Vaters vorübergehend zwar andere Formen annimmt, aber dennoch immer gleich bleibt.

Prometheus jedenfalls taugte dem antiken Mythos nicht als Erlöserfigur. Eine Zeitlang glaubte man wohl, daß Apoll diese Rolle übernehmen könnte. Aber Apoll ist ein zu rationaler Gott, und das Bedürfnis nach Erlösung ist eine durch und durch irrationale, allein vom Gefühl gesteuerte Sehnsucht, so daß auch Apoll diese Funktion nicht ausfüllen konnte.

Da gab es einen Gott, der genau zu ebendieser Rolle paßte: Dionysos.

Dionysos ist die Erlöserfigur in der griechischen Mythologie.

Hölderlin hat über Dionysos gesagt: »Nah ist und
schwer zu fassen der Gott«, und damit trifft er den
magnetischen Kern dieser Gottheit.

Dionysos ist in der Tat der komplizierteste Gott der
Griechen. Er wird im allgemeinen als Gott des Weines
und der Fruchtbarkeit dargestellt. Aber er ist viel mehr,
und seine Verführung reicht viel tiefer, als es eine Droge
vermöchte. Er ist der Gott der Ekstase und des Taumels,
der Gott der Hingabe, der Selbstvergessenheit, der Gott
der Hörigkeit, der Gott der süchtig Liebenden, der Gott
der fanatisch Hassenden. Er fordert das Opfer wie kein
anderer. Die Haltung des Menschen gegenüber diesem
Gott ist Selbstvergessenheit. Keiner der anderen olympischen Götter fordert das von den Menschen.

Dieser Dionysos wurde von den Griechen immer als
etwas Fremdartiges begriffen, als etwas dunkel Faszinie-
rendes. Er stand im Gegensatz zu den klaren, rationalen,
zwar oft grausamen und ungerechten, aber in ihrer Grausamkeit und ihrer Ungerechtigkeit immer rationalen
Gottheiten des Olymps. Zeus ist berechenbar, Apoll ist
berechenbar, Hermes ist berechenbar, Athene sowieso.
Dionysos nicht.

Die einen sagen, er ist der jüngste Gott, er kam erst viel
später dazu, von außen hat er sich hineingedrängt. Zum
Beispiel bei Homer spielt Dionysos nur eine marginale
Rolle, ist ein kleiner Gott ohne Macht. Andere sagen,
nein, diese dunkle, die Triebe ansprechende Gottheit war
von Anfang an immer da.

Durch die ganze Geschichte des Abendlandes ziehen
sich diese beiden Stränge, der klassische Strang und der,

wie es Gustav René Hocke nennt, manieristische oder romantische Strang; jene Wesensart, die von der Sonne der Rationalität beschienen wird, und jene, die im Mondschatten gedeiht. Man könnte auch sagen: das männliche und das weibliche Prinzip. Tatsächlich waren die Anhänger des Dionysos hauptsächlich, später sogar ausschließlich Frauen.

Dionysos hatte eine Anhängerschaft wie kein anderer Gott, jubelnd, zu allem bereit, wenn es darum ging, ihren Gott an die Spitze zu heben. Diese Frauen, Mänaden genannt, die Rasenden, zogen mit ihm durch die Lande. – Ein kleines Nebenbei: Ist es nicht seltsam, daß die männlichste Gottheit der Griechen eine Frau war, nämlich Pallas Athene, und die weiblichste ein Mann, Dionysos?

Dionysos nahm an Beliebtheit und an Anziehungskraft in Griechenland stetig zu. In spätgriechischer Zeit, dem sogenannten Hellenismus, hat Dionysos alle anderen Götter des Olymps, einschließlich des großen Zeus, nicht vertrieben, nein, aber zurückgedrängt.

Die Römer übernahmen Dionysos, sie machten aus ihm Bacchus. Die Dionysosfeiern wurden zu einem politischen Problem. Es gab auch üble Nachrede. Es wurde gesagt, dort würden Orgien gefeiert, es würden Ritualmorde begangen, die Frauen treiben es mit Tieren und so weiter. Im Jahre 186 v. Chr. griff der römische Senat zu rigorosen Mitteln, er ließ in einer großangelegten Aktion siebentausend Dionysos-Anhänger verhaften. Die meisten von ihnen wurden mit dem Tod bestraft.

Das erinnert uns an die später stattfindenden Christenverfolgungen, die zwar in einem bedeutend größeren Ausmaß stattgefunden haben, aber der gleiche Vorwurf lag ihnen als Argument zugrunde: Da taucht ein Mann auf, der wie ein Gott verehrt wird, alle laufen ihm nach, alle feiern das Fest dieses Mannes, und alle sprechen von Erlösung. – Wovon will sie denn dieser Mann erlösen?

Auch die Konsequenz, die Unbedingtheit, mit der Dionysos seine Anhängerschaft ansprach, erinnert an Jesus. Jesus sagt: »Wer nicht für mich ist, der ist gegen mich.« Dieser Satz könnte ebenso von Dionysos stammen.

Noch etwas: Dionysos versprach seinen Anhängern die Auferstehung nach dem Tod. Er selbst war ja der Inbegriff der Auferstehung, die fleischgewordene Idee von der Überwindung des Todes – wie Christus.

Dionysos war zweimal geboren, er hat den Tod überwunden, dafür steht seine Person, seine Göttlichkeit. Er trägt das Metaphysische in sich wie kein anderer Gott und ist diesbezüglich allen anderen Göttern des Olymps überlegen.

Ich will nun die Geschichte des Dionysos erzählen:

Zeus hatte eine Liebschaft mit seiner Schwester Demeter, und er zeugte mit ihr Persephone. Davon habe ich schon berichtet. Dann hatte Zeus eine Liebschaft mit dieser Tochter Persephone, und er zeugte mit ihr den Zagreus. Dieser Zagreus wurde auf Anweisung der Göttermutter Hera von den Titanen zerrissen und aufgefressen. Zeus erschlug die Titanen mit seinem Blitz, und aus der Asche der Titanen, die auch den zerrissenen Zagreus enthielt, formte Prometheus den Menschen.

Bevor Zagreus zerrissen wurde, rettete Athene das Herz des Zeus-Lieblings und brachte es dem Vater. Ja, Zagreus war von Anfang an der Liebling des Zeus, und er bekam Attribute, die man sonst nur im Christentum findet. Er hieß der eingeborene Sohn. Diese Bezeichnung hat das Christentum übernommen.

Zeus nahm das Herz des Zagreus, und weil er zu dieser Zeit gerade eine Liebschaft mit Semele, einer Tochter des Kadmos, unterhielt, brachte er ihr das Herz und forderte sie auf, es zu essen. Ich nehme an, sie wußte nicht, daß dies das Herz eines jungen Gottes war, sie aß es. Semele wußte nämlich auch nicht, wer Zeus war, sie wußte nur, er ist ein sehr starker, sehr schöner und sehr großzügiger Liebhaber. Sie tat, was er von ihr verlangte, sie aß dieses Herz, und das Herz entwickelte sich in ihrem Leib und wuchs zu einem vollständigen Fötus heran.

Eines Tages kam zu Semele eine alte Frau. Wir ahnen es: Es war die verkleidete eifersüchtige Hera.

Sie sagte: »Semele, ich habe erfahren, du hast einen großartigen Liebhaber. Weißt du denn, wer er ist?«

Semele sagte: »Nein, ich weiß nicht, wer er ist. Aber du hast recht, er ist ein großartiger Liebhaber.«

Hera sagte zu ihr: »Semele, frage ihn doch, wer er ist. Er wird dir sicher eine Antwort geben.«

Semele fragte, und Zeus antwortete: »Ich bin Zeus.«

Semele erzählte es der alten Frau: »Stell dir vor, er sagt zu mir, er sei Zeus, der oberste Gott.«

Da lachte die alte Frau und sagte: »Ja, das glaubst du ihm doch nicht!«

Semele war über dieses Lachen gekränkt, sagte: »Warum nicht? Warum soll Zeus nicht zu mir kommen? Ich bin eine schöne, gesunde Frau.«

Hera sagte: »Dann bitte ihn doch, deinen Zeus, er soll vor dir erscheinen als der, der er ist. Nicht in menschlicher Verkleidung, er soll sich zeigen in seiner ganzen Herrlichkeit.«

Semele dachte: Ja, so würde ich ihn gerne sehen. Und am Abend, als Zeus zu ihr kam, sagte sie zu ihm: »Ich hätte einen Wunsch.«

»Sag ihn!« forderte Zeus sie auf.

Semele sagte: »Du mußt mir zuerst versprechen, daß du ihn mir auf alle Fälle erfüllst.«

Zeus antwortete drauf: »Ich warne dich, das ist sehr gefährlich.«

Semele sagte: »Das ist mir egal. Du sollst es mir versprechen, ansonsten kannst du mir heute nicht beiliegen.«

Zeus versprach ihr, er werde ihr jeden Wunsch erfüllen. Alles hätte er ihr versprochen, denn Semele war eine sehr begehrenswerte Frau.

»Also, was wünschst du?« fragte er.

Sie sagte: »Es stimmt doch, daß du Zeus bist?«

»Das habe ich dir doch schon gestern gesagt«, antwortete er ungeduldig.

»Gut«, sagte Semele. »Dann möchte ich dich in deiner ganzen Herrlichkeit sehen.«

Arme, eitle, dumme Semele!

Zeus kann ein Versprechen nicht brechen, er muß es halten. Er zeigte sich Semele in seiner ganzen Herrlichkeit. Da verbrannte Semele. Den Anblick des obersten Gottes kann ein Mensch nicht aushalten.

Aber das Herz des Zagreus in ihrem Leib war schon zur Frucht geworden, und bevor sie ganz abgebrannt war, griff Zeus in sie und holte den Fötus heraus.

Weil die Frucht noch nicht reif, noch nicht fertig ausgetragen war, schnitt sich Zeus den Oberschenkel auf, legte den Embryo hinein und nähte den Schenkel wieder zu.

Zeus trug seinen Sohn in seinem Körper aus – welch ein Sieg des Patriarchats! Die männlichste Gottheit, die Göttin Athene, hatte er aus seinem Kopf geboren, die weiblichste Gottheit, den Gott Dionysos, aus seinem Schenkel. Da knistert es doch vor gefinkelter Theologie!

Als die Zeit gekommen war, sprang die Narbe in Zeus' Schenkel auf, und heraus sprang ein junger Gott. Weil er aus dem Herzen des zerrissenen Zagreus gewachsen war, nannte ihn Zeus den »Zweimalgeborenen«, den Dionysos. – Der Korrektheit halber muß man sagen, dies ist nur eine der Deutungen dieses Namens.

Zeus stellte Dionysos der Götterversammlung vor: »Das ist mein eingeborener Sohn«, sagte er. »Er ist der, der zum zweitenmal geboren ist, der den Tod überwunden hat.«

Aber persönlich um ihn kümmern wollte sich Zeus nicht. Er gab das Kind in Pflege an Ino.

Ino war die Schwester von Semele, also in einem gewissen großzügigen Sinn die Tante des Dionysos. Diese Ino hatte neben Dionysos noch vier andere Kinder zu betreuen, nämlich zwei eigene und zwei aus erster Ehe ihres Mannes Athamas.

Sobald Dionysos bei Ino im Haushalt war, geschahen merkwürdige Dinge. Plötzlich brachen Eifersucht, Haß und auch Wahnsinn in dieser Familie aus. Zum Beispiel bildete sich Ino auf einmal ein, daß sie die Kinder aus erster Ehe ihres Mannes haßte. Sie begann, gegen diese Kinder zu intrigieren, sie ließ heimlich das Saatgut rösten, so daß es kaputt war, als es ausgesät wurde, und keine Ernte aufkam.

Sie ließ ein Orakel fälschen, mit Bestechung ging sie vor und sagte: »Die Kinder meines Mannes aus erster

Ehe sind schuld.« Das falsche Orakel verkündete, die nächste Ernte lasse so lange auf sich warten, bis diese Kinder hingerichtet seien.

Hunger drohte. Man beschloß, die Hinrichtung zu vollziehen. Die beiden Kinder des Athamas wurden auf einen Scheiterhaufen gelegt, und man wollte ihnen die Kehle aufschneiden. Da kam ein Widder geflogen und rettete diese beiden Kinder. Er ließ sie auf seinen Rücken sitzen und flog mit ihnen davon. Es war ein goldener Widder, und es war derselbe, dessen Fell als das goldene Vlies in der Sage um den Argonautenzug Berühmtheit erlangen wird.

Aber noch nicht genug Wahnsinn! Nun fiel der Blick der Ino auf ihre eigenen Kinder. Sie begann die eigenen Kinder zu hassen, und auch ihr Mann begann, diese Kinder zu hassen. In einem unfaßbaren Anfall von Wahnsinn quälten Vater und Mutter die Kinder. Schließlich erschoß der Vater mit einem Pfeil den Sohn, und die Mutter kochte die Tochter und warf sie ins Meer. – Solches geschah im Haus der Ino, nachdem Dionysos dort eingezogen war.

Dionysos-Gegner behaupten, das alles habe Dionysos gemacht, weil er neben sich niemand anderen duldete. Er war zuerst eines von fünf Kindern, nun war er als einziges Kind in dieser Familie übriggeblieben. Dionysos-Anhänger behaupten, diese Geschichten seien von den Gegnern erfunden worden, um den Gott in Mißkredit zu bringen.

Nun nahm Hermes seinen kleinen Halbbruder aus der Pflegefamilie fort und gab ihn Waldnymphen zur Obhut. Die ließen ihn, wie er war.

Dionysos streifte durch Wälder und Wiesen, und bei

dieser Gelegenheit entdeckte er den Wein, und er kultivierte ihn. Er erkannte, der Wein wird den Menschen wenn schon nicht die Erlösung, so doch zumindest die Empfindung von Erlöstheit geben.

Was meinte er damit? Er meinte des Menschen Erlösung aus seiner Rationalität, aus seiner Erkenntnissucht, aus seinem Ehrgeiz, alles verstehen zu wollen. Im berauschten Zustand kann man diesem Gefängnis der Rationalität wenigstens vorübergehend entfliehen. Woher kannte uns dieser Gott so gut?

Eine riesige Anhängerschaft wuchs ihm zu. Die Leute dürsteten nach seiner Droge, denn sie dürsteten nach Erlösung, sie zogen ihm nach durch das ganze Land. Die Frauen erinnerten sich daran, daß es einst nur Göttinnen gegeben hatte, daß sie einst Priesterinnen waren. Sie ahnten, daß dieser zweimal geborene Gott in erster Linie eine Botschaft für sie brachte. Bald waren Männer von dem dionysischen Gottesdienst ausgeschlossen.

So anziehend Dionysos auf seine Anhängerinnen wirkte, er behielt doch einen Abstand. Er hatte Angst. Er war schon einmal zerrissen worden, die Verschränkung von Gewalt-Ausüben und Gewalt-Erleiden kannte er sehr gut. Er wollte die Leute an sich binden und hielt sie gleichzeitig auf Abstand. Das ist wohl das beste Rezept, das ein Demagoge haben kann: die Leute anzuziehen und, knapp bevor sie ihn berühren, sie wieder abzustoßen. Diesen Mechanismus beherrschte Dionysos wie kein anderer.

Es ereignete sich folgende Geschichte: Mit seinem großen Troß, den er hinter sich herzog, kam Dionysos eines Tages in seine Heimatstadt Theben. Er pochte an die Tore, er rief: »Hier ist Dionysos. Ich bin ein Gott.«

Man rief zurück: »Du bist kein Gott. Hier in unserer Stadt wohnen deine Tanten, und die sagen, du seist nichts anderes als der verdorbene, heruntergekommene Sohn ihrer Schwester.«

Er klopfte an und rief: »Ich bin ein Gott! Laßt mich ein, sonst wird es euch schlecht ergehen.«

In der Stadt trommelten die Schwestern der Ino: »Unter gar keinen Umständen laßt diesen Dionysos in unsere Stadt, er wird uns nur Unglück bringen!«

Die Anhänger des Dionysos sprengten die Tore und strömten in die Stadt. Und plötzlich war alles ganz anders. Sobald Dionysos leibhaftig vor ihnen stand, fielen ihm die Menschen zu Füßen, auch seine Tanten, besonders die, und verehrten ihn, wie es einem großen Gott zusteht, und wollten nichts anderes als seine Anhänger werden.

Nur der König der Stadt, der einen klaren Verstand besaß, Pentheus hieß er, dieser König ließ sich nicht irremachen. Er behielt die Nerven, sagte sich: »Es hat keinen Sinn, mit Waffengewalt gegen diesen Dionysos vorzugehen, ich werde versuchen, mit ihm zu sprechen.«

Er lud Dionysos zu sich ein und sagte: »Du siehst, was du anrichtest? Die Leute gehen ihrer Arbeit nicht mehr nach, die Leute verfallen in einen Taumel. Die Wirtschaft stagniert. Das Bildungsniveau sinkt. Ich finde das recht und gut, wenn so ein Fest einmal im Jahr oder einmal im Monat, meinetwegen einmal in der Woche abgehalten wird. Aber doch nicht jeden Tag, vom Morgen bis zum Abend. Das kann doch niemandem nützen! Können wir nicht alle sieben Tage einen Tag einrichten, der dir geweiht ist, da können die Leute die Arbeit liegenlassen, können sich ganz ihrem Rausch hingeben. Was meinst du dazu?«

Dionysos tat, als ob er die Argumente des Pentheus durchaus für erwägenswert halte.

Er sagte: »Ja, ich werde in dieser Richtung mit meinen Anhängerinnen sprechen. Am besten ist, du kommst heute abend mit, draußen am Waldrand findet ein großes Fest statt. Da werden wir die Sache bereden.«

Pentheus hatte Angst, nicht zu Unrecht, sagte: »Wenn ich so komme, wie ich bin, werden die Frauen über mich herfallen.«

»Das könnte sein«, sagte Dionysos.

»Also, was soll ich tun?« fragte Pentheus.

Dionysos sagte: »Gut, dann ziehe dir doch Frauenkleider über, verkleide dich.«

Das tat Pentheus.

Und siehe da, sobald er die Frauenkleider übergezogen hatte, ergriff ihn der gleiche Taumel wie die Frauen. Er fiel auf alle Viere, begann zu bellen, lief wie ein Hund hinter Dionysos her, miaute und spielte die Katze, brummte und spielte den Bären, brüllte und spielte den Löwen und lief hinter ihm her, hinauf auf den Hügel, wo die Frauen schon warteten.

Als die Frauen diesen bellenden, miauenden, brummenden, zuletzt brüllenden Pentheus sahen, glaubten sie, es sei ein wildes Tier, das ihren Gott bedrohe. Sie fielen über Pentheus her und zerrissen ihn. Agaue, seine eigene Mutter, schlug ihm den Kopf ab, zerstückelte seinen Leib.

Dionysos hatte Agaue mit blindem Wahnsinn geschlagen. Es war seine Rache, weil sie, als er vor den Toren Thebens stand, gegen ihn gesprochen hatte.

Dieser Gott verzeiht nicht. Auch wenn sich Agaue und ihre Schwestern vor ihm in den Staub warfen, dieser Gott vergab ihnen nicht, daß sie einmal gegen ihn gewesen waren. Er strafte sie in so unverhältnismäßiger Weise, daß uns schwindelig wird.

Euripides berichtet uns in seiner Tragödie *Die Bakchen* von dieser Begebenheit. Es ist eine der schauderlichsten Szenen der Theaterliteratur, als Dionysos Agaue den Schleier des Wahnsinns von den Augen zieht und die Mutter erkennt, was sie getan hat, als »die Mutter die Glieder ihres Sohnes in die Hand nahm und jedes einzeln beklagte«.

Ist dies mein Sohn, des' Leiche in meinen Händen
liegt?
Wie soll ich armes Weib ihn nur umfangen und
Ihn an die Brust mir legen? Welche Weise soll ich
klagen?

Ja, dieser Dionysos war ein unberechenbarer Gott! Er war für die Bedürfnisse des Herzens geschaffen, aber für den Verstand war er unerträglich. Die Bedürfnisse des Herzens sind wild und voll Grauen manchmal, voll Schauder.

Zum ersten Mal wurde den Göttern im Olymp klar, daß Verstand und Herz bei den Menschen weit auseinanderklaffen. Denn dieses Auseinanderklaffen kannten die Götter nicht. Die Götter, wenn sie eifersüchtig waren, wenn sie von ihren Trieben gerüttelt wurden, dann war das immer im Einklang mit ihrem Verstand. Es sagte das Herz nichts anderes als der Kopf, der Kopf nichts anderes als das Herz. Dieses Auseinanderklaffen, dieses »Ach, zwei Seelen in meiner Brust«, das kannten die Götter des Olymps nicht. Das wurde ihnen erst klar durch das Treiben des Dionysos.

Sie waren entsetzt, sie blickten herunter von ihrem Olymp und sagten: »Was geschieht dort unten eigentlich? Was haben wir alles in diesen Ewigkeiten, seit wir über die Menschen herrschen, was haben wir da versäumt? Was geht in diesen Menschen eigentlich vor, was dieser Dionysos, dieser Zweimalgeborene, aus ihnen herauszulocken versteht?«

Nur Zeus war zufrieden, er sagte: »Es beginnt eben ein neues Zeitalter. Ich werde schauen, daß ich diesen wilden Dionysos ein wenig bändigen kann. Nicht daß ich ihm seine ursprüngliche Kraft ganz austreiben möchte, das wäre falsch, denn es besteht ja offensichtlich ein Bedürfnis des Menschen nach dieser Kraft. Aber ich werde diese Kraft in Bahnen lenken, in denen sie keinen so großen Schaden anrichten kann.«

»Wie willst du das anstellen?« fragte Athene.

»Ich werde darüber nachdenken«, sagte Zeus und setzte sein Kinn auf die Faust.

Während der Göttervater nachdenkt, will ich noch ein kleines Beispiel von der Unberechenbarkeit des Dionysos geben.

Dionysos war eines Tages zu Besuch bei einem König, der hieß Midas. Dieser König war sehr gut zu ihm, er erkannte ihn sofort als Gott an, gab ihm und seinen Anhängerinnen Speise und Trank.

Am Schluß fragte ihn Dionysos: »Darf ich dir einen Wunsch erfüllen?«

Midas sagte: »Ja, ich wünsche mir, daß alles zu Gold wird, was ich anfasse.«

Dionysos sagte: »Gut, dann wird von nun an alles zu Gold, was du anfaßt.«

Es wurde alles zu Gold, und König Midas verhungerte, weil selbst die Speisen zu Gold wurden.

Zeus hob sein Kinn von der Faust und sagte: »Es muß ihm nur eine Liebe begegnen, eine Liebe, die ihn vom Kopf bis zum Herzen ausfüllt.«

So eine Liebe entzündete Ariadne in ihm. Ariadne, an anderer Stelle habe ich bereits von ihr erzählt, sie kam aus Kreta, sie war eine Tochter des Minos, sie wurde von Theseus aus Kreta entführt, nachdem er den Minotauros getötet hatte. Aber Theseus war ein Luftikus, er ließ Ariadne auf der Insel Naxos zurück.

Dort schlief Ariadne. Schlief, weil sie die Wirklichkeit nicht mehr sehen mochte.

Eines Tages kam Dionysos mit seinem Gefolge auf Naxos an, und er fand die schlafende Ariadne. Er war es gewohnt, vor die Menschen hinzutreten, und gleich, ob einer schläft oder wach ist, er verfällt ihm. Diese Ariadne aber lag in ihrem bedürfnislosen Schlaf vor ihm, und sie rührte ihn. Er kniete sich nieder und küßte sie zärtlich. Sie wachte nicht auf, er küßte sie ein zweites Mal, und sie wachte nicht auf. Er blieb eine Nacht neben Ariadne liegen, und in dieser Nacht schlief sie aus, ihr Schlaf reifte aus.

Am nächsten Morgen erwachte sie, aber sie verfiel dem Gott nicht wie alle anderen. Sie betrachtete ihn, sprach zu ihm wie zu einem Mann. Das gefiel dem Dionysos.

Allein dieses Gefühl, das sie ihm entgegenbrachte, diese selbstverständliche Empfindung, die nichts mit Wahnsinn zu tun hatte, sondern einfach nur Liebe war, dieses Gefühl vermochte es, diesen wilden, diesen unberechenbaren Dionysos – einigermaßen – zu zähmen.

Aber ich sage: einigermaßen. Denn das sollte nicht sein, daß aus einem wilden, unberechenbaren Dionysos plötzlich ein rationaler Apoll würde. Einen Apoll gab es ja bereits. Als einigermaßen gezähmter Gott bekam nun Dionysos von seinem Vater Zeus eine Aufgabe zugewiesen.

Er sagte: »Dieses Orakel in Delphi, das ist mir längst schon ein Dorn im Auge. Dort waltet mein erstgeborener Sohn Apoll, den kann ich sowieso nicht besonders leiden. Er gibt nur so ganz kluge, so durch und durch rationale Ratschläge an die Menschen, und wir haben ja gesehen, mit reiner Rationalität können sich die Menschen aus dem Meer ihrer Existenz nicht retten. Sie brauchen dazu so einen wie dich, Dionysos. Also teilt euch dieses Orakel auf, du und Apoll.«

Das taten sie.

Als nun Dionysos nicht nur von den Menschen als große Gottheit anerkannt, sondern auch von den anderen Göttern in ihren Kreis aufgenommen war, stieg er in den Hades hinab und holte seine Mutter Semele aus der Bewußtlosigkeit und hob sie in den Himmel und setzte durch, daß sie unsterblich wurde und an der Tafel der Götter sitzen durfte. Der Glorreiche Rosenkranz, den die Katholiken bis heute beten, erinnert in einem seiner Geheimnisse an diesen Mythos: »Der dich, o Jungfrau, in den Himmel aufgenommen hat.«

Apoll und Dionysos verstanden sich wider Erwarten sehr gut. Warum? Weil sie sich ergänzten zu einem. Und das war die allergrößte Gefahr, die dem Zeus drohte, das hat er wohl nicht vorausgesehen. Nämlich zusammen –

Apoll und Dionysos, das Apollinische und das Dionysische –, zusammen waren sie unschlagbar.

Gemeinsam drängten sie den ganzen großen Götterhimmel schließlich zurück. Und in ihrer Verschmelzung gaben sie einer neuen, einer ungeheuer mächtigen Gottgestalt Charakter – nämlich Jesus Christus.

Im ganzen gesehen,
war's für meine Familie.

REGISTER